소 비 자 와　함 께 하 는

소비자법과 정책

CONSUMER **LAW** AND **POLICY**

소 비 자 와   함 께 하 는
소비자법과 정책

김영신 · 이희숙 · 강성진 · 유두련 · 김성숙 지음

교문사

일반 소비자로 하여금 소비생활과 관련된 법을 쉽게 이해하고, '소비자전문상담사'라는 국가자격증 취득을 위한 시험에 효율적으로 대비하도록 하기 위하여 《소비자법과 정책》을 발간한지 벌써 10년이 지났다.

우리의 소비환경은 FTA 체결 확대 등 개방경제체제가 가속화되고 있으며, ICT의 발전으로 새로운 상품과 서비스가 등장하고 이에 따라 새로운 소비자문제가 대두되고 있다. 또한 디지털네트워크의 발달, 소비자중심경영의 확대 등으로 시장에서 소비자의 영향력이 증대되고 있고 소비자의 시장참여기회도 증대되고 있다.

그동안 소비자, 정부 및 관련 기관에서는 소비자정책의 수립 및 실행에 많은 관심을 기울여 왔고, 이를 뒷받침하는 소비자 관련 법률들이 제정되는 등 괄목할 만한 노력들이 이루어져 왔다. 이러한 노력의 결실로 소비자권익보호를 위한 근간이 되어 왔던 '소비자보호법'이 1980년에 제정된 이후 '소비자기본법'으로 재탄생하게 되었고, 소비자정책의 방향도 소비자 보호에서 소비자주권 확립으로 바뀌게 되었다. 뿐만 아니라 2009년부터 시행된 3년 단위로 이루어지는 소비자정책 기본계획은 2015년부터 제3차 기본계획이 시행된다. 이에 우리 저자들은 스스로 현명한 소비자로서의 역할을 수행할 뿐 아니라 소비자주권 확립에 깊은 관심을 가지고 소비자학을 공부하려는 학생을 위하여 그동안 새롭게 바뀐 우리나라의 '소비자법과 정책 분야'에 관한 올바른 지식을 전달하기 위하여 이 책을 집필하게 되었다.

이 책은 총 4부와 12장으로 구성되어 있다. 1부에서는 현대 소비자문제의 현황과 소비자정책, 소비자기본법의 현황을 살펴봄으로써 소비자법과 정책에 대한 기본적 이해를 돕고자 하였다. 2부에서는 소비자 안전과 관련된 외국의 관련 법, 제도를 비교하고 소비자분쟁해결에 대해 새롭게 도입된 제도에 관하여 자세히 다루고 있다. 3부에서는 소비자거래 관련 법

률·제도를 이해하기 위해서 거래 일반, 표시·광고, 할부거래, 전자상거래, 방문판매 등에 관한 법률에 관하여 설명하고 있다. 4부에서는 창조경제시대에 걸맞은 소비자역량 강화와 소비자정책의 새로운 이슈 등을 살펴봄으로써 소비자환경 변화에 따른 소비자정책의 방향에 관해 생각해 보았다.

이 책은 5인이 공저한 것으로 1·4장은 김영신 교수, 2·3·12장은 강성진 박사, 8·10장은 이희숙 교수, 9·11장은 유두련 교수, 5·6·7장은 김성숙 교수가 집필하였다. 어렵게 느껴지는 법률을 보다 쉽게 이해하고 실제 소비생활에 적용할 수 있도록 장마다 관련된 주요 용어의 해설과, 관련 내용에 대한 독자들의 이해와 관심을 높이기 위하여 '생각하는 소비자' 코너와 구체적인 사례, 판례를 가능한 한 많이 제시하려고 노력하였으며, 관련 내용을 가지고 개인 및 그룹이 프로젝트에 활용해 볼 수 있도록 '스스로 찾아보기' 코너를 마련하였다.

이 책은 소비자학을 전공하는 학부 및 대학원생의 소비자보호론, 소비자정책론, 소비자법과 정책 등의 전공서적으로, 그리고 소비자학에 관련된 교양과목 및 소비자상담사시험에 관심 있는 학생들의 수험서로, 또한 소비자문제나 소비자보호 업무에 종사하는 일반인들의 지침서로 활용될 수 있을 것이다.

새로운 소비자환경 변화에 부응하는 좋은 책을 쓰기 위해 나름대로 의욕을 갖고 차례와 내용에 대해 많은 토론을 하였으나 부족한 점이 있을 것으로 생각된다. 더 나은 책이 될 수 있도록 소비자학 분야의 선후배, 동료, 독자 여러분의 비평과 건설적인 의견을 기대한다. 끝으로 여러 가지 어려움에도 불구하고 이 책이 나오도록 애써 주신 교문사의 류제동 사장님 및 임직원 여러분께 진심으로 감사드린다.

2015년 2월
저자 일동

머리말 5

PART 1 소비자문제와 소비자보호

CHAPTER 1 **소비자문제의 발생** 10

1. 현대사회와 소비자문제 11 ㅣ 2. 소비자문제의 해결 23

CHAPTER 2 **소비자정책** 44

1. 소비자정책의 이해 45 ㅣ 2. 소비자정책 추진체계의 유형 50

3. 우리나라의 소비자정책 추진체제 58 ㅣ 4. 우리나라 소비자정책의 추진과정 64

CHAPTER 3 **소비자기본법** 70

1. 소비자기본법의 개관 71 ㅣ 2. 소비자기본법의 목적과 정의 73

3. 소비자의 권리와 책무 75 ㅣ 4. 국가·지방자치단체 및 사업자의 책무 77

5. 소비자정책의 추진 81 ㅣ 6. 소비자안전 85 ㅣ 7. 소비자분쟁의 해결 90

PART 2 소비자안전과 소비자분쟁해결

CHAPTER 4 **소비자안전** 102

1. 소비자안전문제의 발생 103 ㅣ 2. 소비자안전 관련 법 및 기구 107

3. 소비자안전 관련 제도 112 ㅣ 4. 외국의 소비자안전 관련 제도 128

CHAPTER 5 **소비자분쟁해결** 139

1. 법원에 의한 민사적 손해배상제도 140 ㅣ 2. 소비자분쟁해결의 절차(소비자기본법 제53, 59조) 150

3. 대안적 분쟁해결제도: 소비자분쟁조정제도 161 ㅣ 4. 제조물책임법 166

PART 3 소비자거래 관련 법률 및 제도

CHAPTER 6 **거래 일반** 176

1. 민법의 기초 177 ㅣ 2. 약관규제에 관한 법률 202 ㅣ 3. 분쟁의 조정 등(약관규제법 제24~28조) 214

CHAPTER 7 **표시·광고의 공정화에 관한 법률** 216

1. 표시·광고의 공정화 217 ㅣ 2. 표시적정화 237

CHAPTER 8 **방문판매 등에 관한 법률** 251

1. 방문판매법 주요 개념 정의와 적용범위 252 ㅣ 2. 방문판매 및 전화권유판매 258

3. 다단계판매 및 후원방문판매 269 ㅣ 4. 계속거래 및 사업권유거래 277 ㅣ 5. 소비자권익의 보호 279

CHAPTER 9 **전자상거래 등에서의 소비자보호에 관한 법률** 283

1. 전자상거래법 제정 의의 및 법률 개요 284 ㅣ 2. 전자상거래 사업자의 의무 285

3. 전자상거래 소비자권익 보호를 위한 방안 299 ㅣ 4. 위반에 대한 제재조치 303

5. 기타 전자상거래 소비자보호를 위한 제도 306

CHAPTER 10 **할부거래에 관한 법률** 322

1. 할부거래 주요 개념과 적용범위(동법 제2조) 323 ㅣ 2. 다른 법률과의 관계(동법 제4조) 326

3. 할부거래 327 ㅣ 4. 선불식 할부거래 342

PART 4 소비환경의 변화와 소비자정책

CHAPTER 11 **소비자역량 강화** 360

1. 소비자역량 361 ㅣ 2. 소비자교육정책 369 ㅣ 3. 소비자정보정책 381

CHAPTER 12 **소비자정책의 새로운 이슈** 395

1. 세계화와 소비자정책 396 ㅣ 2. 고령화와 소비자정책 402 ㅣ 3. 개인정보와 소비자정책 406

부록 415 ㅣ 참고문헌 419 ㅣ 찾아보기 423

PART 1 소비자문제와 소비자보호

CHAPTER 1 · 소비자문제의 발생

CHAPTER 2 · 소비자정책

CHAPTER 3 · 소비자기본법

소비자문제의 발생

과거 전통사회에서는 각 개인이 그들의 생활에 필요한 재화나 서비스를 직접 생산하여 소비하는 자급자족인 생활을 영위해 왔으나, 오늘날과 같은 현대사회에서는 소비자는 생산자와 거래관계를 맺지 않고는 생활을 영위할 수 없게 되었다.

그런데 현대사회에서는 생산자와 소비자 간의 지위의 비대칭성으로 공정한 거래가 이루어지지 못하고, 기업의 독과점화로 인해 시장의 정상적인 기능도 수행하지 못하고 있으며, 상품 및 서비스의 결함 등으로 많은 소비자문제가 발생하고 있다.

소비자, 기업, 정부의 상호작용으로 구성되는 경제시스템에 있어서 소비자의 이익consumer's interest은 가장 중요한 요소이며, 이는 일찍이 애덤 스미스Adam Smith에 의해서도 지적된 바 있다. 따라서 본 장에서는 소비자정책의 기본이 되는 현대사회에서의 소비자의 지위와 소비자문제의 발생배경 및 문제의 특성 등을 이해하고, 소비자문제해결을 위해 경제 주체인 소비자, 기업, 정부의 역할을 파악하고자 한다.

1. 현대사회와 소비자문제

오늘날 소비자는 품질 불량, 부당 가격, 허위 및 오도 광고, 부정 계량, 불공정한 약관, 교환이나 수선문제, 특수판매로 인한 문제 등 많은 문제를 경험하고 있다. 이러한 문제들이 우리나라에서 소비자문제로 인식되기 시작한 것은 1960년대 이후부터이다. 왜 이러한 문제들이 소비자문제로 인식되고 따라서 '소비자문제', '소비자정책', '소비자보호'라든지 하는 것에 대해 관심을 두기 시작했을까? 이를 알기 위해서는 먼저 '소비자'가 무엇을 의미하는지를 명확히 알아야 할 것이다.

1 │ 현대사회에서의 소비자 지위

소비자의 개념은 그 표현방법에 다소의 차이는 있지만 대체로 소비자를 '사업자가 제공하는 상품 및 서비스를 소비생활을 위하여 구입하여 사용하는 자one who purchase goods for private use or consumption'로, 사업자에 대립하는 개념으로 파악하고 있다. 소비자는 유통과정의 가장 끝에 놓여 있기 때문에 사업자로부터 받은 불이익을 다른 곳에 전가할 수 없는 특색을 가지고 있다.

그렇다면 현대사회에서 소비자는 어떠한 지위를 차지하고 있는가? 전통적인 경제모델에서는 소비자가 왕이며, 소비자는 경제로 하여금 그가 원하는 상품 및 서비스를 생산하도록 지도하는 역할을 담당한다. 여기에서는 소비자의 욕망을 충족시키는 것이 유일한 목적으로, 상품 및 서비스의 생산은 소비자의 복지를 증가시키기 위한 것이다. 실제로 전통적인 경제사회에서는 오늘의 소비자가 내일의 생산자가 되기 때문에 입장의 상호호환성이 존재하고, 따라서 소비자와 생산자가 거래관계에서 대등한 지위를 가지고 있었다. 다시 말해 생산자에 의한 소비자의 착취는 없다는 것이 전제되었다. 그런데 대량생산, 대량판매, 대량소비를 특징으로 하는 오늘날의 경제구조에서는 소비자와 생산자의 입장 호환성도 존재하지 않으며, 거래관계에서도 대등하지 못하여 소비자가 '왕'이 아니라 생산자가 생산한 것을 사용해야만 하는 종속적인 지위로 전락하였다.

지금부터 소비자와 생산자 사이에 어떠한 비대등성이 존재하는가를 구체적으로 살펴보도록 하자.

(1) 정보의 비대등성

소비자는 '개인으로' '여러 가지 품목을' '소량으로' '소비생활을 위하여' 구입하기 때문에 복잡한 생산과정을 거친 수많은 상품이나 서비스에 대하여 충분한 지식을 가지고 있지 못하다. 또한 소비자가 가지고 있는 정보조차도 대부분 생산자 또는 판매자가 제공한 것으로 완전한 정보라고 보기가 어렵다. 이에 비해 생산자는 '소량의 한정된 품목을' '대량으로' '이윤 추구를 위하여' 생산하기 때문에 생산하는 상품에 대해서 정확한 지식

생각하는 소비자 1-1

디지털사회와 소비자불만

스마트기기 및 서비스의 확대, 유통채널의 온라인화, 소셜미디어의 급격한 확산으로 소비자불만은 기존과 다른 양상으로 전개되고 있다. 즉 불만 대상품목이 다변화하고 있으며, 다양한 디지털 채널을 통해 불만이 실시간으로 전파되고, 불만 소비자의 응집력과 1인 영향력이 증대되고 있다.

소비자불만 진화의 4大 특징

① 불만 대상품목의 다변화	• 디지털서비스, 콘텐츠, 기기 비중 확대
② 온라인 불만 플랫폼의 확산	• SNS, 유튜브 등이 불만 표출 채널로 부상 • 정부 및 제3섹터 주도의 플랫폼 증가
③ 불만 소비자의 온라인 집단화	• 유사 불만 소비자들이 커뮤니티로 집결 • 집단분쟁조정제도의 지원
④ 1인 영향력의 증대	• 온라인 빅마우스, 소셜테이너의 확산 • 디지털 저격수의 등장

자료: 이승환(2012). 스마트시대, 소비자불만을 신뢰로 바꾸는 비결. SERI 경제포커스 400호.

을 가지고 있다. 이러한 정보의 비대등성은 다음의 3가지 측면에서 나타난다.

① 정보를 입수의 불평등성

생산자는 정보를 입수하기가 쉬운 데 비해, 소비자는 정보를 입수하기가 어려우며 정보의 대부분을 생산자에게 의존하고 있다.

② 제품의 장점 표시와 단점 표시 간 불균형

제품의 장점에 대해서는 지나칠 정도로 많이 표시하지만, 단점은 거의 표시하지 않는다.

③ 정보 전달이라고 하는 시간상에서 나타나는 불균형

생산자는 정보를 신속하게 입수할 수 있는 데 비해, 소비자는 정보 입수에 오랜 시간이 걸린다.

(2) 기술조작에서의 비대등성

생산자는 근대 기술의 발전에 따라 거대하고도 전문적인 기술조직을 가지고 있으나, 소비자는 고작해야 상품의 감정, 비교시험 등을 사적 또는 공적 기관에 전적으로 의지하고 있을 뿐이다(예: 한국소비자원 등). 대부분의 상품이나 서비스가 고도의 과학기술에 의존하고 있는 오늘날, 소비자는 생산자에 대응하여 상품의 안전성·품질 등을 평가할 수 있는 기술적 방법이 거의 없다.

그러므로 구입한 상품이 제 기능을 발휘하지 않거나 사용 중에 사고가 발생한 경우에도 소비자는 그것이 상품의 하자에 기인한 것인지 또는 자신의 조작 미숙에 의한 것인지를 알 수 없는 경우가 많다. 또한 그것이 상품의 하자에 기인한 것이더라도 이를 입증할 수 없기 때문에 적절한 피해구제를 받지 못하는 경우도 많다.

(3) 조직력과 시장지배력에서의 비대등성

생산자는 거대한 자본, 기술 등으로 시장을 지배하여 독과점을 형성하거나 조직력을 바탕으로 반사회적인 행동을 하기도 한다. 즉 기업은 강력한 조직력과 시장지배력으로 자

표 **1-1** 소비자와 생산자 간의 비대등성

구분	소비자	생산자
정보	충분한 지식을 가지고 있지 못하며, 생산자 또는 판매자가 제공한 정보에 의존	충분한 지식을 갖고 있음
기술	사적·공적기관에 시험·검사 의뢰	거대하고 전문적인 기술 조직을 보유
조직력·시장지배력	약함	강함
부담 전가	재산상의 손해뿐만 아니라 신체, 건강, 생명 등의 손해로, 그 부담을 타인에게 전가할 수 없음	재산상의 손해로 그 부담을 제품 가격 등에 반영시켜 소비자에게 전가함

유경쟁에 의해 가격이 적절하게 유지되는 것을 저해하거나, 자원의 분배를 저해함으로써 소비자에게 불이익을 주고 있다. 그러나 소비자는 그 자체가 대단히 미약한 존재인 데다가 장소가 분산되어 조직화되어 있지 않으므로 생산자에게 대항할 만한 힘을 갖지 못하고 있다.

(4) 부담 전가에서의 비대등성

생산자는 원가 상승이나 임금 상승 등의 부담을 제품 가격에 반영시켜 소비자에게 전가시킬 수 있는 데 반해, 소비자는 거래단계의 가장 끝에 있기 때문에 누구에게도 부담을 전가할 수 없다. 또한 부담 내용에 있어서도 생산자는 그 피해가 재산상의 손해로 한정되는 데 비해, 소비자는 상품의 결함 여부에 따라 재산상의 손해를 넘어 신체·생명·건강 등의 손해를 입는 경우가 많다.

2 | 소비자문제의 이해

상품의 특징이나 판매방법 등에 인해 소비자가 피해를 보는 문제는 최근 들어 나타난 일은 아니다. 소비자문제는 1960년 이후 매우 자주 발생하고 또한 심각해지고 있다.

표 **1-2** 경제환경 변화와 소비자문제의 발생

구분	내용
기술 혁신	모델의 변화, 제품의 평균수명 단축, 소비자정보의 진부화
대량생산-대량판매체계	결합상품에 대한 책임 소재의 불명확
마케팅의 고도화, 복잡화	소비자부재의 마케팅 전략
정보의 범람	소비자선택의 어려움, 주체성 상실
독점·불공정거래	소비자불이익의 증대
자원의 고갈	환경의 악화

(1) 소비자문제의 발생원인

소비자문제를 소비자가 생활을 위해서 재화나 서비스를 구입·사용하는 과정에서 일어나는 소비자의 피해 또는 소비자의 불이익이라 정의할 때, 이러한 소비자문제가 발생하게 된 배경은 다음과 같다(표 1-2 참조).

① 기술 혁신에 따른 소비자 지식 및 정보의 진부화

대다수의 상품이 고도의 기술 혁신에 의하여 극도로 복잡해짐에 따라 소비자는 제품의 품질과 사용법을 지금까지의 경험만으로는 습득할 수 없게 되었다. 또 상품과 서비스에 관한 지식과 정보를 얻기가 매우 어려워졌다. 지금까지의 시장은 구매자의 위험부담caveat emptor이 가능했으나, 이제는 판매자의 위험부담caveat venditor을 자각하지 않으면 안 되는 상황이 되었다.

② 마케팅의 고도화와 복잡화

기술 혁신, 대량생산시스템의 확립에 따라 과잉생산의 문제가 나타나게 되고, 이를 해결하기 위해 제품 차별화, 시장세분화, 제품다양화, 신제품 개발, 제품의 평균수명 단축 등으로 제품을 계획적으로 진부화하려는 마케팅 전략이 일반화되었다.

마케팅 수법의 고도화는 허위, 과대광고를 통한 부정·부당한 정보, 불공정한 판매, 과대포장, 자원의 낭비, 생활환경의 파괴, 제품에 의한 인간소외, 광고와 실제의 차이를 불러오고 이로 인해 생활의 가치가 침해되었다. 소비자는 자신이 수요를 창출하는 '물건'

> ### 마케팅의 고도화와 복잡화
>
> #### 제품차별화
> 오늘날 품질 경쟁과 가격 경쟁은 중요한 수단이 되었다. 그러나 기업은 치명적인 가격 하락을 방지하기 위해서 적극적으로 가격 경쟁을 회피한다. 따라서 품질 또는 상품 그 자체의 경쟁이 더욱 중요한 수단으로 등장하고 있다. 품질 경쟁에서 제조업자는 자기 제품을 경쟁품으로부터 이질화시키고 소비자선호를 강화하여 시장 수요를 자기 제품에 집결시키려고 노력하게 되며 이러한 정책을 제품차별화product differentiation라고 한다.
>
> #### 시장세분화
> 품질 경쟁에 대처하는 또 하나의 정책은 욕망, 용도, 구매능력 등을 달리하는 이질적 수요 집단으로 시장을 분할하여 제품을 각 수요 집단의 요구에 적응시키려는 시장세분화market segmentation이다. 이 정책은 결과적으로 제품다양화를 수반하기도 한다.
>
> #### 제품다양화
> 종래에 취급되지 않던 새로운 종류의 상품이나 혹은 동종품 중 디자인, 색채, 규격 등 다른 품목을 추가하는 것이 제품다양화product diversification이다. 제품다양화는 생산시설의 과잉, 수요의 계절적 변동, 부산물이나 자금의 활용 등 생산이나 자원상의 사정 또는 고객의 선호성을 높이고 분화된 수요에 응하기 위하여 취해지는 제품 정책의 하나이다. 다양화는 또한 종전에 생산 또는 판매하던 상품보다 고가의 품종을 추가하여 기존품의 명성을 높이고 판매를 증대하려는 것과 어떤 때에는 이와 반대로 고급품으로 구성된 상품 계열 중에 대중적 저가품을 추가하여 기존품에 대한 명성을 상대로 해서 판매를 촉진하려는 것의 2가지 정책으로 나누어진다.
>
> #### 제품의 계획적 진부화
> 인간은 항상 새것을 추구하면서도 급진적인 변화보다는 서서히 습관적인 행동양식에서 탈피하려는 경향이 있다. 인간의 그러한 내재적 습성을 토대로 하여 기존상품을 구식화시키고 새로운 스타일이나 새로운 디자인의 상품을 주기적으로 제시함으로써 판매량을 증대하려는 행위가 바로 계획적 진부화planned obsolescence이다.
> 계획적 진부화는 오랫동안 사회적·경제적 타당성의 측면에서 논란의 대상이 되어 왔다. 기업 측은 유행상품의 생산이 새로운 것을 추구하는 소비자들의 욕구에 부응하는 길이며 또한 저소득층에게도 구식 상품을 저렴한 가격으로 구매할 기회를 줌으로써 국가 경제 발전에 기여한다고 한다. 그러나 소비자의 입장에서는 '기능상의 혁신을 수반하지 않는 단순한 스타일의 변경'과 같은 진부화에 경제적 합당성이 존재하느냐는 의문을 가질 수밖에 없다.

이 아니라 '인간'으로서 대접받기를 원하나 이러한 욕구는 기업에 의해 좌절되고 있다.

③ 빈번한 신제품, 유행·모델의 변경

기술 혁신에 따른 소비자문제는 상품의 수명 주기에서 알 수 있다. 상품의 수명 주기

product life cycle는 도입기, 성장기, 성숙기, 쇠퇴기의 4단계로 나누어진다. 기업은 상품의 수명 주기를 의도적으로 단축하거나, 과도한 모델의 변경, 제품의 계획적인 진부화 등으로 사용할 수 있는 제품을 사장시키고, 새로운 제품을 구입하도록 강요하고 있다.

"10년이면 강산도 변한다."라는 말이 있다. 이것은 10년을 주기로 생각해 보는 것에 의미가 있다는 뜻이다. 한 제품이 발매되면 이 제품을 파악하는 데 대강 10년이 걸린다는 의미도 된다. 상품은 상품 주기가 길수록 완전해지며, 짧을수록 불완전하게 된다. 상품의 수명 주기가 짧아지면 불완전한 상품을 계속 사용해야 하며, 이에 따라 소비자문제가 심각해질 수 있다.

④ 정보의 범람

정보화 사회에서 소비자는 광고를 통해 소비 욕구를 자극받게 되고, 다른 사람을 의식하는 과시효과가 강하게 작용하는 등 비합리적 요소의 증가로, 구매 시 합리적인 상품 선택이 점점 어려워지고 있다. 정보의 범람 속에서 소비자의 주체성은 상실되었고 과대 광고, 부당표시, 부당경품 등의 소비자문제가 많이 발생하였다. 뿐만 아니라 외관, 유행 등에 중심을 둔 소비자의 구매동기에 인해 가격은 비싸지고 품질은 제자리걸음이 되어, 실질적인 화폐가치가 낮아지는 현상을 초래하게 되었다.

독점, 불공정거래를 부르는 가격정책

- **재판매가격** 재판매가격resale price이란 제조업자나 때로는 도매상이 그 상품을 취급하는 도매상이나 소매상과의 계약에 의해 배급과정의 각 단계에서의 판매가격을 일정한 수준으로 유지하는 것을 말한다. 그 목적은 판매업자의 고가판매에 의한 시장수요의 제한을 막기 위한 때도 있으나 일반적으로 판매자 사이에 생기는 부당가격절하경쟁을 방지하는 데 있다. 이처럼 재판매가격유지정책은 사업자 간의 가격절하경쟁을 방해함으로써 결국 상품가격을 인상시키는 효과를 가져온다.

- **관리가격** 관리가격administered price이란 현행 가격 아래 수급의 변화에 따라, 즉 초과수요 또는 초과공급이 발생하면, 가격이 상승 또는 하락한다. 그런데 수요가 감소할 때 산업에 따라서는 가격 인하를 단행하지 않고, 단순히 공급량을 감소함으로써 조절을 기도하는 수가 있다. 이러한 산업은 물론 현행가격을 유지할 수 있는 독점 또는 과점 산업이지만 수요 변화에 대하여 상당 기간에 걸쳐 가격을 변화시키지 않고 유지할 때 이를 관리가격이라고 한다.

⑤ 독점, 불공정거래

자본주의 사회에서는 자유경쟁이 원칙이며, 상품의 가격은 대체로 수요와 공급관계에 의해서 결정되어야 하나, 실제는 소수 독점기업의 의도나 기업 간 담합(카르텔)에 의해 결정되어 소비자의 이익이 침해받기 쉽게 되었다. 이들은 독점·불공정거래에 의한 관리가격, 재판매(再販賣)가격 등의 가격정책을 사용함으로써 물가를 상승시키고 있다. 정상적으로 물가가 상승하는 것은 소비자문제가 아니나 물가가 독점, 불공정거래, 관리가격 등에 의해 인위적으로 상승되면 소비자문제가 된다. 왜냐하면 거래조건의 결정에 참여할 수 있는 소비자의 권리가 침해되었기 때문이다.

(2) 소비자문제의 특징

오늘날의 소비자문제는 대량생산, 대량판매, 대량소비라는 현대 경제사회의 구조에 기인하는 구조적 문제로 다음과 같은 특성이 있다.

① 보편적 발생

오늘날의 소비자문제는 기술 혁신, 대량생산, 대량판매체제에 수반되어 나타난 것이다. 대량생산은 생산 공정이 극도로 분화되고 유통과정이 극도로 복잡해진 시스템에 의해 이루어지고 있다. 이러한 시스템하에서는 여러 단계의 생산 공정을 거치는 과정에서 그 어느 단계에서나 결함상품이 발생할 가능성이 있다.

② 피해의 광범위한 파급

대량생산·대량판매체제 아래 상품이 공급될 경우, 피해가 일단 발생하게 되면 그 피해가 광범위하게 파급된다. 만일 어떤 상품이 고도의 기술과정에 의하여 생산된 상품이라면 그 피해의 원인을 발견하기는 더욱 어려우므로 그 예방이 곤란하며, 따라서 그 피해가 미치는 범위는 더욱 확대될 것이다. 또 생활필수품에 대하여 부당한 카르텔이 형성되거나 부당한 표시가 이루어진 경우, 식품의 유해물질이 첨가된 경우에도 그 피해가 전국적으로 확산되게 된다.

③ 피해 원인 규명의 곤란성

오늘날의 상품과 서비스는 생산과 유통에 여러 단계를 거칠 뿐만 아니라 생산과 유통의 단계마다 많은 사업자들과 관계를 맺고 있다. 소비자피해가 발생한 경우 대개 그 원인이 무엇이며, 어느 단계에서 발생한 것인지, 책임이 누구에게 있는지를 확정하기가 어려운 경우가 많다. 특히 내용이 복잡하고, 고도의 기술을 사용한 상품이나 서비스의 경우에는 문제의 원인 규명이 더욱 어렵다.

생각하는 소비자 1-2

마켓 3.0과 소비자

코틀러Kotler, 2010는 《마켓 3.0》을 통해 우리 사회가 산업화 시대에서 정보화 시대로 바뀌었던 것처럼 미래에는 가치의 시대가 등장할 것이라고 예측했다. 마켓 1.0에서 기업은 제품을 표준화하고 규모의 경제 구현에 노력을 기울였다. 마켓 2.0에서는 정보화 시대에 필요한 정보를 확보한 소비자가 제품이나 서비스의 가치를 정의하게 된다. 그에 따라 기업은 이성과 감성을 통해 소비자의 욕구를 충족시키기 위한 노력을 기울이게 된다.

현재 진행 중이고 미래에 더욱 확실하게 구체화될 마켓 3.0에서 소비자는 기업과의 거래관계에 참여할 기회를 확보하게 되고, 그에 따라 기업은 소비자가 원하는 가치를 구현해 주어야 한다. 이 시기의 소비자들은 경제적, 환경적, 사회적으로 바람직한 변화를 갈망하고 이를 실현하는 기업의 상품에 관심을 두게 된다.

이제 기업은 상품을 통해 어떤 가치를 담아낼 것인가를 고민해야 한다. 더 구체적으로 미래 시장에서 기업은 고객 만족과 이익 실현을 넘어 사회문화적 가치 구현을 통해 사회에 기여해야 하며 그러한 기업만이 살아남을 수 있다. 즉 경영 환경의 변화, 기업의 존립 목적에 중대한 변화가 요구되고 있는 것이다.

구분	중시하는 것	호소 내용
마켓 1.0	제품 중시	이성(mind) 호소
마켓 2.0	소비자 중시	감성과 공감(heart) 호소
마켓 3.0	가치 주도	이성, 감성은 물론 영혼(spirit) 호소

자료: 코틀러(2010). 마켓 3.0. 타임비즈.

④ 소비자와 사업자 간의 지위 불평등성

소비자는 그에게 제공되는 상품과 서비스에 대하여 정확한 정보를 가지고 있지 않기 때문에, 기술과 정보를 기업의 비밀로 독점하고 있는 기업과 거래관계를 맺을 때 대등하지 못한 상태에서 출발하게 된다. 가격이나 거래조건에 대해서도 소비자들이 교섭할 여지는 거의 없으며, 단지 기업이 제시하는 조건에 따를 수밖에 없다. 이와 같은 실정에서 소비자가 사업자와 거래하는 경우 소비자문제가 도처에서 발생할 수 있으며, 소비자문제가 발생하더라도 소비자가 그 사실조차 제대로 인식하지 못하는 경우도 생긴다.

⑤ 피해의 심각성

소비자문제는 단순히 경제적인 피해에 그치는 경우도 있지만 결함상품이나 유해식품, 의약품 등과 같은 경우 그 피해가 소비자의 생명을 위협하거나 신체에 중대한 위해를 끼치는 경우도 있다. 상품 이외에도 의료사고, 교통사고, 위락시설의 안전사고, 호텔 등의 화재사고 등 서비스로 인한 피해도 심각하다.

⑥ 문제회피의 곤란성

생산자는 판매시장에서 우월한 지위를 확보하고, 신제품의 상품화에만 급급한 나머지 상품의 안전성에 대한 철저한 조사나 확인도 하지 않은 상태에서 대량으로 생산된 상품을 시장에 내놓기도 한다. 그리고 대체 수요를 유발하기 위하여 상품의 내구성을 경시할 뿐만 아니라, 불필요한 모델 변경을 자주 하는 까닭에 부실한 상품, 유해한 상품 또는 구형상품의 부품 부족 등과 같은 문제가 발생하게 된다. 즉 사업자에게는 경제적 효율성이 상품의 안전성이나 품질 향상보다 더욱 우선되기 때문에 소비자문제가 발생하게 된다.

3 │ 소비자피해의 유형

(1) 소비자피해의 개념

현대사회에서는 소비자피해가 생활 전반에 나타나고 있다. 소비자피해consumer damages는 소비자가 상품이나 용역을 구입하여 사용 또는 이용하는 과정에서 품질의 결함으로 인하여 소비자가 입는 생명·신체상의 손해, 부당한 가격이나 거래조건, 그리고 불공정한 거래방법 등으로 인해 소비자가 입는 재산상의 손해를 총칭한다. 이 소비자피해는 사업자와 거래한 상품 또는 용역의 거래조건 및 방법과 내용 등에 관하여 소비자가 가졌던 합리적인 기대와 현실 사이에 심리적 불일치가 있는 상태, 즉 물품의 사용으로부터 소비자에게 귀속되는 효용수준이 기대수준보다 낮을 때 나타나는 심리적으로 불일치한 상태인 소비자불만consumer complaints과는 다른 개념이다.

소비자불만과 소비자피해는 제품의 하자 여부로 구분할 수 있다. 구입한 상품의 품질과 디자인 등에 대해 소비자가 만족하지 못하면 일단 소비자불만상태가 된다. 이와 같은 소비자불만 중에서 특히 상품에 하자가 있어 소비자에게 구체적으로 재산상으로 또는 정신적인 피해가 발생한 경우를 소비자피해라고 하며, 이때 소비자는 사업자에게 피해보상을 요구할 수 있다. 그러나 구입한 상품으로 인해 소비자가 불만족스러운 상태에 있더라도 상품에 명확한 하자가 없으면 소비자는 사업자에게 피해보상을 요청하기 어려우며, 이 경우 소비자피해구제의 대상에서 제외된다.

(2) 소비자피해의 유형

① 발생에 따른 유형

소비자피해는 발생면에서 크게 내용상의 피해와 거래상의 피해로 나누어 볼 수 있다. 내용상의 피해는 상품이나 용역의 내용상의 흠이나 결함으로 인한 피해를 말하고, 거래상의 피해는 비밀 카르텔에 의한 불공정한 가격 형성, 부당한 표시, 부당한 거래조건 등으로 인한 피해를 말한다.

② 성질에 따른 유형

소비자피해는 성질면에서 재산적 피해와 비재산적 피해로 나누어진다. 재산적 피해는 소비자가 재산적인 피해를 입게 되는 경우이고, 비재산적 피해는 소비자의 생명이나 신체상의 안전이 침해받는 것을 말한다.

표 **1-3** 소비자피해의 유형

분류	피해	내용
발생	내용상의 피해	상품·서비스의 내용에서 발생하는 것으로 상품하자 피해, 상품의 결함으로 인한 생명·신체·재산의 피해 등
	거래상의 피해	상품·서비스의 거래관계에서 발생하는 것으로 사업자의 기만적인 고객유인, 기만적인 할인판매, 부당한 약관조항, 허위·과장광고, 카르텔에 의한 부당가격, 부당표시 등에 의한 피해
성질	재산적 피해	부당 가격, 불공정한 거래로 인한 피해
	비재산적 피해	결함상품, 소비자의 신체, 생명에 대한 피해로 절연재를 사용하지 않은 호텔 화재사고, 설계가 잘못된 도로의 사고피해 등
형태	다수소액 피해	대량상품의 부당가격표시 및 결함으로 인한 피해
	다수고액 피해	결함상품, 의약품, 자동차 등에 의한 신체 · 생명의 피해
	소수소액 피해	일상 소비품의 구매에서 중량부족, 세탁소에 맡긴 세탁물의 손상
	소수고액 피해	의료과오로 인한 신체·생명의 피해, 대지·건물 등의 허위광고로 인한 피해

③ 피해 형태에 따른 유형

소비자피해는 형태면에서 다수 소액피해, 다수 고액피해, 소수 소액피해, 소수 고액피해의 4가지로 나눌 수 있다.

- **다수 소액피해** 대량생산품의 가격 표시나 결함으로 인해 발생하는 피해와 같이 비록 피해 금액은 많지 않지만 많은 사람이 피해자가 되는 경우를 말한다.
- **다수 고액피해** 결함상품·의약품·자동차 등과 같이 소비자 안전과 관련한 상품으로 인해 많은 수의 소비자가 생명 또는 신체상에 심각한 피해를 본 경우를 말한다.
- **소수 소액피해** 일상 소비용품의 중량 부족과 같이 소수의 소비자가 경험하는 비교적 피해금액이 적은 경우를 말한다.
- **소수 고액피해** 의료 과오와 같이 비교적 일부에 해당하는 소비자가 입은 생명 또는 신체상의 피해나 허위·과장광고로 인해서 고가품에 해당하는 대지나 건물 등에 발생하는 피해를 말한다.

2. 소비자문제의 해결

1 | 소비자문제해결의 방법

소비자문제가 소비자의 이익consumer's interest을 침해하는 문제라 할 때, 소비자정책은 소비자의 입장에서 그 이익을 보호하는 조치라 할 수 있다. 소비자의 이익은 소비자의 권리에도 나타나 있으며, 우리 모두가 소비자이기 때문에 소비자의 권리는 바로 인간의 권리이다.

쇼렐리Thorlli, 1983는 소비자정책을 크게 소비자보호consumer protection, 소비자교육consumer education, 소비자정보consumer information로 나누고 있다. 그는 소비자문제를 해결하려는 노력을 소비자보호라 하고, 소비자보호 안에 소비자교육, 소비자정보, 소비자정책을 포함시키고 있다. 이때 소비자정책은 나라에 의한 소비자보호를 의미한다.

* 첫째, 소비자보호는 소비자 스스로 자신의 권리를 주장할 수 없을 때 소비자권리를 보장하기 위한 것으로, 소비자의 건강과 안전을 유지하기 위한 표준, 법, 규제에서부터 개방시장을 유지하려는 경쟁정책까지 다양하다.
* 둘째, 소비자교육은 시민이 지적인 소비자 또는 적어도 자유로운 소비자emancipated consumer가 되는 데 필요한 기본적인 지식을 제공하는 것이다.
* 셋째, 소비자정보는 시장에 나와 있는 개별상품, 상표, 모델에 대한 모든 자료를 제공하는 것을 뜻한다.

이러한 소비자정책은 시장 및 소비자의 특성에 따라 그 우선순위가 달라져야 하는데, 즉 산업화된 국가에서는 소비자정보, 소비자교육, 소비자보호의 순으로, 그리고 저개발 국가에서는 소비자보호, 소비자교육, 소비자정보의 순으로 이루어지는 것이 바람직하다. 또한 산업화된 국가에서도 정보탐색자, 일반 소비자, 불리한 소비자 등에 따라 소비자정책의 우선순위가 다음과 같이 달라져야 한다고 했다(표 1-4 참조). 이외에도 소비자정책은 다양하게 분류된다.

표 **1-4** 소비자정책의 우선순위

구분 소비자 정책	산업화된 국가	저개발국가	산업화된 국가		
			정보탐색자	일반 소비자	불리한 소비자
보호	3	1	3	3	1
교육	2	2	2	1	2
정보	1	3	1	2	3

　오늘날의 소비자문제는 거래사회의 구조에 기인하므로 소비자문제를 해결한다는 것이 소비자 개인의 능력을 넘어서는 일이 되었다. 즉 소비자문제는 소비자의 무능력, 기업의 무책임한 경영활동, 그리고 정부의 소비자복지에 대한 관심 부족으로 발생하고 있다. 따라서 소비자문제에 대한 해결도 3가지 측면에서 생각해 볼 수 있다.

- 첫째, 소비자가 주의를 충분히 하지 않았기 때문이거나,
- 둘째, 생산에서 판매까지의 과정에서 사업자가 주의의무를 태만히 했기 때문이거나,

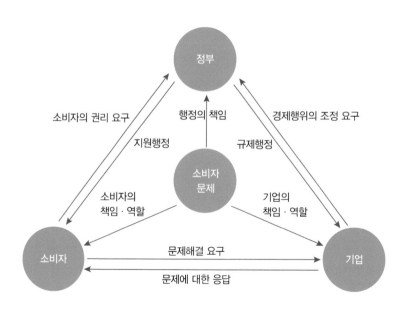

그림 **1-1** 소비자문제해결의 주체와 역할

•셋째, 국가 및 공공기관이 소비자의 기본원리가 실현되도록 하는 의무를 소홀히 하
였기 때문에 발생하게 된다.

　이러한 3자관계를 3극구조라 하며, 소비자문제를 해결하기 위해 각각의 역할 분담이
필요해졌다. 소비자문제를 해결하고 또한 사전에 예방하기 위해서는 3자의 역할에 대하
여 자세히 알아볼 필요가 있다.

2 ｜ 소비자의 역할

앞서 우리는 현대사회에서의 소비자의 지위에 대하여 살펴보았다. 소비자문제를 해결하
기 위해서 소비자는 어떠한 노력을 해야 하는가?
　소비자문제해결을 위해서는 무엇보다 소비자 개개인의 자각이 전제되어야 할 것이다.
다시 말해 소비자는 스스로의 안전과 권익을 향상시키기 위하여 필요한 지식을 습득하
는 동시에 자주적이고 성실한 행동을 함으로써 스스로의 권익을 보호해야 할 것이다.
이러한 사실을 자각한 소비자들이 단체를 조직하여 행동하게 되면 사업자에 대항할 만
한 강력한 존재가 될 것이다. 소비자의 역할을 수행하기 위하여 소비자는 먼저 소비자의
권리와 의무를 인식해야 한다.

(1) 소비자권리
우리 사회에는 "권리 위에서 자는 자는 보호받지 못한다."라는 원칙이 있는데 이는 소비
자보호의 원칙을 말해 준다. 이 문장은 소비자가 소비자권리를 자각하고, 자신이 권리의
주체자로서 행동해야 한다는 것을 의미한다.
　소비자의 권리가 최초로 선언된 것은 1962년 3월 15일 미국 존 F. 케네디ᴊₒₕₙ F. Kennedy 대
통령이 의회에 보낸 〈소비자의 이익 보호에 관한 특별 교서〉에서이다. 이 교서는 소비자
를 무시하고는 미국 경제가 성립하지 못한다는 것을 강조했으며 정치·경제상에 소비자
가 최초로 등장하고 있다. 이것은 소비자의 4가지 권리 즉, 안전의 권리, 선택의 권리, 정

보를 제공받을 권리, 소비자의 의견이 반영될 권리를 선언하고 있다. 소비자가 이러한 권리를 실행하는 데 지장이 없게 하는 것은 정부가 가진 소비자에 대한 의무이며, 그 책임을 담당하기 위해서는 정부 차원에서 입법 및 조치를 취해야 한다는 내용을 밝히고 있다.

그 후 리처드 M. 닉슨Richard M. Nixon 대통령은 소비자권리에 대해 다음과 같이 이야기했다. "70년대 미국에서의 소비자주의는 우리가 '구매자의 권리buyer's rights'라는 개념을 가지고 있었다는 것을 의미한다. 오늘날 미국의 구매자는 현명한 선택을 할 권리…, 자유로운 선택을 할 수 있도록 정확한 정보를 가질 권리…, 건강과 안정이 고려되기를 기대할 수 있는 권리…, 자신의 불만을 전달할 수 있는 권리를 가지고 있다. 이러한 구매자의 기본적 권리는 더 많은 개인적 자유와 더 나은 거래를 할 수 있도록 만든다."

우리나라의 '소비자기본법'에서는 케네디 대통령이 주장한 4대 권리에 4가지 권리를 더하여 소비자의 8대 권리를 규명하고 있다.

① 안전의 권리
소비자가 상품이나 서비스를 구입한 다음 발생하는 소비자의 신체, 생명 및 재산상의 위해로부터 안전하게 보호받을 수 있는 권리이다. 소비자는 이러한 위해로부터 안전을 보장받기 위해서 관련 기관에 이를 위한 건의 및 시정을 요구할 수 있는 권리도 갖는다.

② 정보를 제공받을 권리
'알 권리'라고도 불리며 크게 2가지로 구분된다. ① 소비자가 상품이나 서비스를 선택할 때 품질, 성능, 내용, 성분, 가격, 거래 조건 등 필요한 사항에 대하여 충분한 지식과 정보를 제공받을 권리, ② 허위·기만 정보로부터 보호받을 권리를 의미한다. 이 권리를 위해 제조회사 및 관련 당국은 필요한 정보를 제공해야 하며 허위·기만광고는 규제되어야 한다.

③ 선택의 권리
선택의 권리도 2가지로 구분된다. ① 소비자 상품이나 서비스를 사용할 때 거래의 상대방, 구입장소, 가격, 거래조건 등을 자유롭게 선택할 수 있는 권리, ② 이러한 권리를 위해서는 우선 많은 사업자가 참여하는 자유롭고 공정한 경쟁시장이 전제되어야 한다는 것을 의미한다.

④ 소비자의 의견이 반영될 권리

소비자는 소비생활에 영향을 주는 사업가의 사업활동과 국가 및 지방 자치단체의 정책 등에 대하여 자신들의 의사를 반영시킬 수 있는 권리를 가진다.

⑤ 피해보상을 받을 권리

소비자는 상품이나 서비스의 사용으로 입은 피해에 대해 신속하고도 공정한 절차에 의하여 적절하게 보상받을 권리를 가지고 있다. 이 권리의 보장을 위해 기업의 소비자피해보상기구나 소비자단체, 한국소비자원, 정부의 관련 기관 등에 신속한 피해보상과 구제를 요청할 수 있다.

⑥ 소비자교육을 받을 권리

소비자는 합리적인 소비생활을 하는 데 필요한 교육을 받을 권리를 가지고 있다. 소비자는 정부, 소비단체, 한국소비자원이 실시하고 있는 교육에 능동적으로 참여해야 한다.

⑦ 단체를 조직하고 활동할 권리

소비자는 스스로의 권익을 옹호하기 위하여 단체를 조직하고, 조직된 단체를 통하여 활동할 수 있는 권리를 가지고 있다. 이러한 단체로는 '소비자보호단체협의회', '한국소비자연맹', '전국주부교실', '소비자문제를 연구하는 시민의 모임' 등이 있다.

⑧ 안전하고 쾌적한 소비환경에서 소비할 권리

소비자는 안전하고 쾌적한 환경에서 소비할 권리를 가지고 있다. 최근 산업기술의 발달과 소비 증가로 환경이 파괴되는 심각한 문제가 발생하면서 이러한 내용이 소비자의 권리로 주장되고 있다.

(2) 소비자의 의무

소비자가 권리를 주장하고 보호받기 위해서는 권리를 지키기 위한 노력을 해야 한다. 즉 권리의 주체로서 적극적인 행동을 해야 한다. 일반적으로 소비자의 의무에 대해서는 소홀히 다루는데, 지금부터 소비자가 지켜야 할 소비자의무에 대해 알아보자.

① 소비자기본법에서의 소비자의무

- **올바른 선택** 소비자는 사업자 등과 더불어 자유시장경제를 구성하는 주체임을 인식하고 물품을 올바르게 선택해야 한다.
- **정당한 권리행사** 소비자기본법에 의한 8가지 권리를 남용할 것이 아니라 정당하게 행사해야 한다.
- **자립역량 강화** 소비자는 스스로의 권익을 증진하는 데 필요한 지식과 정보를 습득하도록 노력해야 한다.
- **합리적 행동** 오늘날 요구되는 소비자는 자기 판단에 따라 행동하고 자신의 결정에 대해 스스로 책임을 지며 합리적인 행동을 해야 한다.
- **환경친화적 소비** 소비자는 자원절약적이고 환경친화적인 소비생활을 함으로써 소비생활 향상과 국민경제 발전에 적극적인 역할을 해야 한다.

② 국제소비자기구에서 강조하는 소비자의 의무

- **비판의식**critical awareness 소비자는 시민으로서 모든 재화와 서비스의 유용성, 가격 및 품질에 대해 비판적인 질문을 던질 수 있어야 한다.
- **적극적 참여**action and involvement 소비자는 시민으로서 지식과 의식을 터득한 후, 그들의 요구가 받아들여질 수 있도록 확실하게 행동해야 한다.
- **생태학적 책임**ecological responsibility 소비자는 무분별한 자원과 에너지의 사용이 자연환경에 미치는 심각한 영향을 인식해야 한다.
- **사회적 책임**social responsibility 소비자는 경제적인 이익을 우선하기 때문에 자신이 선택한 것이 문화적으로 사회적으로 어떤 결과를 가져오는지에 대해 무관심하나, 사회적인 책임을 인식해야 한다.

· 단결solidarity 소비자는 공공의 관심과 지지를 위해서 소비자단체를 통하여 활동해야
한다.

3 │ 기업의 역할

기업은 생산의 주체이며 거래의 직접적인 당사자로서, 기업이 소비자문제를 어떻게 인식
하고 대처하느냐가 소비자보호에 크게 영향을 미치게 된다. 무엇보다 기업의 최고경영자
가 소비자문제를 어떻게 인식하고 경영정책에 어느 정도 반영하는지가 기업 자체의 장기
적인 성장뿐 아니라 소비자복지의 증대에도 결정적인 영향을 미치게 된다.
　기업에게 소비자홍보활동이란 기업의 이익과 무관한 것이 아니다. 적극적인 소비자보
호와 소비자만족을 통해 지속적인 구매를 유도하지 않고서는 기업이 이윤 추구를 달성
하거나 시장 경쟁에서 생존하기가 어렵기 때문이다.

(1) 기업의 사회적 책임

옛날과 같이 상품의 수가 적고 복잡하지 않았던 시대에는 소비자가 상품에 대한 정보나 지식을 충분히 가지고 있었다. 그러나 오늘날과 같이 상품의 가공도가 높아져서 기술이 진보하고 상품이 고도화·복잡화·다양화되면서 소비자가 가지고 있는 지식·정보만으로는 거래를 할 때 자주적인 판단을 내리는 것이 매우 곤란해졌다. 즉 거래에서 입장의 대등성이 상실된 것이다. 이 대등성을 지향하고 주체성을 회복시키려는 소비자측의 주장이 바로 소비자주의consumerism이다. 소비자가 입장의 대등성을 가질 수 있도록 돕는 것은 거래의 상대자인 기업의 책무이지 행정의 책무는 아닌 것이다. 거래의 상대가 충분한 판단력을 가지지 못한 채 거래하는 것은 불공정한 행위라고 할 수 있다. 따라서 '소비자가 합리적·자주적인 판단을 내릴 수 있도록 배려하는 것', 이것이 기업의 소비자에 대한 기본 이념이어야 한다. 기업의 사회적 책임을 구체적으로 살펴보면 다음의 5가지 분야로 나눌 수 있다(김기옥 외, 2001).

- 첫째, 소비자에 대한 책임이다. 기업은 소비자의 필요와 욕구를 충족시켜 줄 수 있는 제품과 서비스를 생산하여 판매하는 조직이다. 이러한 관점에서 본다면 기업의 가장 우선적인 책임은 소비자를 만족시키는 것이라 할 수 있다.
- 둘째, 기업의 유지·발전이다. 사회를 구성하는 각 조직은 고유의 목적을 가지고 있으며 이들이 고유의 목적을 잘 달성할 때 사회적·지속적으로 존재하며 발전할 수 있다. 사회에서 기업의 일차적인 목적은 제품과 서비스를 능률적으로 생산하여 적정하게 배분하는 것이다. 이를 위해서 기업은 합리적인 경영으로 기업을 계속 발전시켜, 한정된 자원을 낭비하여 사회적 손실을 초래하지 않도록 해야 한다.
- 셋째, 이해관계자의 이해 조정이다. 기업은 수많은 이해관계자의 다양한 기대와 요구로 둘러싸여 있고 이것은 기업의 의사 결정에 영향을 미친다. 예를 들어 노사갈등문제, 제품의 가격인상문제 등은 서로 다른 이해관계에 의해 발생할 수 있으나 기업은 이러한 이해집단 간의 이해 충돌로 발생할 수 있는 문제들을 사전에 조정하여 최소화할 책임이 있다.
- 넷째, 사회 발전이다. 사회 구성원의 복리를 증진시키기 위하여 기업이 보건과 복리

증진, 그리고 교육이나 문화활동 등을 지원하는 것은 기업이 속한 사회에서 기업의 경제적 역할을 다하는 것 이외에 노력해야 할 부분이다.

- 다섯째, 자연환경의 보존이다. 심각한 사회문제로 대두하고 있는 환경오염문제와 자원의 고갈문제는 인간의 생활환경을 크게 파괴하고 나아가 건강과 생존을 위협하고 있다. 이러한 문제의 대부분은 기업활동과 관련되어 있으므로 기업은 적극적으로 자연환경을 보존하기 위해 노력해야 한다.

자본주의 개념이 확대되면서 소득의 양극화, 빈곤층의 확대, 청년 실업의 등장, 대기업과 중소기업의 격차 확대 등 사회적으로 바람직하지 않은 현상들이 목격되고 있다. 앞서 언급한 바 있는 환경적 문제들과는 달리 이러한 사회적 문제들은 기업의 경영활동에 의해 직접적으로 야기되었다고 보기는 어렵다.

그러나 기업은 자신의 이윤이 수많은 소비자의 제품이나 서비스의 구매에서 창출되고, 이들 소비자 중 일부 계층이 겪고 있는 어려움에 대해 간접적인 책임을 인식하게 된다. 특히 소득의 양극화라는 사회적 문제점이 대두되면서 기업은 이윤의 일부를 사회로 환원하는 데 관심을 갖게 되고 자선적 의미에서 사회공헌활동을 전개하기 시작하는데 해당 활동의 대상은 주로 극빈자, 장애인 등 소외계층이다.

이는 기업이 창출한 이윤의 일부를 이에 기여한 사회 구성원에게 환원하는 것이다. 이 시기부터 기업의 사회공헌활동은 투자적인 관점을 갖게 된다. 기업은 자선적 활동을 통해 일반 공중과의 우호적 관계를 형성하고 '착한 기업'이라는 이미지를 형성함으로써 장기적인 관점의 이윤 창출을 기대하는 것이다. 이 시기에도 기업의 목적은 이윤 극대화에 있으나 사회적 책임의 범위가 법적 및 윤리적 의무에서 사회적 책임으로 확대되었다고 볼 수 있으며, 사회공헌활동에 자발적으로 투자하기 시작했다고 할 수 있다.

최근 기업은 사회공헌활동을 자선에서 박애의 개념으로 전환시키고 있다. 과거 자선의 목적이 이타심에서 소외층의 현재의 어려움을 줄여 주는 것이라면, 박애의 목적은 조직적이고 체계적인 활동으로 그들의 근본적인 문제점을 해결함으로써 인간 삶의 질을 향상(예: 학교 설립과 교육을 통해 근본적인 문제의 해결책을 찾고자 함)시키고자 하는 것이다.

(2) 기업의 자율규제

기본적으로 소비자피해문제는 제3자가 개입하여 해결하는 것보다 제품 및 서비스 판매를 통해 소비자피해를 유발하는 기업이 자율적으로 예방책과 구제책을 마련하여 실행하는 것이 가장 효율적이다. 자율규제self-regulation는 기업이 스스로 그들이 행할 윤리강령, 산업에서의 제품이나 서비스의 표준 등을 정하고 실행하는 것을 의미한다.

자율적 피해관리시스템을 도입하고자 하는 기업에 도움을 주고자 2005년부터 기업이 기준으로 삼을 수 있는 '소비자불만 자율관리 프로그램CCMS: Consumer Complaints Management System'이 제정되어 현재는 CCMConsumer Centered Management이라는 이름으로 한국소비자원에서 운영하고 있다.

미국에서는 거래개선협회BBB: Better Business Bureau가 소비자에 대한 정보제공 및 소비자분쟁 중재를 통해 자율규제 역할을 수행하고 있다. 거래개선협회는 1970년에 설립된 기업 주도의 소비자보호기구로 미국, 캐나다, 이스라엘, 멕시코 등에 112개 지부를 가진 비영리 법인이다. 거래개선협회의 목적은 부정·허위 또는 오해를 일으키기 쉬운 판매나 광고활동을 조사·지적해서 기업과 소비자를 보호하는 것이며 상품상담, 진정상담, PR활동, 각종 강연회의 개최 등의 활동을 하고 있다. 거래개선협회는 대기업과 경제단체가 참여하는 자율적인 소비자보호활동기구로 소비자정보제공, 기업광고의 규제, 소비자분쟁 중재 등을 통해 소비자피해 예방 및 구제활동을 추진하고 있다.

주요 업무는 기업 영업에 관한 정보수집·제공과 소비자 고발사항의 처리 등 소비자와 기업 사이의 마찰을 해결하는 기능을 주로 하고 있다. 즉, 소비자와 사업자 사이의 분쟁해결, BBB 제정 광고법, 광고의 진실, 정보제공 위주의 소비자 및 사업자교육 등을 담당하고 있다. 소비자가 구입한 상품에 불만족스러울 때 판매인이 수리·교환과 환불 등의 공정한 처리를 거절할 경우, 소비자는 거래처에 비치된 '고객장부Customer Record'를 통해 고발할 수 있다. 또한, 이 협회는 허위나 오해하기 쉬운 광고활동을 조사하여 기업과 소비자를 보호한다.

자율규제는 기업이 정부의 개입 없이 소비자의 욕구에 반응할 수 있는 능력을 나타내는 것이다. 따라서 자율규제가 효과를 거두기 위해서는 소비자문제의 인식, 그 심각성의 인지, 그리고 문제를 해결하려는 동기가 있어야 한다. 자율규제는 시장에서 특정 기업의 잘못을 정정하려는 것으로, 일반적으로 자율규제가 잘된 산업은 정부의 강한 규제를 피할 수 있으며 좋은 이미지를 유지할 수 있다.

그러나 자율규제도 규제의 필요성을 인정하는 것이므로, 정부는 관련된 법을 강화함으로써 더 큰 효과를 거둘 수 있을 것이다. 소비자도 자율규제를 통해 시장에서 신뢰감을 가지고 거래를 할 수 있으며, 자율규제가 없었더라면 정부규제를 위해 소요될 비용을 지불하지 않아도 되므로 세금이 줄어드는 효과도 있다. 즉 자율규제는 신속성, 비형식성, 비용절감효과라는 장점을 가지고 있다.

(3) 기업의 소비자전담부서

기업은 소비자보호를 위해 소비자전담부서(예: 고객상담창구 등)를 설치하고 있다. 기업이 소비자전담부서를 설치·운영하는 목적은 다음과 같다.

- 소비자와의 분쟁 회피
- 사무의 합리화와 비용 감소
- 기업의 사회적 책임의 수행
- 기업의 법적 의무 수행
- 기업 이미지의 향상
- 고객의 신뢰 확보와 유지
- 고정고객의 유지와 획득
- 고객의 필요 및 요구의 파악
- 소비자경영에의 피드백
- 매상고, 이익, 시장점유market share의 확대
- 고객 만족의 확대, 평생고객의 확보·유지

기업의 소비자대응을 생각할 때 소비자불만이나 소비자문제가 기업에 있어서 어떤 의미를 가지는가는 매우 중요하다. 이러한 것은 소비자문제에 대한 기업의 이념, 자세, 사고방식 등 기업의 경영철학과 관련된 문제이며, 경영자의 사상과 통찰과도 깊이 관련되

그림 **1-2** 소비자문제에 대한 기업의 자세

는 문제이다.

소비자문제에 대한 기업의 자세는 크게 3단계로 나누어 볼 수 있다. 첫째 단계는 저해요인으로 생각하는 단계, 둘째 단계는 자극요인, 셋째 단계는 촉진요인으로 생각하는 단계이다.

① 저해요인으로 생각하는 단계

소비자불만 호소를 기업활동의 저해요인으로 생각하는 것으로, 제일 성숙하지 못한 단계이다. 소비자불만을 처리할 필요가 없고 이를 해결하기 위한 투자를 마이너스로 생각하기 때문에 이와 관련된 인적 자원도 배치하지 않는 상황이다. 이 단계에서는 소비자의 불만이나 문의를 대충 처리하거나, 열심히 사죄하거나, 불만을 이야기한 사람 집에 선물을 가지고 가서 무마하는 것이 주된 업무 내용이다. 또한 불만을 호소하는 소비자를 다루기 힘든 소비자difficult consumer라고 생각하고 있다.

② 자극요인으로 생각하는 단계

이 단계는 소비자불만과 문의가 기업활동에 자극을 주어 활성화에 도움이 된다는 사고로서, 소비자불만이나 문의를 고객이 일부러 수고하면서 제공하는 귀중한 정보라고 인식한다. 이 단계에서는 2가지 기능을 반영한다. 첫째는 소비자로부터 문의·상담·소비자불만의 접수 처리이고, 둘째는 수집된 정보를 분석하여 경영에 반영하는 것이다. 기업이 많은 자금과 인재를 투자하여 소비자창구를 설치하는 것은 단순히 고객의 불만을 제거하기 위한 것일 뿐만 아니라, 지금까지 통계상 숫자로만 파악할 수 있었던 소비자의 욕구_{needs}를 문의·상담·소비자불만 호소라는 형태로 생생히 들을 수 있다는 데 그 의미가 있다.

최근 우리나라에서도 이와 같은 명확한 의식을 가지고 소비자창구를 개설하는 기업이 늘어나고 있다. 상품 등 표시에 소비자창구의 명칭이나 전화번호를 적고 요금을 수신자 부담(클로버서비스)으로 하는 기업도 많아지고 있다.

③ 촉진요인으로서 생각하는 단계

이 단계의 기업은 소비자문제가 기업에게 마이너스 요인이라는 것을 적극적으로 부정하고, 기업의 자세 및 마케팅 전략을 소비자의 욕구와 만족에 합치시키려고 노력한다. 비록 소비자가 특정 상품, 서비스를 원해도 자원·환경문제에의 영향이 반사회적이라고 판단되면, 그 소비자의 선호에 위배되더라도 소비자를 계몽하면서 대국적인 입장에서 소비자의 이익을 우선으로 하면서 기업은 적정한 이윤을 높여 간다.

고도성장시대의 성숙과 함께 우리나라 역시 경제 포화상태가 되어 품질·기능의 차별화가 곤란해지고, 중국이나 동남아시아 등에서 저렴한 상품이 들어오면서 기업 간의 경쟁이 전 세계적인 규모로 격렬해지고 있다. 경쟁상대는 우리나라에 있는 기업만이 아니라 일본, 미국, 대만 그 밖의 세계 어디에나 있으므로 양질의 서비스가 필수라는 것을 인식하는 단계이다.

(4) 기업 소비자전담부서의 역할 변화

대부분의 기업들은 고객의 요구를 해결하기 위해 소비자상담부서를 운영하고 있다. 고객의 요구가 증가하고 매우 다양해지고 있음에도 여전히 소비자상담부서를 단순히 고객의 불만을 처리하거나 고객의 문의에 대해 응답하는 곳으로 생각하는 기업도 있다.

최근에는 소비자상담부서가 고객과의 만남을 통해 고객의 서비스 경험에 긍정적 영향을 주어 판매 증대를 기할 수 있으며, 나아가 고객과의 대화를 유도하고 그들의 생각을 경청할 수 있는 중요한 조직이라는 것을 점차 인식하는 추세이다. 특히 고객과의 관계 구축을 위해서는 소비자상담부서의 역할이 매우 중요하다. 왜냐하면 기업과 고객 사이의 모든 접촉은 정보수집과 향상된 서비스를 제공할 기회이고, 기업과 고객의 관계를 증진시킬 수 있는 기회가 되기 때문이다.

더욱이 오늘날의 발달된 과학기술은 음성·화상·데이터가 하나로 통합되는 것이 가능해졌고, 이에 따라 소비자상담부서의 업무도 실시간real-time으로 이루어지면서 그 중요성이 더욱 커지고 있다.

그러나 여전히 소비자상담부서를 '비용만 드는 센터cost center'라고 생각하는 기업들이 많다. 이러한 인식하에서 소비자상담부서를 운영할 경우 비용 절감에만 몰두하게 되므로, 통합적인 관리전략을 세우기가 어렵다. 소비자상담부서가 '비용만 드는 센터'의 위치에서 탈피하여 고객과의 만남을 통해 고객의 서비스 경험에 긍정적인 영향을 주고, 고객정보를 축적하여 미래의 수익으로 연결시키는 '이익을 주는 센터profit center'의 역할을 하기 위해서는 발전된 소비자상담부서 관리전략이 필요하다.

최근 인터넷 기반의 CTIComputer Telephony Integrate 솔루션이 가능해짐에 따라 전화통화 중심이던 소비자상담부서의 업무영역이 전자우편, 스마트폰, 채팅, 메신저 등으로 다양해지고 있다. 다시 말해 소비자상담부서는 과거의 전화센터Sales Support Telephone Center에서 진화하여 최근에는 온라인상에서 고객과 접촉하고 관계를 갖는 통합적인 고객접점센터Integrated Contact Center Customer Online로 변해가고 있다.

그림 **1-3** 소비자전담부서의 역할 변화

기업의 소비자상담부서는 기업을 대표하여 소비자와 의사소통을 할 뿐만 아니라, 기업 내에서 경영진에게 소비자에 관한 정보 및 소비자의 의견을 전달해야 한다.

(5) 소비자지향 기업경영의 방향

기업의 마케팅활동은 소비자들의 필요 또는 욕구를 유발시키기 위한 것으로 이는 궁극적으로 소비자만족을 통하여 달성될 수 있다. 이러한 인식하에 오늘날의 기업경영에서는 고객만족을 통하여 이익을 획득하려는 사고가 중요시되고 있다.

고객만족경영은 종래의 생산자지향주의manufacturer orientation로부터 고객지향주의customer orientation로의 이행을 의미하는 것으로, 고객 만족의 증대가 곧 기업의 성과 증대에 직결된다는 관점하에서 제품의 기획, 생산, 유통, 판매, 판매 후 관리에 이르는 전 과정에 걸쳐 고객 만족을 중심으로 의사 결정을 하고 그 결과를 평가하는 것을 말한다. 한 기업이 제공하는 상품과 서비스에 만족하는 고객은 그 기업의 상품을 계속 구입할 뿐 아니라, 다른 친구, 주변 사람에게 이야기하여 새로운 고객을 창조하게 된다.

CRMCustomer Relationship Management은 고객관계관리를 말하는 것으로, 선별된 고객으로부터 수익을 창출하고 장기적인 고객관계를 가능케 하는 마케팅이다. 즉 CRM은 고객과 관련된 기업의 내·외부 자료를 분석·통합하여 고객 특성에 기초한 마케팅활동을 계획하고, 지원하며, 평가하는 과정이다.

시장에는 고객과 기업이 있고 이들은 사회의 주요 구성원들이다. 지금까지 기업이 추구하는 가치, 고객이 원하는 가치 및 사회가 요구하는 가치들은 서로 어울리기보다는 대립되어 왔다. 왜냐하면 기업의 목적이 이윤 창출이었기 때문이다. 그러나 이윤 창출만을 위한 기업활동은 다양한 사회적 문제점을 야기하므로 소비자는 이러한 기업을 찾지 않게 된다. 따라서 기업은 여러 사회적 문제점들을 해결하는 것을 기업의 목적으로 포함시켜야 할 필요성을 인식하게 되며 그에 따라 사회공헌활동의 본질도 변하게 되었다.

과거에는 기업과 사회가 분리되어 기업이 사회를 위해 무엇을 할 것인가를 고민한 결과가 사회공헌활동이었다면, 미래 시장에서는 기업과 사회가 하나로 연결되어 함께 발전하는 방법을 모색하게 될 것이다. 즉 미래 시장에서는 기업과 고객이 서로 분리된 객체

> **기업소비자전문가협회**
>
> 기업소비자전문가협회OCAP: Organization of Consumer Affairs Professionals는 기업의 소비자보호 및 고객만족활동을 보다 체계적이고 전문적으로 실천하기 위해 기업에서 소비자업무를 관장하는 책임자들이 자발적으로 조직한 단체로, 연 4회 〈기업소비자정보〉를 발간하고 홈페이지www.ocap.or.kr에서 소비자상담을 수행하고 있다.
>
> 이 협회는 소비자 관련 정보제공 및 회원사 간 업무 교류의 활성화를 주도하여 회원사에 유익한 가치를 제공하며, 기업과 소비자단체, 행정기관의 상호협력과 이해 증진을 통해 기업의 소비자문제의 효율적 대응으로 회원사의 권익 보호에 앞장서며, 기업의 고객지향적인 문화 창출을 목표로 하고 있다. 또한 올바른 소비자문화 창달을 위해 기업의 입장과 의견을 수렴, 정부에 개진하게 하고, 소비자 보호업무에 대한 기업의 능동적인 대처를 위해 전문가를 육성하며, 소비자문제에 관한 각종 제도나 시책, 외국의 선진 사례를 조사·연구하고 있다.

가 아니라 하나의 공동체로 발전하게 될 것이다.

사회공헌활동은 가치 구현의 시대가 도래함에 따라 공유가치 창출이라는 새로운 방향으로 진화하고 있다. 공유가치 창출CSV: Creating Shared Value은 하버드대학교의 마이클 포터Michael Porter 교수 등이 2011년 처음 주장한 내용으로, 자본주의로부터 파생된 여러 사회적 문제점들을 인식하고 어떻게 하면 해결할 수 있을까에 대한 답변이다. 사회공헌활동의 일환으로 행하고 있던 기존의 기업의 사회적 책임CSR의 이념을 넘어, 문제를 해결함과 동시에 기업의 성장을 함께 이룰 수 있는 새로운 개념으로 소개되었다. 즉 기존에는 기업들이 이윤 창출 후 수익의 일정 부분을 사회에 환원함으로써 사회적 책임을 감당했다면, 이제는 기업의 수익창출 그 본연의 활동 안에서 사회적 가치를 창출하여 기업과 사회가 동시에 경제적 수익을 향유하자는 것이 그 기본 개념이라 할 수 있다. 이제 기업은 상품을 통해 어떤 가치를 담아낼 것인가를 고민해야 할 것이다. 더 구체적으로 미래 시장에서 기업은 고객 만족과 이익 실현을 넘어서 사회문화적 가치 구현을 통해 사회에 기여해야 하고 그러한 기업만이 살아남을 수 있다.

생각하는
소비자
1-3

소비자문제의 환경 변화와 기업의 자율규제

소비자정책의 환경이 지속적으로 변화하고 있다. 과학기술 및 정보통신기술의 발달로 소비환경이 복잡하고 변화무쌍하게 바뀜에 따라 소비자의 피해에 대한 우려가 증폭되고 있기 때문이다. 소비자에게 판매되는 상품이 복잡하고 다양화됨에 따라 사업자와 소비자 간 비대칭 정보에 대한 우려의 목소리가 높고, 이로 인한 소비자피해 발생 및 안전 침해에 대해서도 관심이 크게 증가하고 있다. 또한, 새로운 상품이나 소셜커머스 등 새로운 거래방식이 출현함에 따라 새로운 유형의 소비자피해가 발생하고 있고, 소비자의 개인정보가 무분별하게 노출될 위험성이 증가하는 상황이다.

반면, 인터넷을 비롯한 정보통신 기술의 발달, 신기술 및 신물질의 발달에 따른 새로운 상품 및 서비스의 등장으로 인하여 정부규제의 효율성 문제가 제기되고 있다. 규제기관이 보유하고 있거나 파악할 수 있는 관련 정보가 부족하거나 뒤처져 있을 가능성이 있기 때문이다. 따라서 정보통신 및 과학기술의 변화에 따른 다양한 문제를 가장 잘 파악할 수 있는 사업자들이 자율규제 확대를 통해 새로운 변화에 대응하는 것이 요구되고 있다.

사업자는 정보통신 및 과학기술의 변화에 따른 다양한 문제를 가장 잘 파악할 수 있는 주체이기 때문에 소비자와 새로운 관계를 형성할 새로운 기회일 수도 있다. 웹 4.0 시대의 도래로 기업과 소비자의 관계가 단순 대립을 벗어나 협력적 관계로 형성될 수 있음을 감안하여 이에 적절하게 대응하는 정책을 강구할 필요가 있다. 사업자가 다양한 채널을 통해 소비자의 니즈를 제대로 반영하고 피해를 최소화하는 것은, 소비자의 만족도를 높일 수 있는 좋은 기회이기 때문이다.

기본적으로 소비자피해문제는 제3자가 개입하여 해결하는 것보다 제품 및 서비스 판매를 통해 소비자피해를 유발하는 기업이 자율적으로 예방책과 구제책을 마련하여 실행하는 것이 가장 효율적인 방법이다. 기업이 소비자피해 예방에 적극적으로 노력한다면 소비자피해가 상당수 줄어들 수 있다. 기업 스스로 제품 및 서비스 품질관리, 제품 안전, 소비자에 대한 정보제공 등의 예방활동을 통해서 소비자피해 발생의 상당 부분을 막을 수 있기 때문이다. 그리고 소비자피해가 발생했을 경우에도 기업 내부에 이에 신속하게 대응할 수 있는 시스템과 명확한 기준 등이 마련되어 업무를 처리한다면 소비자, 사업자 모두 불만처리 및 피해구제에 따른 시간이나 비용을 절감할 수 있다.

자료: 최숙희(2012. 2. 22). 한국소비자원, 소비자칼럼.

4 | 정부의 역할

오늘날의 소비자문제는 소비자가 사업자에 비해 무력하기 때문에 발생하는데, 그 원인은 거래사회의 구조에 있는 것으로 개인의 능력을 초월한다. 소비자란 상품 및 서비스의 구입·소비의 주체로서 국민 모두를 포함하므로 국민경제에서 가장 큰 집단이다. 여기에 국민의 이익을 대표해야 할 국가가 소비자와 사업자의 거래관계에 적극적으로 개입하여 사업자에 의한 부당한 지배를 배제함으로써, 사업자와의 사이에 실질적인 대등성이 유지되도록 해야 할 것이다.

정부는 시장의 힘이 소비자보호를 제대로 실행하지 못하고 있을 때, 즉 시장실패market failure가 나타날 때 개입하게 된다. 정부는 소비자문제에 대해서 기업과 소비자의 주장이 대립할 때 서로의 권익을 조정하는 역할을 해야 한다. 국가는 제3자적인 중립의 입장에서 조정을 행하는 것이 기본이지만, 소비자와 기업의 관계에서 소비자는 실질적으로 약한 입장에 놓이기 때문에 최소한의 균형을 소비자 측에 두어야 할 것이다.

(1) 소비자보호를 위한 정부 개입의 필요성

세계화·정보화에 따라 정부 및 공공기관(이하 정부)이 적극적으로 소비자보호 등 소비자정책에 관여해야 할 필요가 있다. 정부가 소비자보호에 개입할 필요성에 관해서는 다양한 논의가 있지만, 다음과 같은 측면에서 생각해 볼 수 있다.

- 첫째, 세계화에 대비한 전략으로써 소비자주의를 실현하기 위해서는 정부가 적극적으로 소비자정책에 관여해야 한다. 세계화에 대한 대응전략으로써 기업과 정부가 모두 소비자지향적인 경영 및 정책을 실시할 필요가 있기 때문이다.
- 둘째, 정보화 사회의 소비자문제에 체계적으로 대처하기 위해 정부의 관심과 역할이 요구된다. 최근 전자상거래 및 통신판매, 다단계판매업 등 새로운 판매방식을 통한 거래와 판매업체가 날로 늘어가고 있으며, 이에 따라 소비자피해가 더욱 증가하고 있다. 이렇게 소비자피해가 급증하고 있는 상황에서 소비자중심사회로의 전환을 위해서는 정부의 적극적인 관심과 참여가 요구된다.

• 셋째, 소비자피해구제가 체계적으로 이루어지기 위해서는 국가 차원의 정보관리시스템 도입이 필요하다. 소비자정보제공을 위해서는 소비자정보의 수집, 분석 및 관리를 위한 국가 차원의 소비자정보관리시스템을 구축해야 한다. 민간 소비자단체나 기업, 한국소비자원을 통해 얻는 정보나 공공기관이 직접 소비자정보를 수집하여 총괄적으로 정보를 분석하고 정보네트워크를 관리하는 것이 국가적 차원에서 요구된다.

• 넷째, 국가 차원의 정보관리시스템을 통한 자료를 토대로 하면 소비자피해의 근본적인 예방을 위한 각종 법률의 제정과 개정, 제도 개선 등이 쉽게 이루어질 수 있다. 소비자교육, 정보제공이 예방 위주 프로그램을 요구하는 국가의 정책적 문제라는 점, 그리고 정부의 관여에 의해 소비자문제의 예방이나 해결에 드는 사회적 비용을 절감할 수 있다는 점에서 공공기관의 소비자상담이 요구된다.

우리나라에서는 공정거래위원회와 한국소비자원을 중심으로 하는 중앙행정기관과 16개 지방자치단체들이 소비자보호와 관련된 업무를 처리하고 있다.

(2) 정부의 역할

정부는 소비자의 이익을 보호하고 시장에서 거래 당사자 간의 신뢰감을 유지하기 위해서 다음의 역할을 수행하고 있다CCAC, 1992.

① 규칙제정자

정부는 규칙제정자rule maker로서 법과 규제를 제정하고, 시장의 규칙을 확립하고, 생산자와 소비자에게 의무를 부과하고 있다. 의무는 사법에 의해 강화되고 있다.

② 중재·조정자

정부는 중재·조정자referee로서 규칙제정자의 역할에 따라 규칙을 따르도록 하며, 규칙을 위배했을 때 그 보상을 요구할 수 있는 수단을 마련해야 한다. 어떻게 해야 규칙이 잘 지켜질 수 있는지는 법의 형태, 소송의뢰인의 특성, 이용가능한 자원에 따라 다르다.

③ 옹호자

정부는 소비자이익을 보호하기 위해 관련 부서를 마련해야 한다. 옹호자advocater로서의 역할은 모든 시장참여자, 즉 다른 정부 관련 부서, 지방자치단체, 국내외 기업·단체들과 함께해야 하는 것이다.

④ 정보중재자

정부는 국내외 정보원으로부터 다양한 정보를 제공받을 수 있으므로 소비자와 기업, 다른 지방자치단체 등에 이 정보를 제공해야 한다. 정보중재자information broker로서의 역할은 무역이 확대되고 국제화가 촉진되고 국제 간의 협상이 국내 시장에 많은 영향을 미치게 됨에 따라 중요성이 더욱 커지고 있다. 각국이 세계화된 시장에서 우월한 경쟁력을 확보하기 위해서는 더 많은 정보를 필요로 하기 때문이다.

⑤ 촉진자

정부는 사업자와 소비자가 상호협조적으로 소비자문제를 해결할 수 있도록 도와 주고 있다. 최근에는 소비자문제를 해결하는 데 드는 비용을 줄이기 위하여 촉진자facilitator로서의 역할이 더욱 빈번하게 나타나고 있다.

⑥ 서비스 제공자

정부는 서비스 제공자service provider로서 교통, 건강, 교육, 실업보험 등 다양한 서비스를 제공하고 있다. 소비자들은 정부가 제공하고 있는 서비스에 대해 정확히 알고 있지 못하나, 이러한 서비스의 상당 부분은 시장의 기능을 원활하게 하기 위해서 필수적이다.

이상의 6가지 역할은 고정된 것이 아니라 환경의 변화와 시장의 요구에 따라 조화를 이루면서 수행되어야 한다. 우리나라 헌법에도 "국가는 건전한 소비자를 계도하고 생산품의 품질 향상을 촉구하기 위한 소비자보호운동을 법률이 정하는 바에 의하여 보장한다(헌법 제124조)."라고 되어 있다. 또한 소비자기본법에는 국가에게 소비자의 기본적 권리가 실현되도록 하기 위하여 다음과 같은 의무를 부과하고 있다(동법 제6조).

- 관계법령의 제정
- 필요한 행정조직의 정비 및 운영 개선
- 필요한 시책의 수립 및 실시
- 소비자의 건전한 조직활동 육성

스스로 찾아보기

1. 최근에 심각하게 대두되고 있는 소비자문제의 유형, 피해 상황, 해결 방향 등에 관해 자세히 알아보자.
2. 경제·사회환경 및 소비자 변화에 따라 앞으로 심각하게 나타날 소비자문제나 피해에 관해 알아보고 그 해결을 위해 소비자, 기업, 정부가 해야 할 역할이 무엇인지 생각해 보자.
3. 기업의 사회적 책임을 성공적으로 수행하고 있는 국내 및 국외의 사례를 찾아보자.

소비자정책

오늘날 국경을 넘어선 소비자거래가 증가하면서 소비자피해 및 문제가 나날이 다양해지고 복잡해지고 있다. 또한 소비자의 인구 구성이 고령화되고 SNS를 이용한 소셜커머스, 스마트폰을 이용한 모바일커머스 등 새로운 형태의 상거래가 등장하고 있다. 이러한 가운데 신자유주의의 영향으로 정부의 개입보다는 시장기능을 통한 문제해결이 추구되고, 사업자에 대한 규제보다는 소비자의 역량을 강화하는 정책이 점차 주목을 받고 있다. 세계 각국은 이러한 환경 변화에 부응하여 소비자정책의 추진체계를 개편하는 등 노력을 기울이고 있다.

제1장에서는 소비자문제가 왜 발생하며, 소비자문제의 해결을 위하여 소비자, 사업자 및 정부가 각각 어떤 역할을 해야 하는지를 이론적으로 살펴보았다. 이 장에서는 정부가 '소비자정책'이라고 하는 부분에서 실제 어떤 역할을 수행하는지에 대해 살펴보기로 한다. 지금부터 구체적으로 소비자정책이란 무엇인지, 또 각국은 어떠한 추진체계에 담아 소비자정책을 추진하는지, 그리고 우리나라 소비자정책의 틀과 내용은 어떻게 변모되어 왔는지를 알아보기로 한다.

1. 소비자정책의 이해

1 | 소비자정책의 개념

소비자정책consumer policy이란 '소비자문제의 해결을 위한 정부의 방침'이라고 정의할 수 있다. 앞 장에서 살펴본 대로 소비자문제는 시장에서 발생하지만, 그 안에서 해결되기 어려운 공공문제의 하나로서 시장실패market failure의 한 예이다. 소비자문제를 해결하고 시장실패를 교정하기 위해 정부가 개입하게 되는데 이때 어떻게 개입하겠다는 방침이 바로 소비자정책이다.

소비자정책을 '소비자문제의 해결을 위한 정부의 방침'이라 할 때, 정부는 우선 행정부를 의미한다. 행정부는 대통령을 수반으로 하는 행정권을 가진 기구로서, 행정부의 각급 행정기관들은 분장 업무에 따라 소비자문제해결을 위한 방침들을 제도, 시책, 계획, 대책, 지침 등의 다양한 이름으로 결정하고 추진한다. 우리나라에서도 공정거래위원회, 기획재정부, 보건복지부, 식품의약품안전처를 비롯한 많은 중앙행정기관들이 소관 소비자정책을 수립하고 있다.

입법부도 소비자 관련 법률을 제정하는데 이들 법률은 소비자문제해결을 위한 가장 중요한 정부 방침이 된다. 우리나라에서도 지난 1980년 이후 국회에서 '소비자기본법', '할부거래에 관한 법률', '약관의 규제에 관한 법률' 등 소비자의 권익 보호를 위한 다양한 법률을 제정해 오고 있다.

법률을 적용하고 판단하는 사법부도 소비자문제의 해결을 위한 정부의 방침을 수립하는 주요 주체라고 할 수 있다. 예컨대 소비자와 사업자 간 다툼이 있어 소송이 제기될 경우, 법원이 재판을 통해 그 다툼을 종결함으로써 소비자문제를 해결한다. 또 공업용 우지라면 사건, 자동차급발진 사고와 같이 사회적으로 쟁점이 되는 각종 소비자문제에 관한 판결을 통해 문제해결을 지향한다. 끝으로 국가로부터 행정권의 일부를 부여받은 지방자치단체들도 관할구역 지역주민의 편의 및 복리증진 차원에서 소비자문제해결을 위해 고유 사무와 위임 사무를 추진한다.

2 | 소비자정책의 목표

앞의 개념 정의에서 볼 수 있듯이 소비자정책은 '소비자문제의 해결'을 일차적 목표로 한다. 그러나 소비자정책의 궁극적 목표는 '소비자후생consumer welfare의 증대'이다. 사실 소비자문제가 해결되면 소비자후생이 증대되기 때문에 양자는 서로 무관한 것이 아니며 상호 밀접하게 연결되어 있다고 할 수 있다.

소비자후생이란 소비자가 재화와 용역을 소비함으로써 얻는 효용을 말한다. 소비자후생은 여러 가지 요인, 곧 소비의 양, 소비생활의 질, 시장 상황 및 소비환경 등에 의해서 결정된다. 일반적으로 소비의 양이 늘어날수록, 소비생활의 질이 높아질수록, 시장 상황이 경쟁적일수록, 또 소비환경이 쾌적할수록 소비자후생은 증가한다. 따라서 소비자정책은 이런 모든 요인들이 소비자후생을 증대시키는 쪽으로 작용하도록 개선해 나가는 것을 목표로 한다고 할 수 있다.

소비자정책의 목표는 또한 '소비자권익의 증진'이라고도 할 수 있다.* 여성의 권익, 노인의 권익, 납세자의 권익, 장애자의 권익처럼 소비자에게도 권익이 있으며 이를 보호, 신장, 증진, 실현하는 것이 소비자정책의 궁극적 목표가 된다.

3 | 소비자정책의 기조

'경제정책의 기조가 성장이냐 안정이냐' 혹은 '장관이 바뀔 때마다 정책기조가 바뀐다'는 언론 기사에서 볼 수 있듯 정책기조라는 용어는 현실 세계에서 널리 쓰이고 있다. 정책기조란 '정책추진의 기본 방향'이다. 정책목표가 정책을 통해 달성하고자 하는 바람직한 상태를 지칭하기 때문에 궁극적인 정책목표는 주체나 여건에 상관없이 일정하고 안

---

* 소비자후생의 증대는 소비자정책의 목표를 가장 정확히 나타내는 표현임에 틀림없지만, 소비자후생의 증대가 비단 소비자정책뿐만 아니라 모든 경제정책의 궁극적 목표이기 때문에 소비자정책의 정체성이 제대로 드러나지 않고, 또 소비자후생이라는 단어 자체가 경제학적 용어로서 일반 소비자나 국민에게 그 의미가 쉽게 전달되지 않는다는 애로가 있다.

정적이다. 반면 정책기조는 정책추진이라고 하는 행위와 연관되어 있기 때문에 추진주체가 누구냐, 또 정책추진 환경이 어떠하냐에 따라 달라진다.

소비자정책의 기조 또한 시대가 바뀌면서 변해 왔다. 21세기 들어 범세계적으로 소비자정책의 기조가 '소비자보호'에서 '소비자주권'으로 변화하고 있다. 과거 사업자에 비해 상대적 약자인 소비자를 보호하는 것이 소비자 정책추진의 기본 방향이었다면, 오늘날에는 더 이상 소비자를 보호의 대상으로 간주하지 않는다. 오히려 각국의 소비자정책 당국들은 소비자의 자립 역량을 강화하고, 경쟁적 시장구조를 정착하여 소비자의 선택에 따라 제품과 서비스의 생산이 좌우되도록 하는, 말 그대로 시장에서 소비자주권이 실현되는 방향으로 정책의 기조를 바꾸어 나가고 있다.

이처럼 소비자정책의 기조가 바뀌고 있는 배경에는 소비자문제 및 소비자정책에 대한 인식의 변화가 저변에 깔려 있다. 먼저 인터넷 등 정보통신기술의 급속한 발달에 따라 소비자의 정보 탐색이 과거에 비해 용이해지면서 정보의 비대칭성과 그로 인한 소비자

생각하는 소비자 2-1

대형마트 의무휴업제도, 소비자의 편익인가

전통시장과 중소상인들을 보호한다는 취지로 지방자치단체들이 제정한 '대형마트 의무휴업' 조례가 위법하다는 판결이 나왔다. 서울고등법원은 유통산업발전법에 규정되어 있는 대형마트의 개념과 실제 운영방식이 다르다는 점을 판결의 주요 근거로 삼았다. 아울러 의무휴업조치가 소비자의 선택권을 지나치게 제한하는 데다 전통시장 활성화라는 목적을 달성하지 못하고 있다는 점도 지적했다.

대형마트 규제는 전통시장을 살리자는 선의(善意)에서 2012년에 시작되었다. 도입 당시에는 찬성하는 목소리가 큰 듯했으나 다수의 소비자들은 침묵하고 있었다. 이들은 대형마트가 문을 닫는 날이면 온라인쇼핑몰을 찾거나 아예 지갑을 닫았다. 대형마트를 규제하면 소비자들이 전통시장을 찾을 것이라는 기대는 빗나갔으며, 오히려 내수 경기만 위축시키고 말았다.

소비자취향과 시장환경이 달라졌는 데도 무조건 보호한다고 해서 전통시장이 살아나는 것은 아니다. 이번 판결은 아무리 좋은 의도에서 규제를 가하더라도 최소한의 합리성을 지녀야 하며, 납득할 수 있는 결과를 낼 때 정당성을 지닌다는 메시지를 던지고 있다.

자료: 동아일보(2014. 12. 13). 기사 요약.

의 열등한 교섭 지위bargaining position의 문제가 상당 부분 해소될 수 있다는 희망 섞인 기대가 늘고 있다.

또 지난 1990년대 이후 규제완화의 지속적인 추진과 신자유주의 이념의 확산으로 사회문제해결자로서 정부 역할의 축소와 상대적으로 시장기능에 대한 신뢰가 한 요인이 되고 있다.

끝으로 소비자의 힘을 통해 산업 및 국가의 경쟁력을 제고시키겠다는 경제정책 당국의 의지도 이러한 기조 변화에 한몫하고 있다. 즉 시장개방 등으로 기업 간 경쟁이 심화되는 상황에서 소비자의 선호와 선택이 기업의 성쇠에 직접적으로 영향을 미치게 되면서 합리적이고 깐깐한 소비자를 육성하고 이들의 힘으로 시장을 바꾸어 나가겠다는 것이다.

4 | 소비자정책의 수단

정책수단이란 정책목표를 달성하기 위한 도구이다. 일반적으로 정책수단은 실질적 정책수단substantive policy means과 도구적 정책수단instrumental policy means의 2가지로 구분된다.

정책은 정책목표와 수단의 연계고리로 구성되어 있다. 즉 어떤 정책은 상위 정책의 수단이며 하위 정책의 목표가 된다. 이때 상위 정책의 수단이 되는 정책이 바로 실질적 정책수단이다. 소비자정책의 경우도 마찬가지인데, 예를 들어 소비자안전의 확보는 소비자후생의 증대라고 하는 소비자정책의 목표 달성을 위한 하나의 수단이나, 이는 다시 제품안전관리, 위해정보의 수집 및 위해제품의 리콜이라고 하는 하위 정책의 목표가 된다.

정책목표를 달성하기 위해서는 행동방침이 포함된 실질적 정책수단뿐만 아니라 강제, 유인 및 설득과 같은 도구적 정책수단도 필요하다. 소비자정책의 경우에 있어서도 이러한 도구적 수단들이 모두 활용된다. 예를 들어 소비자정책 당국이 사업자로부터 소비자의 신체·생명상의 위해를 끼칠 수 있는 결함정보를 수집하여 소비자안전정책에 활용하고자 할 때, 우선 동 제도의 취지를 널리 홍보하고 설득하여 사업자의 자발적 참여를 유도할 수도 있고, 결함정보를 보고하는 사업자에게는 일정한 세금 감면이나 보조금 지급과 같은 경제적 인센티브를 줄 수도 있을 것이다. 이러한 설득이나 유인의 방법으로 정책의 목표를 달성하기 어렵기 때문에 보다 용이한 수단으로서 사업자로 하여금 반드시 결함정보를 보고하도록 강제하고 이를 위반할 경우 벌금이나 과태료와 같은 제재를 가하는 방식이 흔히 활용된다.

5 | 소비자정책의 대상

소비자정책은 소비자와 사업자를 직접적인 정책대상으로 한다. 앞에서 살펴본 대로 소비자정책은 소비자후생의 증대를 정책목표로 하고 있기 때문에 정책의 일차적인 대상이 바로 소비자가 된다. 정부는 소비자 관련 법률을 제정하여 소비자에게 권리와 권한을 부여한다. 또 소비자에게 정보를 제공하며, 교육을 실시하고, 피해구제와 같은 공공서비스를 직접 제공하기도 한다.

소비자정책의 또 다른 주요 대상은 사업자이다. 대부분의 소비자 관련 법률은 거래 및 안전 분야에 있어서 소비자보호를 명목으로 사업자의 영업활동을 규제하는 내용을 담고 있다. 정부는 사업자를 규제할 뿐만 아니라 사업자의 소비자지향적 경영 확산을 위한 지원책을 수립하여 시행하기도 한다.

소비자단체와 사업자단체도 소비자정책의 주요 대상이다. 정부는 소비자단체를 지원·육성하며, 소비자 대표를 소비자정책 추진과정에 참여시키기도 한다. 또 사업자단체가

소비자정책 패러다임 관련 용어

- **시장실패** 시장실패market failure는 공공재, 외부효과, 독과점 등 여러 이유로 시장이 제대로 기능을 발휘하지 못하여 시장에 의한 자원배분의 효율성이 확보되지 못한 상태를 말한다.
- **신자유주의** 신자유주의neo-liberalism는 정부의 시장개입을 비판하고 시장과 민간의 자유로운 경제활동을 중시하는 사상이다. 국가 권력의 시장개입은 경제의 효율성과 형평성을 악화시킨다고 주장하고 민영화, 규제완화 등을 추구한다.
- **자율규제** 자율규제self-regulation는 법적 규제와 대응되는 개념으로, 규제의 대상이 되는 당사자 또는 집단이 그 활동에 스스로 규제 기준을 설정하고 집행까지 할 수 있도록 하는 것이다.

자율적으로 소비자피해를 예방하기 위한 인증마크제도의 운영, 캠페인의 전개, 자율규제self-regulation의 실시 및 자율적 피해구제 등을 지원한다.

2. 소비자정책 추진체계의 유형

소비자정책을 형성·집행·평가하는 일련의 과정을 소비자정책의 추진이라고 하며, 이를 위한 제도와 조직을 추진체계라고 할 수 있다. 국가마다 행정의 전통과 문화가 다르기 때문에 소비자정책의 추진체계도 서로 상이하다. 소비자정책의 추진체계는 크게 분산형과 집중형의 2가지로 구분할 수 있다. 전자는 행정기관이 소관에 따라 소비자정책을 나누어 추진하는 방식으로서 미국이 대표적인 예이다. 후자는 어느 한 행정기관이 소비자정책의 추진을 전담하는 방식으로서 일본이 대표적인 예이다. 이하에서는 각각의 사례에 대해 살펴본다.

1 | 분산형 추진체계: 미국

미국에서 소비자보호가 사회적 이슈가 되기 시작한 것은 20세기에 들어오면서부터이다. 19세기까지는 영국 코먼로common law*의 영향으로 상거래에 있어서 '구매자가 주의하라Caveat Emptor'의 원리가 지배적이었다. 그러나 산업이 발달하고 대량생산 대량소비가 확대되면서 서로 흥정하는 힘이 대등한 두 당사자 간의 거래를 전제로 한 '구매자가 주의하

---

* 잉글랜드 전체에 공통되고 보편적인 법이란 뜻으로 '코먼로(common law)'라는 말이 쓰였으며 판결이 집적된 것을 지칭한다. 과거 영국에서는 미리 만든 규칙을 개별 사건에 적용하기보다는 판례를 선례로 하여 재판을 하였다.

라'의 원리가 수정을 요청받게 되었다. 사업자의 힘이 커지면서 소비자에게 책임을 묻기보다는 오히려 소비자를 보호해야 한다는 이념이 등장하게 된 것이다.

소비자보호가 다시 사회적 이슈가 된 것은 1960년대에 들어와서이다. 케네디 대통령은 1962년 소비자의 4대 권리인 안전할 권리, 알 권리, 선택할 권리 및 의사를 반영할 권리를 주창하였다. 또 랄프 네이더Ralph Nader는 1965년에 GM자동차 안전을 고발한《어떤 속도에도 안전하지 않다Unsafe at Any Speed》를 출간함으로써 소비자운동에 불을 붙였다. 이후 많은 소비자보호 관련 법률들이 입법되었고, 각 주에 연방거래위원회와 유사한 행정기관들이 창설되었다.

미국 소비자정책 추진체계의 특징은 분산형으로, 독립규제기관independent regulatory agency*과 여러 행정기관이 소관별로 소비자문제에 대응하고 있다. 거래 분야에 있어서 미국의 대표적인 소비자보호기관은 1914년에 설립된 연방거래위원회FTC: Federal Trade Commission이다. 연방거래위원회는 대통령이 의회의 인준을 받아 임명하는 5명의 상임위원으로 구성되어 있다. 연방거래위원회는 '연방거래위원회법Federal Trade Commission Act' 제5조에 따라 조사, 심결, 소송 및 거래규칙의 제정**을 통해 불공정 또는 기만적인 거래행위를 규제한다.

소비자안전 분야에 있어서는 소비자제품안전위원회CPSC: Consumer Product Safety Commission가 대표적인 소비자보호기관이다. 소비자제품안전위원회는 1973년에 설립되었으며 공산품, 장난감, 육아용품, 가정용품, 스포츠제품, 정원설비, 가구, 의류, 컴퓨터, 폭죽 등 총 1만 5,000종의 소비자제품consumer products 안전성을 감시하며, 소비자에게 안전에 관한 정보제공과 교육을 실시하고, 연간 약 250건의 리콜을 발령한다. 의약품, 의료기기, 식품, 화장품 등의 안전성에 관한 업무는 식품의약품청FDA: Food and Drug Administration의 소관이다. 식품의약품청은 식품, 의약품, 화장품의 안전성 확보를 위해 안전 및 표시기준 마련, 안전성

---

* 독립규제기관(independent regulatory agency)은 의회에 의하여 설립된 기관으로서 행정부에 속하나 대통령 및 행정부처로부터 어느 정도 독립성을 가지고 규제집행업무를 수행한다. 주로 위원회 형태를 띠며 대표적인 기관으로는 연방거래위원회, 소비자제품안전위원회, 연방통신위원회 등이 있다.

** 연방거래위원회가 제정하는 거래규칙은 구속력 여부에 따라 거래규제준칙(trade regulation rules)과 지침(guides)으로 구분된다. 준칙은 특정한 산업이나 문제에 대해 연방거래위원회법 법 제5조에 관한 구속력 있는 해석이며, 지침은 구속력이 없는 단순한 해석이다.

표 **2-1** 미국의 주요 소비자행정기관

주요 행정기관	소관업무 분야
상무부(Dept. of Commerce)	제품 표준, 계량, 규격, 상표
연방통신위원회(Federal Communication Commission)	전화, TV, 라디오, 무선통신
연방거래위원회(Federal Trade Commission)	불공정 및 기만적 거래
소비자금융보호국(Consumer Financial Protection Bureau)	소비자금융 상품 및 서비스
재무부(Dept. of Treasury)	주류, 담배
농무부(Dept of Agriculture)	육류 및 가축안전
환경청(Environmental Protection Agency)	식수, 농약안전
교육부(Dept. of Education)	소비자교육
에너지부(Dept. of Energy)	에너지 절약
보건·인력부(Dept. of Health and Human Service)	건강, 의료보험
교통부(Dept. of Transportation)	자동차안전

및 유효성 검사 등을 실시한다.

2010년에는 글로벌 금융위기 이후 금융소비자보호를 강화하기 위해 연방준비제도이사회FRB: Federal Reserve Board, 통화감독청OCC: Office of the Comptroller of the Currency, 연방예금보험공사FDIC: Federal Deposit Insurance Corporation 등에 분산되어 있던 소비자금융 관련 규제 및 감독 기능을 통합하여 소비자금융보호국CFPB: Consumer Financial Protection Bureau을 설립하였다. 소비자금융보호국은 소비자를 대상으로 금융상품과 서비스를 제공하는 금융회사를 감독하고 규제하며, 소비자불만처리, 시장조사 및 연구, 소비자교육 등의 업무를 수행한다.

기타 행정부처executive departments에서도 소관에 따라 소비자보호 업무를 수행하는데, 예를 들면 상무부는 제품 표준, 재무부는 주류 및 담배, 농무부는 육류 및 가축안전, 교통부는 자동차안전 등을 담당한다(표 2-1 참조).

주정부는 주별로 소비자행정을 전담하는 행정조직을 두고 독자적으로 소비자법률을 제정하여 집행하며, 더불어 소비자에 대한 지원 및 교육, 피해구제 서비스 및 특정 서비스에 대한 등록, 인가, 면허 등의 업무를 수행한다.

미국의 소비자정책 추진에 있어서는 민간 부문도 협력적 역할을 수행하고 있다. 대표

금융소비자를 보호할 의지가 있기는 한가

금융위기 뒤 우리 정부도 금융감독원의 소비자보호기능을 따로 떼어내 '금융소비자보호원(금소원)'이라는 조직을 새로 만들고, 불공정하거나 약탈적인 영업행위에 대한 처벌 수위를 높이겠다는 방안을 내놓았다. 하지만 시장의 반응은 싸늘하고, 무늬만 갖춘 소비자보호대책이라는 평가가 많다.

금융시장은 늘 공급자와 수요자 간에 정보의 비대칭성이 존재하는 곳이다. 정보력에서 우위에 있는 공급자는 시장에서 늘 일방적으로 유리하다. 교섭력을 따로 갖추지 못한 수많은 금융소비자들은 자신의 이익에 부합하는 최선의 의사 결정을 내릴 수 없다. 그래서 금융시장에선 소비자 보호를 위한 공적 기능이 반드시 필요하다.

그러나 지금까지 우리 금융당국은 금융산업 육성에 우선순위를 둔 나머지 소비자보호는 뒷전으로 미뤄왔다. 감독당국과 금융업계의 유착은 더 심해졌다. 저축은행 부실사태, 심심하면 터지는 은행과 보험사 등의 불완전 판매 피해는 금융감독의 총체적 부실이 빚은 결과다. 금융당국이 진정으로 금융소비자 보호의지가 있다면 감독체계와 규제의 틀을 근본적으로 뜯어고치겠다는 자세로 나서야 한다.

자료: 한겨레신문(2011. 11. 22) 기사 요약.

적인 사업자단체인 경영개선협회BBB: Better Business Bureau[*]는 회원사들을 대상으로 자율규제프로그램 및 인증마크제도를 운영하고, 회원사를 대상으로 한 소비자불만의 처리 및 분쟁해결업무 등을 수행한다. 이외에도 소비자연맹CU: Consumer Union, 전국소비자동맹NCL: National Consumer League, 미국소비자연합CFA: Consumer Federation of America 등과 같은 소비자단체도 소비자정책을 감시할 뿐만 아니라 소비자의 능력 향상을 위한 정보제공 및 교육활동을 하고 있다.

---

[*] 경영개선협회(BBB: Better Business Bureau)는 비영리 사업자단체로서 1970년에 설립되었다. 미 전역에 130여 개 지역사무소를 운영하며 약 25만 개 기업이 회원으로 가입되어 있고 재원은 회원사의 회비, 후원금 및 자료 판매 수익 등으로 충당한다. 경영개선협회는 자율규제를 통해 기업과 소비자 간의 관계를 개선하고 소비자정보제공, 소비자교육 및 분쟁조정, 광고 감시 등의 활동을 전개한다(www.bbb.org).

2 │ 집중형 추진체계: 일본

일본에서 소비자문제가 본격적으로 사회적 이슈가 되기 시작한 것은 1960년대 초반의 일이다. 당시 일본 경제는 고도 성장을 구가하고 있었고 대량생산, 대량판매가 확산되면서 결함상품으로 인한 소비자피해가 속출하였다. 예를 들어 고래고기를 쇠고기로 속여 만든 '가짜 쇠고기 통조림 사건(1960년)', 임신한 여성의 입덧증세를 완화하는 효과로 인기리에 판매되었던 진정제 살리도마이드를 복용한 임산부들이 팔과 다리가 짧은 기형아를 출산한 '살리도마이드 사건(1962년)' 등이 바로 그것이다. 이에 일본 정부는 '약사법(1960년)', '할부판매법(1961년)', '경품표시법(1962년)' 등과 같은 소비자보호 법률을 제정하고, 1965년에 국가 차원에서 소비자정책을 담당할 기구로서 경제기획청 내에 국민생활국을 설치하였다. 이어 1968년에는 '소비자보호기본법'이 제정되고, 1970년에는 소비자불만처리, 정보제공, 상품테스트 및 교육을 담당할 기관으로서 국민생활센터가 설치되었다. 아울러 지방자치단체에서는 소비자보호조례가 순차적으로 제정되고 소비생활센터가 설치되어 1970년대 초에 이르러 국가와 지방자치단체 모두에 소비자정책 추진체계의 골격이 완비되었다. 이후 약 30년 동안은 이러한 추진체계 속에서 그때그때 발생하는 소비자문제에 대응하여 소비자보호법령의 정비작업이 지속적으로 추진되었다 (표 2–2 참조).

2000년대에 들어서는 소비자정책의 패러다임이 바뀌게 되었다. 1990년대 규제완화 및 시장기능이 강조되고, 정보통신기술의 급속한 발달 및 세계화의 진전에 의해 새로운 제품과 서비스가 등장하면서 소비자피해가 다양화·복잡화됨에 따라 과거와 같이 사업자에 대한 사전규제 중심의 소비자정책 추진이 한계에 이르게 되었다. 이 때문에 소비자정책은 소비자와 사업자가 시장에서 자유롭고 공정한 거래를 하도록 시장규칙을 정비하고, 소비자를 위한 정보제공 및 교육을 강화하여 소비자역량을 제고하는 쪽으로 패러다임이 바뀌었다. 이러한 추세를 반영하여 '소비자보호기본법(1968)'이 2004년에 '소비자기본법'으로 전면 개정되었다. 그러나 국가의 소비자정책 추진체계는 여전히 내각부를 중심으로 관계 중앙행정부처가 소관별로 소비자보호업무를 나누어 시행하는 '분산형' 체제를 유지하고 있었다.

표 **2-2** 일본의 소비자법률 정비 추이(1970~1990년대)

연대	주요 소비자문제 사례	주요 소비자보호 법률
1970년대	(1971)과실음료 표시문제 불법카르텔문제 (1976)멀티상법 등 악질상법 문제 (1976)피라미드판매 (1976)대금업 문제	(1972)식품위생법 개정 (1972)부당경품류 및 부당표시방지법 개정 (1973)소비생활용제품안전법 (1973)화학물질심사 및 제조 등의 규제에 관한 법률 (1976)방문판매 등에 관한 법률 제정 (1977)사적 독점금지 및 공정거래 확보에 관한 법률개정 (과징금제도 도입) (1978)무한연쇄강 방지에 관한 법률 제정
1980년대	(1983)식품첨가물 문제 크레디트 문제 자산형성거래에 얽힌 문제 크레디트 다중채무자 문제	(1982)해외상품시장에 있어서 선물거래의 수탁 등에 관한 법률 제정 (1983)대금업의 규제 등에 관한 법률 제정 (1984)할부판매법 개정 (1986)유가증권 관련 투자자문업의 규제 등에 관한 법률 제정 (1986)특정상품 등의 예탁 등 거래계약에 관한 법률 제정 (1987)저당증권업의 규제 등에 관한 법률 제정 (1988)무한연쇄강 방지에 관한 법률 개정 (1988)방판법 개정 (1989)전불식증표의 규제 등에 관한 법률 개정
1990년대	계약, 해약에 관한 피해 증대 민사룰의 충실 인터넷 거래 관련 문제의 증대	(1992)골프장 등 관련 회원계약의 적정화에 관한 법률 (1994)제조물책임법 제정 (1994)부동산특정공동사업법 제정 (1998)금융시스템 개혁법 (1999)방판법 및 할판법 개정 (1999)주택품질확보촉진법 (1999)대금업규제법, 출자법, 이자제한법 개정

자료: 內閣府國民生活局(2005). ハンドブック消費者.

이러한 분산형 정책추진체계는 2009년 소비자청이 신설되면서 '집중형'으로 바뀌게 된다. 중국산 냉동교자사건, 사고미곡(事故米穀)의 부정유통, 가스순간온수기에 의한 일산화탄소중독사고, 엘리베이터 사고 등 소비자사고가 연이어 발생하여 사회적 문제가 되었지만 각 행정부처가 칸막이를 치고 자신들의 소관업무만을 수행하는 행정문화에 젖어 적극적이고 신속한 대응을 하지 못했다. 이에 따라 후쿠다 총리의 주도하에 종래의 칸막이 행정을 타파하고 소비자행정의 일원화가 추진되었다. 소비자청이 신설되고, 각 성청(省廳)의 소관법률과 업무가 이곳으로 이관되어 소비자행정이 일원화되었다. 소비자청은 소비자행정의 '사령탑'으로서 소비자정책 기본계획을 수립·검증·평가하고, 소비자피해의 방지를 위해 소비자사고정보를 모으며, 소비자거래의 적정화를 위한 법령을 집행하고, 소비자교육을 추진하며 지방소비자행정을 지원하는 업무를 수행한다.

소비자청이 신설되면서 소비자위원회가 발족되고, 국민생활센터의 개편도 추진되었다. 소비자위원회는 독립적인 제3의 기관으로서 각종 소비자문제에 대해 독자적으로 조사 및 심의를 하여 소비자청과 각 성청에 건의하는 역할을 한다. 국민생활센터는 1970년 '국민생활센터법'에 의해 경제기획청 산하기관으로 설립되었으며, 2003년 10월 독립행정법인이 되었다. 소비자청의 창설을 계기로 국민생활센터를 소비자청으로 병합하는 방안이 검토되기도 했으나 진통 끝에 현행대로 독립행정법인으로 남게 되었다. 국민생활센터는 소비자권익 증진을 위해 상담, 교육연수, 상품테스트, 정보의 수집·분석·제공, 홍보 및 재판외 분쟁해결제도ADR* 등의 업무를 수행하는 소비자정책의 종합적 추진기관이다. 2009년 소비자청 설립 이후 바뀐 일본의 소비자정책 추진체계는 다음과 같다(그림 2-1 참조).

국민생활센터의 업무를 보다 자세히 살펴보면, 첫째 소비자상담으로서 전국의 소비생활센터에서 해결이 곤란한 상담에 대해서는 처리방법 등을 조언하고, 점심시간 또는 공휴일 등에는 직접 상담접수를 하여 처리하며, 소비자가 '소비자핫라인'을 통해 상담신청을 했지만 소비생활센터에 연결되지 못한 사건을 접수하여 처리한다. 둘째, 재판외분쟁해결제도ADR의 운영이다. 분쟁해결위원회를 설치하여 화해의 중개 및 중재의 방식을 통해 소비자분쟁 가운데 해결이 전국적으로 중요한 사건의 조정을 실시한다. 셋째, 상담정보의 수집·분석·제공이다. 국민생활센터는 1984년부터 PIO-NET(전국소비생활정보네트워크시스템)를 운영하고 있는데,** 이를 통해 연간 약 90만 건의 소비자상담정보를 수집하며, 국민생활센터가 수집된 정보를 분석하여 소비생활센터의 상담업무 지원, 소비자에

---

* 재판외 분쟁해결제도(ADR: Alternative Disputer Resolution)는 소송을 통하지 않고 분쟁을 해결하는 방법이다. 이 제도에는 알선, 조정(mediation), 중재(arbitration) 등의 방법이 있다.
** 2014년 4월 기준으로 전국의 소비생활센터 1,056개소에서 3,825대의 단말기를 통해 접속이 가능하다. 중앙 성청의 14개소에서도 접속할 수 있다.

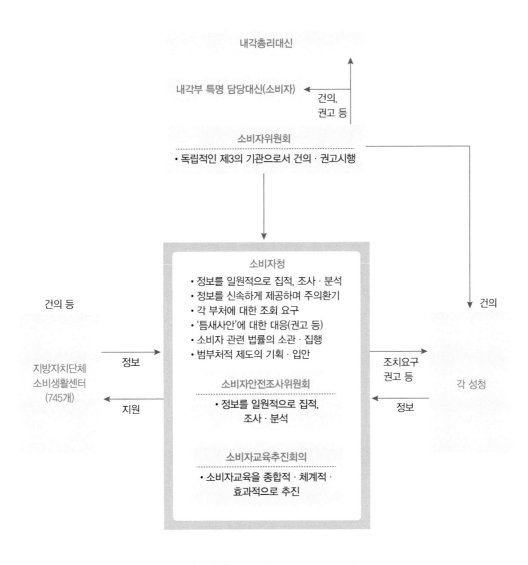

내각총리대신

내각부 특명 담당대신(소비자) ← 건의, 권고 등

소비자위원회
• 독립적인 제3의 기관으로서 건의 · 권고시행

소비자청
• 정보를 일원적으로 집적, 조사 · 분석
• 정보를 신속하게 제공하며 주의환기
• 각 부처에 대한 조회 요구
• '틈새사안'에 대한 대응(권고 등)
• 소비자 관련 법률의 소관 · 집행
• 범부처적 제도의 기획 · 입안

소비자안전조사위원회
• 정보를 일원적으로 집적, 조사 · 분석

소비자교육추진회의
• 소비자교육을 종합적 · 체계적 · 효과적으로 추진

건의 등

지방자치단체 소비생활센터 (745개)

정보

지원

조치요구 권고 등

건의

각 성청

정보

독립행정법인 국민생활센터
• 소비자정책의 중추적인 추진기관
• 지원상담, 연수, 상품테스트, 정보의 수립 · 분석 · 제공, 홍보, ADR 등

그림 **2-1** 일본 소비자정책 추진체계
자료: 일본 소비자청 홈페이지(www.caa.go.jp) 발췌 재구성.

대한 주의 환기 및 소비자정책 추진 등에 활용하고 있다. 넷째, 소비생활센터의 상담업무를 지원하기 위하여, 또 소비자에 대한 주의환기정보를 제공하기 위하여 상품테스트를 실시한다. 다섯째, 홍보 및 보급계발업무로서, 보도자료, 출판물, 웹메일 및 홈페이지 등을 통해 소비자정보를 제공한다. 끝으로 지방자치단체의 소비자행정직원, 소비생활상담원 및 기업의 소비자부문 담당자, 교사 등을 대상으로 교육연수를 실시하고, 소비생활 전문상담원 자격인정제도*를 운영하고 있다.

일본은 지방의 소비자행정체계가 비교적 잘 짜여져 있는 편이다. 각급 지방자치단체마다 소비자보호조례를 제정하고 소비자행정 전담부서를 본청에 두고 있다. 소비자에 대한 지원업무를 효과적으로 수행하기 위해 지방자치단체마다 '소비생활센터'가 설립되어 있으며, 2014년 4월에는 그 숫자가 760여 개에 이른다. 소비생활센터에는 소비생활상담원 약 3,300명이 근무하고 있으며, 센터의 주요 업무로는 소비자상담, 정보제공, 교육 및 상품테스트 등이 있다. 대부분의 소비생활센터는 지방자치단체가 직접 운영하나, 일부 센터의 경우 민간에게 운영을 위탁하는 사례도 있다.

3. 우리나라의 소비자정책 추진체제

앞의 미국, 일본 등과 마찬가지로 21세기 들어 우리나라에서도 소비자정책의 추진체계를 정비하려는 노력이 본격적으로 추진되었다. 이 과정에서 유관행정기관, 공공기관, 학계 및 소비자단체 등 이해관계자 사이에서 '무엇이 바람직한 소비자정책 추진체계인가'를 둘러싸고 열띤 논쟁이 벌어지기도 했다. 논쟁의 참여기관 및 참여자들은 각자 자신에

---

* 국가 및 지방자치단체에서 수행하는 소비생활상담업무에 종사하는 상담원의 자격을 인정하는 제도로서 소정의 시험에 합격하면 국민생활센터 이사장 명의의 자격증이 발급된다. 자격인정자는 1991년 이래 2014년 4월까지 총 5,431명에 이른다.

게 유리한 다른 나라의 정책추진체계를 인용하였지만, 외국의 소비자정책 추진체계는 참고자료가 될 수 있을지언정 우리의 제도를 구축하는 데 있어 절대적인 기준이 될 수는 없는 일이다. 각국의 소비자정책 추진체계는 그 사회의 역사와 문화 및 전통이 반영되어 제도화된 것이기 때문이다.

우리나라의 소비자정책 추진체계는 한마디로 앞서 살펴본 미국과 마찬가지로 '분산형' 체계라고 할 수 있다. 미국처럼 소비자정책을 전담으로 추진하는 독립규제기관은 없지만, 행정부처가 각자 소관업무를 수행하고 소비자정책의 총괄·조정기구를 두어 이를 조율하는 시스템이다.

지금부터 지난 2006년 '소비자기본법' 개정 이후 새롭게 바뀐 소비자정책 추진체계를 중심으로 우리나라의 현황을 살펴보기로 한다.

1 | 소비자정책위원회

소비자정책위원회는 소비자기본법 제23조에 의해 설립된 비상설기구로서 우리나라 소비자정책의 최고 의사 결정기구라고 할 수 있다. 소비자정책위원회는 소비자정책의 기본계획과 시행계획의 수립, 소비자정책의 추진, 평가 및 제도개선 등에 관한 사항을 심의·의결하는 기능을 한다(동법 제25조). 정부가 3년마다 수립하는 '소비자정책기본계획'의 심의·의결이 이 위원회의 가장 큰 기능이라고 할 수 있다.

소비자정책위원회는 위원장을 2명으로 하는 공동위원장 체제로 운영되며, '공정거래위원회위원장과 소비자문제에 관한 학식과 경험이 풍부한 자 중에서 대통령이 위촉하는 자'가 위원장이 된다(동법 제24조제2항). 위원은 위원장을 포함하여 총 25명 이내이며, 당연직인 관계 중앙행정기관의 장, 한국소비자원장과 위촉직인 소비자문제전문가, 소비자대표, 경제계대표 등으로 구성된다. 위원의 임기는 3년이며, 공정거래위원회가 소비자정책위원회 운영의 실무를 맡는다.

소비자정책위원회는 위원회 업무를 효율적으로 수행하기 위하여 실무위원회와 전문위원회를 산하에 둘 수 있도록 하는데 소비자교육전문위원회, 소비자안전전문위원회, 국제

소비자문제전문위원회 등 3개 전문위원회가 설치되어 있다.

2 | 공정거래위원회

공정거래위원회는 우리나라 소비자정책의 주무부처로서 소비자정책의 총괄·조정 업무를 담당한다. 1976년 '물가 안정 및 공정거래에 관한 법률'이 제정·시행되면서 공정거래 업무를 담당할 행정조직이 경제기획원(기획재정부의 전신) 물가정책국 내에 공정거래과

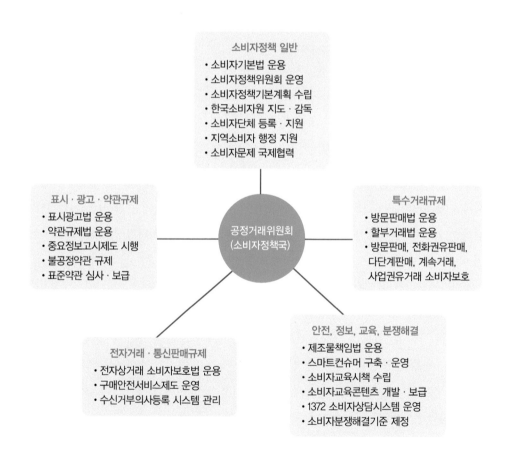

소비자정책 일반
• 소비자기본법 운용
• 소비자정책위원회 운영
• 소비자정책기본계획 수립
• 한국소비자원 지도 · 감독
• 소비자단체 등록 · 지원
• 지역소비자 행정 지원
• 소비자문제 국제협력

표시 · 광고 · 약관규제
• 표시광고법 운용
• 약관규제법 운용
• 중요정보고시제도 시행
• 불공정약관 규제
• 표준약관 심사 · 보급

특수거래규제
• 방문판매법 운용
• 할부거래법 운용
• 방문판매, 전화권유판매,
  다단계판매, 계속거래,
  사업권유거래 소비자보호

**공정거래위원회
(소비자정책국)**

전자거래 · 통신판매규제
• 전자상거래 소비자보호법 운용
• 구매안전서비스제도 운영
• 수신거부의사등록 시스템 관리

안전, 정보, 교육, 분쟁해결
• 제조물책임법 운용
• 스마트컨슈머 구축 · 운영
• 소비자교육시책 수립
• 소비자교육콘텐츠 개발 · 보급
• 1372 소비자상담시스템 운영
• 소비자분쟁해결기준 제정

그림 **2-2** 공정거래위원회 소비자정책 소관업무

라는 이름으로 신설되었다. 이후 1981년 공정거래위원회로 확대되고 1994년에는 정부조직법의 개정에 따라 경제기획원 소속에서 국무총리 소속 중앙행정기관으로 분리·독립되었다.

공정거래위원회는 1986년 '약관의 규제에 관한 법률'이 제정되면서 불공정 약관심사를 중심으로 한 소비자 관련 업무를 추진하다가 1996년에 소비자보호국을 설치하면서 거래 분야의 소비자정책을 본격적으로 추진해 오고 있다. 공정거래위원회는 2005년 소비자보호국을 소비자본부로 개칭하고, 2006년 '소비자기본법' 개정을 계기로 소비자정책의 총괄·조정기관으로서의 지위와 한국소비자원에 대한 지도·감독권한을 부여받고, 2008년 이명박 정부 출범 후에는 정부의 조직 개편에 따라 소비자정책추진체계가 공정거래위원회로 일원화되었다.

공정거래위원회는 소비자정책의 주무부처로서 '소비자기본법'을 운용하고, 소비자정책위원회를 운영하며, 소비자정책기본계획을 수립한다. 또 한국소비자원을 지도·감독하고 민간소비자단체의 등록 및 지원업무를 수행하며, 지역소비자행정을 지원한다. 공정거래위원회는 거래의 적정화를 위하여 '약관의 규제에 관한 법률', '방문판매 등에 관한 법률', '할부거래법', '표시·광고의 공정화에 관한 법률', '전자상거래 등에서의 소비자보호에 관한 법률' 등을 운용한다. 뿐만 아니라 소비자안전, 정보제공, 소비자교육, 분쟁해결 및 국제협력 관련 업무를 수행하고 있어 사실상 소비자정책 전반에 걸친 업무를 수행하고 있다고 해도 과언이 아니다(그림 2-2 참조).

특수거래에서의 소비자보호장치

- **구매안전서비스제도** 일명 에스크로Escrow제도라고 하며, 비대면 선불거래방식인 통신판매에 있어서 소비자피해를 방지하기 위하여 소비자의 결제대금을 제3자에게 예치하도록 하는 제도이다. 2005년 3월 전자상거래 등에서의 소비자보호에 관한 법률의 개정에 의해 도입되었고, 2006년 4월부터 10만 원 이상의 현금거래를 대상으로 시행 중이다.
- **수신거부의사등록시스템** 소비자가 전자우편, 전화, 팩스 등을 통해 무분별하게 이루어지는 구매권유 광고에 대하여 이 사이트에 수신거부의사를 등록하면 사업자는 소비자에게 해당 광고를 보낼 수 없다. 이를 위반하면 전자상거래 등에서의 소비자보호에 관한 법률에 의하여 시정명령, 과태료 등의 처분을 받을 수 있다.

3 | 유관 중앙행정기관

외국과 마찬가지로 우리나라의 소비자정책도 소관업무에 따라 각 중앙행정기관에 분산
되어 추진되고 있다. 소비자정책위원회에 위원으로 참여하여 국가 소비자정책 수립에 기
여하는 중앙행정기관*은 공정거래위원회 이외에 15개에 이른다. 2014년 말 공정거래위원

표 2-3 우리나라의 소비자정책 유관 중앙행정기관의 주요 소관업무

행정기관	소비자정책 관련 주요 업무
기획재정부	• 소비자물가 관리 • 서민생활 안정 대책 추진
교육부	• 학교 소비자교육
미래창조과학부	• 인터넷서비스, 모바일, 콘텐츠 소비자보호
법무부	• 소비생활범죄 예방
행정자치부	• 개인정보보호 • 지방소비자행정 지원
문화체육관광부	• 위해 간행물 규제 • 관광서비스 소비자보호
농림축산식품부	• 농산물 및 식품 표시제도 • 농·축산물 안전
산업통상자원부	• 공산품 가격표시제도 • 소비자제품 안전기준 관리 • 위해제품 시장 감시 및 리콜
보건복지부	• 식품위해정보제공 • 위해식품 시장 감시 및 리콜
환경부	• 친환경상품 및 지속가능한 소비의 확산 • 소비생활 속 위해물질 피해예방
여성가족부	• 다문화 가족 소비자보호
국토교통부	• 자동차 리콜제도 운영
방송통신위원회	• 방송통신 소비자보호
금융위원회	• 금융 소비자보호
식품의약품안전처	• 식품, 의약품 안전관리

* 중앙행정기관이란 관할구역이 전국에 미치는 행정관청으로서 부, 처, 청 등이 이에 해당된다.

회 외 각 행정기관의 소비자보호 관련 주요 업무는 표 2-3과 같다.

4 ┃ 지방자치단체

과거 '소비자보호법' 제5조에 따라 지방자치단체는 ① 조례의 제정 및 개폐, ② 필요한 행정조직의 정비 및 운영, ③ 필요한 시책의 수립 및 실시, ④ 소비자의 건전하고 자주적인 조직 활동의 지원·육성 등의 의무가 있었다. 그러나 이러한 의무규정에도 불구하고 실제로 1990년대 중반까지 지방소비자행정은 상당히 낙후되어 있었다. 소비자행정을 담당할 별도의 전담조직 없이 '방문판매 등에 관한 법률', '식품위생법' 등 소비자보호 관련 법 혹은 일반법에서 지방자치단체 혹은 지방자치단체장에게 위임한 소비자보호 관련 사

생각하는 소비자 2-3

'단통법', 소비자만 봉인가

휴대전화 보조금을 새롭게 규제하는 '단말기유통구조개선법'(단통법)이 시행되었다. 무법천지나 다름없는 보조금을 투명하게 바꾸고, 보조금 경쟁 대신 요금 경쟁을 유도해 통신비 부담을 줄이는 게 근본 취지다. 그러나 막상 시행 후 시장의 반응은 정반대다. 통신사는 보조금이 줄어 이득을 보는 반면, 소비자는 보조금이나 요금 할인혜택을 전혀 누리지 못하는 엉뚱한 결과가 나온 것이다. 휴대전화 고객들이 "전 국민의 호갱화(호구 고객을 지칭하는 말)"라고 비아냥대는 이유다.

이러한 부작용은 어느 정도 예견된 일이다. 애초 통신사와 단말기 제조업체들의 보조금을 따로 공개하는 분리공시제를 도입하려다 막판에 무산된 게 주된 이유다. 요금 경쟁을 유도하려면 이제라도 분리공시제를 다시 도입해야 한다. 무엇보다 단말기 업체들의 가격 거품 빼기와 함께 통신사들의 요금 인하 노력이 절실하다.

우리 가계의 통신비 부담은 경제협력개발기구OECD 회원국 중 1위다. 통신사는 보조금 타령만 할 게 아니라 요금 경쟁으로 자기 실력을 인정받아야 한다. 연간 수조 원의 이익을 내면서 언제까지 통신비 부담을 나 몰라라 할 것인가.

자료: 경향신문(2014. 10. 6) 기사 요약.

무를 해당 부서에서 나누어 수행하는 정도에 그쳤다.

그러다가 1995년 지방자치선거로 지방자치제도가 본격적으로 도입되면서 상황이 바뀌게 된다. 낙후된 지방소비자행정의 선진화가 정책적 과제로 등장하게 된 것이다. 정부는 각 지방자치단체로 하여금 소비자보호조례를 제정하게 하고, 소비자시책을 추진할 행정조직을 신설하며, 2001년부터는 소비생활센터를 개설하도록 유도해 왔다. 이러한 노력의 결과 16개 광역지방자치단체들은 소비자조례, 소비자행정조직 및 소비생활센터라고 하는 지방소비자행정체계의 3대 구성요소를 모두 갖추게 되었다. 다만 이러한 외형적인 정비에도 불구하고 지방 소비자행정은 해당 지방자치단체의 업무 중에서 여전히 우선순위가 낮고, 인력과 예산이 부족한 실정이다.

4. 우리나라 소비자정책의 추진과정

우리나라 소비자정책의 씨앗은 1960년대 말에 배태되었다고 볼 수 있다. 즉, 1968년 10월에 국무총리실 직속으로 국민생활향상심사위원회를 설치하고, 이 위원회 안에 소비자보호분과위원회를 두었다. 또 1968년 국정감사에서 신진자동차공업 주식회사의 폭리문제가 이슈로 제기되었는데, 이를 계기로 정부는 같은 해 12월에 소비자문제에 관한 정부의 기본 대응 방향과 임무를 담은 '소비자보호요강'을 제정하였다. 이 요강은 소비자보호에 관한 최초의 규범으로서 우리나라 소비자정책의 시초라 할 수 있다.

이후 약 40여 년에 걸쳐 소비자정책이 지속적으로 발전해 왔는데, 여기에서는 이를 ① 태동기(1968~1979년), ② 발전기(1980~1995년), ③ 성숙기(1996~2005년), ④ 전환기(2006년~현재) 등 4단계로 나누어 정책 추진의 변천과정을 살펴보도록 한다.

1 | 소비자정책의 태동

1960년대 말 여성단체들이 소비자문제를 지속적으로 제기하고, 정부가 이 문제해결을 위해 개입해야 한다는 목소리가 높아지면서 정부도 관련 기구를 설치하고 법제를 정비하는 등 소비자정책의 추진에 필요한 최소한의 물적·법적 기반을 마련하기 시작하였다.

1972년에 경제기획원에 '물가안정국'이 설치되었으며, 1977년에는 '공정거래과'가, 1979년에는 '소비자행정담당관'이 설치되었다. 또 '물가안정 및 공정거래에 관한 법률'과 '농수산물 유통 및 가격 안정에 관한 법률' 등과 같은 소비자보호 관련 개별 법령들이 제정되었고, '가격표시제'가 서울, 부산을 중심으로 1972년에 처음으로 시행되었다.

그러나 이때 만들어진 조직이나 법률 및 제도를 통해 짐작할 수 있듯 당시 소비자정책은 주로 물가정책의 부수 정책으로 추진되었고, 내용도 부정·불량상품 및 매점·매석 단속, 계량·규격 및 가격표시의 적정화, 유통구조 개선 등에 초점을 맞추고 있었다.

1970년대 경제의 급속한 성장에 따라 소비자문제가 사회적 이슈가 되고 소비자피해가 빈발하자 정부는 이런 식으로 대응할 것이 아니라 소비자보호를 위한 기본 법령을 제정해야 한다는 사회적 요청에 직면하게 되었다. 이에 따라 1970년대 중반 이후 시민단체, 정부 및 의회에서 '소비자보호기본법' 제정을 위한 작업이 활발히 추진되었고 마침내 1979년 12월 3일에 '소비자보호법'이라는 이름으로 제정되었다. 소비자정책이 드디어 독자적인 정책영역으로 태동하는 역사적 순간이었다.

2 | 소비자정책의 발전

소비자보호법 제정 이후 1990년대 전반까지 약 15년 동안은 우리나라 소비자정책이 급속도로 확산·발전되는 시기였다고 할 수 있다. 1982년 9월에 소비자보호법 시행령이 제정되면서 소비자보호법에 의거한 소비자정책이 본격 추진되었는데, 이듬해 3월에 이 법에 의해서 설치된 민관합동의 '소비자보호위원회'가 처음으로 '소비자보호종합시책'을 마련하였다. 이후 이 시책은 매년 작성되어 우리나라 소비자정책의 종합 실행계획으로서

의의를 가지고 시행되었다.

　이 시기에는 소비자보호 관련 법령 정비가 활발히 이루어진 때이기도 하다. 많은 법률이 이 무렵에 제정 혹은 개정되었다. 1980년에는 '독점금지 및 공정거래에 관한 법률'이, 1986년에는 '약관의 규제에 관한 법률'과 '도·소매업진흥법'이 제정되었다. 또 1980년에 제정된 '소비자보호법'은 법의 내용이 선언적이어서 실효성이 없다는 지적에 따라 새롭게 개정할 필요성이 대두되어 1986년에 전면 개정되었다. 이 개정은 법령의 정비 차원에서 한 걸음 나아가 한국소비자보호원이라고 하는, 우리나라 소비자정책의 종합적 추진기관이 설립되는 법적 근거가 되었다는 점에서 큰 의의가 있다.

　1990년대에 들어서도 소비자보호 관련 법령의 정비는 지속되었다. 1991년에는 '도·소매업진흥법'에서 규정하고 있던 방문판매와 할부거래에 관한 내용을 독립시켜 '방문판매 등에 관한 법률'과 '할부거래에 관한 법률'을 각각 제정하였다.

　거래·안전·교육 및 피해구제 등 주요 소비자정책 분야에 있어서도 발전이 있었다. 경제기획원은 부당약관에 대한 심의·의결을 위해 1987년에 '약관심사위원회'를 설치하였고, 공정거래위원회는 1988년에 표시·광고의 적정화를 위하여 '부당한 표시·광고 행위의 유형 및 기준'을 제정하였다. 또 소비자와 사업자 간 피해보상을 둘러싸고 다툼이 있을 경우 원만한 해결을 유도하기 위한 기준을 마련하기 위해 경제기획원에서 처음으로 1985년 12월에 40개 업종 194개 품목을 대상으로 품목별 '소비자피해보상규정'을 제정하였다.

3 │ 소비자정책의 성숙

우리나라 소비자정책의 발전에 있어 1996년은 하나의 전환점이었던 해라고 할 수 있다. 첫째, 이 해에 우리나라는 선진국들의 경제클럽이라 할 수 있는 OECD에 가입하게 되었는데, 이를 계기로 국내 소비자정책과 제도, 특히 소비자안전 분야의 시책들이 선진화되었다. 전국의 병원, 보건소, 소방서 및 경찰서로부터 위해정보를 수집하는 '소비자 위해정보 수집체계'가 수립되었으며, 1996년에 소비자보호법을 개정하여 모든 상품 및 서비스를 대상으로 한 본격적인 리콜제도가 시작되었다.

둘째, 식품 안전 및 거래 분야의 행정기관이 정비되면서 이 분야의 시책을 보다 적극적으로 추진할 수 있는 기반이 마련되었다. 소비자안전이 중요한 이슈로 제기되면서 1996년에 미국의 FDA와 유사한 '식품의약품안전본부'가 보건복지부 내에 신설되었고, 공정거래위원회 안에는 '소비자보호국'이 개설되었다.

셋째, 1995년 지방자치선거를 계기로 지방 소비자보호 문제가 소비자정책의 주요 과제로 등장하였다. 이에 따라 1996년 4월 대전광역시를 시작으로 전국의 시·도가 '소비자보호조례'를 제정하기 시작했으며, '소비자보호계'와 같이 지방자치단체 차원에서 소비자행정을 전담할 기구가 각 시·도에 설치되었다.

이처럼 소비자정책을 OECD 회원국 수준으로 끌어올리려는 노력과 더불어 1990년대 말부터 2000년대 초까지 소비자 관련 법령의 정비도 지속적으로 이루어졌다. 1998년에 소비자생활협동조합의 조직형태, 운영방법, 사업활동 등에 관한 사항을 규정한 '소비자생활협동조합법'을 제정하였고, 1999년에는 표시·광고에 있어서 소비자를 속이거나 소비자로 하여금 잘못 알게 하는 부당한 표시·광고를 방지하고 소비자에게 바르고 유용한 정보제공을 촉진하기 위해 '표시·광고의 공정화에 관한 법률'을 제정하였다. 2000년에는 결함상품으로 사고가 발생한 경우, 피해자를 보호할 목적으로 '제조물책임법'을 제정하여 이듬해 7월부터 시행하였다. 또 2002년에는 전자상거래 및 통신판매에 있어서 소비자의 권익을 보호하고 당시 새롭게 확산되었던 전자상거래에 대한 소비자의 신뢰 제고를 위해 '전자상거래 등에서의 소비자보호에 관한 법률'을 제정하였다. 이로써 지난 1980년 소비자보호법을 제정한 이후 약 20년에 걸쳐 지속적으로 이루어졌던 소비자법률의 정비작업이 어느 정도 마무리되었다(표 2-4 참조).

2000년대에 들어 우리나라의 소비자정책은 인터넷의 급속한 확산에 따라 새로운 상거래 방식으로 등장한 전자상거래 관련 소비자시책을 추진하는 데 역점을 두었다. 위에서 언급한 '전자상거래 등에서의 소비자보호에 관한 법률'을 제정한 것 외에도 전자상거래 사업자가 건전한 거래질서 확립 및 소비자보호를 위해 지켜야 할 기준을 고시한 '전자상거래 등에서의 소비자보호지침'과 전자상거래의 거래 적정화를 위한 '사이버몰 이용 표준약관'을 제정하였다. 또 스팸메일로부터 소비자를 보호하기 위해 2003년에는 '노스팸

표 **2-4** 우리나라 주요 소비자법률의 제정 추이

법률명	제정 연도	소관부처
소비자기본법	1980	공정거래위원회
약관의 규제에 관한 법률	1986	공정거래위원회
할부거래에 관한 법률	1991	공정거래위원회
방문판매 등에 관한 법률	1991	공정거래위원회
소비자생활협동조합법	1998	공정거래위원회
표시·광고의 공정화에 관한 법률	1999	공정거래위원회
제조물책임법	2000	공정거래위원회·법무부
전자상거래 등에서의 소비자보호에 관한 법률	2002	공정거래위원회

사이트_{www.nospam.go.kr}'를 개설하였고, 2005년에는 거래안전을 위해 결제대금예치제도(일명 에스크로제도)를 도입하였다.

4 | 소비자정책의 전환

2006년에 '소비자보호법'이 '소비자기본법'으로 전면 개정되면서 우리나라 소비자정책은 새로운 전기를 맞이하게 된다. '소비자기본법'으로의 개정은 단순히 법률의 명칭만 바뀐 것이 아니라 소비자정책의 근본 방향과 정책추진체계도 바뀌었으며, 지난 20년 넘게 우리나라 소비자정책을 이끌어 왔던 '소비자보호법의 시대'가 종료되고 '소비자기본법의 시대'가 막이 올랐다는 것을 의미한다. 이는 소비자정책의 패러다임의 전환이라고 이야기할 만하다.

정부는 2004년도 '소비자보호종합시책'에서 소비자정책의 기본 방향을 전환할 필요성에 대해 공식적으로 언급한 이후, 소비자정책의 기조를 '소비자보호'에서 '소비자주권'으로 전환하고자 하는 노력을 꾸준히 전개하였다. 소비자기본법의 개정은 이러한 노력의 집약적 결실이라 할 수 있다. 소비자정책의 기조가 '소비자주권'으로 변화되었다 함은 소비자를 더 이상 '보호의 객체'가 아니라 '자립의 주체'로 인식하겠다는 정책의지의 표현

이다. 과거 소비자가 사업자에 비해 정보력이나 교섭력이 뒤지기 때문에 정부가 개입하여 소비자를 보호해야 한다는 기본 전제 아래 정책을 추진했다면, 새로운 정책기조 아래서는 소비자가 자기 책임의 원칙 아래 스스로 문제를 해결하도록 역량을 강화시키고, 소비자의 합리적 선택을 위한 시장질서를 조성하는 것이 정부의 책무가 되었다. 정부는 과거 '해결자'로서의 역할을 담당하고자 하였으나 이제 과도한 짐을 내려놓고 '조력자'로서의 새로운 역할을 모색하게 되었다.

실제 '제1차 소비자정책기본계획(2009~2011)'의 주요 정책 내용에 있어서도 소비자의 자립역량을 강화하기 위한 정보제공과 교육이 확대되고, 부당거래행위 방지와 거래 적정화의 도모에 있어서도 행정규제 일변도에서 민사규제 및 사업자의 자율규제를 보다 확대하여 서로 보완하는 방향으로 바뀌었다.

또 피해구제에 있어서도 행정기관 및 공공기관이 개별 거래에 개입하여 사후적으로 피해구제를 해 주던 방식에서 벗어나 소비자가 사업자를 상대로 법원에서 대등하게 맞설 수 있도록 제조물책임제도, 단체소송제도 등이 도입되었고, 징벌적 손해배상제도, 집단소송제도의 도입 등이 논의되고 있다. 이렇게 되면 사업자는 자사의 제품과 서비스로 인해 소비자에게 피해를 입힐 경우 막대한 비용을 치를 수밖에 없기 때문에 피해가 유발되지 않도록 사전에 주의할 수밖에 없고, 결과적으로 소비자피해를 미리 예방하는 효과를 갖게 될 것이다.

스스로 **찾아보기**

1. 21세기 들어 각국 정부가 소비자정책의 방향을 새롭게 정립하려 하는 배경이 무엇인지 알아보자.
2. 우리나라, 미국, 일본의 소비자정책 추진체계 사이에는 어떤 유사점과 차이점이 있는지 살펴보자.
3. 우리나라에는 소비자정책을 추진하는 데 있어 무슨 기관이 어떤 역할을 맡고 있는지 알아보자.
4. 소비자정책기본계획의 주요 내용은 무엇이고 어떻게 변화해 왔는지 알아보자.

소비자기본법

소비자법률은 소비자보호, 소비자권익 증진, 소비자후생의 증대 혹은 소비생활의 합리화 등 소비자문제와 관련된 사회 공동의 목표를 직·간접으로 달성하기 위해 관련 주체의 권리와 책무를 규정한 법률이라고 할 수 있다. 우리나라에서는 오랫동안 소비자법률이 독자적인 법영역으로 인정받지 못한 채 민사법의 한 분야로만 여겨져 오다가, 2000년대에 들어와 본격적으로 연구되고 있다.

분류 기준에 따라 다르지만 현재 우리나라에는 '약관의 규제에 관한 법률', '제조물책임법' 등을 포함해 40여 개 이상의 소비자법률이 있는 것으로 알려져 있다. 이 가운데 가장 대표적인 소비자법률이 1980년에 '소비자보호법'으로 제정되고, 2006년에 전면 개편된 '소비자기본법'이다. 이 장에서는 이 법의 의의, 체계 및 주요 내용을 살펴보기로 한다.

1. 소비자기본법의 개관

1 │ 소비자기본법의 의의

일반적으로 '기본법'이란 특정 분야 정책의 방향, 체계, 조직 및 추진에 관한 기본적인 사항을 규정한 법률이라고 할 수 있다. '소비자기본법'도 명칭에 '기본법'이란 표현을 담고 있기 때문에 원론적으로는 소비자정책의 방향, 체계, 조직 및 추진에 관한 기본적인 사항을 규정한 법률이어야 할 것이다. 그러나 소비자기본법을 보면 이러한 사항도 포함되어 있지만 절차적 규정, 행정 및 형사적 규제의 근거 조항까지 담고 있어 명목상으로는 기본법이지만 실제적으로는 '종합법'이라고 보는 것이 더 적절할지 모른다. 이것은 이 법률이 처음부터 기본법으로 출발한 것이 아니라, 과거 '소비자보호법'의 체계와 내용을 그대로 두고 명칭만 '소비자기본법'으로 바뀌었기 때문이다. '소비자기본법'은 그때그때의 입법적 필요, 행정적 규제 및 조직적 이해에 따라 필요한 사항을 추가하다보니 산만한 법률이 되어 버린 '소비자보호법'의 유산을 고스란히 안고 있다. 이러한 한계에도 불구하고 소비자기본법은 우리나라 소비자정책의 근간이 되는 법률로서 '약관의 규제에 관한 법률', '제조물책임법' 등과 더불어 대표적인 소비자법률consumer laws이라고 할 수 있다.

2 │ 소비자기본법의 개정

'소비자기본법'의 전신인 '소비자보호법'은 1980년 1월에 제정되었고, 동법 시행령이 제정된 1982년 9월부터 시행되었다. 1980년의 '소비자보호법'은 소비자의 기본 권익 보호와 소비생활의 향상 및 합리화를 법의 목적으로 하며 정부, 사업자, 소비자의 역할 등에 대해 원론적인 사항만을 규정하였다. 법의 실효성에 대한 논란이 일어 1986년에는 전면 개정을 통해 국가를 비롯한 각 주체의 역할을 구체적으로 규정하고, 소비자정책의 추진기관으로 한국소비자보호원을 설립하도록 하였다. 이후 '소비자보호법'은 수차례 점진적 개정을 거듭하면서 정책 추진의 법적 근거들을 마련함으로써 소비자정책의 기본법으로서의 역할을 수행해 왔다.

2000년대 들어 소비생활환경이 변화하고, 소비자의 의식이 향상되며, 소비자거래가 디지털화 및 세계화되고, 소비자정책의 기조 또한 소비자보호에서 소비자의 권익 실현으로 바뀌면서 환경 변화에 부응한 법률 개정의 필요성이 제기되었다. 이에 '소비자보호법'을 개정하려는 시도가 꾸준히 이어져 2004년 5월경에는 '소비자보호법' 개정안의 골격이 완성되었으나, 소비자단체소송 및 집단소송제도의 도입을 둘러싼 시민단체와 정부 간의 갈등, 소비자정책의 총괄·조정기능 및 한국소비자보호원(한국소비자원의 전신)의 소관 이전을 둘러싼 재정경제부와 공정거래위원회 간 줄다리기가 장기화되면서 개정되지 못하다가 2006년 9월에 전면적으로 개정되어 '소비자기본법'이란 이름으로 재탄생하였고, 2007년 3월부터 시행되어 오늘에 이르고 있다.

3 | 소비자기본법의 체계

'소비자기본법'은 총 11개 장, 86개 조항으로 구성되어 있으며, 소비자의 권리와 책무, 국가·지방자치단체 및 사업자의 책무와 아울러 소비자정책의 추진에 필요한 제반 사항 등을 규정하고 있다. 과거 '소비자보호법'이 64개 조문이었던 것과 비교하면 조문의 숫자가 많이 늘어났고, 소비자안전 및 소비자분쟁해결에 관한 내용이 강화되었다(표 3-1 참조).

표 **3-1** 소비자기본법의 구성체계

장 제목	주요 내용
제1장 총칙	목적, 정의, 다른 법률과의 관계
제2장 소비자의 권리와 책무	소비자의 기본적 권리, 소비자의 책무
제3장 국가·지방자치단체 및 사업자의 책무	국가 및 지방자치단체의 책무, 사업자의 책무
제4장 소비자정책의 추진체계	소비자정책의 수립, 소비자정책위원회, 국제협력

(계속)

장 제목	주요 내용
제6장 한국소비자원	한국소비자원의 설립, 업무, 임원 및 이사회, 회계·감독
제7장 소비자안전	취약계층의 보호, 소비자안전조치, 위해정보의 수집
제8장 소비자분쟁의 해결	사업자의 불만처리, 한국소비자원의 피해구제, 소비자분쟁 조정, 소비자단체소송
제9장 조사 절차 등	검사와 자료 제출, 소비자정보요청
제10장 보칙	시정조치, 권한위임·위탁
제11장 벌칙	벌금, 과태료

2. 소비자기본법의 목적과 정의

'소비자기본법' 제1장 총칙에서는 '소비자기본법'의 목적과 이 법에서 사용하는 주요 용어에 대한 정의규정을 하고 있다.

1 | 소비자기본법의 목적

'소비자기본법'은 소비자의 권익을 증진하고 소비생활의 향상과 국민경제의 발전에 이바지함을 목적으로 한다(동법 제1조).* 과거 '소비자보호법'에서는 소비자의 권익 '보호'가 목적이었으나 '소비자기본법'에서는 권익 '증진'으로 바뀌었다. 이 규정에서 볼 수 있듯 '소비자기본법'의 직접적인 목적은 소비자의 권익 증진이지만, 궁극적으로는 이 법의 시

---

* 제1조(목적) 이 법은 소비자의 권익을 증진하기 위하여 소비자의 권리와 책무, 국가·지방자치단체 및 사업자의 책무, 소비자단체의 역할 및 자유시장경제에서 소비자와 사업자 사이의 관계를 규정함과 아울러 소비자정책의 종합적 추진을 위한 기본적인 사항을 규정함으로써 소비생활의 향상과 국민경제의 발전에 이바지함을 목적으로 한다.

행을 통해 소비생활의 향상과 국민경제 발전에까지 기여함을 목적으로 한다.

2 | 소비자의 개념

'소비자기본법' 총칙에서는 소비자, 사업자, 소비자단체 및 물품 등에 관한 용어의 정의 규정을 두고 있다. '소비자기본법'에서는 소비자를 일반적 의미의 소비자와 정책적 고려에 의한 소비자를 모두 포함하는 개념으로 본다. 즉 소비자를 '사업자가 제공하는 물품 또는 용역을 소비생활을 위해 사용하는 자', 즉 일반적 의미의 소비자로 정의할 뿐만 아니라 그러한 물품 또는 용역을 생산활동을 위해 사용하는 일부 계층도 '대통령령으로 정하여' 소비자의 개념에 포함시키고 있다.

대통령인 '소비자기본법시행령'의 규정에 의해 '소비자기본법'상 소비자로 분류되는 계층은 다음의 2가지이다. 하나는 '사업자가 제공한 물품 및 용역을 소비생활이 아닌 생산 활동을 위해 사용하더라도 그것을 원재료나 자본재로 사용하지 않고 최종적으로 사용하는 자'를 말한다(시행령 제2조제1호). '제공된 물품을 농업(축산업 포함) 및 어업활동을 위해 사용하는 자'도 대통령령에 의해 소비자의 범주에 포함된다(시행령 제2조제2호).* 이처럼 농어민까지 '소비자기본법'의 적용대상으로 확대한 것은 사회적 약자인 농어민들의 거래행위를 정부가 보호하겠다는 정책적 고려의 표현이라고 할 수 있다. 그러나 '소비자기본법'의 목적이 보호에서 증진으로 바뀐 만큼 이 법을 통해 영세한 농어민까지 보호하겠다는 정책적 고려는 이제 재고할 필요가 있다.

---

* 다만 여기에도 몇 가지 예외조항이 있는데, 농어민을 배려하되 기업형 축산농가나 원양업자는 굳이 정부가 나서서 보호할 필요가 없다는 판단 아래 정책적 고려에 의한 소비자의 범주에서 제외된다. 즉 축산법 제21조제1항의 규정에 의하여 농림부령이 정하는 사육규모 이상의 축산업을 영위하는 자 및 수산업법 제41조제1항의 규정에 의하여 해양수산부장관의 허가를 받은 원양어업자는 제외된다(시행령 제2조제2호).

3 | 사업자의 개념

'소비자기본법'에서는 사업자를 '물품을 제조(가공 또는 포장 포함)·수입·판매하거나 용역을 제공하는 자'로 정의하고 있다(동법 제2조제2호).

3. 소비자의 권리와 책무

1 | 소비자의 권리

'소비자기본법'은 8가지 소비자의 기본적 권리를 선언하고 있다(동법 제4조). 안전의 권리(동법 제4조 1호), 알 권리(2호), 선택할 권리(3호), 의견을 반영시킬 권리(4호), 피해보상을 받을 권리(5호), 교육을 받을 권리(6호), 단체의 조직 및 활동할 권리(7호) 및 환경친

표 **3-2** 소비자의 기본적인 권리

소비자의 권리	내용
위해로부터 보호받을 권리	물품 등으로 인한 생명·신체 또는 재산상의 위해로부터 보호받을 권리
지식 및 정보를 제공받을 권리	물품 등을 선택함에 있어서 필요한 지식 및 정보를 제공받을 권리
선택할 권리	물품 등을 사용함에 있어서 거래의 상대방·구입장소·가격 및 거래조건 등을 자유로이 선택할 권리
의견을 반영시킬 권리	소비생활에 영향을 주는 국가 및 지방자치단체의 정책과 사업자의 사업활동 등에 대하여 의견을 반영시킬 권리
피해보상을 받을 권리	물품 등의 사용으로 인하여 입은 피해에 대하여 신속·공정한 절차에 따라 적절한 보상을 받을 권리
교육을 받을 권리	합리적인 소비생활을 위하여 필요한 교육을 받을 권리
단체를 조직할 권리	소비자 스스로의 권익을 증진하기 위하여 단체를 조직하고 이를 통하여 활동할 수 있는 권리
쾌적한 환경에서 소비할 권리	안전하고 쾌적한 소비생활환경에서 소비할 권리

화적 소비의 권리(8호) 등이다. '소비자기본법' 제1조에서 이 법의 목적이 '소비자의 권익 증진'임을 밝히고 있는데, 권익 증진은 구체적으로는 바로 이 소비자의 기본적 권리를 실현하는 길이 될 것이다(표 3-2 참조).

2 | 소비자의 책무

소비자에게는 권리뿐만 아니라 책무도 있다는 것이 '소비자기본법'의 정신이다(동법 제5조). 이 조항은 과거 소비자보호법에는 없었으나 새롭게 포함된 것이다. 이는 소비자도 자신의 권리만을 주장할 것이 아니라 시장경제의 한 주체로서 걸맞은 역할을 수행해야 한다는 시대 조류의 반영이라고 할 수 있다. '소비자기본법'에 따르면 소비자에게는 다음과 같은 5가지 책무가 있다.

* 첫째, '올바른 선택의 책무'이다. 곧 소비자는 '사업자 등과 더불어 자유시장경제를 구성하는 주체임을 인식하여 물품을 올바르게 선택'해야 한다(동법 제5조제1항).
* 둘째, '정당한 권리행사의 책무'이다. 소비자에게는 '소비자기본법'에 의해 8가지 기본적 권리가 주어진다. 소비자는 이러한 권리를 남용할 것이 아니라 정당하게 행사해야 한다(동법 제5조제1항). '무엇이 정당한 행사인가' 하는 판단은 쉽지 않겠지만 사회적 통념과 상례에 어긋나는 지나친 권리 주장은 수용되기 어려울 것이다.
* 셋째, '자립역량 강화의 책무'이다. 소비자는 '스스로의 권익을 증진하기 위하여 필요한 지식과 정보를 습득하도록 노력해야 한다'(동법 제5조제2항). 누군가의 도움으로 소비생활을 영위하며 소비자문제를 해결하겠다는 것은 오늘날의 바람직한 소비자상이라고 하기 어렵다. 소비자도 자신의 권익 증진을 위해 필요한 정보나 지식이 있다면 스스로의 노력으로 그것을 습득해야 한다는 것이 '소비자기본법'의 이념이다.
* 넷째 '합리적 행동의 책무'이다. 소비자는 '자주적이고 합리적인 행동을 해야 한다(동법 제5조제3항).' 오늘날 소비자는 자기 판단에 따라 행동하고 자신의 결정에 대해 스스로 책임을 지는 자주적인 소비자이다. 또 충분한 정보탐색활동 등을 통해 비용·

효과 측면에서 합리적인 소비행위를 영위해야 한다.

* 끝으로 '환경친화적 소비의 책무'이다(동법 제5조제3항). 자원을 절약하지 않고 한 번 쓰고 버리는 소비생활은 날로 심화되는 환경오염의 주범 중 하나이다. 소비자는 자신의 소비행태가 바뀌지 않는 한 환경문제의 해결이 어렵다는 점을 인식하고 환경친화적이고 지속가능한 소비활동을 할 책무를 가지고 있다.

4. 국가·지방자치단체 및 사업자의 책무

1 | 국가·지방자치단체의 책무

'소비자기본법'은 소비자의 권익을 증진하기 위하여 국가 및 지방자치단체가 공통적으로 수행해야 할 4가지 기본적 책무를 열거한 뒤, 한 걸음 나아가 정책영역별 책무를 10가지로 규정하고 있다.

(1) 기본적 책무

국가 및 지방자치단체는 소비자권익 증진을 위해 다음과 같은 4가지 기본 책무를 공통적으로 지닌다(동법 제6조).

* 첫째, '관계 법령 및 조례의 제정 및 개정·폐지'이다. 이러한 책무 규정에 따라 우리나라는 국가 차원에서 '소비자기본법'을 포함하여 직·간접적으로 약 100여 개에 이르는 소비자법률을 제정하여 집행하고 있다. 또 광역자치단체 및 일부 기초자치단체에서는 '소비자조례'라는 자치법규를 제정하여 운용한다.
* 둘째, '필요한 행정조직의 정비 및 운영개선'이다. 이러한 책무 규정에 따라 우리나라는 앞의 제2장에서 살펴본 바와 같이 소비자정책 환경 변화에 부응하여 소비자행정

체계 전반을 지속적으로 정비해 가고 있다. 국가 차원에서는 공정거래위원회를 비롯하여 15개 관계 중앙행정기관이 소비자정책 추진에 관여하고 있으며, 광역 지방자치단체들도 '소비생활센터'와 같은 관련 기구를 설치·운영하고 있다.

- 셋째, '필요한 시책의 수립 및 실시'이다. '소비자기본법'은 이와 관련하여 국가와 지방자치단체가 구체적으로 어떻게 시책을 수립 및 실시할 것인지를 제4장에서 시책의 종류 실시 절차를 따로 밝히고 있다. 국가 차원에서는 '소비자정책기본계획'을 수립하여 시행하고, 지방자치단체들도 지역별 소비자시책을 추진하고 있다.

- 끝으로 '소비자의 건전하고 자주적인 조직 활동의 지원·육성'이다. 국가 및 지방자치단체는 이 규정에 따라 일정한 요건을 갖추어 공정거래위원회 또는 지방자치단체에 등록한 소비자단체에게 보조금을 지급하고 있다. 이외에도 강사 지원, 매뉴얼, 리플릿 및 관련 자료의 제작·배포, 각종 캠페인, 소비자의 날 행사 및 소비자정보전시회 등의 공동 개최, 지방자치단체가 운영하는 소비생활센터 등에 소비자단체 직원을 채용하는 등 소비자단체의 활동을 지원하고 있다.

(2) 정책영역별 책무

'소비자기본법'에서는 국가 및 지방자치단체가 수행해야 할 책무를 제7조에서부터 제17조에 이르기까지 정책영역별로 나누어 규정하고 있다. 2006년 9월 소비자보호법이 '소비자기본법'으로 개정되면서 제14조(소비자의 능력 향상)와 제15조(개인정보의 보호) 등 2가지 정책 영역이 새롭게 추가되었다. '소비자기본법'상 국가 및 지방자치단체의 주요 책무를 정리하면 다음과 같다(표 3-3 참조).

표에서 볼 수 있듯이 총 11개 정책영역 25개 항목에 걸쳐 국가 및 지방자치단체의 책무를 규정하고 있다. 국가는 이들 책무를 모두 실행해야 하거나 혹은 실행할 수 있도록 되어 있는 반면, 지방자치단체는 그중 주로 시책의 강구 및 시설의 구비 등에 관련된 책무를 지는 것으로 되어 있다.

'소비자기본법'에서는 국가로 하여금 정책영역별 시책을 수립하여 시행해야 할 뿐만 아니라 여러 가지 기준을 제정하여 시행하도록 요구하고 있는데, 이 법에 의거하여 국가는

표 3-3 소비자기본법에 의한 정책영역별 국가·지방자치단체의 책무

정책 영역	국가 및 지방자치단체의 책무		책무의 주체		해당 조항
	책무의 내용		국가	지방자치단체	
지방소비자 보호	※지방자치단체의 소비자행정조직 설치·운영 지원[1]		○		제7조
위해방지	○ 위해방지기준의 제정		○		제8조
	○ 사업자의 위해방지기준 준수여부 시험·검사, 조사[2]		○		
계량·규격	○ 계량에 관한 시책의 강구 ○ 규격에 관한 시책의 강구		○	○	제9조
표시	○ 표시기준의 제정		○		제10조
광고	○ 광고기준의 제정		○		제11조
거래적정화	○ 거래적정화 시책의 수립 ※ 사업자의 부당행위 지정·고시		○		제12조
	○ 특수거래에 관한 시책의 강구		○	○	
정보제공	○ 소비자정책의 주요 내용 소비자에게 정보제공 ○ 거래 관련 사업자의 정보제공에 관한 시책의 강구		○	○	제13조
소비자능력 향상	○ 소비자교육의 실시 ○ 소비자 능력 향상 프로그램의 개발 ○ 소비자교육과 학교교육·평생교육의 연계 관련 시책의 강구 ※ 소비자능력 향상을 위한 방송사업의 실시		○	○	제14조
개인정보보호	○ 소비자의 개인정보보호시책의 강구		○	○	제15조
	○ 소비자의 개인정보보호기준 제정		○		
분쟁해결	○ 소비자불만·피해의 처리 관련 조치의 강구		○	○	제16조
	※소비자분쟁해결기준의 제정		○		
시험·검사	○ 시험·검사, 조사 기구와 시설 구비 ※ 시험·검사기관에 의뢰를 통한 시험의 실시 ○ 시험결과의 공표 및 조치 시행 ※ 소비자단체의 시험·검사시설 구비 지원 ※ 기준제정 및 시책 수립을 위해 필요한 경우 조사·연구 의뢰		○	○	제17조

1) 책무의 내용 가운데 ○은 국가 및 지방자치단체가 '~해야 한다'고 되어 있는 강행규정이며, ※는 '~할 수 있다'고 되어 있는 임의 규정을 표시한다.
2) 사업자의 위해방지기준 준수 여부에 대한 정기적인 시험검사 및 조사는 중앙행정기관의 장에게 부여된 책무이다.

위해방지기준, 표시기준, 광고기준, 개인정보보호기준, 소비자분쟁해결기준* 등을 제정할 책무가 있다.

2 | 사업자의 책무

오늘날 소비자권익 증진에 가장 직접적인 영향을 미치는 주체가 사업자이다. 사업자의 거래 행태 하나하나가 소비자의 후생과 권익에 바로 영향을 미치기 때문이다. 바로 이러한 점 때문에 '소비자기본법'에서도 소비자정책의 또 하나의 중요한 정책대상이라 할 수 있는 사업자에게 일정한 책무를 부과하고 있다. '소비자기본법'에서는 사업자의 책무를 크게 2가지로 나누어 규정하고 있다. 하나는 '거래상의 책무'이고 다른 하나는 '시책상의 책무'이다.

(1) 거래상의 책무
사업자는 소비자와 거래를 함에 있어 ① 위해발생 방지 조치강구, ② 부당한 거래조건이나 방법의 사용 금지, ③ 물품에 대한 정보의 성실하고 정확한 제공, ④ 소비자의 개인정보보호, ⑤ 소비자피해의 보상 등의 책무가 있다(동법 제19조).

(2) 시책상의 책무
사업자는 국가 및 지방자치단체가 소비자정책을 추진하는 과정에서 수립한 각종 법령, 제도 등의 시행에 협력하고 준수할 의무가 있다.

  • 첫째 사업자는 '국가 및 지방자치단체의 소비자권익증진시책에 적극 협력해야 한다'

---

* '소비자기본법' 개정 이전에는 '소비자피해보상규정'으로 불리던 것으로 소비자와 사업자가 원만한 분쟁해결 및 신속한 피해구제를 목적으로 1985년 12월, 40개 업종 194개 품목을 대상으로 제정되었다. 일반적 분쟁해결기준은 소비자기본법 시행령으로, 품목별 분쟁해결기준은 공정거래위원회 고시로 규정되어 있다.

(동법 제18조제1항).

- 둘째, 사업자는 '소비자단체 및 한국소비자원의 소비자의 권익 증진과 관련된 업무의 추진에 필요한 자료 및 정보제공 요청에 적극 협력해야 한다'(동법 제18조제2항). '소비자기본법'에서는 소비자단체 및 한국소비자원으로 하여금 법제79조에 의해 한국소비자원에 설치된 '소비자정보요청협의회'의 협의 조정을 거쳐 사업자 또는 사업자단체를 상대로 업무추진에 필요한 자료 및 정보의 제공을 요청할 수 있도록 하고 있다(동법 제78조). 사업자 및 사업자단체는 정당한 사유가 없는 한 이 요청에 응해야 하며, 정보를 받은 소비자단체 및 한국소비자원도 당초 밝힌 사용목적과 사용 절차에 따라 정보를 사용해야 한다.
- 끝으로 사업자는 '소비자기본법'에 따라 국가가 제정한 각종 기준, 예컨대 위해방지기준, 표시기준, 광고기준, 개인정보보호기준 등을 준수해야 할 책무가 있으며, 더불어 국가가 지정·고시한 부당한 거래행위를 해서는 안 된다(동법 제20조).

5. 소비자정책의 추진

'소비자기본법'은 소비자정책 추진의 기본 법령답게 소비자정책의 추진체계를 명확히 하고(제4장), 소비자단체(제5장)와 한국소비자원(제6장) 등 소비자정책의 추진에 있어서 일정한 역할을 수행하는 조직 및 기관의 업무를 자세히 밝히고 있다.

1 | 소비자정책의 추진체계

(1) 소비자정책의 수립

'소비자기본법'에 따르면 우리나라 소비자정책은 기본계획과 시행계획으로 구분된다. 공

표 **3-4** 소비자기본법상 우리나라 소비자정책의 수립

구분	소비자정책 기본계획	소비자정책 시행계획		
		시행계획	시·도별 시행계획	종합 시행계획
수립주기	3년	매년	매년	매년
수립주체	공정거래위원회	중앙행정기관의 장	시·도지사	공정거래위원회
수립 절차	• 공정거래위원회 시안 마련 • 소비자정책위원회 심의·의결, 확정	• 기본계획에 의거 • 매년 10월 말까지 다음 연도 시행계획 수립	• 기본계획 및 관계 중앙행정기관의 시행계획에 의거 • 매년 11월 말까지 다음 연도 시행계획 수립	• 매년 12월 말까지 시행계획 및 시·도별 시행계획 취합·조정 • 소비자정책위원회의 심의·의결, 확정

정거래위원회는 소비자정책위원회의 심의·의결을 거쳐 3년마다 '소비자정책 기본계획'을 수립해야 한다(동법 제21조제1항).

관계 중앙행정기관의 장 및 시·도지사는 이처럼 수립된 소비자정책 기본계획에 따라 매년 '소비자정책 시행계획'을 수립한다. 공정거래위원회는 이들 각 부처 및 시·도지사가 마련한 해당 기관의 다음 연도의 소비자정책 시행계획을 매년 12월 31일까지 취합·조정하여 소비자정책위원회 심의·의결을 거쳐 '종합적인 시행계획'으로 수립한다.

이 규정에 따라 우리나라에서는 처음으로 2009년부터 2011년까지를 계획 기간으로 하는 제1차 소비자정책기본계획을 수립한 바 있다. 소비자정책을 중장기적 전망 속에서 체계적으로 추진하고자 하는 의도에서 '소비자기본법'에 법적 근거를 두고 기본계획을 수립·시행하고 있으나 성과는 대체로 미흡하다. '소비자기본법'에 기본계획의 체계, 내용 및 수립 절차가 현실에 맞지 않게 지나치게 자세히 규정되어 있는 탓에 정부가 '소비자기본법'의 규정대로 제도를 운용하지 못하고 있는 형편이다. 이는 다음에 '소비자기본법'을 개정할 때 정비가 필요한 부분이다.

(2) 국제협력

'소비자기본법'에서는 국가로 하여금 "소비자문제의 국제화에 대응하기 위하여 국가 간 상호협력방안을 마련하는 등 필요한 대책을 강구해야 한다."고 규정하고 있다(동법 제27조). '소비자기본법'에 따라 공정거래위원회는 국제 소비자문제에 대응하기 위해 정보의

공유, 국제협력창구 또는 협의체의 구성·운영 등 관련 시책을 수립·시행해야 한다.

　FTA 협약 체결에 따라 국내 시장 개방이 가속화되고, 소비자들이 해외 쇼핑몰에서 직접 물품을 구매하는 이른바 '해외직구'가 크게 늘어나면서, 국경을 넘어선 인터넷 전자상거래가 활성화되고 있는 가운데 소비자피해도 늘어나고 있으며, 소비자문제해결을 위한 국가 간 협력과 공조가 어느 때보다 중요해지고 있다. '소비자기본법'에 따라 우리나라도 OECD소비자정책위원회CCP: Committee on Consumer Policy, 국제소비자보호집행기구ICPEN: International Consumer Protection Enforcement Network, 유엔국제상거래법위원회UNCITRAL: UN Commission on International Trade Law, 국제소비자제품보건안전기구ICPHSO: International Consumer Product Health and Safety Organization 등과 같은 국제기구, 아시아소비자정책포럼, 한·중·일소비자정책협의회, 한EU소비자정책협의회와 같은 지역협의체 등에 적극적으로 참여하고 있으며, 국제 소비자분쟁을 효과적으로 해결하기 위한 체계 구축을 모색하고 있다.

2 | 소비자단체

우리나라 '소비자기본법'의 특징 가운데 하나는 소비자들의 자발적 결사체인 소비자단체에 대해 법에서 그 업무·등록 및 보조금 지급 등에 대한 사항을 규정하고 있다는 점이다. 이러한 입법 취지는 "소비자보호운동을 법률이 정하는 바에 따라 보장한다."는 헌법 제124조의 정신에 따른 것이라고도 볼 수 있다. 그러나 법으로 소비자단체의 업무를 국가가 지정하고 심지어 등록제도까지 운영하는 것은 소비자단체의 활동을 지원하기보다는 오히려 자유로운 소비자운동을 저해하는 측면이 크다. 과거에는 소비자단체의 활동, 특히 조사·분석결과의 공표로 혹시 기업들이 피해를 입지 않을까 하는 우려에서 이런 규정을 두었을지 몰라도 이제는 시대의 변화에 맞게 수정될 필요가 있다. 여하튼 현행법상으로 보면 소비자단체도 엄연히 소비자정책 추진체계 속의 구성요소로서 역할을 수행한다고 할 수 있다. '소비자기본법'에 따르면 소비자단체는 다음과 같은 업무를 수행한다(동법 제28조).

　• 국가 및 지방자치단체의 소비자의 권익과 관련된 시책에 대한 건의

- 물품 등의 규격·품질·안전성·환경성에 관한 시험·검사 및 가격 등을 포함한 거래조건이나 거래방법에 관한 조사·분석
- 소비자문제에 관한 조사·연구
- 소비자의 교육
- 소비자의 불만 및 피해를 처리하기 위한 상담·정보제공 및 당사자 사이의 합의의 권고

소비자단체는 조사·분석을 행하고 난 뒤 그 결과를 공표할 수 있지만 시험·검사의 경우에는 일정한 시험·검사기관의 시험·검사를 거친 후 공표해야 한다는 제한이 있다.

'소비자기본법'의 개정으로 일정한 요건을 갖춘 소비자단체는 공정거래위원회 또는 지방자치단체에 등록할 수 있으며(동법 제29조), 국가 또는 지방자치단체는 등록된 소비자단체에 보조금을 지급할 수 있다(동법 제32조). 끝으로 공정거래위원회에 등록된 소비자단체의 협의체는 소비자불만 및 피해를 처리하기 위하여 자율적 분쟁조정을 할 수 있다(동법 제31조). 자율적 분쟁조정은 당사자가 이를 수락한 경우 당사자 사이에 자율적 분쟁조정의 내용과 동일한 합의가 성립된 것과 같은 효력이 있다(동법 제31조제2항).

3 | 한국소비자원

'소비자기본법' 제6장은 한국소비자원의 업무와 이사회 및 감독 등에 관해 규정하고 있다. 한국소비자원은 '소비자기본법' 제33조에의 의해 소비자권익증진시책의 효과적 추진을 위하여 '한국소비자보호원'이란 이름으로 1987년에 설립되었다. 한국소비자원은 공정거래위원회 산하기관으로서, '공공기관의 운영에 관한 법률'에 따르면 정부가 위탁한 사무를 집행하는 '위탁집행형 준정부기관'이다. 한국소비자원은 공정거래위원회의 지휘·감독을 받지만 별도의 이사회가 있어(동법 제40조) 운영의 독립성이 보장된다. 원장, 부원장, 소비자안전센터소장 및 상임이사 등의 임원이 있으며 임기는 3년이다.

'소비자기본법'에서는 한국소비자원의 업무를 구체적으로 열거하고 있으며 그 내용은 다음과 같다(동법 제35조).

- 소비자의 권익과 관련된 제도와 정책의 연구 및 건의
- 물품 등의 규격·품질·안전성·환경성에 관한 시험·검사 및 가격 등을 포함한 거래조건이나 거래 방법에 대한 조사·분석
- 소비자의 권익증진·안전 및 소비생활의 향상을 위한 정보의 수집·제공 및 국제협력
- 소비자의 권익증진·안전 및 능력개발과 관련된 교육·홍보 및 방송사업
- 소비자의 불만처리 및 피해구제
- 소비자의 권익증진 및 소비생활의 합리화를 위한 종합적인 조사·연구
- 국가 또는 지방자치단체가 소비자의 권익증진과 관련하여 의뢰한 조사 등의 업무
- 그 밖에 소비자의 권익증진 및 안전에 관한 업무

이 조항에 따르면 한국소비자원은 소비자권익 증진과 관련된 연구, 조사, 시험검사, 정보제공, 교육, 불만처리, 피해구제, 국제협력 등의 업무를 한다.

한국소비자원은 설립 이후 지금까지 우리나라 소비자정책 추진의 핵심적 역할을 담당해 왔다. 특히 2006년 '소비자기본법'의 개정으로 소비자정책의 수단이 사업자에 대한 규제에서 사업자 지원 및 소비자 역량 개발로 바뀌고 이를 위한 정보제공 및 교육이 강조되면서 한국소비자원의 역할도 강화되었다. 2010년 이후 1372 소비자상담센터, 소비자중심경영CCM: Consumer Centered Management, 스마트컨슈머, e-Consumer 라이브러리 등의 운영이 새로운 업무로 추가되었다.

6. 소비자안전

최근 광우병을 유발할 수 있는 쇠고기, GMO 식품, 환경호르몬이 검출되는 각종 용기, 위해한 농산물의 수입 등으로 소비자안전이 사회적 이슈로 등장하면서 이에 대한 정부 정책적 대응도 점차 강화되고 있는 추세이다. '소비자기본법'의 개정에 있어서도 이러한

추세가 반영되어 제7장에 소비자안전에 관한 내용을 실었다. 이 장은 총칙, 소비자안전 조치, 위해정보의 수집 등 3부분으로 구성되는데 안전취약계층에 대한 보호시책 강구, 위해정보관리, 결함정보보고제도 및 리콜제도, 소비자안전센터의 설치 등이 주요 내용이다.

1 ｜ 취약계층 안전 확보

2006년 개정된 '소비자기본법'에서는 어린이, 노약자 및 장애인 등 취약계층의 안전을 확보하기 위한 국가, 지방자치단체 및 사업자의 책무를 규정하고 있다(동법 제45조). 즉 국가 및 지방자치단체는 이들 안전취약계층에 대하여 우선적으로 보호시책을 강구해야

생각하는 소비자 3-1

GMO, 국민 알 권리 보장하라

그동안 사료용으로만 들여 왔던 미국산 GMO(유전자 변형) 옥수수가 식용으로는 처음으로 어제 수입되었다. 안전성이 명확히 규명되지 못한 가운데 GMO 옥수수가 수입된 만큼 당국은 국민 보건위생문제 등에 더욱 각별히 신경을 써야 할 것이다. GMO 농산물은 유전자를 인위적으로 분리·결합해 만든 '제품'이므로 먹기에 찜찜한 것은 당연하다.

먹을거리로서 GMO 농산물의 안전성을 둘러싼 논란은 수십 년째 팽팽하다. 정부와 GMO를 개발·판매하는 기업 등은 문제가 없다고 강조하는 반면 국내외 시민단체들은 유해성이 있다고 반박한다. 식약청이 열처리 등 제조과정을 거치면서 유전자가 감소해 최종 제품에 GMO가 3% 이하일 경우 표시대상에서 제외시킨 것은 심히 걱정스럽다. 국민 보건문제를 고려한 규정은 까다로울수록 좋다. 유럽연합(EU)은 미국과의 논쟁 끝에 표시대상을 GMO 1% 이상으로 확대한 적이 있다.

식용 GMO 농산물이 쏟아져 들어올 것 같다. 소비자가 반드시 알고 선택할 수 있도록 표시대상을 대폭 강화해야 한다. 그것은 최소한의 소비자권익을 보장하는 것이며 정부와 업계의 의무이기도 하다.

자료: 세계일보(2008. 5. 2) 기사 요약.

한다. 사업자는 이들 안전취약계층에 위해가 발생하지 않도록 물품을 판매·광고 또는 제공할 때 필요한 조치를 취해야 한다. 다만 법은 필요한 시책과 조치를 자세히 규정하지는 않고 있다.

2008년 정부 조직개편에 따라 공정거래위원회가 소비자정책의 주무 부처가 되면서, 그동안 거래 분야의 소비자보호 규제 업무에 치중해왔던 공정거래위원회에게 소비자안전 분야의 업무에도 관여할 수 있도록 '소비자기본법'의 개정이 이루어졌다. 곧 공정거래위원회에게 사업자가 제공한 물품 등으로 인하여 소비자에게 위해 발생이 우려되는 경우 관계 중앙행정기관의 장에게 시정요청을 할 수 있는 권한을 부여하였다(동법 제46조).

2 | 위해정보 관리

소비자안전의 확보는 위해정보*의 수집 및 처리라고 하는 일련의 과정은 위해정보관리로부터 비롯된다. '소비자기본법'에서는 위해정보관리의 기본 사항을 규정하고 있다. 2006년 '소비자기본법' 개정으로 국가의 소비자안전시책을 지원하기 위한 조직으로서 한국소비자원에 소비자안전센터를 설치하였다(동법 제51조).** 소비자안전센터의 업무는 ① 위해정보의 수집 및 처리, ② 소비자안전 조사 및 연구, ③ 소비자안전 교육 및 홍보, ④ 위해물품 시정 건의, ⑤ 소비자안전 국제협력, ⑥ 그 밖에 소비자안전 관련 업무 등이다. 이 조항만을 놓고 보면 소비자안전센터는 비록 한국소비자원에 설치되어 있지만 소비자안전에 관한 포괄적인 업무를 독립적으로 수행하는 기구처럼 보인다. 향후 '소비자기본법'을 개정할 때 정비가 필요한 사항이다.

'소비자기본법'에 따르면 소비자안전센터는 위해정보를 ① 수집, ② 분석, ③ 조치라는

---

* '소비자기본법'에 따르면 위해정보란 '물품 등으로 인하여 소비자의 생명·신체 또는 재산에 위해가 발생하였거나 발생할 우려가 있는 사안에 대한 정보'이다(동법 제52조제1항).

** 소비자안전센터는 위해정보의 수집 및 처리 이외에도 소비자안전과 관련된 조사·연구, 교육·홍보, 시정 건의, 국제협력 및 기타 소비자안전 관련 업무 등 소비자안전에 관한 종합적 역할을 수행한다(동법 제51조제3항 참조).

> **위해정보 관련 용어**
>
> - **위해** 위해hazard란 제품의 사용으로 인해 소비자의 생명·신체에 대한 상해, 사망, 재산상의 손실이 발생한 상태를 말한다.
> - **위험** 위험risk은 위해가 발생할 가능성으로서 위해의 크기와 심리적 요인에 의해 좌우된다.
> - **결함** 결함defect은 제품에 통상적으로 기대할 수 있는 안전성이 결여되어 있는 상태로서 제조·설계·또는 표시상의 결함으로 구분된다.
> - **하자** 하자flaw는 기능성 및 상품성 등의 측면에서 제품으로서 마땅히 갖추어야 할 것을 갖추지 못해 불량이 발생한 것을 말한다.

3단계 절차에 따라 관리한다(동법 제52조). 공정거래위원회는 소비자안전센터가 위해정보를 효율적으로 수집할 수 있도록 하기 위해 행정기관·병원·학교·소비자단체 등을 '위해정보제출기관'으로 지정·운영할 수 있다. 소비자안전센터에서는 위해정보가 수집되면, 수집된 위해정보에 대한 사실조사와 분석을 토대로 '위해정보평가위원회'의 심의를 거쳐 조치를 행한다. '소비자기본법'에 의해 소비자안전센터가 취할 수 있는 조치는 ① 소비자안전경보의 발령, ② 안전성에 관한 사실의 공표, ③ 사업자 시정 권고, ④ 시정조치 및 제도개선 건의 등이다.

소비자안전센터는 위해정보를 효과적으로 관리하기 위하여 소비자위해감시시스템CISS: Consumer Injury Surveillance System을 운영하고 있다. 전국의 위해정보제출기관, 1372 소비자상담센터, 핫라인(080–900–3500), 국내외 언론 등으로부터 위해정보를 상시 수집·분석한다(그림 3–1 참조).

3 ㅣ 리콜제도

리콜이란 소비자에게 제공한 물품 등의 결함으로 인하여 소비자의 생명·생명 또는 재산상의 안전에 위해를 끼치거나 끼칠 우려가 있는 경우, 사업자 스스로 또는 정부의 명령에 의해 당해 물품 등을 수거·파기·수리·교환·환급 등의 조치를 취하는 일련의 행위를 말한다. 결함물품으로 인한 위해의 확산을 방지하기 위해 도입된 이 제도는 품목에 따

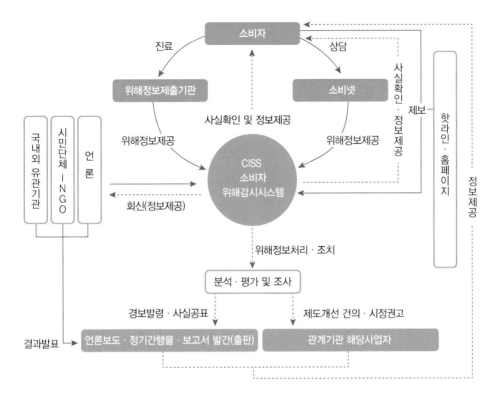

그림 3-1 CISS 체계도

자료: 한국소비자원 홈페이지(www.kca.go.kr)

라 전기용품안전관리법 등 여러 개별법에 의해 운영되지만* '소비자기본법'도 리콜에 관한 일반적인 사항을 규정하고 있다.

'소비자기본법'에서는 자발적 리콜제도, 리콜권고제도, 리콜명령제도 및 결함정보보고 의무제도 등을 도입하고 있는데, 리콜에 관해 자세한 사항은 제4장 소비자안전에서 좀 더 살펴보기로 하고 여기에서는 '결함정보 보고의무제도'를 간략히 살펴본다.

소비자에게 제공한 물품 등에 중대한 결함이 있는 사실을 알게 된 사업자는 그 결함

---

* 전기용품안전관리법(전기온수기, 전기청소기 등 172개 전기용품) 이외에 리콜의 근거 법률로는 품질경영 및 공산품안전 관리법(압력밥솥, 유모차, 작동완구 등 35개 공산품), 자동차관리법(자동차), 대기환경보전법(자동차), 식품위생법(식품), 축산물가공처리법(축산물) 등 여러 가지 개별법이 있다.

내용을 소관 중앙행정기관의 장에게 보고해야 한다(동법 제47조). 이 규정을 위반하여 결함의 내용을 보고하지 아니하거나 허위로 보고한 자는 3,000만 원 이하의 과태료에 처하도록 되어 있다(동법 제86조). 보고해야 할 결함정보는 제조·설계·표시·유통 또는 제공에 있어서 통상적으로 기대할 수 있는 안전성이 결여된 결함 및 관계 법령이 정하는 안전기준을 위반한 결함 등 2가지이다. 여기에서 '통상적으로 기대할 수 있는 안전성의 결여'는 매우 추상적인 표현이다. 더욱이 '중대한' 결함에 대해서만 사업자에게 보고의 의무를 부여하고 있지만 무엇이 중대한 것인지에 대해서는 명확히 규정하고 있지 않다. 이런 이유들로 인해 이 조항을 제대로 시행하기는 어려운 형편이다.

'소비자기본법'에 따르면 결함정보 보고의무가 있는 사업자는 제조업자, 수입업자 및 판매업자 등이다. 이들은 자신이 제공한 물품 등에 중대한 결함이 있다는 사실을 안 날로부터 5일 이내에 사업자, 물품, 결함 및 위해의 내용 등에 관한 정보를 서면으로 소관 중앙행정기관의 장에게 보고해야 한다.

7. 소비자분쟁의 해결

'소비자기본법'은 제8장을 소비자분쟁해결에 할애하고 있다. '소비자기본법'은 소비자분쟁해결을 위해 국가·지방자치단체·소비자·사업자·사업자단체·한국소비자원 등 관련 행위주체의 권한과 책무를 규정하고 있다. 소비자분쟁의 해결과 관련하여 '소비자기본법'은 관련 행위를 입법 기술상 불만처리, 피해구제 및 분쟁조정 등 3가지로 구분하여 사용하고 있다.

1 | 소비자불만처리

(1) 불만처리의 의의

소비자불만처리는 어떤 행위주체가 말 그대로 소비자로부터 제기되는 불만을 처리하는 행위를 지칭한다고 할 수 있다. '소비자기본법'상 소비자불만처리를 해야 하거나 할 수 있는 주체는 국가 및 지방자치단체,* 한국소비자원,** 소비자단체,*** 사업자 및 사업자단체**** 등이다. 법의 제반규정을 볼 때 소비자불만처리에서 '불만'에는 '의견' 및 '피해'도 포함되며, '처리'에는 소비자의 불만을 '기업경영에 반영'하거나 소비자에게 '상담' 혹은 '정보제공' 등의 행위도 포함된다고 이해된다.

(2) 소비자상담기구

소비자보호법이 '소비자기본법'으로 개정되면서 사업자의 소비자불만처리가 강조되었는데, 무엇보다도 규제완화의 물결 속에서 1999년 소비자보호법 개정 당시 삭제되었던 소비자상담기구설치에 관한 조항이 다시 부활하였다. 다만 1999년 이전에는 사업자의 소비자상담기구 설치를 의무화하였으나,***** 2006년 '소비자기본법' 개정에서는 권장사항으로 변화되었다는 차이점은 있다. 즉 '소비자기본법' 제53조에서는 사업자 및 사업자단체로 하여금 "소비자상담기구의 설치·운영에 적극 노력해야 한다."고 규정하였다. 또 중앙행정기관의 장은 사업자 또는 사업자단체에게 소비자상담기구의 설치와 운영을 권장하거나 지원할 수 있도록 하였다(동법 제54조제1항). 이러한 방침의 일환으로 '소비자기본법'에서는 공정거래위원회로 하여금 '소비자상담기구 설치·운영에 관한 권장기준'을

---

* 국가 및 지방자치단체는 소비자의 불만이나 피해가 신속·공정하게 처리될 수 있도록 관련 기구의 설치 등 필요한 조치를 강구해야 한다(동법 제16조제1항).

** 소비자의 불만처리 및 피해구제(동법 제35조제1항제5호).

*** 소비자의 불만 및 피해를 처리하기 위한 상담·정보제공(동법 제28조제1항).

**** 사업자 및 사업자단체는 소비자로부터 제기되는 의견이나 불만 등을 기업경영에 반영하고, 소비자의 피해를 신속하게 처리하기 위한 기구의 설치·운영에 적극 노력해야 한다(동법 제53조제1항).

***** 사업자는 물품 또는 용역에 관하여 소비자로부터 제기되는 정당한 의견이나 불만을 반영하고 그 피해를 보상·처리하는 적절한 기구를 설치·운영하도록 해야 한다(소비자보호법 제17조).

• 상담 신청
• 피해처리 신청
• 피해구제 신청

전화 및 인터넷 이용

소비자

• 진행정보 조회
• 상담 및 피해처리 결과

1372 소비자상담센터

소비자단체 + 지방자치단체 + 한국소비자원

피해구제
이관

한국소비자원
(피해구제
담당자)

그림 **3-2** 1372 소비자상담센터

지정·고시할 수 있도록 하였다(동법 제54조제2항).

(3) 1372 소비자상담센터

2010년 공정거래위원회는 '1372 소비자상담센터'라는 소비자상담 네트워크를 개설하였다. 전국 어디에서나 단일 대표전화 1372로 소비자가 전화를 걸면 가까운 센터로 연결되거나 인터넷 홈페이지www.ccn.go.kr를 통해 24시간 신속하고 편리하게 상담을 받을 수 있는 체계이다. 이전까지는 한국소비자원, 민간소비자단체, 지방자치단체의 소비생활센터가 불만이 있거나 피해를 입은 소비자들에게 전화, 인터넷, 팩스, 서신, 방문 등을 통해 각각 상담을 해 주는 체제였다. 1372 소비자상담센터가 발족되면서 세 주체가 소비자상담 네트워크에 참여하여 단일의 상담시스템을 통해 상담업무를 처리하게 되었다(그림 3-2 참조).

2 | 소비자피해구제

소비자피해구제는 사업자의 시정조치를 통하여 소비자의 불만을 완화하고 피해를 보상하는 절차라고 할 수 있다. '소비자기본법'에 따르면 피해구제 업무는 국가, 지방자치단체, 한국소비자원, 소비자단체 및 사업자가 행할 수 있다. '소비자기본법'에서는 이 가운데 한국소비자원의 피해구제 업무에 대해 자세히 규정하고 있다(동법 제55조~제59조). 지금부터 피해구제의 신청, 피해구제의 범위 및 피해구제 절차 등 3가지로 나누어 한국소비자원의 피해구제를 살펴보기로 한다.

(1) 피해구제의 신청

한국소비자원에 피해구제를 신청할 수 있는 자는 기본적으로 소비자이다. '소비자기본법' 제55조에 따르면 "소비자는 물품 등의 사용으로 인한 피해의 구제를 한국소비자원에 신청할 수 있다."라고 되어 있다. 그러나 한국소비자원에 피해구제를 접수할 수 있는 주체는 소비자뿐만이 아니다. 국가, 지방자치단체, 소비자단체 심지어 사업자도 자기들에게 신청된 피해구제 사건의 처리를 한국소비자원에 의뢰할 수 있다(동법 제55조제2항 및 제3항).* 피해구제의 신청 또는 의뢰는 서면으로 해야 하며, 긴급하거나 부득이한 경우에만 구두 혹은 전화 등으로 할 수 있다.

(2) 피해구제의 범위

'소비자기본법'에 따르면 한국소비자원에서 피해구제를 할 수 있는 대상이 일부 제약되어 있다. 동법 제35조제2항에 따르면 '국가 또는 지방자치단체가 제공한 물품 등으로 인하여 발생한 피해구제'는 처리 대상에서 제외된다.** 국가 및 지방자치단체가 국민에게 제공하는 물품과 용역은 대부분이 반대급부 없이 제공되는 행정서비스로서, 한국소비자원이 이에 대해 피해구제 업무를 하는 것은 바람직하지 않다는 시각에서 이러한 규정이 포함된 것으로 보인다.

---

* 사업자가 한국소비자원에 피해구제의 처리를 의뢰할 때에는 다음과 같은 3가지 경우 가운데 하나에 해당되어야 한다. ① 소비자로부터 피해구제의 신청을 받은 날부터 30일이 경과하여도 합의에 이르지 못하는 경우, ② 한국소비자원에 피해구제의 처리를 의뢰하기로 소비자와 합의한 경우, ③ 그 밖에 한국소비자원의 피해구제의 처리가 필요한 경우로서 대통령령이 정하는 사유에 해당하는 경우(동법 제55조제3항).
** '그 밖에 다른 법률의 규정에 따라 설치된 전문성이 요구되는 분쟁조정기구(예: 금융분쟁조정위원회)에 신청된 피해구제 등으로서 대통령령이 정하는 피해구제'도 한국소비자원의 피해구제 대상에서 제외된다(동법 제35조제2항제2호).

그러나 우체국의 우편서비스, 수돗물서비스, 국립병원의 의료서비스 등은 일반 행정 서비스와는 달리 서비스 이용에 따라 소비자들이 요금을 내는 이른바 '요금재 공공서비스'로서 일반 서비스와 큰 차이가 없는데 한국소비자원의 피해구제 영역에서 제외한다는 것은 불합리하다는 주장이 계속 제기되어 왔다. 개정된 '소비자기본법'에서는 이러한 점을 감안하여 시행령으로 정하는 물품 등에 대해서는 예외적으로 한국소비자원이 피해구제 처리를 할 수 있도록 하여 일부 요금재 공공서비스에 대해서도 피해구제를 할 수 있도록 길을 터 놓았다.

(3) 피해구제의 절차

피해를 입은 소비자가 사업자와 일차 접촉을 하여 피해보상을 요구했으나 사업자가 이를 거절하거나 혹은 소비자의 기대에 미치지 못하는 보상을 해 주겠다고 하면 소비자와 사업자 간에 다툼으로 이어진다. 이때 소비자는 직접 한국소비자원에 혹은 피해구제를 신청할 수 있고, 또 국가 및 지방자치단체, 소비자단체에게도 신청할 수 있는데 만약 이들 기관들이 그 피해구제 처리를 한국소비자원에 의뢰할 경우 한국소비자원은 이를 접수하고 바로 피해구제 청구에 관련된 사업자에게 그 사실을 통보하게 된다. 피해구제의 신청과 의뢰 및 청구 사실의 통보는 모두 서면 혹은 전자문서로 이루어져야 한다.

피해구제가 접수되면 한국소비자원은 사실 조사를 통해 확인된 내용, 전문위원회의 자문 및 필요한 시험검사 결과 등을 종합적으로 검토하여 내린 결론을 근거로 양 당사자에게 피해보상에 대해 합의권고를 할 수 있다(동법 제57조).

만약 피해구제 처리를 했으나 접수부터 30일 이내에 합의에 이르지 못할 경우 한국소비자원장은 소비자분쟁조정위원회에 분쟁조정을 신청하고 그 결정에 따라 처리해야 한다(동법 제58조). 의료, 보험, 농업 및 어업 관련 소비자피해와 같이 어떤 피해는 원인규명 등에 상당한 시일이 걸려 현실적으로 30일 이내에 당사자 간 합의 도출이 어려울 수도 있다. 이러한 상황을 감안하여 개정 '소비자기본법'에서는 시행령에서 정한 일부 소비자피해 사건에 대해서는 최장 60일 이내의 범위에서 원인규명 등에 소요되는 기간을 전체 피해구제 처리 기간에 포함시키지 않을 수 있도록 융통성을 부여하였다(동법 제58조).

3 | 소비자분쟁조정

우리나라의 대표적인 재판 외 분쟁해결제도_{ADR}의 하나인 소비자분쟁조정은 바로 이 '소비자기본법'에 근거하고 있다. 지금부터 동법에서 규정하고 있는 소비자분쟁조정위원회, 분쟁조정의 절차와 효력, 집단분쟁조정 등에 대해 차례로 살펴보기로 한다.

(1) 소비자분쟁조정위원회

소비자분쟁조정위원회는 한국소비자원에 설치되며(동법 제60조), 위원장 1인을 포함한 50인 이내의 위원으로 구성된다(그 가운데 2인은 상임, 나머지는 비상임). 위원장은 상임위원 가운데 공정거래위원회 위원장이 임명하며, 위원은 한국소비자원장의 제청에 의해 역시 공정거래위원회 위원장이 임명한다. 위원의 임기는 3년이며 위원회의 업무를 효율적으로 수행하기 위하여 소비자분쟁조정위원회 내에 분야별 전문위원회를 둘 수 있도록 하였다(동법 제61조).

(2) 분쟁조정의 절차와 효력

분쟁조정위원회 위원장은 분쟁조정 신청을 받으면 그 신청을 받은 날부터 30일 이내에 분쟁조정을 마쳐야 한다(동법 제66조제1항). 만약 그 기한 내에 분쟁조정을 마칠 수 없어 기한을 연장하고자 할 때에는 그 사유와 기한을 명시하여 당사자 및 대리인에게 통지해야 한다(동법 제66조제2항). 분쟁조정위원회는 분쟁조정 업무를 효과적으로 수행하기 위해 전문위원회의 자문을 구하거나, 이해관계인, 소비자단체 또는 관계 기관의 의견을 들을 수 있다(동법 제65조제3항 및 제4항)

소비자분쟁조정위원회의 조정 결정에 대하여 양당사자에게 서면으로 통지하면 통지를 받은 당사자는 15일 이내에 분쟁조정의 내용에 대한 수락 여부를 분쟁조정위원회에 통보해야 하며, 양 당사자가 분쟁조정의 내용을 수락할 경우* 그 분쟁조정의 내용은 '재판

---

* 양 당사자가 15일 이내에 분쟁조정의 내용에 대한 거부의 의사표시를 하지 아니한 때에도 분쟁조정의 내용을 수락한 것으로 본다(동법 제67조제4항).

상 화해'와 동일한 효력을 갖는다(동법 제67조). 분쟁조정의 이 효력은 소비자분쟁조정위원회가 효과적으로 기능하는데 매우 긍정적인 영향을 미치는데, 실제로 양 당사자의 수락을 통한 분쟁조정의 성립률이 약 80%에 이를 정도로 소비자분쟁조정위원회가 매우 유효한 ADR시스템으로 자리 잡고 있다.

(3) 집단분쟁조정

개정 '소비자기본법'은 집단분쟁조정제도를 새롭게 도입하였다. 소비자피해가 다수의 소비자에게 같거나 유사한 유형으로 발생하는 경우 국가, 지방자치단체, 한국소비자원, 소비자단체 및 사업자는 피해구제 절차 없이 바로 소비자분쟁조정위원회에 집단분쟁조정을 의뢰 또는 신청할 수 있다(동법 제68조).

집단분쟁조정의 의뢰 내지 신청이 들어오면 소비자분쟁조정위원회는 의결로서 집단분쟁조정의 절차를 개시할 수 있고, 그 개시를 공고해야 한다. 또 집단분쟁조정 신청을 할 때 미처 포함되지 못했던 소비자 혹은 사업자가 있을 경우 추가로 신청을 받을 수 있도록 하였다.

집단분쟁조정의 절차는 일반 분쟁조정사건과 동일하며 조정기한은 원칙적으로 분쟁

생각하는
소비자
3-2

OECD의 소비자 분쟁해결원칙

- 접근성: 소비자가 분쟁해결제도를 알고 있으며, 이용하기 쉽고 비용이 적게 들거나 전혀 들지 않아야 한다.
- 독립성: 의사 결정 과정과 제도운영이 독립적이어야 한다.
- 공정성: 절차의 공정성을 준수함으로써 의사 결정 과정이 공정해야 한다. 의사 결정은 가용한 자원과 구체적인 기준에 의해서 이루어져야 한다.
- 책임성: 결정의 내용과 불만에 관한 정보를 발간하고, 업계에 구조적인 문제가 있다면 이를 드러내야 한다.
- 효율성: 분쟁해결제도는 소비자의 불만을 드러내고, 이를 적절히 처리해야 한다. 이 과정에 대한 독립적이고 주기적인 점검이 이루어져야 한다.

자료: OECD CCP · 강성진(2010). OECD 소비자정책툴킷. 한국소비자원.

조정 절차 개시의 공고가 종료된 날로부터 30일 이내이다. 또 양 당사자가 분쟁조정 결과를 수락한 경우 역시 일반 분쟁조정사건과 같이 재판상의 화해 효력을 가지며, 사업자는 집단분쟁조정의 당사가가 아니면서 같거나 유사한 피해를 입은 소비자에게 어떻게 보상을 해 줄 것인지에 대한 보상계획서를 작성하여 분쟁조정위원회에 제출하도록 권고할 수 있다. 집단분쟁조정의 당사자인 소비자 가운데 일부가 법원에 소송을 제기할 경우에도 집단분쟁조정 절차를 중지하지 아니하고, 소송을 제기한 해당 소비자들만 조정 절차에서 제외한다.

4 | 소비자단체소송

(1) 의의

소비자피해에 대한 전통적인 접근방법은 행정적 구제이다. 즉 행정기관이 소비자와 사업자 간 분쟁에 개입하여 개별적으로 피해를 구제하는 방식으로 한국소비자원의 피해구제가 대표적인 예이다. 그러나 최근 소비자피해가 집단적으로 발생하면서 민사적 구제, 곧 소비자가 사업자를 대상으로 소송을 통해 직접적으로 손해배상을 청구하는 제도가 필요하다는 인식이 확대되고 있다. 이미 선진국에는 이러한 취지에서 집단소송제도가 널리 도입되어 있다.

2006년 '소비자기본법' 개정 당시 우리나라에도 집단소송제도가 도입되어야 한다는 여

표 **3-5** 집단적 소비자피해구제제도

제도	특징	근거법률
집단분쟁조정제도	동일·유사 피해자 50인 이상 신청, 분쟁조정을 통해 신속한 해결이 가능하나 사업자가 조정 결정을 거부하면 조정 불성립한다.	소비자기본법
단체소송제도	소송을 통해 사업자의 소비자권익침해 행위를 중지·금지시킬 수 있으나, 손해배상청구는 불가능하다.	
집단소송제도	미국, 캐나다 등에서 시행되고 있는 제도로서 피해자 중의 1인 또는 다수가 피해자 전체를 대표하여 소송을 수행하며 손해배상청구가 가능하다.	국내 도입 논의 중

론에 따라 도입 여부가 검토되었으나, 이 제도가 사업자들에게 지나친 부담이 될 것이라는 우려가 있어 대신 소비자단체소송제도가 도입되었다.

소비자단체소송은 사업자가 '소비자기본법' 제20조의 소비자의 권익증진 관련 기준을 위반하여 소비자의 생명·신체 또는 재산에 대한 권익을 직접적으로 침해하고 그 침해가 계속되는 경우 일정한 요건을 갖춘 소비자단체, 전국 단위의 경제단체, 비영리단체가 개별 소비자를 대신해서 법원에 그 소비자권익 침해 행위의 중지·금지를 청구하는 소송을 말한다(동법 제70조). 이 조항에서 볼 수 있듯이 어떤 사업자의 행위가 소비자단체소송의 대상이 되기 위해서는 2가지 요건이 동시에 갖추어져야 한다.

- 첫째 사업자의 행위가 '소비자기본법' 제20조에서 규정하고 있는 소비자권익 관련 기준 곧 위해방지 기준, 표시기준, 광고기준, 부당행위 고시, 개인정보보호기준 등을 위반한 것이어야 한다. 그런데 제20조에서 규정하고 있는 기준들이 구체적으로 무엇을 의미하는지가 모호한 상황이다.
- 둘째, 사업자의 행위가 '소비자기본법' 제20조의 규정을 위반한 것일 뿐 아니라 소비자의 권익을 직접적으로 침해하고 또 그 침해가 계속되어야 한다. 이는 권익 침해의 '직접성'과 '계속성'을 요건으로 한다. 과연 어떤 상태를 직접적이고 계속적이라고 볼 것인지 역시 명확하지 않다. 판례의 집적을 통해 정비될 부분이다.

(2) 원고 적격

소비자단체소송을 제기할 수 있는 단체의 범위를 확정하는 것은 쉽지 않은 일이다. 너무 좁게 규정하면 제도의 실익이 축소되고, 너무 넓게 규정하면 소송이 남발될 우려가 있다. '소비자기본법'은 소비자단체소송을 제기할 수 있는 자격, 이른바 원고 적격을 일정 단체로 제한하고 있다. 소비자를 위하여 소송을 제기할 수 있는 단체는 동법 제29조에 따라 공정거래위원회에 등록된 소비자단체 가운데 소비자권익증진을 주된 목적으로 활동하는 단체로서 정회원 수가 1,000명 이상이고, 등록 후 3년이 경과한 단체이어야 한다. 또 대한상공회의소, 중소기업협동조합중앙회, 대통령령으로 정하는 전국 단위의 경제단체에게도 원고 적격을 인정하고 있다. 사업자 간 견제를 통해 부당한 행위를 막기 위한 취지라고도 할 수 있다. 또 중앙행정기관에 등록하고 회원 수가 5,000명 이상인 단체로서 소비자의 권익 증진을 목적으로 하는 비영리민간단체가 법률상 또는 사실상 동일한 침해를 입은 50인 이상의 소비자로부터 단체소송제기를 요청받은 단체도 소송을 제기할 수 있다.

(3) 남소 방지

소비자단체소송이 무분별하게 제기될 것을 우려하여 '소비자기본법'에서는 소송허가제도 및 변호사 강제주의를 채택하고 있다. 즉 소비자단체소송이 제기되면 법원은 일정한 요건을 갖추었는지를 심사하여 소송을 허가한다(동법 제74조).* 또 소비자단체소송을 제기하는 단체는 소송 수행을 위해 반드시 변호사를 선임하고 소송 수행업무를 위임해야 한다.

스스로 찾아보기

1. 우리나라의 소비자법률에는 어떤 것들이 있는지 찾아보고 이를 법의 목적과 기능별로 분류해 보자.
2. 우리나라 소비자정책 추진에 있어서 소비자보호법이 소비자기본법으로 개정된 것이 어떤 의미가 있는지 알아보자.
3. 소비자기본법상 소비자정책 추진과 관련하여 각 주체가 어떠한 권한과 책무를 지니고 역할을 수행하는지 정리해 보자.
4. 소비자분쟁의 효과적이고 신속한 해결을 위해 소비자기본법에서 도입하고 있는 소비자단체소송제도 및 집단분쟁조정제도의 내용, 절차 및 한계점 등에 대해 알아보자.

---

* 첫째, 물품 등의 사용으로 인하여 소비자의 신체·생명 또는 재산에 피해가 발생하거나 발생할 우려가 있는 등 다수 소비자의 권익 보호 및 피해 예방을 위한 공익상의 필요가 있을 것, 둘째, 소송허가신청서 기재사항에 흠결이 없을 것, 셋째, 소를 제기한 단체가 사업자에게 소비자권익 침해행위를 금지·중지할 것을 서면으로 요청한 후 14일이 경과했을 것 등

PART 2 소비자안전과 소비자분쟁해결

CHAPTER 4 · 소비자안전

CHAPTER 5 · 소비자분쟁해결

소비자안전

소비자의 안전에 대한 권리는 다른 기타의 권리와 다른 본질적인 의미를 가진다. 이는 우리의 가장 기본적인 생명, 신체의 불훼손성에 대한 문제이다. 이러한 관점에서 소비자권리 중 안전할 권리는 가장 기본적인 권리라고 할 수 있다. 소비자의 안전에 대한 보장은 헌법에 보장된 기본권으로, 인간의 존엄과 가치(헌법 제10조)를 실현하도록 국가가 부여받은 가장 기본적인 책무이다.

소비자안전의 문제는 국제화·개방화 조류에 따라 국내 소비자의 신체상 위해문제뿐만 아니라 국제무역에서도 중요한 현안이 되었다. WTO 체제의 성립으로 외국제품이 밀려들게 된 지금, 각종 수입공산품과 식품·의약품에 대한 소비자안전문제가 심각하게 대두될 것으로 예상할 수 있다. 본 장에서는 소비자 위해의 발생원인과 우리나라 및 미국, 일본, 유럽연합EU의 소비자안전 관련 법과 기구, 그리고 소비자 위해의 사전 예방 및 확대를 막기 위한 위해정보수집제도와 리콜제도에 관해 살펴보고자 한다.

1. 소비자안전문제의 발생

미국 케네디 대통령이 1962년 의회에 보내는 특별교서에서 밝힌 소비자의 권리 중에서도 안전할 권리the right to be safe는 알 권리, 선택할 권리, 의견을 반영할 권리보다 우선적인 권리의 성격을 띠고 있다. 우리 소비자기본법도 이런 의미에서 법 제4조에서 소비자의 8대 권리 중에서 안전에 대한 권리를 "모든 물품 및 용역으로 인한 생명, 신체 및 재산상의 위해로부터 보호받을 권리"라는 표현으로 가장 윗자리에 규정하고 있다.

또한 소비자의 안전에 대한 권리는 소비자운동의 역사에서도 찾을 수 있는데, 랄프 네이더Ralph Nader의 소비자운동이 시작될 때의 가장 중요한 동인이기도 한 것이 안전에 대한 권리였다. 특히 현대산업사회는 제품의 제조에 따른 복잡한 기술, 처리에 따른 화학품의 사용 증가 등으로 전문지식이 없는 소비자가 소비생활을 영위함에 있어서 위해의 요인이 매우 높은 실정이어서 각국은 이에 대한 노력을 강화하고 있다.

1 │ 소비자위해의 발생원인

안전성을 결여한 흠이란 물품을 개발·설계·제조하는 유통 과정에서 잘못이 있어 사용자에게 생명이나 신체상의 위해나 재산상의 피해를 가져온 경우로 일반적으로 '물품의 결함'이라고 한다. 물품의 결함으로 위해를 당하는 경우는 그 유형이 매우 다양하나 위해를 유발시킨 요인을 몇 가지로 나누어 살펴보면 다음과 같다.

(1) 설계상의 결함
설계상의 결함design·plan·specification errors은 제조물의 설계 자체에 내재하는 결함으로 설계서대로 물품이 만들어졌음에도 불구하고 결함이 생긴 경우이다. 즉 물품의 제조시기에 있어서의 과학과 기술수준에 비추어 볼 때 당연히 갖추어야 될 부분이 갖추어지지 않았거나, 갖추어져 있다 하더라도 구조적으로 문제가 있는 경우로서 이를 구조상의 결함이라고도 한다. 제품 전체에 결함이 있는 것으로 똑같은 사고가 많이 일어나기 때문에 결함을 알아내는 데 그다지 큰 어려움이 없다. 설계의 잘못으로 자동차의 브레이크시스템 작동이 제대로 되지 않아 사고를 야기한다거나 임상시험 등을 제대로 하지 않고 의약품을 제조·판매하여 안전사고를 유발하는 경우 등이 여기에 속한다.

(2) 제조상의 결함

제조의 의무는 설계에서 지정된 제반사항(원재료, 구조, 각종 규격, 품질특성, 점검 및 검사사항 등)을 확실하게 지켜서 물품을 생산하는 것이다. 이러한 제조과정에서 제조시스템이 제대로 기능을 작동하지 않아 설계에서 지정된 품질수준에 달하지 않은 물품이 생산되어 소비자에게 위해를 입혔거나 입힐 우려가 있다면 그 물품은 제조상의 결함production errors이 있다. 즉 제품 자체에는 문제가 없는데 특정 제품에서만 위해가 나타나는 것으로 소비자가 그 결함을 알아내기가 쉽지 않다. 예를 들어 새로 구입한 가구가 부품 불량이나 조립의 결함으로 쉽게 부서지는 사고 등이 여기에 속한다.

(3) 경고·표시상의 결함

사업자는 자신이 생산한 물품의 특성이나 사용방법, 주의사항 등을 정확하고 알기 쉽게 표시하여 소비자에게 알려 주어야 한다. 즉 제품 자체에는 결함이 없으나 이러한 표시사항이 빠져 있거나 불충분하여 소비자가 위해를 입었거나 입을 우려가 있다면 경고 및 표시상의 결함failure to warn, failure to instruct이 된다.

예를 들어, 주의 표시가 미흡한 가연성 가스 발생 접착제를 사용하다가 담뱃불로 인해 소비자가 사고를 당한 경우, 이 제품은 경고 및 표시상 결함이 있는 것이다. 또한 일정한 전제하에서 일정 양만 복용해야 하는 의약품을 제조자가 주의사항 표시를 등한시하여 약을 복용한 소비자가 위해를 입은 경우 등도 여기에 포함된다. 물품은 판매되고 나면 소비자가 소유하고 보관·관리하기 때문에 사업자에게는 지배권이 없다. 그것을 적절하게 보완하고 지원하는 것이 사업자의 경고 및 표시의 의무이다.

경고 및 표시사항은 올바른 사용방법뿐만 아니라 보관방법, 오용·남용의 경우 일어날 수 있는 사항, 고장 시 처리방법, 그리고 의약품이라든지 화장품 등의 경우 특이체질을 가진 소비자에 대한 경고사항 등이 필요하다. 경고 표시는 소비자의 눈에 쉽게 띄고 이해할 수 있는 용어로 표시되어야 한다. 글자가 너무 작거나 어려운 문장으로 되어 있어 이해하기가 쉽지 않은 경우에는 표시되어 있다 하더라도 결함이 되는 수가 있다.

(4) 개발과정에서의 결함

종래의 지식수준에서는 위험이 없는 것으로 여겨지던 물품이 새로운 연구 후에 유해하다고 판명이 나는 경우가 있다. 이 경우 제조사의 책임 유무를 분명히 하기가 어렵다. 예를 들어, 철저하게 테스트하여 개발된 의약품임에도 불구하고 수년 후에 부작용이 난다는 사실이 밝혀진 경우라면 개발과정에서의 결함undetected errors이라고 할 수 있다.

(5) 유통과정상의 결함

유통과정상의 결함distribution errors은 제품 출고 시점에는 결함이 없던 제품이 유통과정의 잘못으로 소비자에게로 인도되는 시점에서 생기는 결함이다. 보존이 잘못되어 우유가 변질되는 것이 바로 이러한 예이다.

(6) 사용상의 잘못

제조자가 아무리 안전하게 만들고 경고·표시를 철저하게 한다 하더라도 이를 사용하는 소비자가 주의의무를 다하지 않을 경우 위해를 입을 수가 있다. 사용상의 잘못misused은 사업자의 잘못이 전혀 없는 경우로 소비자안전 확보를 위한 교육 또는 계몽을 통해 소비자의 안전의식을 제고하는 것이 필요하다.

2 ㅣ 받아들일 만한 위험수준

소비자가 사용하고 있는 문명의 이기는 어느 정도 위험성을 가지고 있다. 따라서 소비자안전은 위해가 전혀 없는 상태가 아니라, 위해는 존재하지만 소비자가 노력함으로써 위해의 발생을 피할 수 있거나 또는 위해보다는 이득이 더 많기 때문에 받아들여질 수 있는 위험수준을 생각해 볼 수 있다. 이를 받아들일 만한 위험수준reasonable risks이라고 한다.

그렇다면 소비자가 사용하는 제품에는 어느 정도의 위험이 받아들여질 수 있을까? 미국의 소비자제품안전위원회National Commission on Product Safety는 받아들일 만한 위험에 관해 다음과 같이 정의하고 있다. "소비자가 위험이 존재한다는 것을 인식하고, 위험의 가능성과 심각성을 평가할 수 있으며, 위험에 대한 대처방법을 알며, 자발적으로 그 위험을 받아들이고, 위험보다는 효익이 큰 경우이다." 그러나 문제는 받아들일 수 있는 위험수준이 소비자에 따라 다르며, 같은 소비자라도 시간에 따라 다를 수 있다는 점이다.

첫째, 소비자가 안전에 관하여 합리적인 의사 결정을 하지 않을 수도 있다. 예를 들어 높은 스키부츠를 신으면 발목을 다칠 확률이 높은데도, 그것을 더 좋아하는 소비자가 많으며 그 제품을 규제하는 것을 반대하고 있다.

생산이력추적시스템

생산이력추적시스템Traceability System은 모든 식품의 생산과 유통단계를 기록에 남겨 바코드에 담는 것이다. 예를 들어 한 소비자가 슈퍼마켓에서 구입한 버터에 문제를 제기할 경우 버터 포장지에 표시된 바코드를 보면 버터를 슈퍼마켓에 공급한 유통업자, 생산공장이 어디인지 단번에 알 수 있다. 한걸음 나아가 이 버터가 언제 어느 농장에서 집유한 우유로 만들어졌는지와 해당 젖소의 건강상태, 이 젖소가 어떤 사료를 먹었고 어떤 병에 걸렸으며 항생제는 몇 번이나 접종했는지까지 알 수 있다.

식품이력추적시스템 확립의 움직임은 1990년대 말경부터 본격적으로 수행되기 시작하였다. 현재 가장 적극적으로 나서고 있는 곳은 유럽연합이고, 최근에는 북미에도 도입되었다. 유럽연합의 경우 식품법의 일반요건에 이력추적시스템 조항을 설치하여 2005년 3월까지 모든 식품과 사료, 이들의 원료에 대하여 적용할 것을 규정하고 있다.

북미지역에 속하는 캐나다는 2001년부터 식품회수프로그램에 이력추적시스템이 도입되고 있다. 미국은 식품에 관한 이력추적시스템에 대해 부정적인 입장이었으나, 수입식품을 중심으로 안전조치의 강화가 요구되었다. 2005년부터 강화된 조치의 하나로 식품과 사료에 관한 이력추적시스템이 시행되었다가 2011년 식품안전근대화법이 제정되어 고위험식품을 지정하여 종래의 이력추적관리의무 외에 추가적인 기록의무를 부과하고 있다.

우리나라도 2004년 10월부터 쇠고기 이력추적시스템을 시범적으로 실시한 후 현재 농수산물, 가공식품, 건강기능식품, 수입물품 등에 대해 이력추적관리제도가 시행되고 있다. 특히 쇠고기의 경우 소의 생산에서 도축, 가공, 판매에 이르기까지 정보를 기록·관리하는 제도를 문제 발생 시 추적하여 신속한 원인 규명 및 회수 등 조치로 소비자피해 및 경제적 손실을 최소화할 수 있으며, 유통경로의 투명성과 거래의 공정성을 높이고, 원산지 허위표시 등 둔갑판매 방지로 국내산 쇠고기의 소비 확대에 기여할 것으로 기대된다.

자료: 박희주(2012). 식품이력추적제도 개선에 관한 연구. 한국소비자원, 1-2.

- 둘째, 사용자집단(특히 아이, 노인)에 따라 그 위험도가 다를 수 있다. 예를 들어 끝이 뾰족하고 무게가 있는 다트는 어른이 사용하면 문제가 되지 않으나 아이들에게는 치명적인 위험이 될 수 있다.
- 셋째, 제품이 비정상적으로 사용될 수 있는 가능성 등을 알고 있는지도 고려되어야 한다. 예를 들어 야구방망이는 정상적으로 사용하더라도 어느 정도의 위험성이 존재한다. 이 제품은 흉기로도 사용될 수 있다.

안전문제는 식품, 의약품뿐만 아니라 각종 가구, 장난감 등 공산품에서도 심각하게 발생하며, 무역개방화에 따라 수입품의 안전문제가 계속 증가하고 있다. 수입상품은 오랜 기간 유통되어야 하기 때문에 과도한 양의 방부제를 사용하는 경향이 있다. 또 여러 나라에서 수출상품에 대해서는 자국의 기준보다 더 완화된 안전기준을 적용하는 경향이 있다.

우리나라에서도 수입 자몽 등에서 알라(다미노자이드)가 검출된 적이 있었고, 수입 옥수수에서 기준값 이상의 아플라톡신이 검출된 적이 있었다. 발암성이 큰 것으로 알려진 아플라톡신은 옥수수에만 발생하는 것으로 알려져 왔는데, 최근 자료에 의하면 수입 땅콩과 피넛버터, 그리고 아몬드에서도 옥수수에 못지않은 아플라톡신이 검출되었다. 육류의 성장촉진제 혹은 항생제 잔류문제, 식품의 보존성 향상을 위해 사용하는 방사선조사의 허용기준문제 등이 이슈로 등장한 적이 있다.

2. 소비자안전 관련 법 및 기구

1 | 소비자안전 관련 법

'소비자기본법'에서는 소비자안전을 확보하기 위해 국가와 지방자치단체의 의무를 규정하고 있다. 국가는 사업자가 제공하는 물품 및 용역으로 인한 소비자의 생명·신체 및 재산상의 위해를 방지하기 위하여 사업자가 지켜야 할 기준을 정해야 한다. 기준에서 정해야 할 사항으로는 ① 물품 및 용역의 성분·함량·구조 등 중요한 내용, ② 물품 및 용역의 사용 또는 이용상의 지시사항이나 경고 등 표시할 내용과 방법, ③ 기타 위험을 방지하기 위하여 필요하다고 인정되는 사항이다. 소비자기본법 제7장은 소비자안전에 관한 장으로 취약계층의 보호, 소비자안전조치, 위해정보의 수집 등의 내용이 포함되어 있다.

한편 사업자는 소비자의 생명·신체 및 재산상의 위해를 방지하기 위한 기준에 위배되는 물품의 제조·수입·판매나 용역의 제공을 하여서는 안되며, 사업자가 의무를 위반하였을 때에는 제재를 받게 되어 있다. 소비자의 생명이나 신체 또는 재산상의 위해를 방지하기 위한 소비자안전 관련 법률은 업종별로 나누어져 있다.

(1) 식품위생법

식품의 위해·판매 등 금지, 기준과 규격의 설정, 표시기준의 설정과 허위표시의 금지, 식중독사고의 보고의무 등을 규정하고 있다.

(2) 약사법

약사의 면허제, 조제의 규제, 약품제조업의 허가제 및 규제, 판매업의 허가제 및 제한, 독·극약의 규제, 판매제한 및 기재사항에 대하여 세부적인 규제를 하고 있다. 전기용품안전관리법에서는 전기용품제조업허가, 형식승인 및 표시, 기술수준에 적합의무, 승인표시 없는 용품의 판매금지·사용금지에 대하여 규정하고 있다.

(3) 품질경영 및 공산품안전관리법

공산품 품질표시 및 제도와 안전인증대상품목, 안전인증의 표시, 안전·품질표시대상 공산품, 그리고 어린이보호포장대상공산품을 운영하여 공산품의 품질 및 안전성을 확보하고 있다.

(4) 제품안전기본법

최근 제정된 제품안전기본법(2011. 2)에서는 3년마다 제품안전관리에 관한 종합계획을

제품안전관리시스템
• 제품 출시 전: 인증제도(품질경영 및 공산품안전관리법, 전기용품안전관리법)
• 제품 출시 후: 리콜, 시장감시제도(제품안전기본법)

품질경영 및
공산품안전관리법
비가전 생활용품

전기용품안전관리법
가전 생활용품

시장 출시 전
제품인증
시스템

제품안전관리
시스템

시장 출시 후
조사 · 감시
시스템

제품안전기본법
결함제품 리콜
시장 감시, 안정성 조사
제품사고 조사
결함 보고 의무화
제품안전 국제협력
생활용품

그림 **4-1** 제품안전기본법과 타법의 비교

자료: 기술표준원(www.KATS.go.kr).

수립하고 제품사고의 통계 작성, 제품안전망의 구축 및 운영, 위해제품의 수거 등을 규정하고 있다. 또한 제품과 관련된 위해를 방지하기 위해서 제품의 제조·설계 또는 표시 등의 결함 여부에 관하여 안전성 조사를 실시할 수 있도록 하고 있다.

2 | 소비자안전 관련 기구

우리나라의 소비자안전관리는 정부 차원의 종합적이고 체계적인 전담기관은 안전행정부*이나, 소관부처별로 개별 법령에 의해 안전업무가 수행되고 있다.

---

* 2014년 11월 19일부터 국민안전을 위해 국민안전처가 신설되었다. 안전행정부의 안전관리기능과 소방방재청의 방재기능을 이관받아 '안전정책실'과 '재난관리실'로 개편하여 각종 재난의 '예방–대비–대응–복구' 전 과정을 통합·관리하도록 하고 있다. 재난및안전관리기본법 개정이 이뤄지면 국민안전처의 재난현장 대응기능을 실질적으로 보완한다는 계획이다. 대규모 재난 발생 시 국무총리가 중앙대책본부장의 권한을 행사함으로써 실제 재난상황에 효과적으로 대응하고 사고수습과정의 총괄·지휘·조정 기능이 한층 강화될 예정이다.

소비자기본법에서는 소비자안전시책을 지원하기 위해서 한국소비자원에 소비자안전센처를 설치하도록 하고 있다. 소비자안전센터의 업무는 다음과 같다(동법 제51조제3항).

* 위해정보의 수집 및 처리
* 소비자안전을 확보하기 위한 조사 및 연구
* 소비자안전과 관련된 교육 및 홍보
* 위해 물품에 대한 시정 건의
* 소비자안전에 관한 국제협력
* 그 밖에 소비자안전에 관한 업무

소비자안전센터는 물품 등으로 인하여 소비자의 생명, 신체 또는 재산에 위해가 발생하였거나 발생할 우려가 있는 사안에 대해 위해정보를 수집할 수 있다(동법 제52조제1항). 또한 공정거래위원회는 소비자안전센터가 위해정보를 효율적으로 수집할 수 있도록 하기 위해 필요한 경우에는 행정기관, 병원, 학교, 소비자단체 등을 위해정보 제출기관으로 지정, 운영할 수 있다(동법 제52조제4항).

소비자안전센터는 위해정보보고기관으로 지정된 기관이 제출한 위해정보를 당해물품 및 용역을 주관하는 중앙행정기관의 장에게 보고해야 하며, 소비자안전센터는 위해정보보고기관에 대하여 예산의 범위 안에서 소요경비를 지원할 수 있다.

산업통상자원부(기술표준원)는 전기용품 등의 공산품, 제품의 안전관리를 담당하고 있다. 제품의 안전관리를 위하여 3년마다 제품안전종합계획을 수립하고 있으며 주요 내용은 다음과 같다.

* 제품안전정책의 목표 및 기본 방향
* 제품안전을 확보하기 위한 기반조성에 관한 사항
* 제품사고의 발생방지 및 대책에 관한 사항
* 수입된 제품 및 새로운 종류의 제품의 안전관리에 관한 사항

- 제품안전에 관한 연구 및 기술 개발에 관한 사항
- 제품안전에 관한 규제의 합리화에 관한 사항
- 제품안전에 관한 정보의 공유체계에 관한 사항
- 제품안전과 관련하여 국제기구 또는 외국과의 협력에 관한 사항
- 어린이·노약자·장애인 등 안전취약계층의 제품 사용에 따른 안전대책에 관한 사항
- 그 밖에 제품안전을 확보하기 위하여 필요한 사항

제품의 안전성 확보를 위해 안전성 검사와 위해제품의 수거명령, 제품사고 관련 자료 제출을 요구할 수 있도록 하고 있다. 이외에도 식품·의약품 등의 안전관리업무와 시험·검정·연구업무를 효율적으로 수행하기 위하여 식품의약품안전처를 두고 있다. 주된 업무는 식품의 원료·제조·유통 등 단계별로 발생가능한 위해요소를 중점 관리하는 위해

표 **4-1** 품목별 소비자안전 관련 법 및 전담기관

분야	관련 법령	소관 부처
총괄	소비자기본법	공정거래위원회
식품·의약품	식품위생법, 약사법	보건복지부
먹는물(생수)	먹는물 관리법	환경부
공산품	제품안전기본법, 전기용품안전관리법, 품질경영 및 공산품안전관리법	산업통상자원부
승강기	승강기 제조 및 관리법	산업통상자원부
농·축산물	농수산물품질관리법, 축산물가공법, 농약관리법, 비료관리법	농림축산식품부
수산물	농수산물품질관리법	해양수산부
가스	고압가스안전관리법, 도시가스사업법	산업통상자원부
자동차	자동차관리법	국토교통부
건축, 주택	건축법, 주택건설촉진법 등	국토교통부
유해물질	유해화학물질관리법, 폐기물관리법	환경부
학교시설	학교시설사업촉진법	교육부
전파	전파법	미래창조과학부
농기계	농업기계화촉진법	농림축산식품부

요소중점관리제도_{HACCP: Hazard Analysis Controlling Critical Point}*의 단계적 확대 추진, 식품제조·가공업소 중 상습적 위반업소에 대한 전문적·계통적 지도 및 점검을 실시한다. 또한 허위·과대광고 식품에 대한 단속강화 및 유통농산물에 대한 신속한 수거·검사의 지속적인 실시와 식중독환자 발생예방대책 및 홍보활동을 강화하고 있다. 의약품의 경우에도 의약품 품질 관리 및 약사 감시를 강화하고 있다.

국토교통부는 자동차, 항공기 등 운송수단에 대한 안전기준 설정, 감독 및 사후 리콜의 수행을 전담하고 있는 기관이다. 제품영역에 따른 관련법, 소관부처는 표 4-1과 같다.

3. 소비자안전 관련 제도

1 | 리콜제도

리콜제도는 시장에 유통 중인 물품에서 소비자의 생명 및 신체에 위해를 끼치거나 끼칠 우려가 있는 결함이 발견된 경우, 사업자 스스로 또는 정부의 강제명령에 의해 소비자 등에게 물품의 결함 내용을 알리고 환불·교환·수리 등의 조취를 취함으로써 결함물품으로 인한 위해의 확산을 방지하는 소비자보호제도라고 정의할 수 있다.

'리콜'이란 용어는 원래 서구에서 선거직 공무원을 임기 중에 국민투표를 통하여 해임시키는 '국민소환제_{recall}'에서 유래되었다. 현대에 접어들어 다양한 물품의 생산과정에서 결함물품도 유통되었고, 이러한 결함물품을 시장에서 제거하는 사업자의 일련의 조치

---

* 위해요소중점관리제도(HACCP: Hazard Analysis Central Critical Points)는 식품의 품질 및 위생을 합리적이고 철저하게 관리하여 위해식품의 유통을 사전에 막을 수 있도록 마련된 위생·품질 관리방식을 말한다. 식품의 원재료인 농·수·축산물의 재배·사육·채취 등의 생산단계에서부터 제조·가공·보존·유통을 거쳐 최종 소비될 때까지의 모든 단계에서 발생할 우려가 있는 위해에 대하여 조사·분석하고, 그 위해의 예방대책을 수립하여 계획적으로 감시·관리함으로써 식품의 안전성을 확보하는 제도이다.

를 통상적으로 '리콜'이라 부르게 되었다.

(1) 리콜제도 현황

우리나라 리콜제도는 품목별로 개별법에 도입되어 있다. 지난 1991년 2월 자동차 배출가스로부터 대기환경을 보존하기 위해 대기환경보전법에 자동차 배출가스가 허용기준을 초과할 경우 해당 사업자에게 결함을 시정하도록 리콜제도가 처음 도입되었다. 1992년 9월에는 자동차관리법상에 리콜규정이 도입되어 안전기준에 적합하지 않거나 안전운행에 지장을 주는 결함이 다수의 자동차에 발생하거나 발생 우려가 있는 경우 해당 사업자에게 리콜명령을 내릴 수 있도록 하였다.

1995년 말에는 위해식품으로부터 소비자안전을 확보하기 위하여 식품위생법에 리콜조항을 마련하였으며, 1996년에는 소비자보호법(현재 소비자기본법) 소비자기보에 개별법에 적용을 받지 않는 모든 소비재 및 용역을 대상으로 한 리콜제도가 도입되었다.

안전인증대상 공산품에 대한 리콜명령 등의 조항은 1997년 12월 개정된 품질경영촉진법에 포함되었으며, 안전인증대상 전기용품을 대상으로 한 리콜조항은 1999년 9월 개정된 전기용품안전관리법에 명시되어 있었다. 그러나 최근에는 새로 제정된 제품안전기본법에 의해 제품에 리콜이 이루어지고 있다. 1999년 2월에는 축산물 가공제품의 안전을 도모하기 위해 축산물가공처리법에 리콜조항이 신설되었다.

한편 최근의 리콜 실적을 살펴보면 다음과 같다(표 4-2 참조). 2012년 식품위생법 등 13개 관련 법률에 따른 리콜 실적은 859건으로, 2011년(826건) 대비 33건 증가했으며

표 4-2 최근의 리콜 실적 　　　　　　　　　　　　　　　　　　　　　　　　　　　　(건)

구분	2000년	2002년	2004년	2006년	2008년	2010년	2012년
자발적 리콜	40	87	167	125	87	354	189
리콜권고*	–	–	–	–	2	2	124
리콜명령	1	16	1	9	455	492	546
합계	41	103	168	134	544	848	859

* 2007년 이전에는 리콜권고 실적을 자진 리콜 실적에 포함하였으나 2008년 이후 자진 리콜과 리콜권고를 분리하여 집계하고 있다.
자료: 한국소비자원(2000~2012), 소비자위해감시시스템(www.ciss.or.kr).

표 4-3 분야별 리콜 실적
(건)

구분	2010년	2011년	2012년	2013년
식품	482	274	349	316
의약품	166	172	244	233
자동차	131	179	76	88

(4%), 최근 3년간 800여 건 수준을 유지하였다.

분야별 리콜 실적을 보면 식품분야가 최근 3년간 최다 리콜품목으로 집계되었다(표 4-3 참조). 의약품에 대한 리콜은 식품 다음으로 많았으며, 최근 3년간 리콜 건수가 꾸준히 증가하고 있다(2010년, 166건 → 2011년, 172건 → 2012년, 244건). 자동차의 경우 2011년 대비 2012년에 절반 이하로 감소(2011년, 180건 → 2012년, 76건)하였으며, 리콜 건수 기준으로 수입차가 79%(60건)의 수치로 나타나고 있다.

(2) 리콜의 종류

리콜제도는 리콜이 실시되는 시기와 사업자의 자발적 의사 여부에 따라 구분할 수 있다.

① 사전적 리콜과 사후적 리콜

결함물품을 시장 등에서 제거하는 시기에 따라 사후적 리콜과 사전적 리콜로 구분된다. 사후적 리콜은 결함물품을 이미 소비자가 사용하고 있고, 이로 인해 인체 또는 재산상의 피해를 야기하고 난 후에 시행하는 시정조치를 의미한다.

반면 사전적 리콜은 사고가 아직 발생하지 않았지만 물품 검사 및 제조자의 결함정보 보고 등에 의하여 물품 결함을 사전에 확인하여 시정조치를 취하는 경우를 말한다. 사전적 리콜의 경우 대부분의 물품이 제조자 또는 도매업자 단계에 머물러 있고 시중에 유통되지 않은 경우가 많기 때문에, 사후에 취하는 리콜보다 효율적이고 적은 비용으로 시정할 수 있다.

소비자안전체감지수

소비자안전체감지수란 소비생활에서 사용되는 각종 제품과 서비스에 대한 소비자들의 안전체감수준을 파악하기 위해 소비자안전에 대한 전반적인 인식, 위해 경험(위해 정도·빈도), 안전체감도, 안전확보 행동수준 등을 조사하여 지수화한 것이다.

이 지수는 객관적 지표와 주관적 지표로 나누어진다. 객관적 지표는 각종 소비자위해 사례에서 나타난 소비자의 생명·신체 침해 정도, 사건 수, 피해자 수 등이다. 주관적 지표는 소비자가 실제 체험하고 인식하는 지표, 소비자의 안전체감도, 전반적 안전의식, 위해 경험(위해 정도, 빈도), 소비자의 안전확보행동 등이다.

소비자안전체감지수는 소비자 중심적인 안전문제해결의 시발점으로 소비자안심을 우선하는 정책 수립 및 집행의 확산, 소비자안전정책의 집행효과의 영향 정도를 측정할 수 있게 한다.

최근 3년간 소비자안전체감지수 비교

구분	2007년	2009년	2010년
가정 내 생활안전	60.76	57.82	57.17
여가생활안전	44.96	47.19	50.34
교통생활안전	42.05	41.07	37.47
건강생활안전	28.59	30.84	33.81
식생활안전	32.4	33.42	32.89

위 표를 보면 2010년을 기준으로 가정 내 생활이 57.17점으로 가장 높은 안전체감을 나타냈으며 그다음으로 여가생활이 50.34점, 교통생활이 37.47점을 나타내고 있다. 반면, 식생활은 32.89점으로 가장 낮은 안전체감 점수를 나타냈으며, 건강생활 역시 33.81점으로 상대적으로 매우 낮게 나타나고 있다. 이는 최근 소비자들의 안전한 먹거리, 건강 및 웰빙에 대한 욕구가 증대되면서, 식생활 및 건강생활에 대한 관심이 고조되고 있지만, 시장이 소비자들의 변화된 욕구와 기대를 충족시켜 주지 못하고 있음을 의미한다고 볼 수 있다.

최근 3년간 생활영역별 안전체감지수는 영역별로 큰 변화가 없는 가운데 건강생활과 여가생활은 소폭의 향상이 있었던 반면 식생활안전, 가정 내 생활안전 및 교통생활안전은 소폭 하락하고 있다.

자료: 한국소비자원(2010. 12). 소비자안전 체감 지수 측정 연구.

② 자발적 리콜과 강제적 리콜

리콜제도는 사업자의 자발적 의사에 의한 자발적 리콜voluntary recall과 정부의 명령에 의해 시행되는 강제적 리콜mandatory recall로 나눌 수 있다. 기업의 입장에서는 리콜을 실시할 경우 적지 않은 비용이 소요되기 때문에 리콜을 실시할 경우 얻을 수 있는 이익과 소요 비용을 분석하게 되고, 리콜 실시로 인한 손실이 크다고 판단될 때는 리콜을 회피하게 될 가능성이 높다.

미국에서의 리콜은 95%가 자발적인 리콜로 이루어지고, 5% 정도가 강제적 리콜을 당할 정도로 자발적인 리콜이 정착되어 있다. 이 제도는 제조업자가 자사제품에 대한 소비자신뢰 유지 및 확보를 위하여 A/S 차원에서 시작된 것에서 알 수 있듯 사업자가 자발적으로 행하는 것을 원칙으로 한다. 그러나 소비자는 모든 물품 및 용역으로 인한 생명·신체 및 재산상의 위해로부터 안전할 권리가 있고 국가는 위해를 방지할 의무가 있기 때문에 유통 중인 제품의 결함으로 인하여 소비자안전이 침해되었거나 침해될 우려가 있다면 정부 부서는 해당 사업자에게 적절한 시정명령을 하는 것은 물론 경우에 따라서는 직접 수거, 파기 등 강제적 리콜을 실시하고 있다.

(3) 소비자기본법상 리콜제도

① 결함정보 보고의무제도

결함정보 보고의무제도는 사업자가 제조·수입하거나 유통하는 제품의 제조·설계 또는 표시 등의 결함으로 인해 소비자의 생명·신체 및 재산상의 안전에 위해를 끼치거나 끼칠 우려가 있음을 알게 된 경우, 사업자로 하여금 5일 이내에 정부(시·도지사)에 보고하도록 의무화한 제도이다(동법 제47조제1항).

이 제도는 자사 제품의 결함 여부를 가장 잘 알 수 있는 사업자에게 스스로 결함정보를 보고하도록 함으로써, 정부에서 제품의 위해성 여부를 신속히 확인하고 이를 통해 리콜을 활성화할 목적으로 도입되었다.

② 자발적 리콜제도

자발적 리콜은 사업자가 자사 제품의 결함으로 소비자의 안전에 위해를 끼치거나 끼칠 우려가 있는 경우 해당 제품에 대해 스스로 수거·파기·수리·교환·환급 또는 제조·수입·판매 제공금지 등의 시정조치를 취하는 것을 말한다(동법 제48조). 정부의 명령에 의하지 않고 사업자 스스로 취하는 시정조치이기 때문에 소비자에 대한 회사의 이미지와 신뢰 향상에 기여할 수 있다.

③ 리콜권고제도

결함이 추정되는 제품에 대해 위해성 평가기관의 엄격한 평가나 사업자 청문 등 복잡한 절차를 거치지 않고 간이 절차에 의한 판단으로 정부(시·도지사)가 해당 사업자에게 리콜을 권고하여 신속하게 소비자안전을 위한 조치를 취하도록 유도하는 제도이다(동법 제49조).

현대의 제품은 고도의 기술적 장치 결함에 의해 제조된 제품이 많기 때문에 제품 결함을 입증하기가 쉽지 않으며, 입증에 많은 인력과 시간이 소요될 수 있다. 따라서 리콜권고제도는 엄격한 결함 확인 절차를 생략함으로써 신속하게 소비자피해의 확산을 차단할 수 있다는 장점이 있다. 다만, 리콜명령과 달리 사업자가 수락하지 않을 경우 시정조치를 강제할 수 있는 방법이 없기 때문에 권고의 부당한 거부 시에는 언론 공표 등 간접적인 제재만이 가능하다.

④ 리콜명령

리콜명령은 결함이 확인된 제품으로부터 소비자의 안전을 확보하기 위해 정부(시·도지사)가 공식적인 절차를 거쳐 해당 사업자에게 리콜을 실시하도록 명령하는 제도로서(동법 제50조), 리콜명령제도는 시행 자체보다 사업자의 자발적인 리콜을 유도하는 법적인 안전장치의 의미가 더욱 크다. 일반적으로 리콜명령은 제품에 결함이 있는 데도 불구하고 자발적인 시정조치를 취하지 않거나 소비자안전을 확보하기에 미흡한 수준으로 리콜을 실시하는 사업자에게 내려진다.

한편 긴급리콜명령 제도는 소비자안전에 현저하고 긴급한 위해를 미칠 우려가 있는 제품을 제조·유통한 사업자에게 청문 절차 등을 거치지 않고 바로 시정명령을 내리는 제도로서 위해제품에 대한 신속한 조치가 가능하다.

최근의 리콜 실적을 리콜 유형별로 살펴보면 2013년 전체 리콜 973건 중에서 자진 리콜이 263건(27%), 리콜권고가 111건(11.4%), 리콜명령이 599건(61.6%)으로 나타났다. 이를 품목별 리콜제도와 비교해 보면 총 리콜 건수는 2012년(859건)보다 114건이 증가(13.3%)했으며 최근 10년간 증가하는 추세이다(표 4-4 참조).

최근 3년간 자진 리콜은 감소 후 증가, 리콜권고는 증가 후 감소한 반면, 리콜명령은 꾸준히 증가했다. 이는 안전에 대한 관심이 증가하면서 소관 부처의 적극적인 법 집행과 업계의 자발적인 리콜 증가 등이 주요 원인으로 해석된다.

(4) 리콜방법

리콜의 대표적인 방법으로는 환급refund, 교환replacement, 수리repair 등이 있다. 미국 등 리콜이 활성화된 국가에서는 사업자가 이 같은 리콜방법 중 1가지를 선택할 수 있도록 보장하고 있다.

- 첫째, 물품의 구입가 환급은 결함물품의 수리 또는 재사용이 불가능할 때 주로 채택한다.
- 둘째, 물품의 교환은 결함이 없는 동종의 물품으로 바꿔 주는 것이 우선이지만, 불가능할 경우 동등한 다른 물품으로의 교환도 가능하다.
- 셋째, 결함물품의 수리 또는 보완이 있다. 수리는 리콜방법 중에서 사업자가 가장 많이 사용하는 방법이다. 물품 수리가 가능한 상황으로는 결함의 원인이 명확한 경우, 수리를 위해 지정된 장소로 소비자가 물품을 가져올 수 있는 경우, 사업자의 상세한 설명을 통해 소비자의 간단한 조작으로 수리가 가능한 경우 등이 포함된다.

리콜을 시행하는 외국에서도 리콜방법으로 환불, 교환, 수리의 3가지를 명시하고 있으며, 국내에서는 이외에 물품의 파기 등이 포함된다. 파기는 시정조치 결과 판매가 금지되거나 회수된 물품에 대해 위해 요인의 제거와 보관비용의 손실을 줄이기 위한 목적으로 실시된다.

표 **4-4** 품목별 리콜제도 비교

구분	근거법규(주관기관)	리콜요건	리콜유형	리콜방법
자동차	자동차관리법 (국토교통부)	안전기준 부적합 또는 안전 운행에 지장을 주는 제작 결함 발생 또는 발생 우려	강제, 자발	제작결함 시정
	대기환경보전법 (환경부)	배출가스 허용기준을 위반한 경우	강제, 자발	배출결함 시정
식품	식품위생법 식품 등 회수 및 공표에 관한 규칙(식약청, 시·도지사)	식품 위생상 위해 발생 또는 위해 발생 가능성이 있는 경우	강제, 자발	회수, 폐기
축산물	축산물위생관리법 위해축산물의 회수 절차 등에 관한 규칙 (농림축산식품부, 시·도지사)	공중 위생상의 위해발생 또는 발생 우려가 있는 경우	강제, 자발	회수, 폐기
농수산물	농수산물품질관리법 (농림축산식품부, 해양수산부, 식품의약품안전처)	–	–	–
의약품	약사법 (보건복지부)	안전성, 유효성 문제, 공중위생상 위해 발생 또는 위해 발생 우려	강제, 자발	회수, 폐기
공산품	품질경영및공산품안전관리법 (산업통상자원부)	안전기준 부적합, 표시규정 위반	강제	판매중지, 개선, 수거 또는 파기
전기용품	전기용품안전관리법 (산업통상자원부)	안전인증·안전검사 불이행, 안전기준 부적합, 표시규정 위반	강제	개선, 파기 또는 수거
소비재 및 용역	소비자기본법 위해물품 및 용역의 회수절차 등에 관한 규정 (중앙행정기관)	소비자의 생명·신체 및 재산상의 안전에 현저한 위해를 끼치거나 끼칠 우려가 있는 경우	강제, 자발	수리, 교환, 환급, 파기, 제공 금지

* 공산품 및 전기용품의 경우, 자발적 리콜과 리콜권고 조항은 제품안전기본법의 관련 규정에 의해 시행되며, 안전성조사, 제품사고조사, 결함정보보고 등의 리콜관련제도 등도 제품안전기본법에서 공통적으로 적용받고 있음.

(5) 리콜 운영 절차

결함물품을 시장에서 제거하기 위해 시행하는 리콜은 대부분 일정한 절차를 거쳐 시행된다. 표준적인 리콜 절차를 나열하면 결함정보 및 위해정보 수집, 결함 여부 평가, 시정조치계획 제출, 리콜 통지 및 공표, 시정조치 이행, 결과 보고 및 사후 조치의 순서이다.

① 결함정보 및 위해정보 수집

결함정보의 주된 수집원은 병원이며, 소비자상담 등을 통해서도 수집된다. 또한 사업자에게 결함 사실을 정부기관에 보고하도록 하기도 한다.

② 결함 여부 평가

결함정보 수집 후에는 관련 물품에 결함이 있는지 평가하게 된다. 보통 리콜대상이 되는 결함은 안전 기준 미준수 또는 물품의 결함으로 인하여 인체에 중대한 해를 끼치는 안전관련 결함을 의미한다. 결함이 있다 하더라도 소비자의 안전에 하등 문제가 없는 경우는 리콜대상에서 제외된다.

　정부에서는 물품의 결함 여부 평가를 위해 공인된 독립 시험기관에 의뢰하는 경우가 많다. 평가과정을 통해 안전 결함이 확인되는 경우라도 리콜명령 등의 행정조치를 취하기 전, 관계 당사자에게 의견 개진의 기회를 제공하기 위해 청문회를 개최하기도 한다. 하지만 인체에 아주 긴급한 위해 우려가 있는 경우에는 이러한 절차가 생략된다. 사업자가 자사 물품의 결함을 스스로 인정하면서 결함정보를 제공할 때에는 결함 여부에 대한 별도의 평가를 거치지 않고 바로 리콜로 연계되는 경우가 많다.

③ 시정조치계획 제출

물품의 안전 결함이 확인되어 정부로부터 리콜명령을 받거나 또는 자발적으로 리콜을 실시하려는 사업자는 정부에 세부적인 리콜 실시계획을 제출해야 한다. 보통 법규에서는 리콜 실시계획을 시정조치계획으로 표현한다. 리콜을 감독하는 정부에서는 시정조치계획을 리콜이 계획대로 이행되었는지 여부를 평가하는 자료로 활용한다.

④ 리콜 통지 및 공표

시정조치계획의 제출 후 해당 사업자는 리콜을 시작한다는 내용을 물품의 구매자와 소유자에게 통지하게 된다. 실질적인 리콜 이행을 위해서는 리콜 사실을 대상자들에게 알리는 것이 매우 중요하다. 일반적으로 리콜의 통지는 물품의 구매자 및 소유자에게 서신 등을 통해 직접 알리는 것이 가장 바람직하지만 대상자들의 주소·명단 확보가 불가능할

경우 TV, 라디오, 신문 등의 언론매체를 이용하여 공표하는 것이 필수적이다. 또한 제품
안전정보센터www.safetykorea.kr, 스마트컨슈머www.smartconsumer.go.kr 등을 통해서도 공표한다.

⑤ 시정조치 이행

리콜 통지 후에는 사업자의 시정조치가 시행된다. 일반적인 리콜방법은 수리, 교환, 환
불 등이다. 성격상 필요할 때에는 정부기관에서 구체적인 시정조치의 방법을 정하여 업
체에게 리콜을 명령할 수 있다. 시정조치는 원칙적으로 소비자에게 경제적 부담을 주지
않기 위해 무상으로 실시되며, 적정한 기간 안에 진행되어야 한다.

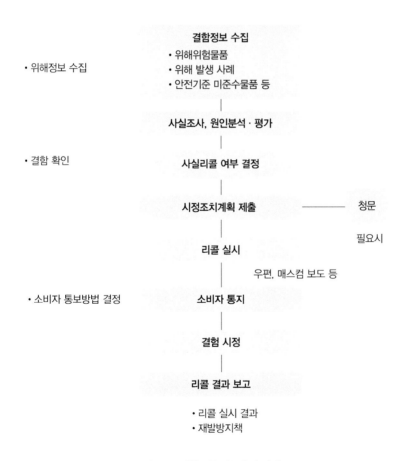

그림 **4-2** 결함물품 리콜 운영 절차

⑥ 결과 보고 및 사후 조치

사업자의 리콜 결과 보고와 중간 보고는 정부에서 사업자의 리콜 완수 여부를 평가하고 미흡할 경우 사업자에게 보완 조치 등을 요구하는 데 활용한다. 우리나라의 경우, 주요 선진국과 같이 리콜정보만을 종합적으로 제공하는 독립적인 별도의 e-리콜통합정보 웹사이트는 부재한 실정으로, 리콜정보는 다음과 같은 곳에서 확인할 수 있다. 한국소비자원이 공정거래위원회에서 위탁받아 운영하는 스마트컨슈머홈페이지www.smartconsumer.go.kr에서는 리콜정보 메뉴를 두고 한국소비자원과 교통안전공단이 제공하는 자동차, 식품·의약품·화장품 등 공산품의 3개 품목군과 해외리콜정보를 제공하는 일종의 정보수집 게시판을 두고 있다. 또한 국가기술표준원 제품안전정보센터www.safetykorea.kr에서 국내외 리콜정보를 검색할 수 있다. 향후 선진국과 같은 독립된 e-리콜통합정보 웹사이트를 구축할 필요가 있다.

(6) 리콜제도의 효율적 운영을 위한 개선방안

① 리콜제도의 효율적 운영을 위한 통합리콜정보망의 필요

미국, 호주 등 주요 국가의 경우에는 리콜정보가 소비자에게 가장 효과적이고 정확하게 도달할 수 있는 방법을 모색하도록 권고하고, 그 방안의 하나로 리콜정보를 종합적으로 제공할 수 있는 통합리콜정보제공사이트를 구축하여 운영하고 있다.

미국은 CPSC가 품목별 리콜을 관장하는 6개 연방정부기관이 상호협력하여 'U.S Governments Recallwww.recalls.gov'이라는 e-리콜통합정보웹사이트를 구축하고 7개 품목의 리콜정보 및 위험제품정보, 각종 안전정보를 제공하고 있다.

모든 품목의 리콜이 소비자경쟁법The Competition Consumer Act 2010의 적용을 받는 호주는 ACCC에서 e-리콜통합정보 웹사이트인 'The Product Recalls Australia Web Sitewww.recalls.gov.au'에서 10개 품목의 리콜정보를 9개 항목으로 통일시켜 제공하고 있다.

우리나라는 리콜 효율성 제고를 위하여 현재 운영되고 있는 '스마트컨슈머'의 강화뿐 아니라 중장기적으로는 별도의 통합리콜정보망을 구축하는 것이 필요하다.

② 기업 결함정보 보고제도의 확대

리콜의 시행을 위해서는 제품의 결함 및 위해 발생 여부를 우선 파악해야 한다. 소비자 기본법에 의해 위해정보 보고기관으로부터 수집하는 위해정보는 사업자 스스로 결함을 인정하여 보고하는 결함정보와 달리, 결함과 관계없이 소비자에게 위해가 발생하였거나 발생할 우려가 있는 정보 등이기 때문에 결함 확인을 위한 조사 및 검사에 오랜 시간이 소요되어 결함 원인의 규명이 어렵다. 따라서 정보제공 후 대부분 자발적 리콜로 이어지는 결함정보에 비해 위해정보는 리콜 시행에 있어 상대적으로 효율성이 떨어진다.

미국과 캐나다 등에서는 병원 등으로부터 위해정보를 수집하는 한편, 자사의 물품에 대한 정보를 가장 잘 알고 있는 사업자에게 결함정보를 보고하도록 의무화하여 신속한 안전대책을 강구하고 있다. 따라서 소비자안전을 확보하기 위해서는 기업결함정보 보고제도를 중앙행정기관의 장뿐만 아니라 한국소비자원, 공정거래위원회에도 보고 의무를 확대할 필요가 있다.

③ 품목군별 리콜 규정의 강화

현재 리콜 관련 주요 법령으로는 소비자기본법, 제품안전기본법, 식품안전기본법이 있다. 대상품목을 보면 소비자기본법은 개별법이 규정하고 있지 않은 모든 소비제품, 제품안전기본법은 자동차, 식·의약품, 의료기, 항공기, 철도 등 산업통상자원부 소관이 아닌 개별법으로 규정된 제품을 제외한 전 제품, 식품안전기본법은 식품, 농수축산물 등을 대상으로 하고 있다.

리콜 유형에서는 소비자기본법과 제품안전기본법은 자발적 리콜과 리콜을 권고, 강제적 리콜을 규정하고 있으나 식품안전기본법은 사업자의 자발적 리콜 규정만 있으며, 리콜권고 및 강제적 리콜에 대한 규정은 없다. 따라서 소비자안전 확보를 위해서는 식품위생법의 리콜규정을 강화할 필요가 있다.

④ 기업의 리콜에 대한 인식 전환

기업은 매출 감소를 우려하여 가능한 한 리콜을 하지 않으려고 하지만, 소비자안전의 우선적인 고려와 소비자신뢰를 위하여 위해가 발생하였거나 발생할 우려가 있다고 생각되면 보다 적극적으로 리콜을 실시해야 한다.

　실제로 우리나라 소비자들은 리콜 인지와 리콜 실시 기업에 대한 호의도 및 신뢰도가 매우 높았으며, 리콜 실시 기업의 제품 구매의향에도 그다지 부정적인 영향을 미치지 않는 것으로 나타나고 있다(최은실, 2012).

⑤ 기업의 자발적 리콜을 촉진시키는 제도 도입

미국은 품목별 리콜 관련 법률에 근거하여 해당기관에서 리콜명령 및 국민에 대한 결함 사실 공표명령이 가능하나, 대부분의 사업자가 이미지 실추 및 제조물책임법 등에 의한 막대한 손해배상 등을 우려하여 적극적으로 자발적 리콜을 시행하고 있으며, 정부에서도 리콜을 권고하는 방식을 적극 활용하여 사업자의 자발적 리콜을 활성화하고 있다. 또한 자발적 리콜을 수행하려는 기업에 대하여 신속한 리콜이 가능하도록 하는 이른바 패스트트랙리콜Fast Track Recall 프로그램을 시행하고 있다.

　우리나라도 식품위생법에서 도입하고 있는 '위해식품 등을 회수한 영업자에 대한 행

생각하는 소비자 4-2

자발적 리콜 기업에 소비자 신뢰 높아

소비자가 리콜에 대해 부정적일 것이라는 기업의 우려와 달리 소비자들은 리콜 실시 기업과 제품에 대해 오히려 긍정적으로 평가하는 것으로 나타났다.

한국소비자원은 전국 성인 소비자 1,000명을 대상으로 설문조사를 실시한 결과, 조사대상의 88.3%가 리콜 실시 기업에 대해 호감을 보였고, 82.0%는 리콜 실시 여부 때문에 해당 기업의 제품 구매 의향에 영향을 받지 않는다고 답했다.

리콜 실시 기업에 대한 소비자 호감도(5점 리커트)는 평균 4.38로 높았으며, 리콜 실시 기업에 대한 신뢰도 역시 4.03으로 높았다. 특히 강제적 리콜보다는 제품 결함 발견 시 기업이 자발적으로 실시하는 자발적 리콜을 더 신뢰하는 것으로 분석됐다.

한국소비자원은 "현행 리콜 관련 법·제도상 리콜 용어가 통일되어 있지 않으며, 리콜 관련 주요 법률이라 할 수 있는 '소비자기본법', '제품안전기본법', '식품안전기본법' 간 리콜 관련 규제 정도가 다르고, 개별법 간 리콜제도의 차이가 있는 것도 리콜제도의 효율성을 저해하는 원인으로 분석됐다."라고 밝혔다.

자료: 식품저널뉴스(2012. 12. 4).

정처분의 감면'과 같이 리콜의 자발적 회수율이 높은 기업에 대해 인센티브를 주는 제도를 확대할 필요가 있다.

2 | 위해정보수집제도

위해정보수집제도는 소비자가 상품이나 서비스를 사용·이용하는 과정에서 제품의 결함(또는 소비자의 잘못된 사용까지도 포함)으로 인하여 생명을 잃거나 신체적 상해를 입었던 정보를 수집하고 그 정보의 내용을 분석하고 원인을 규명하여, 각계의 전문가로 구성된 위원회가 그러한 사고가 많은 소비자에게 다시 생길 가능성이 있는 사고인지를 평가한 후 적절한 조치를 강구하는 업무이다.

소비자기본법에서는 각종 위해정보를 수집할 수 있는 기관을 위해정보 보고대상기관

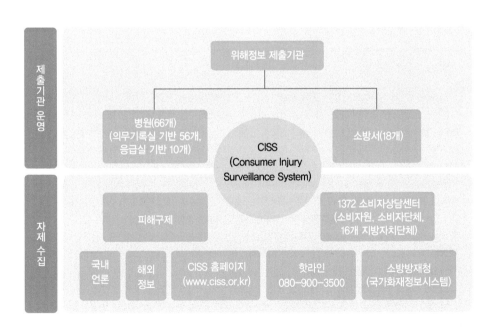

그림 **4-3** 위해정보 수집체계
자료: 한국소비자원(2013).

으로 지정하여 체계적으로 수집하고 있다. 우리나라는 소비자기본법에 의거하여 한국소비자원 소비자안전센터에서 위해정보를 병원·소방서, 소비자상담, 온라인·핫라인, 국내외 언론 등을 통해 위해와 위험에 대한 정보를 수집하고 있다. 그리고 위해정보 수집시스템을 소비자위해감시시스템CISS: Consumer Injury Surveillance System이라고 명명하고 있다. 우리나라에서 소비자에 대한 위해정보의 제공은 한국소비자원의 소비자안전넷과 공정거래위원회·한국소비자원의 '스마트컨슈머'를 통해서 이루어지고 있다.

위해 발생 통계와 관련해서는 CISS 통계를 안전넷 홈페이지에서 직접 검색해 볼 수 있도록 하고 있다. CISS 통계는 성, 연령, 위해 내용, 위해 부위, 발생장소별로 통계를 검색할 수 있으며 월별·분기별·연도별 통계보고서를 제공하고 있다. 그러나 이는 순수한 통계보고서로 전문가가 아닌 소비자의 경우 소비자정보로서 실생활에 유용하게 활용하기는 쉽지 않다.

위해분석과 관련해서 제공되는 자료로는 주간위해동향이 있다. 주간위해동향은 상위 5개 위해다발동향을 다루고 있으며, 본격적인 분석을 거쳤다기보다는 단순히 특이사례

KC마크

현재 우리나라에서 운영되고 있는 인증제도는 법정인증과 민간인증을 포함하여 총 234개가 있다. '제품안전'이라는 동일한 목적이더라도 부처마다 인증마크가 달라 소비자는 혼란스럽고, 인증에 대한 인지도와 신뢰도는 낮아졌다. 또한 인증 간의 중복시험으로 인해 기업의 경제적 시간적 부담은 증가했으며, 인증제도의 운영규정 등이 국제 기준과 일치하지 않아, 국제적 신뢰도 저하와 수출 경쟁력 약화를 가져왔다.

법정의무인증제도란 국민의 생명과 안전을 보장하기 위해, 반드시 필요한 안전·품질·환경·보건을 확보하기 위해 법으로 관련 제품 출시 전 의무적으로 취득하도록 한 인증제도이다. 현재 10개 부처 38개의 법정의무인증제도가 있으며, 인증제도별 다른 마크 사용으로 인해, 인증에 대한 인지도와 신뢰도가 저하되었다. 이에 따라 13개 법정의무인증마크를 국가통합인증마크 하나로 통합하여 사용하고 있다.

KCKorea Certification마크는 2009년 7월 1일부터 단일화한 국가통합인증마크로 2011년 1월 1일 부터 확대 실시되고 있다. KC마크가 도입된 제품은 자동차·가전제품·유모차·승강기·조명기기·저울·전기계량기·전화기·소화기 등 730여 개 품목이다.

유럽연합에서는 1993년부터 안전·환경 및 소비자보호와 관련된 강제 인증을 CE로 통합해 사용하고 있으며, 일본의 경우 2003년부터 전기제품·공산품 등에 대해 PS마크(제품안전마크)로 단일화하여 사용하고 있다. 중국은 WTO 가입 이후 국내 제품CCEE과 수입 제품CCIB에 달리 적용하던 강제인증제도를 2002년부터 CCC제도로 통합하여 사용하고 있다.

를 소개하는 정도이다. 위해정보처리와 관련해서 제공되는 자료로는 위해정보처리속보와 리콜정보가 있다. 위해정보처리속보는 일자별로 제공하고 있으며 검색어로 내용을 검색하는 것이 가능하다. 리콜정보로는 자동차, 공산품, 식·의약품, 화장품의 리콜정보를 제공하기도 하고, 최근 3개월의 리콜사례, 해외리콜사례를 보여 주기도 한다.

이외에도 기타 위해 관련 정보로 안전이야기, 안전조사보고서, 안전동영상, 안전뉴스,

새로운 유럽연합 의약품안전정보 수집프로젝트

영국 약품 및 건강상품규제국MHRA는 유럽 의약품 규제기관, 학계, 제약 업계를 포함한 조직으로 구성된 컨소시엄을 이끌어 부작용으로 의심되는 반응ADR에 관한 정보를 수집하는 새로운 방안을 개발하는 3개년 프로젝트를 진행하고 있다.

본 프로젝트는 의약품과 건강에 관한 문제를 상의하는데 스마트폰, 앱, 소셜미디어를 신속히 채택하고 이에 대응하는 것이다. 전문 의료인과 대중을 위한 모바일 앱을 개발해 그들이 의심되는 정보를 제보하면 그 정보는 자국의 EU 규제기관에 접수된다. 또한 이 프로젝트에서는 잠재적인 의약품 안전문제를 확인하는데 소셜미디어의 공개 데이터를 이용할 수 있는지에 관한 가능성도 조사할 것이다. 이 프로젝트에서 사용하는 모든 소셜미디어 데이터는 데이터 프라이버시 보호를 위해 적절한 익명 처리가 이루어질 것이다.

의심되는 정보 제보와 더불어 앱은 또한 환자, 임상전문가, 간병인들을 대상으로 정확하고 시기적절한, 최신 의약품정보를 전송하는 플랫폼으로도 기능할 수 있다. 이를 통해 기존의 시스템과 더불어 국제적인 범위에서 의약품 규제기관과 제약 업계에 의약품 사용 권고사항을 작성하고 배포하는데 도움이 될 것이다.

MHRA의 의약품 감시 및 위해 관리 부서의 그룹 관리자 믹 포이Mick Foy는 다음과 같이 말했다. "환자와 의료인들이 스마트폰과 태블릿을 사용하는 양상이 증가하는 가운데 이러한 플랫폼을 통해 규제기관이 ADR 제보를 받을 수 있는 앱이 필요하다. 최근 페이스북, 트위터 등 전문 사이트나 블로그 같은 소셜미디어 플랫폼이 성장해서 많은 사람들이 인터넷에서 공개적으로 자신의 의료 경험을 공유하는 예가 늘고 있다. 이러한 데이터는 등록 후 의약품 안전 감시를 위한 귀중한 정보 자료가 될 수 있다. WEB-RADR을 통해 이러한 자원을 윤리적으로 또 과학적으로 어떻게 사용해야 하는지에 관해 국제 의약품 안전 감시를 위한 권고사항을 확립하게 될 것이다."

자료: MHRA(http://www.mhra.gov.uk).

보도자료, 국내안전정보, 해외안전정보, 국내안전법령/규정, 해외안전법령/규정을 제공한다. '스마트컨슈머'에서는 국내외 관련 기관에서 이와 관련된 정보를 수집하여 이를 다양한 '소식' 형태로 전하고 있다.

이외에도 식품위생법에 의하여 식품 등으로 인하여 중독을 일으킨 환자 또는 그 의심이 있는 자를 진단하였거나 그 사체를 검안한 의사 또는 한의사는 지체없이 관할보건소장 또는 보건지소장에게 보고해야 한다. 이를 보고받은 보건소장 또는 보건지소장은 대통령령이 정하는 바에 따라 지체없이 그 사실을 조사하고 시·도지사에게 보고해야 한다. 그리고 시·도지사는 보고 받은 즉시 보건복지부장관 및 식품의약품안전처의 장에게 보고해야 한다. 이 제도는 소비자가 소지하고 있는 물품에 대한 리콜조치를 위한 직접적인 제도는 아니다.

4. 외국의 소비자안전 관련 제도

1 | 미국

(1) 소비자안전 관련 법규

① 소비자제품안전법
미국의 소비자안전을 보호하기 위한 법규로는 소비자제품과 관련된 각종 법률 적용의 분산을 방지하기 위하여 제정된 소비자제품안전법Consumer Product Safety Act이 있으며 이 법에 의해 소비자제품안전위원회CPSC: Consumer Product Safety Commission가 설립되었다. 이 법의 목적은 다음과 같다.

* 소비자제품과 관련된 불합리한 위해위험으로부터 국민을 보호한다.

• 소비자제품의 안전성에 대해 소비자가 비교·판단할 수 있도록 도와 준다.
• 소비자제품의 통일된 안전기준을 제정하고, 주정부와 지방정부규정에 있어서의 혼란 및 상치를 최소화한다.
• 제품과 관련된 사망, 질병 및 상해 원인과 방지를 위한 연구와 조사를 강화한다.

소비자제품안전법의 적용대상은 소비자의 개인적인 사용과 소비를 위해 생산·유통된 모든 물품이며, 담배 및 담배제품, 자동차 및 자동차관련 제품, 살충제, 무기 및 탄약, 항공기 및 항공기 관련 제품, 선박, 식품, 의약품, 화장품 등은 그 대상에서 제외된다.* 다시 말해 전기용품을 포함한 소비생활용 제품의 안전성에 대해서는 소비자제품안전법이 적용되고 있다. 의약품이나 식품, 자동차와 같이 다른 법률에 의해 규제되고 있는 제품을 제외하고 모든 소비생활용 제품을 대상으로 하고 있다. 이 법률은 개개의 제품의 안전성에 관한 요구사항을 정하고 있는 것은 아니고 감시기관으로서의 소비자제품안전위원회의 설치와 그 권한 등을 규정하고 있다.

소비자제품안전증진법Consumer Product Safety Improvement Act은 2008년 8월 소비자제품안전기준과 어린이 제품에 대한 추가적인 안전요건 수립과 더불어 소비자제품안전위원회의 현대화 및 권한을 재정립하기 위하여 통과되었는데, 이는 별개의 법률이 아닌 소비자제품안전법Consumer Product Safety Act를 개정하는 법률로서 소비자제품안전증진법의 내용은 소비자제품안전법에 포함되어 있다.

소비자안전보호 관련 기관으로는 상무부, 법무부, 후생부(FDA 포함), 농림부와 연방거래위원회 등이 있으나 가장 중요한 역할을 하는 것은 소비자제품안전위원회CPSC이다. 이 기관은 전 세계에서 가장 체계적으로 제품안전업무를 담당하는 종합적 성격의 기관이다. 대통령이 임명하는 7년 임기의 위원 5명과 약 500명의 직원이 함께 일하고 있다.

---

* 식료품, 약품, 화장품 등은 식품의약품청(FDA: Food and Drug Adminstration), 살충제 등 환경에 대한 위해요소는 연방환경청(Environmental Protection Agency, EPA), 담배제품 등 농산물 등은 농무부(Department of Agriculture) 내의 각 소관부처, 자동차 등 교통수단은 국립고속도로교통안전국(NHTSA: National Highway Traffic Safety Administration), 그리고 통신기기는 연방통신위원회(FCC: Federal Communications Commission) 등을 통하여 규제하고 있다.

소비자제품안전위원회, 즉 CPSC가 관장하는 가장 중요한 업무는 국민들에게 소비자제품과 관련된 위험을 알리는 것으로 매스미디어, 다양한 종류의 안전 관련 홍보책자, 인터넷 사이트, 전화상담서비스, 국립상해정보센터 등을 활용하고 있다. 이곳에서 이루어지는 안전 관련 업무는 다음과 같다.

- 첫째, 제품생산업체와 함께 자발적인 제품안전기준을 개발하며, 필요한 경우 강제적인 제품안전기준을 공포한다. CPSC에서 개발하는 안전기준은 ASTMAmerican Society for Testing and Materials과의 공조체제하에서 연구·개발된다.
- 둘째, 제품과 관련된 리콜을 접수하고 이에 대한 시정을 요구한다.
- 셋째, 제품과 관련된 안전정보를 수집하고 위험 가능성이 있는 제품에 대한 연구를 실시한다.
- 넷째, 매스미디어, 주정부 및 지방정부, 사립단체를 통해 소비자에게 정보를 제공하고 이들을 위한 교육서비스를 제공하며, 소비자의 문의에 응답한다.
- 다섯째, 제조자, 판매인, 유통업자에 대한 출입권, 검사권, 기록문서보존 요청권을 행사한다.

특히 미국의 CPSC는 소비자안전과 관련하여 소비자제품안전법Consumer Product Safety Act과 연방위해제품법Federal Hazardous Substances Act에 대한 사법권을 행사할 수 있다.

② 식품·약품·화장품법

식품·약품·화장품법Food, Drug & Cosmetic Act은 식품과 약품, 화장품으로부터 소비자의 생명과 건강을 보호할 목적으로 제정된 법이다. 동법에 의해 설립된 식품의약품청FDA: Food and Drug Administration은 품질이 열악하고 제품에 대한 내용이 제대로 표기되지 않은 불량식품, 의약품, 화장품, 의료기기 등에 의한 잠재적인 위해로부터 소비자를 보호하는 업무를 담당하고 있다. 식품의약품청에서는 식품, 의약품, 화장품 등의 안전성 확보를 위해 기업체와 협력하여 자발적인 안전기준을 개발하고 있으며 인체의 질병 치료·예방 및 회복에 사용되는 생물학적 제품, 식품 및 화장품, 의료기기 등의 안전성 및 유효성 검사를 실시하고 있다.

(2) 소비자안전 관련 제도

① 리콜제도

미국의 리콜제도는 사업자의 결함정보 보고제도를 엄격하게 운영한다. 공산품과 자동차 모두 동 제도를 채택하고 있으며, 의무 위반 사업자에 대한 벌칙을 엄격하게 적용하는 등 결함정보 수집을 중요하게 취급하고 있다. 사업자가 보고한 결함정보는 대부분 자발적 리콜로 연계하고 정부에서는 리콜과정을 감독·평가하는 데 치중하고 있다.

식품을 제외한 공산품과 자동차는 모두 관련 법규에 강제리콜이 도입되고 있지만 실제로 정부명령에 의해 리콜이 실시되는 경우는 매우 적으며 대부분이 사업자에 의해 자발적으로 실시되고 있다.

미국은 또한 사업자의 자발적 리콜을 활성화하는 방법으로 리콜권고제도*를 적극 활용하고 있으며, 자발적 리콜을 수행하려는 기업에 대하여 신속한 리콜이 가능하도록 하는 패스트트랙리콜Fast Track Recall 프로그램을 시행하고 있다. 공산품, 자동차, 식품 모두 담당 정부기관에 의해 안전결함 발견 시 리콜을 권고하고 있으며, 이 경우 사업자 대부분이 권고를 수락하고 자발적으로 리콜을 실시한다.

소비자제품안전위원회에서 마련한 〈리콜핸드북Recall Handbook〉에서는 리콜정보의 제공 방법으로 CPSC와의 합동 보도, 소비자 전용 무료전화·팩스 이용, 기업 홈페이지 게재, 비디오 뉴스보도, 전국적 뉴스협회·텔레비전·라디오 보도, 소비자 직접통지, TV·라디오 유료공고, 전국신문·잡지 유료공고, 소비자 인센티브(예: 현금, 선물, 쿠폰 등) 제공, 제품

---

* 공산품 관련 안전기준 또는 안전 법규를 위반하였거나 위반이 추정되는 제품이 발견될 경우, 위원회는 해당 회사에 권고편지(LOA: Letter of Advice)를 발송한다. 권고편지에는 법률 위반 사실과 위반한 법률의 구체적 조항이 포함되며, 위원회에서 적절하다고 생각하는 리콜 등의 시정조치내용이 기재된다. 아울러 해당 회사에서 위반사항을 시정하기 위해 조치하려고 하는 자발적 시정조치계획을 위원회에 제출하도록 요구하는 내용도 담겨 있다.

회사에서 제출한 자발적 시정조치계획은 위원회에서 타당성 검토가 이루어진다. 대부분의 사업자들은 권고편지를 받는 경우 시정조치계획을 제출하고 이에 따라 리콜 등의 조치를 취한다. 사업자에게는 반박 기회를 주어 기준 위반 등 위원회의 지적 내용에 동의하지 않는 사업자는 자사 제품이 관련 법규를 위반하지 않았다는 증거자료를 위원회에 제시할 수 있다. 회사에서 제출한 증거자료가 위원회에서 제기한 법률 위반 내용을 반박하는 것이 충분하지 않다면 위원회에서는 서면으로 이 사실을 회사에 통보한다. 통보를 받은 회사는 자발적으로 시정조치계획을 제출한다.

카탈로그·뉴스레터 등 공고, 판매점 포스터 게재 등의 활용을 권고하고 있으며 작성요령에 대하여 구체적으로 명시하고 있다.

리콜업무 집행의 활성화를 위해 식품안전을 담당하는 식품의약품청FDA 등 정부기관은 본부와 각 지방 사무소와의 긴밀한 업무 협력을 유지한다. 연방 정부기관에서는 리콜 대상 제품의 위해성을 평가하고 리콜수준을 결정하며, 지방 사무소의 리콜 실시 과정을 총괄한다.

② 위해정보수집제도

CPSC는 국립위해정보처리기구National Injury Information Clearing House에서 전국전자위해감시시스템NEISS: National Electronic Injury Surveillance System, 사망증명서 파일Death Certificate File, 심층조사파일In-Depth Investigations File, 위해/잠재적 위해 사고파일Injury/Potential Injury Incident File의 다양한 채널을 통해 위해정보를 수집하고 있다.

전국전자위해감시시스템인 NEISSNational Electronic Injury Surveillance System는 미국 전역의 병원에서 통계적으로 선택된 응급실로부터 제품에 관련된 위해 데이터를 수집하고 통계적으로 처리하는 시스템이다. 소비자제품안전위원회에서 소비자제품안전법에 의해 근거하여 위해정보를 수집하는데, 위해정보 수집은 이원적 체계를 가진다. 이 시스템은 CPSC 지정 응급실을 통해 위험정보는 배제한 채 위해injury에 관한 정보만을 수집한다.

이외에도 공공 소비자제품안전정보 데이터베이스PACPSID: Publicly Available Consumer Product Safety Information Database에서는 소비자의 위해, 질병, 죽음과 상해, 질병, 죽음의 위험 등의 소비자 안전피해harm에 대한 보고서를 수집하고 있다.

미국의 경우 SafeProducts.gov와 cpsc.gov를 통하여 정보제공을 하고 있다. 이 사이트에서는 리콜정보도 제공하는데 제품명, 위해요소, 리콜대상 모델명으로 검색이 가능하며, 이에 따른 소비자가 취해야 할 행동 등에 대해서도 검색할 수 있다. 위해처리 결과와 관련된 정보로는 리콜정보를 제공하고 있다. 리콜정보는 뉴스 형식의 제공과 함께 제품명, 제조회사명, 품목별 검색이 가능하다. 이외에도 기타 안전에 관한 정보로 안전가이드Safety Guide, 안전교육Safety Education, 안전블로그Safety Blog를 제공하고 있다.

2 | 일본

(1) 소비자안전 관련 법규

일본의 소비생활의 안전에 관한 법규는 '소비자기본법'과 '소비자안전법'이라는 이원적인 체계로 되어 있다. 소비자기본법은 소비자이익의 옹호와 증진을 목적으로 하는 데 반하여, 소비자안전법은 지속적으로 제기되어 온 소비자안전에 관하여 단행법으로서 이를 규율한다는 점에서 그 제정(2009. 10)의 의의가 크다.

물론 소비자안전을 위한 개별 법률이 존재하기는 하지만(예: 소비생활제품안전법, 가정용품품질표시법 전기용품안전법 등), 해당 법률은 적용범위가 한정되어 있기 때문에 이외의 분야에서의 소비자안전에 관한 사항을 규율하지 못하는 문제점이 제기되어 왔다. 따라서 소비생활 전반에 거쳐 소비자의 피해를 예방하고, 이의 안전을 확보하기 위한 단행법의 제정이 요구되었으며, 이를 법제화한 것이 소비자안전법이다.

소비자안전법은 소비생활 전반에서 소비자안전을 확보하기 위하여 이에 관한 기본방침의 수립, 지방자치단체의 소비생활센터의 설치를 통한 소비생활 상담의 실시, 소비자사고에 관한 정보의 수집·분석 및 결과 공표, 소비자피해의 발생 또는 확대 방지를 위한 조치 등을 주된 내용으로 하고 있다. 또한 이의 중심적인 행정책임자로 내각총리대신을 지정하고 있지만, 이의 권한 중 일부를 소비자청장에게 위임하고 있다.

소비생활제품안전법은 일반 소비자의 생명 또는 신체에 대한 위해 발생의 방지를 목적으로 하고 있다. 즉 이 법률은 "소비생활용제품에 의한 일반 소비자의 생명 또는 신체에 대한 위해 발생의 방지를 도모하기 위하여, 특정 제품의 제조 및 판매를 규제함과 동시에 소비생활용제품의 안전성 확보에 대해 민간 사업자의 자주적인 활동을 촉진하고, 그렇게 함으로써 일반 소비자의 이익을 보호하는 것을 목적으로" 하고 있다.

소비생활제품안전법은 주로 일반소비자의 사용을 목적으로 하는 제품으로, 공산품과 농산물과 같은 일반 소비자의 생활과 밀접한 관련을 가지기 때문에 특별한 안전관리가 필요하여 개별법에서 이에 관하여 정하고 있는 대상 소비생활품은 제외하고 있다. 적용이 배제되는 제품은 선박안전법의 규율 대상이 되는 선박, 식품안전기본법의 규율 대상인 식품, 첨가물, 잔유물, 소방법의 규율 대상이 되는 소방용 기계기구, 독물 및 독극물

취급법의 규율 대상이 되는 독극물, 도로운송사업법의 규율을 받는 도로운송차량, 고압가스취급법의 규율 대상인 가스용기, 약사법의 규율 대상인 의약품, 의약부외품, 화장품 및 의료용구 등이다.

일본에서의 소비자안전관리는 정부 행정부처별로 효과적인 업무 분담이 이루어지고 있으며, 지방조직으로는 도도부현을 중심으로 체계적인 소비자안전관리가 이루어지고 있다. 소비생활용 제품에 대해서는 소비생활제품안전법에 의거하여 설립된 제품안전협회Consumer Product Safety Association가 그 업무를 담당하고 있다. 제품안전협회의 주요 기능은 상품의 안전기준 설정, SG마크 표시상품에 대한 배상, 상품의 안전성 검사, 제품의 안전성에 관한 조사·연구 등이다.

(2) 소비자안전 관련 제도

① 리콜제도

소비생활용 제품으로부터 소비자의 생명 및 신체상의 위해를 방지하기 위한 소비생활용 제품안전법과 유해물질을 함유하는 가정용품으로부터의 위해를 예방하기 위해 유해물질을 함유하는 가정용품 규제에 관한 법률이 재정된 이후 결함제품에 대해 리콜을 실시할 수 있게 되었다.

그러나 제조물책임법, 집단소송법 등 안전 관련 법규의 미비 등으로 리콜 실시가 활성화되지 못하다가 제조물책임법이 도입된 지난 1995년 이후 제품 결함으로 인한 소송 등을 피하려는 기업들에 의해 리콜이 점차 증가하는 추세에 있다.

공산품 안전에 대해 가장 기본이 되는 법률은 소비생활제품안전법이다. 소비생활용 제품 중 구조나 재질면에서 소비자의 생명 또는 신체에 위해를 끼칠 수 있다고 판단되는 제품을 특정제품으로 지정하여 안전기준을 제정하고, 안전기준을 위반한 제품은 리콜명령 등의 조치를 취한다. 특정제품은 또한 안전기준 적합 여부 검사에 합격하였다는 표시, PSC마크(구 S마크)를 부착해야 하며, 미부착 특정제품은 판매가 금지된다.

또한 특정제품이 아닌 제품의 결함으로 소비자의 생명 또는 신체에 중대한 위해가 발생하거나 발생할 긴급한 위험이 있는 경우에 해당 위험의 확대를 방지하기 위해 제품의 제조업자 또는 수입업자에게 당해 물품을 회수하게 하거나 위해의 확대를 방지할 수 있는 긴급조치를 취하도록 명령할 수 있다.

② 위해정보수집제도

일본에서의 위해정보 수집은 '사고정보 데이터뱅크IIDA: Injury Information Data Bank'라는 시스템을 통해 수집되고 있다. 사고정보 데이터뱅크는 관계 기관에서 '사고정보'와 '위험정보'를 널리 수집하여 사고 방지에 도움이 되고자 하는 정보 수집·제공시스템이다. 이 시스템은 소비자청 및 독립 행정법인인 국민생활센터가 연계하여 관계기관의 협력을 얻어 운영하고 있다.

사고정보 데이터뱅크 정보는 관계성청·지방공공단체, 국민생활센터, 사업자, 사고정보 데이터뱅크 참여 기관으로부터의 통지로 수집된다. 일본은 우리나라의 경우와 비슷한 시스템을 가지고 사고정보 데이터뱅크IIDB를 통하여 사고정보를 수집하고 있다. 일본의 소비자안전법에서는 관계부처, 지방공공단체, 국민생활센터, 사업자로부터 위해·위험·사고정보를 수집하도록 하고 있다. 일본은 우리나라와 달리 위해 및 위험정보뿐만 아니라 소비자이익과 합리적 선택을 저해하는 행위로부터 발생하는 사고정보까지 수집하고 있다.

일본의 소비자정보제공은 위해발생통계와 관련해서는 사고정보데이터뱅크인 IIDB 통계 및 사건 개요를 검색할 수 있도록 하고 있다. IIDB통계 및 사건 개요는 종별, 품목, 사고 내용, 상병 내용, 환자정보, 등록 연월일, 발생 일자, 발생 위치, 발생 장소, 피해자 수, 피해자 연령, 성별의 조건을 입력함으로써 검색이 가능하다. 이러한 조건을 입력하면 전체 통계 및 개별 사건 개요를 검색할 수 있다.

위해분석자료로는 제품위해분석을 통하여 심각한 위험에 대해서는 중대한 제품사고정보로 분류하여 이를 공표하고 있다. 또한 IIDB는 사고정보를 위험정보와 사고정보로 분류하여 사건 개요를 제공하고 있으며, 특히 주목사고정보를 제공함으로써 중대사고를 비롯한 주목할 만한 사고정보에 대한 소비자들의 경각심을 높이고 있다. 기타 정보로는 안전에 관한 중요한 소식정보, 주의정보 등 안전정보를 제공하고 있다.

3 | 유럽연합

1980년대 말부터 유럽연합EU: European Union 차원에서 제품의 안전성을 확보하고 각국의 안전규제의 균일화를 도모하려는 입법이 시작되었다. 2001년 개정 제품안전일반지침 Directive 2001/95/EC of the European Parliament and of the Council of 3 December 2001 on general product safe은 1992년 제정된 제품안전일반지침General Product Safety Directive)92/59/EEC이 개정된 것으로 2004년 1월 15일부터 시행되었다.

개정 제품안전일반지침은 서비스services를 포함하지는 않지만 기본적으로 모든 제품 products은 물론 서비스와 관련하여 소비자에게 제공되는 제품도 적용된다. 그러나 이는 골동품이나 공급자가 소비자에게 사전에 정보를 제공하였다면 사용되기 전에 수리되고 재활용된 제품과 같은 중고품은 적용되지 않는다. 특정의 제품군마다 안전성에 관한 지침을 만들고, 각국의 안전성에 관한 요구사항의 정비를 진행시켰다.

1993년에 CE마킹CE Marking 지침이 나오고 각 제품마다의 지침에서 정한 요구사항에 적합한 제품에 CE마킹을 부착하는 것을 의무화하였다. CE마킹제도*의 목적은 특정제품에 관한 가맹국의 안전법규를 균일화시킴으로써 기술장벽을 제거하고 유럽연합 내에서 제품의 자유로운 유통을 촉진하는 것이다. 이것은 안전성에 관해서도 엄격하게 요구하고 CE마킹을 첨부하지 않으면 유통될 수 없는 것도 있어서 제품의 안전성을 일정수준으로 확보하는 데 공헌해 왔다.

유럽연합은 구체적인 내용은 다르지만 위해정보 수집에 대해서는 미국과 같은 이원적

---

* 유럽에서 시행하고 있는 CE마킹제도에서 CE라 함은 '유럽의 법규에 적합하다'라는 의미의 Conformity to European의 머리글자를 취한 약어이다.

유럽통합과 함께 제품의 안전 관련 인증제도를 각국별로 운영(영국: KITE, 독일: GS, 프랑스: NF 등)하던 것을 1993. 7. 22(EU: European Union) 이사회결의(93/465/EEC)에 EK라 'CE마킹'으로 통일하였다.

소비자의 건강, 안전, 환경과 관련된 제품에 의무적으로 CE마크를 부착해야 하고 마킹된 제품은 EU, EFTA(European Free Trade Association)로 서유럽 국가 중 EU에 참가하지 않은 스위스, 노르웨이, 아이슬란드, 리히텐슈타인 등 4개국) 국가 지역 내에서 검사나 시험 없이 자유로이 유통될 수 있다.

CE마크는 제품의 신뢰성 또는 품질보증을 의미하는 것은 아니며 그 제품이 안전과 건강, 그리고 소비자의 보호와 관련된 EU 규정 또는 지침 및 유럽표준규격의 필수 요구사항을 준수한다는 것을 의미한다.

수집시스템을 가지고 있다. 하나는 EU-IDB이고 다른 하나는 RAPEX이다. 각각은 제품안전일반지침의 "회원국과 위원회는 소비자의 건강과 안전을 보호하기 위하여 공공적으로 만들어진 상품의 안전성과 관계된 정보를 제외하고는 취득한 정보를 드러내지 않도록 보장되어야 한다(GPSD Article 16, 1)."와 "제품들에 의해 제기된 소비자 건강과 안전에 대한 위험과 관련하여 회원국이나 위원회 당국이 구할 수 있는 정보는 소비자가 이용할 수 있어야 하고, 소비자는 제품정보, 주어진 위험과 기준에 대한 정보에 접근할 수 있어야 한다(GPSD Article 16, 1)."는 법적 규정에 근거하고 있다.

EU-IDB는 EU 국가별로 선정된 응급실을 통해 위해injury정보를 수집하며, RAPEX는 각국의 위해제품에 대한 시장 감시결과 정보를 수집한다. 정보제공도 EU-IDB와 RAPEX를 통하여 하고 있다. EU IDB는 위해발생통계와 위해분석에 관한 정보를 제공하고 있다. 위해발생통계로는 일반 소비자들이 연도별·국가별 통계를 볼 수 있도록 하고 있고, 연도별 위해동향보고서를 제공함으로써 위해통계 동향을 알 수 있도록 하고 있다. 위해분석

표 **4-5** 국가별 위해정보 수집시스템 운영현황

구분	미국		유럽		일본
	NEISS	**PACPSID**	**EU-IDB**	**RAPEX**	**IIDB**
운영 주체	소비자제품 안전위원회 (CPSC)	소비자제품 안전위원회 (CPSC)	EU DG SANCO	EU DG SANCO	소비자청
법적 근거	Consumer Product Safety	Consumer Product Safety	The Directive on General Product Safety	The Directive on General Product Safety	소비자안전법
수집 영역	위해(injury)정보	안전피해(harm) 정보(위해 및 위험정보 포함)	위해(injury)정보 (의도적 상해와 비의도적 상해 포함)	각국 위해제품에 대한 시장 감시결과 정보	•사고정보 •위험정보
수집 채널	CPSC 지정 병원 응급실	소비자 등으로부터 받은 피해보고서	EU 국가별로 선정된 응급실	EU 국가 및 EEA 국가	•관계부처 •지방공공단체 •국민생활센터 •사업자 •의료기관
수집 실적	394,383건 (316,668천 명)	6,785보고서 (316,668천 명)	300,000건 (499,889천 명)	2,278통지 (499,889천 명)	25,457건 (127,253천 명)

보고서는 위해통계의 위해분석에 기초한 연도별 정책보고서를 제공하고 있다.

RAPEX는 위해발생통계와 관련하여 위험 형태, 제품 형태, 년도, 통지국가, 생산국가, 제품 분류, 브랜드, 제품명, 이름, 위험 등의 검색어를 입력하여 RAPEX 통계 및 사건 개요를 검색할 수 있도록 하고 있다. 위해분석과 관계되어서는 RAPEX는 사건 개요 제공 시 이를 심각한 위험과 기타 위험으로 분류하여 제공하고 처리 결과도 경고, 금지, 수거, 회수 등으로 구분하여 제공할 수 있도록 위해 발생을 분석하고 있다. 국가별 위해정보 수집시스템 운영현황을 살펴보면 표 4-5와 같다.

스스로 찾아보기

1. 미국, 일본, 유럽 등에서 시행되고 있는 위해정보시스템의 운영방법을 알아보고 우리나라가 개선해야 할 점을 찾아보자.

2. 최근 소비자안전과 관련된 국내외 피해 사례의 원인, 피해 상황, 대처방법 등에 관해 자세히 알아보자.

3. 소비자안전을 위한 소비자, 기업, 정부의 역할을 정리해 보자.

소비자분쟁
해결

소비시장환경의 끊임없는 변화와 함께 소비자피해 형태가 다양하게 나타나고 있다. 일단 소비자피해가 발생하면 양 당사자인 소비자와 사업자가 직접 상호교섭에 의하여 자율적으로 구제되는 것이 가장 빈번하게 이용된다. 그러나 당사자 간의 원활한 피해보상이 이루어지기 어려운 경우에는 이차적으로 한국소비자원을 비롯하여 민간 소비자단체, 지방자치단체 등을 이용한 피해보상활동이 이루어지게 된다. 그다음 단계로는 한국소비자원을 비롯한 각 기관에서 운용하고 있는 분쟁조정제도를 이용하게 되고, 만일 이곳에서도 피해구제의 도움을 받지 못하면 소비자는 최종적으로는 소송으로써 법원에 의한 구제방법을 이용할 수 있다.

본 장에서는 소비자분쟁해결의 여러 가지 방법과 절차에 대해서 살펴보고자 한다. 또한 소비자피해구제제도인 제조물책임법과 집단피해구제 관련 제도에 대해서도 살펴보도록 한다.

1. 법원에 의한 민사적 손해배상제도

1 | 소비자손해배상의 법리

소비자피해는 상품의 결함 등에 의한 피해와 거래관계 및 서비스에서의 피해로 대별할 수 있으며, 각각 손해배상 법리도 달리한다. 상품의 결함 등에 의한 피해는 상품의 구입 사용 중 생기는 상품의 하자로 인한 피해와 위험한 결함상품에 의해 신체나 재산상에 확대되어 손해를 끼치는 손해로 구별할 수 있다. 거래관계 및 서비스의 면에서 받는 소비자피해로는 계약관계에서 사업자의 잘못된 정보의 제공이나 부당한 약관의 피해 등이 있다.

상품의 결함 등에 의한 소비자피해의 구제로서 위험한 결함상품에 의해 생명, 신체 또는 재산에 확대된 손해의 문제는 제조물책임법에서 다루고 있다. 또 상품하자의 경우 소비자가 직접 제조자 등에게 하자의 보수를 청구할 수 있다. 소비자가 거래관계에서 받은 피해로는 카르텔 등의 불공정한 가격형성이나 부당표시에 의한 것이 있으며, 소매단계에 있는 소비자의 거래 시에도 복잡한 내용의 상품이나 부동산 혹은 대량판매 중에 소매점이나 판매자 등의 잘못된 설명이나 부실표시에 의한 것이 있고, 약관에 의한 부당한 거래관리에 의한 피해도 있다. 이들 거래관계에서 발생한 소비자피해에 대해서는 할부거래법이나 방문판매법 등의 조항을 적용하며, 할부거래나 부동산거래에서 나타나는 거래조건의 명시, 중요사항의 설명의무규정 등 계약 체결상 소비자 이익의 공정성 확보를 강화한다는 측면에서 소비자의 계약해제나 손해배상 청구를 인정하게 된다.

운송, 레저, 의료 등 각종 서비스 분야에서도 소비자피해가 발생하고 있는데, 그 구제는 현행 민법에서의 계약책임으로 처리할 수 있지만 특히 생명, 신체에 미치는 심각한 피해의 경우에는 사업자의 엄격한 책임을 명확하게 하는 것이 필요하다. 의료에 대해서는 소비자가 과실이나 인과관계를 명확하게 밝히는 것이 곤란하기 때문에 과실에 대한 입증책임의 전환, 인과관계에 대해서는 입증책임의 경감 혹은 입증 책임의 전환을 검토할 필요가 있다. 또한 보통 계약약관이 운송, 금융, 보험 등에서 이용되고 있지만, 소비자의 권리를 현저히 제한하고 있는지도 검토가 필요하다.

공정거래법에서는 사업자와 사업자단체로 하여금 고의나 과실이 없음을 입증하도록
하여 소비자의 손해배상청구를 유리하게 규정하고 있다(동법 제56조). 한편 표시광고의
공정화에 관한 법률(이하 표시·광고법)에서는 무과실책임을 규정하고 있으며 소비자가
손해배상청구 등의 혜택을 받기 위해서는 사전에 공정거래위원회의 시정조치가 있어야

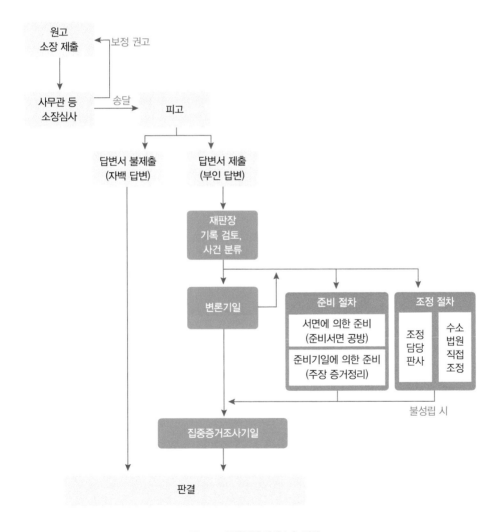

그림 **5-1** 일반적인 민사소송 절차
자료: 대법원 전자민원센터(help.scourt.go.kr).

한다(표시·광고법 제10와 제11조). 또한 법위반사실은 공정거래위원회의 조사 결과를 활용한다하더라도 구체적인 손해액을 입증하는 것이 어려운 경우가 많다. 공정거래법은 손해액을 입증하기 위하여 필요한 사실을 입증하는 것이 성질상 극히 곤란한 경우에 법원은 변론 전체의 취지와 증거조사의 결과에 기초하여 상당한 손해액을 인정할 수 있도록 하고 있다(공정거래법 제57조).

법원의 사법적 절차인 민사소송에 의해 소비자피해를 구제하는 방법은 최종적인 구제 방법이라고 할 수 있으나, 그 절차가 까다롭고 복잡하며 시간과 비용이 많이 들기 때문에 소비자들이 외면하는 경우가 많다. 또한 소비자들이 피해 원인을 규명하기가 곤란하므로 하자의 원인과 결과에 대해 입증이 곤란한 경우가 많다는 단점이 있다. 현재 우리나라에서는 민사조정제도와 소액사건 심판제도 등이 소비자피해를 구제하는 방법으로 활용이 가능하지만, 소비자들이 그다지 이용하지는 않고 있다.

소비자피해보상에서 가장 문제가 되는 경우는 대부분 소액으로 다수의 피해를 대상으로 하는데, 개별소비자들이 사업자를 상대로 통상의 민사소송을 제기하는 것이 쉽지 않아 현실적으로 소비자분쟁해결에 큰 도움을 주지 못하고 있는 실정이다. 소비자피해 분쟁해결의 마지막 단계는 민사소송에 의한 법원의 판결이라고 할 수 있지만, 현행 소송 제도는 처리 지연, 비용의 과다한 지출에 의해 기피되는 것이 현실이다.

2 | 소비자 소송지원제도

(1) 법률구조제도

법률구조제도는 경제적으로 어렵거나 법을 모르기 때문에 법의 보호를 충분히 받지 못하는 사람들에게 법률 상담, 변호사 또는 공익 법무관에 의한 소송대리, 기타 법률사무에 관한 각종 지원을 하여 피해를 사전에 예방하고 분쟁이 발생한 경우에는 정당한 권리가 적법한 절차에 의하여 보호될 수 있도록 하기 위한 사회복지 차원의 제도로, 소비자피해구제에 관한 지원이 포함된다.

(2) 소비자소송지원제도

소비자소송지원제도는 소비자분쟁조정위원회의 조정 결정에 대하여 피청구인이 수락하지 않아 조정이 불성립된 사건에 대하여 청구인이 법원에 민사소송을 통하여 피해구제를 받을 수 있도록 소비자원에서 소비자의 소송을 지원해 주는 제도이다. 이와 유사한 제도로 개인정보분쟁조정위원회의 조정이 불성립된 경우, 한국정보보호진흥원에서 소비자의 소송을 지원해 주는 제도가 있다. 분쟁조정위원회의 조정 결정에 강제력이 없음을 이용해서 조정안이 거부되었을 때 소비자의 소제기 및 소송지원을 하는 법률구조제도의 일종으로서 분쟁조정제도의 약점을 보완할 수 있다.

(3) 소액사건심판제도

소송가격이 낮기 때문에 승소 시 받는 피해보상액보다 소송 수행에 들어가는 비용이 더 많은 경우가 보통이라고 할 수 있는 민사소송은 소액다수 피해를 특징으로 하는 소비자 피해 구제에 효과적인 방법이라고 보기 어렵다. 이러한 점 때문에 1973년 영세상인이나 저임금 근로자 등과 같은 서민대중이 그다지 많지 않은 액수의 채권을 실질적으로 구제한다는 사회 정책적, 법제도적 요청에 따라 소액사건 심판법이 제정되었다. 소액사건 심판제도는 이 법에 의하여 소송물가액이 2,000만 원을 초과하지 않는 금전이나 기타 대체물, 유가증권의 일정한 수량의 지급을 청구하는 사건을 대상으로 하는 제도로, 비용이 매우 저렴하고 절차가 간편하며 신속한 진행되는 것이 특징으로 소비자피해구제제도로 활용이 가능하다.

　소액심판의 경우 이행권고결정제도라는 것이 있어 간편한 절차만 거쳐도 판결을 받은 것과 비슷한 효과를 얻을 수 있다. 이행권고결정이란 소액사건의 소가 제기된 때에 법원이 결정으로 소장부본이나 제소조서등본을 첨부하여 피고에게 청구 취지대로 이행할 것을 권고하는 결정을 말한다(소액사건심판법 제5조의3제1항). 이행권고결정은 원고 전부승소판결을 할 수 있는 사건에 한하여 할 수 있으며, ① 독촉 절차 또는 조정 절차에서 소송 절차로 이행된 때, ② 청구 취지나 청구 원인이 불명한 때, ③ 그 밖의 이행권고를 하기에 적절하지 않다고 인정하는 때에는 할 수 없다(소액사건심판법 제5조의3제1항). 이행권고결정에는 당사자, 법정대리인, 청구의 취지와 원인, 이행조항을 기재하고, 피고가 이의신청을 할 수 있으며 이행권고결정의 효력의 취지를 부기(附記)하게 된다(소액사건심판법 제5조의3제2항). 피고는 이행권고결정등본을 송달받은 날부터 2주 안에 서면으로 이의신청을 할 수 있으며, 그 등본이 송달되기 전에도 이의신청을 할 수 있다(소액사건심판법 제5조의4제1항 및 제2항). 이행권고결정은 ① 피고가 이행권고결정을 송달받은 날부터 2주일 안에 이의신청을 하지 않는 때, ② 이의신청에 대한 각하 결정이 확정된 때, ③ 이의신청이 취하된 때에는 확정 판결과 같은 효력을 갖는다(소액사건심판법 제5조의7제1항).

(4) 지급명령제도

지급명령제도는 채권자가 금전, 대체물, 유가증권 등을 지급하도록 법원에 신청하는 절차로 흔히 '독촉 절차'라고도 한다. 채권자가 채권의 존재를 주장하는 간단한 서면 혹은 증거자료를 첨부하여 지급명령을 신청하면 법원은 서면심리를 거쳐 채무자에게 지급명령을 발하게 되고, 채무자가 이에 대하여 2주일 이내에 이의를 제기하지 않으면 그 명령에 확정력과 집행력을 부여하는 제도이다. 상대방이 지급명령에 이의를 제기하면 통상의 소송 절차로 옮겨지게 된다.

3 | 새로운 사법 절차

(1) 소비자단체소송제도(소비자기본법 제70, 76호)

우리나라의 증권 분야에서는 이미 집단소송제도가 마련되어 있어 2004년 7월부터는 50인 이상의 주주가 집단소송을 제기할 수 있다. 그리고 2006년 개정된 소비자기본법에는 소비자단체소송제도가 도입되었다.

소비자단체소송제도는 일정한 요건을 갖춘 소비자단체·사업자 단체·비영리 민간단체가 다수 소비자의 생명·신체·재산 등 권익을 침해하는 사업자의 위법행위에 대해 법원에 금지·중지를 청구하는 제도이다. 이 제도를 통해서 저질 수입상품 등으로 인한 위해·악덕상술·과장광고 등 불공정거래행위가 방지될 수 있고, 소 제기를 우려한 사업자의 자발적인 위법행위 중지·예방, 제품의 품질과 안전성 향상, 제품 결함의 사후시정 등이 활성화될 수 있다.

단체소송을 제기할 수 있는 단체의 자격요건은 다음과 같다.

- 첫째, 공정거래위원회에 등록한 소비자단체로서 정관에 따라 ① 상시적으로 소비자의 권익 증진을 주된 목적으로 하는 단체일 것, ② 단체의 정회원 수가 1,000명 이상일 것, ③ 등록 후 3년이 경과하였을 것의 요건을 모두 갖추어야 한다.
- 둘째, 상공회의소법에 따른 대한상공회의소, 중소기업협동조합법에 따른 중소기업협동조합중앙회 및 전국 단위의 경제단체로서 대통령령이 정하는 단체이다.
- 셋째, 비영리민간단체 지원법 제2조의 규정에 따른 비영리민간단체로서 ① 법률상 또는 사실상 동일한 침해를 입은 50인 이상의 소비자로부터 단체소송의 제기를 요청받을 것, ② 정관에 소비자의 권익증진을 단체의 목적으로 명시한 후 최근 3년 이상 이를 위한 활동실적이 있을 것, ③ 단체의 상시 구성원 수가 5,000명 이상일 것, ④ 중앙행정기관에 등록되어 있을 것의 요건을 모두 갖추어야 한다.

소비자단체소송규칙(대법원규칙 제2117호)에 따르면 동법 제70조제1호에 규정된 단체소송을 할 수 있는 단체는 소송허가신청서에 단체의 정관, 단체의 정회원 수가 1,000명 이상임을 소명할 수 있는 자료, 동법 제29조에 따라 소비자단체로 등록한 사실 및 등록일자를 소명하는 서면을 전국 단위의 경제단체로서 소비자기본법시행령 제63조에 따라

단체소송을 제기할 수 있는 경제단체의 범위

소비자기본법 시행령 제63조에서는 단체소송을 제기할 수 있는 경제단체의 범위를 정하고 있다. 이에 따른 동법 제70조제2호에서 '대통령령이 정하는 단체'란 전국 단위의 경제단체로서 ① 사업자 등을 회원으로 하여 민법에 따라 설립된 사단법인으로서 정관에 따라 기업경영의 합리화 또는 건전한 기업문화 조성에 관한 사업을 수행하는 법인 중 공정거래위원회가 정하여 고시하는 법인, ② 사업자 등을 회원으로 하여 민법에 따라 설립된 사단법인으로서 정관에 따라 무역진흥업무를 수행하는 법인 중 공정거래위원회가 정하여 고시하는 법인을 말한다.

재정경제부장관이 고시하는 단체는 소송허가신청서에 그 사실을 소명하는 서면을 붙여야 한다.

또 동법 제70조제3호에 규정된 단체는 소송허가신청서에 단체의 정관, 동법 제28조에 규정된 업무 등 소비자의 권익 증진과 관련된 최근 3년간의 활동 실적, 단체의 상시 구성원 수가 5,000명 이상임을 소명할 수 있는 자료, 중앙행정기관에 등록되어 있음을 소명하는 서면, 단체소송의 제기를 요청한 소비자의 이름·주소와 연락처(전화번호·팩시밀리번호 또는 전자우편주소 등), 소비자들이 단체소송의 제기를 요청한 서면(소비자별 침해의 내용과 서명 또는 날인을 포함)을 붙여야 한다. 그리고 소제기단체는 소송허가신청서에 사업자에게 요청한 서면 및 이에 대한 사업자의 의견서를 붙여야 하며, 서면 요청 후 14일 이내에 사업자의 응답이 없을 때에는 사업자의 의견서를 붙이지 않을 수 있다.

독일에서는 부정경쟁방지법, 보통계약약관법, 경쟁제한금지법에서의 이념에 입각하여 단체소송제도가 마련되어 있다. 단체소송은 일정한 요건을 갖춘 능력 있는 단체가 집단분쟁해결 및 집단 피해구제를 위해 원고 자격을 부여받아 이를 해결하는 제도이다. 독일에서는 단체소송의 제소권을 영업활동을 하는 영업단체, 소비자보호를 목적으로 하는 소비자보호단체, 환경보호를 추구하는 환경보호단체 등 여러 분야에 걸쳐 공익을 우선으로 하는 단체에게 부여하고 있다. 독일의 부정경쟁방지법에는 소비자단체가 제소권을 갖기 위해서는 ① 권리능력이 있는 단체여야 하고, ② 소비자의 이익보호를 정관상의 목적으로 하는 단체여야 하며, ③ 그 단체가 상담과 계몽을 통해서 소비자의 이익을 현실적으로 도모하는 단체여야 한다고 규정하고 있다. 또한 보통거래약관에서는 단체소송이 남용되는 것을 막기 위하여 최소한 자연인 75인 이상을 구성원으로 하는 단체로 추가적인 조건을 규정하고 있다. 단체소송은 당사자와 기판력의 범위에 있어서 집단소송과는 다른 것이지만 그 이념은 같다고 할 수 있다. 그러나 집단소송에 있어서는 집단소송의 제소를 모르고 그 소송에 참가할 수 없었던 구성원도 판결의 효력을 받지만, 단체소송에서는 기판력의 확장을 인정하지 않는다.

(2) 공동소송과 선정당사자제도

다수 당사자 사이의 분쟁을 해결하기 위한 제도로서 현행법에서는 공동소송제도를 인정하고 있으며, 선정당사자 제도를 통하여 다수 당사자 소송에 대처하고 있다. 공동소송은 원고 또는 피고의 일방 또는 쌍방이 다수인에 의해 구성되어 있는 소송을 가리키며, 다수 당사자와 관련된 분쟁을 동일 절차 내에 병합하여 심판함으로써 통일적인 해결을 할 수 있어 법원과 다수 당사자의 노력을 절약할 수 있는 장점이 있어 현행법은 공동소송을 널리 인정하고 있다. 그러나 공동소송제도는 다수의 소송인 또는 피해자를 일괄적 심리를 하는 제도이면서도 다수의 소비자피해, 환경오염으로 인한 집단 피해, 각종 거래행위 및 제조물 결함으로 인한 집단피해구제를 위한 제도로 활용하기에는 여러 한계점이 있다. 즉 피해액수가 크거나 소송동기가 매우 적극적인 경우에 주로 사용되는 경향이 있어 피해액수가 소액인 소비자피해의 경우나 원인 규명이 어렵고, 전문적 지식이 필요한 경우에 있어서 피해를 구제하는 방법으로는 적절하지 않다.

선정당사자 제도는 공동의 이해관계를 가지는 다수자가 공동소송을 할 경우에 그 다수자 중에서 전원을 위하여 원고 또는 피고가 될 자로 선정된 자를 선정당사자라고 한다. 현행 선정당사자 제도 역시 소액다수의 소비자피해구제를 위해서 이용되기에는 한계가 있다. 즉 선정당사자는 선정자에 의한 개별적 수권이 있어야 총원을 위하여 소송에 나설 수 있다는 점, 집단 피해자의 일부가 선정 당사자제도를 이용하여 판결을 받으면 그 효력은 선정자와 선정당사자에게만 국한된다는 점, 공동의 이해관계를 가진 자 중에서 선정해야 하기 때문에 제3자를 선정당사자로 뽑을 수 없다는 점, 그리고 각 피해자가 선정자로 참여하여 소송비용을 분담해야 한다는 점 등을 들 수 있다.

(3) 미국의 집단소송제도(대표당사자제도)

집단소송은 미국 연방 민사소송규칙에 근거를 두고 있는 제도로서, 집단$_{class}$으로 묶을 수 있는 정도로 이해관계가 밀접한 다수의 개인이나 집단 중에서 그 집단을 대표하는 대표당사자가 나와서 소송을 수행하고 이에 대하여 집단의 성원 중에서 별도로 제외신고를 하지 않는 한 당연히 판결의 효력이 집단의 구성원 전체에게 미치게 하는 제도이다. 어떤 집단의 구성원 1인 또는 수인은 일정한 경우에 집단 구성원 전원을 위하여 대표당사자로서 소를 제기하거나 소의 제기를 받을 수 있다. 집단소송의 요건으로는 집단구성원의 수가 다수여야 하고, 집단구성원 전원에게 공통되는 법적, 사실적 문제가 있어야 하며, 대표당사자의 청구나 항변은 집단 전원의 청구나 항변의 전형적 형태를 띠어야 하고, 대표당사자는 집단의 이익을 공정하고 적절하게 보호할 수 있어야 한다.

이러한 집단소송제도는 공해소송에서 많이 활용되며, 공해소송에 있어서의 사법적 구제는 손해배상과 금지나 예방으로 요약할 수 있다. 금지나 예방은 연방 집단소송의 이용이 가능한 경우가 많으나 손해배상에 있어서는 관할 소송물 가액의 충족과 개별적 통지의 요건 때문에 연방법원에의 접근이 사실상 어렵게 되어 있다. 그러나 주법원에 있어서는 그와 같은 제약은 없으나 소송 진행 가능성의 문제가 남게 된다. 결국 연방법원에서의 집단소송은 소송물 가액에 관계없이 제정법상 연방법원 관할로 되어 있는 독점금지법 위반사건이나 시민권 소송에 많이 이용되고 있고, 보통법상의 손해배상 청구인 소비자 소송이나 공해 소송에는 문호가 넓게 개방되어 있는 것은 아니다.

(4) 징벌적 손해배상제도

징벌적 손해배상제도는 악의적으로 피해를 발생시킨 가해자에게 징벌적으로 실제 손해액보다 더 많은 배상액을 부과한다. 이는 고의 또는 악의적인 가해자를 벌하고 장래에 그와 유사한 행위를 못하게 억제하기 위하여 전보적 손해배상에 징벌적으로 배상액을 가중(加重)하도록 하는 것이다. 징벌적 손해배상제도는 단순한 과실에 대한 피해를 발생시킨 가해자와 고의적으로 피해를 유발한 가해자를 구별하여, 가해자의 비행에 의해 피해자에게 발생한 손해를 전보할 뿐만 아니라, 본보기로 가해자를 처벌하여 잠재적 가해자에게 훈계함으로써 피해를 방지하기 위한 제도로 받아들여지고 있다.

이 제도의 기능은 크게 처벌과 억제이다. 징벌적 손해배상제도는 피해를 입은 피해자를 배상하는 사적 기능과, 사회적으로 해로운 행위를 억제하는 공법적 목적을 동시에 수행한다. 징벌적 손해배상이 부과될 수 있는 영역은 가해자의 고의나 중과실에 의한 불법행위 분야이다. 징벌적 손해배상이 부과될 수 있는 핵심영역은 고의에 의한 불법행위 분야라고 할 수 있다. 징벌적 손해배상액의 산정은 가해자를 처벌하거나 억제하려는 의사를 금전의 크기로 계산하여 반영하는 것이다. 배상액을 산정하는 데 적용되는 일반적인 준칙은 없지만 가해행위의 상태, 행위의 동기, 실제로 발생한 손해에 한정하지 않고 당사자의 관계, 피해자·가해자의 재산상태 등 여러 가지 사정을 종합적으로 고려해야 한다(강병모, 2008).

생각하는 소비자 5-1

징벌적 손해배상제도 관련 사례

사례 1 금융사 과실로 개인정보 유출되면 피해액 3배까지 손해배상

금융위는 잇따르는 금융사 개인정보 유출문제를 최소화하기 위해 금융사의 고의 또는 중대한 과실로 고객 개인정보가 유출돼 피해가 발생한 경우 실제 손해액의 3배까지 손해배상액을 부과하기로 했다. 또 불법정보유출과 유통행위에 대해서는 매출액의 3%까지 과징금을 부과하고, 불법 개인정보 유출행위에 대해 10년 이하의 징역, 1억 원 이하의 벌금을 물리기로 했다. 이는 금융관련법 최고 수준의 형벌이다.

자료: 금융소비자 정책 종합계획(금융위원회, 2014. 12. 4. 보도자료).

사례 2 미국의 라이벡 VS 맥도날드 커피 사건 판례

1992년 미국의 한 맥도날드의 맥드라이브를 이용하여 커피를 구매한 스텔라 라이벡은 차 안에서 설탕과 크림을 넣으려다가 커피를 쏟아 35도의 심각한 화상을 입게 된다. 그로 인해 라이벡은 큰 수술을 받게 되었다. 수술 및 치료비는 약 1,100달러가 나왔다. 이에 라이벡은 맥도날드 측에 2만 달러의 합의금을 제시하였으나, 맥도날드는 800달러의 피해보상금을 제시하였다.

재판 결과, 배심원은 할머니의 과실을 20%, 맥도날드의 과실을 80%로 인정하였다. 징벌적 손해배상제도에 따라 맥도날드는 286만 달러의 피해보상금을 선고받았다. 재판부는 이를 감액하여 64만 달러를 배상하도록 최종적으로 판결하였다. 그 이유는 맥도날드가 이전 10여 년간 800건 이상의 화상사고를 보고받았음에도 불구하고, 시정하려는 노력을 하지 않은 점이 악의적인 불법행위로 인정되었기 때문이다.

자료: 서울고등검찰청 공식블로그 운주당, 생활 속 법률이야기, "맥도날드 할머니와 징벌적 손해배상제도".

2. 소비자분쟁해결의 절차(소비자기본법 제53, 59조)

소비자분쟁해결에 관한 법적 근거는 '소비자기본법'이다. '소비자기본법'은 소비자의 8대 권리 중 하나로 '물품 및 용역의 사용 또는 이용으로 인하여 입은 피해에 대하여 신속·공정한 절차에 의하여 적절한 보상을 받을 권리'를 규정하고, 이를 구체적으로 실현하기 위하여 국가 및 지방자치단체, 사업자, 그리고 소비자단체에게 소비자피해구제에 관련한 의무와 역할을 구체적으로 규정하고 있다.

　우선 국가 및 지방자치단체는 필요한 행정조직의 정비 및 운영 개선과 소비자의 건전하고 자주적인 조직 활동의 지원·운영 등의 의무를 지고, 더 나아가 소비자의 불만 및 피해를 신속하고도 공정하게 처리할 수 있도록 필요한 조치를 강구하도록 하였다. 사업자는 그 공급하는 물품 또는 용역에 대하여 소비자 보호를 위하여 필요한 조치를 강구하며, 소비자단체 또는 한국소비자원의 소비자 보호업무의 추진에 필요한 자료 및 정보 제공 요청에 적극 협력해야 한다. 또한 소비자단체는 소비자의 피해 및 불만처리를 위한 상담·정보제공 및 당사자 간 합의의 권고업무를 수행해야 한다. 한국소비자원은 소비자의 불만처리 및 피해구제 업무를 수행하고, 한국소비자원에 설치된 소비자분쟁조정위원회는 소비자분쟁에 대한 조정 결정을 심의·의결한다.

1 | 사업자에 의한 소비자분쟁해결 절차

소비자와 사업자 간의 상호교섭에 의한 소비자피해의 구제는 가장 많이 이용되고 있는 것으로 소비자가 적절한 보상을 받을 수만 있다면 가장 바람직한 피해구제 방법이라고 할 수 있다. 왜냐하면 사업자가 제공한 상품·용역으로 인한 소비자의 불만 내지 피해는 일차적으로 소비자와 사업자 간에 해결되어야 할 것이기 때문이다. 그러나 양 당사자 간의 지위의 불대등성으로 인해서 소비자에게 불리한 구제가 이루어질 수도 있다.

대부분의 사업자는 소비자상담실, 고객만족실, 고객지원실, 고객상담실 등 다양한 형태의 소비자피해구제 전담기구를 설치하고 담당직원을 통해서 소비자피해를 신속하게 구제하고 있다. 또한 이들 기업 내의 담당직원들이 사단법인 기업소비자전문가협회_OCAP*를 결성하여 사업자에 의한 소비자피해구제의 보다 체계적이고 전문적인 실천을 도모하고 있다.

2 | 소비자단체에 의한 소비자분쟁해결절차

민간 소비자단체가 소비자보호법에 의해 소비자피해 및 불만처리를 위한 상담, 정보 제공 및 당사자 간의 합의권고를 행함으로써 소비자피해를 구제하는 방법이다. 소비자단체를 통한 소비자고발의 상담 및 처리는 소비자들이 스스로의 권익을 보호하기 위해 자주적으로 결성한 단체에 상담 및 도움을 요청하고 소비자단체가 소비자의 대리인이 되어 문제해결에 적극적으로 임한다는 점에서 기업이나 정부를 통한 피해구제와는 다른 특색이 있다.

이 방법은 우리나라에서 가장 오래된 피해구제방식으로, 소비자단체의 소비자보호운동을 위한 사단법인 한국소비자단체협의회에는 현재 한국부인회, 한국소비자연합, 전국주부교실중앙회, 대한YWCA연합회, 소비자문제를 연구하는 시민의 모임, 한국소비자연맹, 한국소비자교육원, 한국YMCA전국연맹, 녹색소비자연대, 한국소비자 생활연구원 등 10여 개의 소비자단체가 회원으로 가입하여 활동하고 있다.

---

* 기업소비자전문가협회(OCAP: The Organization of Consumer Affairs Professionals in Business)는 기업의 소비자보호 및 고객만족 활동을 보다 체계적이고 전문적으로 실천하기 위해 기업에서 소비자 업무를 관장하는 책임자들이 자발적으로 조직한 단체이다. 소비자 관련 정보제공 및 회원사 간 업무 교류의 활성화를 주도하여 회원사에 유익한 가치를 제공하며, 기업과 소비자단체, 행정기관의 상호협력과 이해 증진을 통해 기업의 소비자문제의 효율적 대응으로 회원사의 권익 보호에 앞장서며, 기업의 고객지향적인 문화 창출을 목표로 한다.

3 ㅣ 행정기관·공공기관에 의한 소비자분쟁해결 절차

행정기관은 소비자보호법을 비롯한 각종 관련 법에 규정된 바에 따라 사업자에게 구체적인 의무를 부과하고 사업자가 의무를 위반한 때에는 행정명령, 영업허가 취소, 법령위반에 대한 처벌을 부과함으로써 소비자의 개별적 피해를 사전에 예방할 수 있다. 또한 중앙행정기관 및 지방자치단체나 공공기관에서 소비자피해구제 전담기구를 설치하여 운영하고 있다.

중앙행정기관의 경우 공정거래위원회에서 소비자와 사업자 간 분쟁의 원활한 해결을 위하여 일반 소비자피해보상기준에 따라 품목별 소비자피해보상 규정을 마련하여 소비자분쟁해결 시 기준 및 지침으로 이용하고 있고, 공정거래위원회는 부당광고 및 표시, 불공정 약관 등에 관한 소비자피해를 구제하고 있다. 이 밖에 관련 부처는 독립된 기관을 설치하거나(예: 식품의약품안전청 등) 민원실을 통하여 소비자피해를 구제하고 있다. 지방자치단체의 경우에는 현재 다수의 광역 또는 기초자치단체가 소비자보호과나 지역경제과 또는 계 단위에서 지역 주민의 소비자피해를 구제하고 있는데 소비생활센터, 소비자보호센터, 소비자정보센터, 소비자보호정보센터와 같은 소비자보호 전담기구를 운영하고 있다.

한편 상수도, 우편, 철도운송 등 국가 또는 지방자치단체가 제공하는 공공서비스의 경우에는 해당 행정관청이 설치·운영하는 민원 창구 등에서 해당 서비스에 대한 소비자피해를 구제하고 있으며, 국가나 지방자치단체가 제공하는 행정서비스에 대한 피해구제기구로는 법무부의 국가배상심의위원회가 설치·운영되고 있다. 그 밖에도 국민권익위원회www.acrc.go.kr와 법률구조공단www.klac.or.kr 등에서도 소비자피해를 구제하는 일을 한다.

또한 건축공사와 관련한 소비자피해에 대해서는 건설교통부와 각 지방자치단체의 건축분쟁조정위원회, 여행 소비자의 피해구제를 위해 관광협회 등에 설치된 관광불편신고처리위원회, 부동산 중개와 관련한 소비자피해구제기구로서 각 지방자치단체 내에 설치된 부동산중개업분쟁조정위원회 등이 담당하고 있다. 금융업이나 보험업, 그리고 증권업의 경우에는 각 업종에서 발생한 소비자불만 및 피해구제를 금융감독원의 금융분쟁조정위원회에서 처리하고 있으며, 그 업무 절차 및 법적 효력은 대체로 한국소비자원 소비자분쟁조정위원회의 경우와 유사하고, 조정위원회의 조정안은 당사자가 수락하여 조정이 성립한 경우 그 조정내용은 재판상 화해와 동일한 효력을 갖는다. 전자상거래와 관련한 분쟁의 경우에는 한국전자거래 진흥원에 설치된 전자거래분쟁조정위원회에서 피해구제를 하게 되는데, 조정 조사는 당사자 간 합의와 동일한 효력을 갖는다.

의료 관련 종사자가 의학상 인정되는 수단을 통해서 환자의 질병 예방, 의학적 처치행위를 수행하는 과정에서 발생하는 불상사 등과 관련하여 의료기관과 환자인 의료소비자 사이에서 발생하는 의료분쟁의 경우에는 의료분쟁조정중재원www.k-medi.or.kr에서 담당하고 있다. 의료분쟁조정중재원은 의료분쟁조정위원회에 의한 환자·의료인 간의 조정 결정, 중재 판정을 하고 있다. 그리고 변호사가 소송의뢰인으로부터 민사·형사 관련 소송사건이나 비송 사건, 행정심판 사건 및 일반 법률 사무 등을 수임받아 처리하는 과정에서 발생하는 사건 의뢰인과의 분쟁인 법률서비스 피해의 경우에는 해당 지방변호사회 내에 설치된 분쟁조정위원회에서 피해구제를 처리하고 있다.

그러나 행정기관에 의한 소비자피해구제 업무는 기관 본연의 업무라기보다는 기관 고유 업무를 처리하는 과정에서 부수적으로 수행하는 업무이기 때문에 소비자피해구제를 위한 전문지식을 갖춘 인력이 부족하고, 객관적인 심사 절차나 판정 권한이 없기 때문에 간접적인 공권력 행사에 그치고 있는 실정이다. 따라서 분쟁해결에 시험검사가 필요한 경우나 합의권고에 대해 양 당사자의 수락이 이루어지지 않는 경우에는 한국소비자원에 처리를 이첩하고 있다. 또한 소비자가 전문적인 피해구제나 상담을 원하는 경우에는 소비자보호법에 의하여 직접 한국소비자보호원에 소비자불만 및 피해구제를 요청하게 된다.

4 | 한국소비자원에 의한 분쟁해결절차(소비자기본법 제55, 59조)

한국소비자원은 소비자피해를 보다 신속하고 공정하게 처리할 수 있도록 '상담-피해구제(합의권고)-분쟁조정'의 3단계 절차를 거치도록 하고 있다. 먼저 소비자상담과정에서 소비자불만 및 피해를 접수하여 당사자 간 자율적 해결을 위한 정보를 제공하거나 타기관 알선, 피해구제 접수 등으로 처리한다. 피해구제로 접수된 사건은 사건처리 담당 직원이 사실 확인과 전문가 자문 등을 통해 양 당사자에게 피해보상에 대한 합의를 권고하여 양 당사자가 이를 받아들이면 종결 처리하게 된다. 만약 합의가 이루어지지 않는 경우 소비자분쟁조정위원회에 조정을 요청하여 피해구제를 처리하게 된다. 한국소비자원에서는 합의권고와 분쟁조정을 통해서 소비자피해보상을 처리하고 있다.

(1) 피해보상의 청구와 합의권고

한국소비자원에 피해구제를 청구하고자 하는 사람은 서면으로 해야 하고, 긴급을 요하거나 부득이한 경우에는 구두나 전화 등으로 할 수 있다. 이때 사업자가 소비자원에 피해구제를 의뢰할 때에는 소비자로부터 피해구제 신청을 받은 날로부터 30일이 지나도 합의에 이르지 못하거나 한국소비자원에 피해구제를 의뢰하기로 합의한 경우에 한해서 피해구제를 의뢰할 수 있다.

피해구제의 청구를 받은 경우 소비자원장은 그 내용이 소비자원에서 처리하기에 부적합하다고 판단되는 때에는 청구인에게 그 사유를 통보하고 그 사건의 처리를 중지할 수 있다. 그러나 그 밖의 경우에는 피해에 관한 사실 확인과 법령 위반 사실 등을 확인한 후 피해구제 청구의 당사자에 대하여 피해보상에 대한 합의를 권고할 수 있다. 여기서 합의권고는 소비자원이 제3자가 되어 당사자 사이에서 양측의 주장이나 다툼을 듣고 합리적인 안을 제시하거나 원만한 합의를 종용함으로써 민법상 화해계약에 이르도록 하는 것이다. 일단 합의한 경우에는 합의서를 작성하여 당사자가 기명날인하고 원장이 확인해야 하며, 소비자원장은 피해구제 청구를 받은 날로부터 30일 이내에 합의권고에 의한 합의 여부가 결정될 수 있도록 해야 한다.

(2) 분쟁조정의 신청

피해구제의 청구를 받는 날로부터 30일 이내에 소비자원장의 합의권고에 따른 합의가 이루어지지 않은 때에는 지체 없이 소비자원장은 소비자분쟁조정위원회에 조정을 요청하고 그 결정에 따라 처리해야 한다. 또한 소비자와 사업자 간 분쟁에 대해 소비자단체

표 **5-1** 피해구제 상위 10대 품목(소분류) 접수 현황

(단위: 건)

구분		순위	2011년		2012년		2013년	
			품목	건수	품목	건수	품목	건수
전체		1	간편복	2,378	간편복	2,187	간편복	2,329
		2	신발	1,836	회원권	1,872	세탁서비스	2,036
		3	세탁서비스	1,534	세탁서비스	1,798	회원권	1,776
		4	통신기기	1,428	신발	1,797	신발	1,680
		5	기타자동차관련업	1,081	통신기기	1,374	유사보험	967
		6	회원권	1,059	민영보험	1,068	병·의원서비스	917
		7	승용자동차	985	기타자동차관련업	1,005	정보이용	906
		8	양복	885	병·의원서비스	957	이동통신	855
		9	민영보험	880	승용자동차	929	민영보험	830
		10	기타금융	813	유사보험	782	기타자동차관련업	827
물품		1	간편복	2,378	간편복	2,187	간편복	2,329
		2	신발	1,836	신발	1,797	신발	1,680
		3	통신기기	1,428	통신기기	1,374	기타자동차관련업	827
		4	기타자동차관련업	1,081	기타자동차관련업	1,005	양복	770
		5	승용자동차	985	승용자동차	929	승용자동차	765
		6	양복	885	양복	742	통신기기	643
		7	가방	636	가방	578	가방	614
		8	컴퓨터 및 주변기기	600	컴퓨터 및 주변기기	544	컴퓨터 및 주변기기	478
		9	자동차용품	568	자동차용품	459	자동차용품	379
		10	악세사리·신변용품	272	기타의류·섬유	295	기타의류·섬유	306
용역	물품 관련 서비스	1	세탁서비스	1,534	세탁서비스	1,798	세탁서비스	2,036
		2	화물운송	668	화물운송	578	화물운송	705
		3	여객운송	286	여객운송	448	여객운송	564
		4	수선·염색	57	수선·염색	56	수선·염색	63
		5	관리	12	관리	15	관리	13
		6	보관	3	보관	10	보관	7
	서비스	1	회원권	1,059	회원권	1,872	회원권	1,776
		2	민영보험	880	민영보험	1,068	유사보험	967
		3	기타금융	813	병·의원서비스	957	병·의원서비스	917
		4	여행	781	유사보험	782	정보이용	906
		5	병·의원서비스	769	정보이용	768	이동통신	855
		6	유사보험	704	이동통신	762	민영보험	830
		7	정보이용	587	기타금융	722	여행	667
		8	이동통신	517	여행	591	방문·통신교육	531
		9	인터넷	443	방문·통신	460	알선·중개·번역	365
		10	방문·통신	354	인터넷	442	기타금융	304

자료: 한국소비자원(2014). 2013 소비자피해구제 연보 및 사례집.

나 소비자원장의 합의권고에 따른 합의가 이루어지지 않는 경우 관계 당사자도 분쟁조정위원회에 조정을 신청할 수 있다.

(3) 피해구제 처리의 중지

소비자원이 피해구제의 처리 절차 중에 일방 당사자가 관할 법원에 소송을 제기하는 경우 그 당사자는 소비자원에 피해구제 처리의 중지를 요청할 수 있다. 이 경우 소비자원은 지체없이 피해구제 절차를 중지해야 하며 당사자에게 이를 통보해야 한다.

생각하는
소비자
5-2

내용증명우편

내용증명우편은 언제, 누구에게 어떤 내용의 문서를 발송했다는 사실을 우체국이 보증하는 특수우편으로, 서면내용의 정확한 전달은 물론 보낸 사실에 대한 증거로 활용된다.

이용하는 경우

- 전화권유에 의해 회원권, 어학교재, 학습지, 월간지 등을 구입 또는 이용계약을 한 후 철회기간 이내(14일)에 청약의 철회를 요구할 때
- 방문판매로 자격증 교재, 건강식품, 유아용 교재, 가전제품 등을 구입 또는 스포츠센터 이용계약을 한 후 철회기간 이내(14일)에 청약의 철회를 요구할 때
- 인터넷쇼핑몰, TV홈쇼핑, 통신판매를 이용하여 물품이나 서비스상품을 구입한 후, 철회기간 이내(7일)에 청약의 철회를 요구할 때, 할부로 물품을 구입한 후, 철회기간 이내(7일)에 청약의 철회를 요구할 때
- (상행위를 목적으로 할부계약을 체결한 경우 제외)물품 등을 할부로 구입 후, 아래와 같은 사유로 매도인과 신용제공자에 항변권을 행사하고자 할 때 할부계약이 무효·취소 또는 해제된 경우
- 목적물이 약속된 날짜까지 인도되지 않은 경우
- 매도인이 하자담보책임을 이행하지 않은 경우
- 기타 매도인의 채무불이행으로 인하여 할부계약의 목적을 달성할 수 없는 경우
- 기타 서면에 의한 의사표시 및 이에 대한 증빙자료가 필요할 때

(4) 피해보상 처리 제외대상 업무

한국소비자원은 다음에 해당하는 경우에는 피해보상 처리대상에서 제외한다.

- 국가 또는 지방자치단체의 물품 또는 용역의 제공으로 인하여 발생한 피해구제(대통령령으로 정하는 물품과 서비스는 피해구제 처리대상으로 다룰 수 있음)
- 다른 법률의 규정에 의하여 소비자분쟁조정위원회에 준하는 분쟁조정기구가 설치되어 있는 경우, 또는 당해 분쟁조정기구에 피해구제가 청구되어 있거나 이미 그 피해구제 절차를 거친 사항과 동일한 내용의 피해구제

- 정기간행물 구독, 스포츠센터 이용, 피부관리실 이용 등 일정 기간 구독 또는 이용계약을 하고 그 기간 중에 구독 또는 이용을 중단하거나 계약을 해지하고자 할 때

이용방법

- 작성: 내용증명서는 다음의 '내용증명작성 발송양식'을 참조하여 작성한 후 3부를 복사하여 우체국에서 직접 발송하거나, 인터넷www.epost.go.kr으로도 직접 신청이 가능하다.
- 발송: 작성된 내용증명은 사업자에게 1통 발송하고 1통은 발신인에게, 나머지 1통은 우체국에서 보관한다. 다만 신용카드로 결제하였거나 통신회사에서 대금을 청구한 경우에는 신용카드사 또는 통신회사에도 내용증명을 발송해야 하고, 이 결제과정에 중간결제대행업체를 통해 결제한 경우 결제대행업체에도 발송한다.
- 효력: 발생시기 민법의 규정에 따라 일반적으로 도달된 때로부터 효력이 발생하나 통신판매, 방문판매, 할부거래에 있어 청약철회를 요청하는 경우에는 발송한 날부터 효력이 발생한다.
- 기타: 내용증명으로 발송한 우편물은 3년간 우체국에서 보관하며, 이 기간 내에는 해당 우체국에 특수우편물수령증, 주민등록증 등을 제시하여 본인임을 입증하면 보관 중인 등본의 열람을 청구할 수 있으며 필요시에는 복사를 요청할 수도 있다.

자료: 한국소비자원(www.kca.go.kr).

- 소비자가 소비자원에 피해구제를 청구한 후 이와 동일한 내용으로 소비자분쟁조정위원회에 준하는 다른 분쟁조정기구에 피해구제를 청구한 경우의 당해 피해구제

5 | 소비자분쟁해결기준

소비자와 사업자 간 분쟁의 원활한 해결을 위하여 대통령이 정하는 일반적 소비자피해보상기준에 따라 품목별로 소비자분쟁해결기준(공정거래위원회 고시 제2014-4호)을 제정하고 있다. 소비자분쟁해결기준은 소비자가 상품·용역을 사용하는 과정에서 사업자와 분쟁이 발생할 경우 그 분쟁의 실질적인 해결기준이 되는 규정이다. 법적 강제력은 없지만 소비자단체, 한국소비자원 등에서 분쟁조정 또는 해결의 기준으로 널리 활용되고 있다.

소비자분쟁해결기준 제정의 법적 근거는 소비자기본법 제16조에 있다. 제2항에는 국가는 소비자와 사업자 사이에 발생하는 분쟁을 원활하게 해결하기 위하여 대통령령이 정하는 바에 소비자분쟁해결기준을 제정할 수 있다고 규정하고 제3항에서 제2항의 규정에 따른 소비자분쟁해결기준은 분쟁당사자 사이에 분쟁해결방법에 관한 별도의 의사표시가 없는 경우에 한하여 분쟁해결을 위한 합의 또는 권고의 기준이 되는 것을 명시하고 있다.

소비자분쟁해결기준에는 '일반적 소비자분쟁해결기준(시행령)'과 '품목별 소비자분쟁해결기준(고시)'이 있다. 일반적 소비자분쟁해결기준은 사업자가 제공한 물품 등의 하자 발생 시 수리·교환·환급의 방법 등 분쟁해결을 위한 일반적인 기준을 제시한다. 또한 사업자의 품질보증서교부의무와 소비자분쟁해결기준 표시방법도 규정한다. 품목별 소비자분쟁해결기준은 2015년 1월 기준으로 60여 개 업종, 670여 개 품목에 수리·교환·환급의 조건 및 위약금의 산정 등 분쟁해결을 위한 세부기준을 제시한다. 또한 세부품목별로 품질보증 및 부품보유기간, 내용연수를 규정한다. 일반적인 분쟁해결기준(소비자기본법시행령 제8조제2항 관련 [별표1])의 주요 내용은 다음과 같다.

(1) 사업자는 물품 등의 하자·채무불이행 등으로 인한 소비자의 피해에 대하여 다음 각 목의 기준에 따라 수리·교환·환급 또는 배상을 하거나, 계약의 해제·해지 및 이행 등을 해야 한다.

① 품질보증기간 동안의 수리·교환·환급에 드는 비용은 사업자가 부담한다. 다만, 소비자의 취급 잘못이나 천재지변으로 고장이나 손상이 발생한 경우와 제조자 및 제조자가 지정한 수리점·설치점이 아닌 자가 수리·설치하여 물품 등이 변경되거나 손상된 경우에는 사업자가 비용을 부담하지 아니한다.

② 수리는 지체 없이 하되, 수리가 지체되는 불가피한 사유가 있을 때는 소비자에게 알려야 한다. 소비자가 수리를 의뢰한 날부터 1개월이 지난 후에도 사업자가 수리된 물품 등을 소비자에게 인도하지 못할 경우 품질보증기간 이내일 때는 같은 종류의 물품 등으로 교환하되 같은 종류의 물품 등으로 교환이 불가능한 경우에는 환급하고, 품질보증기간이 지났을 때에는 구입가를 기준으로 정액 감가상각한 금액에 100분의 10을 더하여 환급한다.

③ 물품 등을 유상으로 수리한 경우 그 유상으로 수리한 날부터 2개월 이내에 소비자가 정상적으로 물품 등을 사용하는 과정에서 그 수리한 부분에 종전과 동일한 고장이 재발한 경우에는 무상으로 수리하되, 수리가 불가능한 때에는 종전에 받은 수리비를 환급해야 한다.

④ 교환은 같은 종류의 물품 등으로 하되, 같은 종류의 물품 등으로 교환하는 것이 불가능한 경우에는 같은 종류의 유사물품 등으로 교환한다. 다만, 같은 종류의 물품 등으로 교환하는 것이 불가능하고 소비자가 같은 종류의 유사물품 등으로 교환하는 것을 원하지 아니하는 경우에는 환급한다.

⑤ 할인판매된 물품 등을 교환하는 경우에는 그 정상가격과 할인가격의 차액에 관계없이 교환은 같은 종류의 물품 등으로 하되, 같은 종류의 물품 등으로 교환하는 것이 불가능한 경우에는 같은 종류의 유사물품 등으로 교환한다. 다만, 같은 종류의 물품 등으로 교환하는 것이 불가능하고 소비자가 같은 종류의 유사물품 등으로 교환하는 것을 원하지 아니하는 경우에는 환급한다.

⑥ 환급금액은 거래 시 교부된 영수증 등에 적힌 물품 등의 가격을 기준으로 한다. 다만, 영수증 등에 적힌 가격에 대하여 다툼이 있는 경우에는 영수증 등에 적힌 금액과 다른 금액을 기준으로 하려는 자가 그 다른 금액이 실제 거래가격임을 입증해야 하며, 영수

증이 없는 등의 사유로 실제 거래가격을 입증할 수 없는 경우에는 그 지역에서 거래되는 통상적인 가격을 기준으로 한다.

(2) 사업자가 물품 등의 거래에 부수(附隨)하여 소비자에게 제공하는 경제적 이익인 경품류의 하자·채무불이행 등으로 인한 소비자피해에 대한 분쟁해결기준은 제1호와 같다. 다만, 소비자의 귀책사유로 계약이 해제되거나 해지되는 경우 사업자는 소비자로부터 그 경품류를 반환받거나 반환이 불가능한 경우에는 해당 지역에서 거래되는 같은 종류의 유사물품 등을 반환받거나 같은 종류의 유사물품 등의 통상적인 가격을 기준으로 환급받는다.

(3) 사업자는 물품 등의 판매 시 품질보증기간, 부품보유기간, 수리·교환·환급 등 보상방법, 그 밖의 품질보증에 관한 사항을 표시한 증서(이하 품질보증서라 함)를 교부하거나 그 내용을 물품 등에 표시해야 한다. 다만, 별도의 품질보증서를 교부하기가 적합하지 아니하거나 보상방법의 표시가 어려운 경우에는 소비자기본법에 따른 소비자분쟁해결기준에 따라 피해를 보상한다는 내용만을 표시할 수 있다.

(4) 품질보증기간과 부품보유기간은 다음 기준에 따른다.
① 품질보증기간과 부품보유기간은 해당 사업자가 품질보증서에 표시한 기간으로 한다. 다만, 사업자가 정한 품질보증기간과 부품보유기간이 제8조제3항에 따른 품목별 소비자분쟁해결기준에서 정한 기간보다 짧을 경우에는 품목별 소비자분쟁해결기준에서 정한 기간으로 한다.
② 사업자가 품질보증기간과 부품보유기간을 표시하지 아니한 경우에는 품목별 소비자분쟁해결기준에 따른다. 다만, 품목별 소비자분쟁해결기준에 품질보증기간과 부품보유기간이 정하여져 있지 아니한 품목의 경우에는 유사품목의 품질보증기간과 부품보유기간에 따르며, 유사품목의 품질보증기간과 부품보유기간에 따를 수 없는 경우에는 품질보증기간은 1년, 부품보유기간은 해당 품목의 생산을 중단한 때부터 기산하여 내용연수(耐用年數)에 해당하는 기간으로 한다.
③ 중고물품 등에 대한 품질보증기간은 품목별 분쟁해결기준에 따른다.
④ 품질보증기간은 소비자가 물품 등을 구입하거나 제공받은 날부터 기산한다. 다만, 계약일과 인도일(용역의 경우에는 제공일을 말한다. 이하 이 목에서 같음)이 다른 경우에는 인도

일을 기준으로 하고, 교환받은 물품 등의 품질보증기간은 교환받은 날부터 기산한다.

⑤ 품질보증서에 판매일자가 적혀 있지 아니한 경우, 품질보증서 또는 영수증을 받지 아니하거나 분실한 경우 또는 그 밖의 사유로 판매일자를 확인하기 곤란한 경우에는 해당 물품 등의 제조일이나 수입통관일부터 3월이 지난 날부터 품질보증기간을 기산해야 한다. 다만, 물품 등 또는 물품 등의 포장에 제조일이나 수입통관일이 표시되어 있지 아니한 물품 등은 사업자가 그 판매일자를 입증해야 한다.

(5) 물품 등에 대한 피해의 보상은 물품 등의 소재지나 제공지에서 한다. 다만, 사회통념상 휴대가 간편하고 운반이 쉬운 물품 등은 사업자의 소재지에서 보상할 수 있다.

(6) 사업자의 귀책사유로 인한 소비자피해의 처리과정에서 발생되는 운반비용, 시험·검사 비용 등의 경비는 사업자가 부담한다.

3. 대안적 분쟁해결제도: 소비자분쟁조정제도

1 | 소비자분쟁조정위원회(소비자기본법 제60~69조)

소비자분쟁을 조정하기 위하여 소비자원에 소비자분쟁조정위원회를 두는데, 분쟁조정은 전문적이고 독립적인 분쟁해결 기구인 분쟁조정위원회가 시험검사나 전문가 자문을 거쳐 임의적인 분쟁 합의나 강제적인 조정 결정을 통해서 당사자의 수락을 이끌어내는 확정 판결과 같은 화해조서를 만들어 준사법적인 해결을 이끌어내는 제도이다. 따라서 분쟁조정위원회는 분쟁조정을 신청받으면 지체 없이 분쟁조정절차를 개시해야 한다.

소비자분쟁조정위원회의 설립 근거는 소비자기본법 제60조에 있으며 이에 따라 한국소비자원에 소비자분쟁조정위원회를 설치하여 운영하고 있다. 소비자분쟁조정위원회는 소비자분쟁에 대한 조정요청 사건을 심의하여 조정을 결정하는 준사법적인 기구이다.

소비자분쟁조정위원회의 분쟁조정은 법원에 의한 사법적 구제 절차 진행 이전에 당사자 간의 분쟁해결을 위한 마지막 수단이라고 할 수 있다.

표 5-2 각종 분쟁조정위원회의 비교

구분	전자거래 분쟁조정위원회	개인정보 분쟁조정위원회	환경 분쟁조정위원회	소비자 분쟁조정위원회	소협 자율 분쟁조정위원회	금융 분쟁조정위원회
근거 법률	전자거래기본법	정보통신망이용 촉진 및 정보보호 등에 관한 법률	환경분쟁조정법	소비자기본법	소비자기본법	금융감독기구의 설립 등에 관한 법률
설치기관 (설치일)	한국전자 거래진흥원 (2000. 4. 12)	한국정보보호진 흥원(2001. 12. 3)	환경부(합의 제 행정위원회, 1991)	한국소비자원 (1987. 7. 1)	한국소비자단체 협의회(2003. 12)	금융감독원 (1991. 1. 1)
기능	전자거래 관련	개인정보 관련	환경오염으로 인한 분쟁	소비자분쟁	소비자분쟁/특 수거래분쟁	금융소비자피해 관련 분쟁
구성	위원장 1인 포함, 15~50인 이하	위원장 1인 포함, 15인 이내	위원장 1인 포함, 9인	위원장 1인 포함, 50인 이내	위원장 1인, 부 위원장 1인 포함, 40인 이하	위원장 1인 포함, 30인 이내
위원임명, 위촉	산업통상자원부	미래창조부장관	환경부장관	공정거래위원장	소비자단체협의 회장	금융감독원장
위원임기	2년(연임)	3년(연임)	2년(연임)	3년(연임)	2년(연임)	2년(연임)
위원구성 (현재)	비상임 44인	상임 1인, 비상임 10인	상임 1인, 비상임 8인	상임 2인, 비상임 48인	비상인 35인	상임 2인, 비상임 25인
조정의 성립	당사자 동의	15일 이내에 당사자 수락	당사자 수락	15일 이내 수락 거부 의사표시 안 할 경우	15일 이내 당사자 수락	20일 이내 당사자 수락
효력	민법상 화해	민법상 화해	민법상 화해	재판상 화해	민법상 화해	재판상 화패
실무부서	사무국	사무국	사무국	분쟁조정사무국	사무국	분쟁조정실
운영규정	전자거래분쟁조 정위원회운영규 정(고시)	개인정보분쟁조정 위원회 규칙	중앙환경분쟁조 정위원회운영규 정(고시)	소비자분쟁조정 규칙	자율분쟁조정위 원회운영규칙	금융분쟁 조정세칙
조정기한	45일	60일(연장)	3~9개월	30일(연장)	60일	60일
기타	•조정부제도 •사이버조정제도 •신청인에게 비 용청구근거규정	•조정부제도 •소위원회제도	•중앙환경분쟁 조정위원회 및 지방환경분쟁 조정위원회 •20인의 전문위원	•소송지원제도 •분야별전문위 원회	분야별 전문위원회	•재조정신청제 도, 재의제도 •소송지원제도

자료: 최은실(2008). 제12장 소비자분쟁조정의 현황 및 실효성 확보를 위한 제언. 서울대학교출판부, 발췌 재구성.

소비자분쟁조정위원회의 구성은 한국소비자원장의 제청으로 공정거래위원장이 임명하는 위원장 1인, 상임위원 1인을 포함한 50인의 위원으로 구성되어 있다. 2014년 12월 기준으로 상임위원 2명, 비상임위원 48명이 있으며, 비상임위원은 소비자대표 9명, 사업자대표 8명, 분야별 전문가 23명, 변호사 8명으로 구성되어 있다.

분쟁을 신속하게 처리하기 위해서는 기본적으로 조정요청을 받을 때부터 30일 이내에 조정 결정을 하도록 하고 있으며, 조정위원회위원장은 분쟁조정이 있는 때에는 지체 없이 그 결과를 당사자에게 통보해야 한다. 당사자가 통보를 받은 날로부터 15일 이내에 조정을 수락한 경우 조정위원회는 조정서를 작성하고 당사자가 기명날인을 해야 한다. 당사자가 규정에 의한 기간 내에 서면으로 분쟁조정에 대한 수락·거부의 의사표시를 하지 않은 때에는 분쟁조정을 수락한 것으로 보고, 분쟁조정의 내용은 재판상 화해와 동일한 효력을 갖게 되며 재심에 준하는 사유가 없는 한 조정 결정 사항이 기속력을 갖는다. 그러나 당사자가 분쟁조정을 수락하지 않은 경우에는 그 조정은 아무런 구속력을 갖지 않게 된다.

조정이 성립되었으나 결정내용을 이행하지 않을 경우에는 대법원규칙(제1768호, 각종 분쟁조정위원회 등의 조정 조서 등에 관한 집행문 부여에 관한 규칙)에 따라 법원으로부터 집행문을 부여받아 강제집행을 할 수 있다. 소비자분쟁조정위원회의 조정 결정에 대하여 당사자 일방이 이를 거부하여 조정이 불성립된 경우 법원의 소송 절차를 통해 해결할 수 있다.

2 ｜ 집단분쟁조정제도

한편 소비자단체소송제도에 소비자의 금전적 손해배상이 포함되지 않음을 고려하여 집단분쟁조정제도를 도입했다. 이는 다수 소비자에게 같거나 비슷한 유형의 피해가 발생한 경우, 한국소비자원의 소비자분쟁조정위원회가 집단분쟁 발생을 공고한 후 일괄분쟁조정을 실시하도록 한 것이다. 이 제도로 인해 비용 부담, 절차 지연, 감정 대립 등 재판에 의한 분쟁해결의 부작용을 방지하고 소액다수 피해 발생이라는 특성을 지닌 소비자문제를 일괄적·효율적으로 해결할 수 있도록 하였다. 집단분쟁조정을 의뢰 또는 신청받은 조정위원회는 위원회의 의결로 집단분쟁조정의 절차를 개시할 수 있고, 이 경우 조정위원회는 14일 이상 그 절차의 개시를 공고해야 한다.

집단분쟁조정의 신청요건은 다음과 같다.

* 첫째, 물품 등으로 인한 피해가 같거나 비슷한 유형으로 발생한 소비자의 수가 50명 이상일 것
* 둘째, 사건의 중요한 쟁점이 사실상 또는 법률상 공통될 것
* 셋째, 자율적 분쟁조정, 한국소비자원 원장의 권고, 그 밖의 방법으로 사업자와 분쟁 해결이나 피해보상에 관한 합의가 이루어진 소비자가 아닐 것
* 넷째, 분쟁조정기구에서 분쟁조정이 진행 중인 소비자가 아닐 것
* 다섯째, 해당 물품 등으로 인한 피해에 관하여 법원에 소(訴)를 제기한 소비자가 아닐 것

조정위원회는 집단분쟁조정의 당사자가 아닌 소비자 또는 사업자로부터 추가로 참가 신청을 서면으로 접수해야 한다. 조정위원회는 집단분쟁조정의 당사자 중 공동의 이익을 대표하기에 적합한 1인 또는 수인을 대표당사자로 선임할 수 있고, 조정위원회는 대표당사자를 상대로 조정 절차를 진행한다. 조정위원회는 집단분쟁조정 절차 개시 공고가 종료한 날로부터 30일 이내에 그 분쟁조정을 마쳐야 하며, 부득이한 사정이 있는 경우에는 조정기한을 연장할 수 있다. 조정이 결정된 내용은 즉시 당사자에게 통보되며 당사자가 통보를 받은 날로부터 15일 이내에 분쟁조정의 내용에 대한 수락 여부를 조정위원회에 통보해야 하며, 이 경우 15일 이내에 의사표시가 없는 때에는 수락한 것으로 본다.

조정위원회는 사업자가 조정위원회의 집단분쟁조정의 내용을 수락한 경우에 집단분쟁조정의 당사자가 아닌 자로서 피해를 입은 소비자에 대한 보상계획서를 작성하여 조정위원회에 제출하도록 권고할 수 있다. 보상계획서 제출을 권고받은 사업자는 그 권고를 받

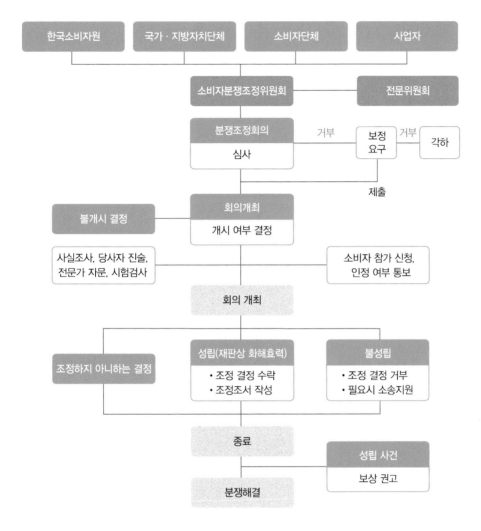

그림 **5-2** 집단분쟁조정제도 절차
자료: 한국소비자원(www.kca.go.kr).

은 날부터 15일 이내에 권고의 수락 여부를 통지해야 한다. 조정위원장은 사업자가 제출한 보상계획서를 일정 기간 동안 한국소비자원 홈페이지에 공고하고, 집단분쟁 조정 절차에 참가하지 못한 소비자는 보상계획서에 따라 피해보상을 받을 수 있다.

4. 제조물책임법

1 | 제조물책임원칙의 성립

제조물책임product liability이란 제조자가 제조물의 결함으로 인하여 생명·신체 또는 재산상 손해 발생시 손해를 입은 자에게 과실 여부에 관계없이 그 손해를 배상해야 한다는 것이다(제조물책임법 제3조). 산업화 이전에는 소비자가 상품의 성질·성능을 직접 파악하여 구입하였고, 따라서 결함상품에 의한 피해가 발생하여도 소비자가 주의를 게을리하였다는 이유로 소비자가 손해를 부담하였다. 따라서 이 시대에는 '매수인책임주의원칙'이 적용되었다.

산업화 이후 대량생산 체제가 성립되고, 생산 및 유통의 복잡화와 기계화로 소비자가 상품에 대하여 충분한 지식을 가지고 구입하는 것은 기대할 수 없게 되었다. 따라서 이 시기에는 제조물의 하자에 대하여 매도인인 제조업자가 책임을 지는 것이 당연시되었으며, 유통업자가 판매했을 경우에는 매도인인 유통업자가 제조물의 하자에 대하여 책임을 지는 것이 당연시되었다. 이를 '매도인책임원칙'이라고 한다.

고도산업사회에서 산업의 발달과 상품이 다양화됨에 따라 소비자는 상품의 유통과 소비과정에서 더 많은 인적·물적 손해를 겪게 되었으며, 결함상품에 대한 책임을 매도인(판매자)에게만 물을 수 없게 되었다. 이에 따라 결함제품을 설계·제조한 제조자에 대해서도 결함상품으로부터 발생한 손해에 대한 배상책임을 부담시켜야 한다는 '제조물책임제도'가 탄생하게 되었다. 결함이 있는 제조물에 의한 소비자피해가 빈번하게 발생함에 따라 직접적인 계약관계가 없더라도 결함이 있는 제조물로부터 발생한 손해에 대하여 제조업자가 직접적으로 손해배상책임을 부담해야 한다는 무과실책임주의에 입각한 제조물책임법이 제정되기에 이르렀다.

선진사회로 진입하면서 다양한 종류의 소비자상품이 출현하고 그로 인하여 결함상품이 날로 증대하면서 계약책임법리 또는 불법행위책임법리 등을 적용하여 손해에 대한 배상문제를 해결해 왔다. 그러나 소비자피해에 대한 계약책임의 한계, 불법행위책임의 한계 등으로 공평하고 신속한 새로운 소비자피해구제제도의 마련이 시급한 과제가 되었다.

계약책임을 묻기 위해서는 소비자와 사업자 사이에 직접적으로 유효한 계약관계가 존재해야 한다. 그러나 현행법상 결함제품의 제조자에 대해서 직접 계약관계가 없기 때문에 계약책임(채무불이행책임)을 물을 수 없으며, 하자담보책임은 무과실책임이기는 하나, 확대손해에 대한 청구가 불가능하다. 민법 제750조(불법행위책임)의 경우 과실원칙에 입각하고 있으므로 제조물의 결함으로 인한 손해배상을 청구하는 자는 결함의 존재, 손해의 발생, 결함과 손해발생간의 인과관계, 제조업자의 고의 또는 과실을 입증해야만 손해배상을 받을 수 있다. 그러나 제조물에 대한 전문지식이 없고 제조과정에 대한 정보를 얻기가 어려운 피해자가 제조자의 고의 또는 과실을 입증하기 어렵고, 따라서 피해구제를 받는 데 한계가 있다.

그리고 유럽연합EU 등 이웃의 30여 개 가까운 국가에서 제조물책임법을 제정·시행하고 있으므로 개방화·세계화의 국제적 환경을 고려할 때 세계적 추세를 따르지 않을 수 없게 되었다. 제조물책임법은 이러한 현대 산업사회의 특성을 반영한 새로운 민사책임법으로, 제품의 결함으로 인한 피해를 신속·충실하게 구제함으로써 소비자보호에 기여할 목적으로 제정되었다.

이러한 상황에서 우리나라 제조물책임법에 대한 소개는 1970년대부터 시작되었으며, 본격적인 연구는 1989년부터 이루어졌다. 1992년부터 1998년까지 정부 소비자보호종합시책에 법제정계획을 발표한 후 제조물책임법 제정 실무위원회가 작성한 법안과 공청회 결과를 바탕으로 수정안을 작성하고, 정부 의견과 이해관계자들의 의견을 수렴한 후 1999년 7월 13일 입법 예고하게 되었고, 1999년 12월 16일 국회를 통과하였다. 법의 도입으로 인한 충격을 완화하기 위한 적응기간을 고려하여 법의 시행일을 2002년 7월 1일로 늦추었고 적용대상도 시행일 이후에 제조된 제품에 제한하고 있다(동법 부칙 제2조). 이 법은 2013년 5월 22일에 일부 개정되었다.

2 | 제조물책임법의 효과

제조물책임법은 다음의 4가지 측면에서 그 의의를 찾아볼 수 있다.

- 첫째, 제조업자의 고의 또는 과실의 입증보다는 결함 입증을 요건으로 하여 피해자의 입증부담을 경감함으로써 제조업자의 제품결함에 대한 책임을 확대하고 피해자의 구제를 용이하게 함에 그 의미가 있다.
- 둘째, 기업으로 하여금 제조물을 생산하고 판매할 때에 제조물이 생산·사용되는 과정에서 어떤 위험성이 있는지를 면밀히 검토하여, 이를 예방할 수 있도록 생산과 판매체제를 갖추도록 할 수 있다. 이러한 제조물책임법의 국제적 동향은 소비자보호의 수준이 국제수준으로 촉진될 수 있는 점, 제조업자 사이에 경쟁이 확보된다는 점, 국가 간에 자유로이 교역을 가능하게 한다는 점에서 의의가 있다. 따라서 제조물책임법의 제정이 궁극적으로는 기업의 국제경쟁력을 강화시킴으로써 국내외 시장을 지키는 데 기여할 수 있을 것이다.
- 셋째, 기업은 생존 차원에서 안전성 확보 등 스스로 품질경영을 정착시켜, 제조물 사고를 줄이는 역할을 하게 될 것이다. 지금까지 제조물 안전을 위하여 시행되고 있는 행정규제는 점차적으로 기업에 제조물 안전과 품질 관리를 맡기게 될 것이며, 행정 간섭은 줄어들게 될 것이다.
- 넷째, 그동안 소비자들은 제조물 피해가 발생하여도 사고 원인이 불분명하여 배상 청구를 주저하여 왔다. 그러나 제조물책임법이 시행됨으로써 적극적인 피해보상을 요구하게 될 것이다. 이러한 현상은 기업과 정부의 피해구제정책, 보험제도 등 소비생활과 경제사회 전반에 파급효과를 미치게 될 것이다.

반면 제조물책임법의 제정은 기업의 입장에서는 여러 가지 부담을 준다고 인식하고, 실제 그러한 부담은 비용으로 지출될 것이다. 피해자의 과도한 청구는 재무환경과 고객 관리에 어려움을 주게 될 것이다. 또한 안전한 제조물을 생산·판매하기 위한 비용은 기업의 재무부담을 가져오게 될 것이다. 이러한 부담은 기업의 연구 개발과 혁신의 저해,

그리고 중소기업의 생산 및 판매활동이 위축되는 부정적인 영향을 초래할 수도 있다.

3 | 제조물책임법의 주요 내용

(1) 제조물 정의

'제조물'이라 함은 다른 동산이나 부동산의 일부를 구성하는 경우를 포함한 제조 또는 가공된 동산을 말한다. '제조'는 일반적으로 원재료에 인공을 가해 새로운 제조물을 만드는 것으로서 생산보다는 좁은 개념이며, 여기에 서비스는 포함되지 않는다. '가공'이라 함은 원재료나 다른 제조물에 그 본질을 유지하면서 새로운 속성을 부가시키는 것을 의미한다. '동산'은 물건 중 토지 및 그 정착물 이외의 일체의 유체물 및 관리할 수 있는 자연력을 의미하는 것이다. 유체물은 공간의 일부를 차지하는 유형적 존재, 즉 분자가 존재하는 물질로 액체, 기체, 고체를 불문한다. 그리고 분지가 존재하지 않는 전기, 열, 빛 등의 무체물도 관리·지배가 가능하면 동산에 포함된다. 제조물의 범위에 있어서는 다음의 요건에 해당된다.

- 첫째, 미가공된 농수축산물은 제조물에 해당되지 않으며, 이에 따라 이로 인한 부작용이 발생하여도 그 생산자는 제조물 책임이 없다.
- 둘째, 부품 및 원재료 제조업자는 부품 및 원재료의 겨함이 당해 부품 및 원재료를 사용하여 만들어진 제조물 제조업자의 설계 또는 제작에 관한 지시로 인하여 발생한 경우에는 면책사유에 해당되어 제조물 책임을 지지 않게 된다.
- 셋째, 중고품의 경우도 제조물인 이상 제조업자에게 책임을 물을 수 있다. 다만, 결함이 이전 사용자의 잘못된 사용이나 중고품 판매자의 수리·개조 등에 의하여 발생한 경우 제조업자는 책임이 없다. 폐기물에 관해서는 특별한 규정을 두지 않고 있으나, 원칙적으로 제조물책임의 대상이 된다.
- 넷째, 대량생산·대량소비 되는 제조물로서 가공된 동산이면 수공예품 및 예술작품도 제조물책임의 적용을 받는다.

- 다섯째, 동법은 동산에 적용되고, 부동산은 제외하고 있다. 부동산은 토지 및 그 정착물을 말한다(민법 제99조제1항). 그러나 경제적으로 독립적인 가치가 있고 용이하게 이동할 수 있는 물건 예를 들면, 조명설비, 승강기 등은 정착물이라고 할 수 없다. 이들은 동산으로서 성질을 상실하지 않으므로 제조물책임의 적용대상이 된다.
- 여섯째, 소프트웨어 결함에 의한 손해발생의 경우 입법 당시에는 관리 가능한 무체물로서 동산으로 보아 제조물의 책임을 지우자는 견해가 있었다. 미국에서는 소프트웨어가 상품처럼 판매되는 경우에는 제조물 책임을 인정해야 한다고 보는 것이 다수설이다.
- 일곱째, 민법상 관리 가능한 자연력은 동산으로 규정하고 있다. 따라서 전기, 열, 자기, 방사선 등의 무형에너지도 관리가 가능한 것이라면 제조물책임법의 적용대상이므로 전류, 사이클 수 등에 의하여 인적·물적 손해를 입었을 경우 전력회사에 책임을 물을 수 있다. 또한 에너지원인 가스·산소·수증기 등은 기체로서 유체물에 해당되는 동산이므로 당연히 '제조물책임법의 적용대상'이 된다.
- 여덟째, 채굴된 상태의 광물은 제조물책임의 대상이 아니다. 그러나 채굴 후 가공된 것 즉, 원유를 정제·분리한 석유제품, 광석에서 정련된 금속 등은 동산에 해당되어 적용대상이 된다.
- 아홉째, 제조물은 소비자용품에 한정되지 않고 공장이나 사무실 등에서 사용하는 업무용 기계·물품, 공업용 기계설비·화학제품 등도 제조 또는 가공된 동산에 해당되는 경우에는 제조물에 포함된다.
- 열째, 제조물책임의 적용대상은 물건이다. 따라서 서비스가 잘못 제공됨으로써 손해가 발생한 경우에는 제조물책임을 물을 수 없다.

(2) 결함의 정의(제조물책임법 제2조)

결함이란 해당 제조물에 다음에 해당하는 제조상·설계상 또는 표시상 결함이 있거나 그 밖에 통상적으로 기대할 수 있는 안전성이 결여되어 있는 것을 말한다. '제조상의 결함'이란 제조업자가 제조물에 대하여 제조상·가공상의 주의의무를 이행하였는지에 관계없이 제조물이 원래 의도한 설계와 다르게 제조·가공됨으로써 안전하지 못하게 된 경우를 말한다. '설계상의 결함'이란 제조업자가 합리적인 대체설계(代替設計)를 채용하였더라면 피해나 위험을 줄이거나 피할 수 있었음에도 대체설계를 채용하지 아니하여 해당 제조물이 안전하지 못하게 된 경우를 말한다. '표시상의 결함'이란 제조업자가 합리적인 설명·지시·경고 또는 그 밖의 표시를 하였더라면 해당 제조물에 의하여 발생할 수 있는 피해나 위험을 줄이거나 피할 수 있었음에도 이를 하지 아니한 경우를 말한다.

'제조상의 결함'에 관한 예를 들면, 설계도면대로 제품이 생산되지 아니한 경우를 말하며, 제조과정에 이물질이 혼합된 식품이나 자동차에 부속품이 빠져 있는 경우가 이에 해당된다. '설계상의 결함'이란 설계도면대로 제품이 생산되었지만 설계 자체가 안전설계가 되지 아니한 경우를 말한다. '표시상의 결함'이라 함은 제조물 자체의 결함은 아니며 제품 사용상 올바로 사용할 수 있도록 하는 설명이나 지시 또는 제조물에 있는 위험성에 대하여 경고를 하지 않아 이로 인한 제조물사고가 발행하였을 경우로 지시·경고상의 결함이라고도 한다.

(3) 제조물책임의 정의(제조물책임법 제3조)

제조업자는 제조물의 결함으로 생명·신체 또는 재산에 손해를 입은 자에게 그 손해를 배상해야 한다. 제조물의 제조업자를 알 수 없는 경우 그 제조물을 영리 목적으로 판매·대여 등의 방법으로 공급한 자는 제조물의 제조업자 또는 제조물을 자신에게 공급한 자를 알거나 알 수 있음에도 불구하고 상당 기간 내에 그 제조업자나 공급한 자를 피해자 또는 그 법정대리인에게 고지하지 아니한 경우에는 손해를 배상해야 한다.

(4) 면책(제조물책임법 제4조)

손해배상책임을 지는 자가 ① 제조업자가 해당 제조물을 공급하지 아니하였다는 사실, ② 제조업자가 해당 제조물을 공급한 당시의 과학·기술 수준으로는 결함의 존재를 발견할 수 없었다는 사실, ③ 제조물의 결함이 제조업자가 해당 제조물을 공급한 당시의 법령에서 정하는 기준을 준수함으로써 발생하였다는 사실, ④ 원재료나 부품의 경우에는 그 원재료나 부품을 사용한 제조물 제조업자의 설계 또는 제작에 관한 지시로 인하여 결함이 발생하였다는 사실을 입증한 경우에는 이 법에 따른 손해배상책임을 면한다. 또한 손해배상책임을 지는 자가 제조물을 공급한 후에 그 제조물에 결함이 존재한다는 사

제조물책임 판례: 자동차급발진 사건

사건 개요

원고는 ○○건설산업 소속의 주차관리원으로서 1997년 2월 3일 18시경 위 건물 부설 주차장에 세워져 있던 주식회사 ○○사 소유의 ○○승용차(이하 '이 사건 자동차'라고 함)를 이동시키기 위하여 위 자동차에 탑승하여 시동을 켜고 자동변속기의 선택레버를 주차에서 전진으로 이동하였는데, 위 자동차가 갑자기 앞으로 진행하면서 그곳에 주차되어 있던 다른 자동차를 충격하고 계속 전진하면서 다른 주차 차량과 음식점의 벽면을 잇달아 충격한 후 정지하였고 그에 따라 위 자동차들 및 음식점 벽의 일부가 파손되었다. 원고는 이 사건 자동차의 제조·설계상 결함과 표시상 결함 등을 이유로 금 6,581만 5,000원의 손해배상금 및 그에 대한 지연손해금의 지급을 구하는 용의 소를 제기하였고, 제1심 판결에서는 원고 일부 승소하였으나, 원심과 대법원에서 원고가 패소한 사건이다.

쟁점

본 사건의 쟁점은 제조물책임의 성립요건, 제조물책임에 관한 입증책임의 분배, 자동변속기가 장착된 차량의 급발진 사고에서 대체설계 미채용에 의한 설계상의 결함 유무를 판단하는 기준, 표시(지시·경고)상의 결함에 의한 제조물책임의 성립요건 및 그 결함의 유무에 대한 판단기준 등이다.

해석

이 사건 판례는 당시 자동차급발진 사고가 사회적 이슈로 부각되면서 제조물책임법의 시행을 기다려온 소비자뿐만 아니라 전 산업계의 초미의 관심사였다. 비록 이 사건 자동차가 1996년에 제조된 것이므로 제조물책임법의 적용대상이 아니었지만 제조물책임법의 조문을 판결에 원용함으로써 향후 제조물책임 사건 판결의 흐름을 가늠할 수 있는 판결이라는 점에 그 의의가 있다. 그러나 시프트록 미채용에 대한 설계상 결함을 인정한 1심 판결과 달리 원심과 대법원은 설계상의 결함을 부정함으로써, 자동차 관련제조물책임 사건에서 설계상 결함에 대한 입증은 여전히 소비자의 부담임을 확인한 판례라고 사료된다.

자료: 정용수, 강창경, 박용성(2010). 제조물책임법 개정방안. 한국소비자원.

실을 알거나 알 수 있었음에도 그 결함으로 인한 손해의 발생을 방지하기 위한 적절한 조치를 하지 아니한 경우에는 이와 같은 면책을 주장할 수 없다. 동일한 손해에 대하여 배상할 책임이 있는 자가 2인 이상인 경우에는 연대하여 그 손해를 배상할 책임이 있다.

그런데 제조물책임법에 따른 손해배상책임을 배제하거나 제한하는 특약은 무효로 한다. 그러나 자신의 영업에 이용하기 위하여 제조물을 공급받은 자가 자신의 영업용 재산에 발생한 손해에 관하여 그와 같은 특약을 체결한 경우에는 그러하지 아니하다(제조물책임법 제6조). 제조물책임법에 따른 손해배상의 청구권은 피해자 또는 그 법정대리인이 손해와 손해배상책임을 지는 자을 모두 알게 된 날부터 3년간 행사하지 아니하면 시효의 완성으로 소멸한다. 제조물책임법에 따른 손해배상의 청구권은 제조업자가 손해를 발생시킨 제조물을 공급한 날부터 10년 이내에 행사해야 한다. 신체에 누적되어 사람의 건강을 해치는 물질에 의하여 발생한 손해 또는 일정한 잠복기간이 지난 후에 증상이 나타나는 손해에 대해서는 그 손해가 발생한 날부터 기산(起算)한다.

민법은 고의 또는 과실을 책임요건으로 하는 불법행위책임을 규정하고 있다. 그러나 불법행위책임을 규명함에 있어서 많은 어려움이 수반되고 있으므로, 제조물 사고의 피해자를 구제하기 위해 과실책임주의를 수정하여 결함을 책임요건으로 하는 제조물책임법을 제정하였으며, 그 본질은 불법행위책임이다. 따라서 본 법에 특별한 규정이 없는 사항에 대해서는 민법의 규정이 적용되는 것을 명시하고 있다.

스스로 찾아보기

1. 주변에 소비자피해를 당한 사람을 대상으로 상담을 하여 피해구제신청서를 작성하고 여러 가지 소비자피해구제방법 가운데에서 소비자피해의 유형과 특징을 감안할 때 가장 효과적인 피해구제 방법은 무엇인지 알아보고, 구체적인 방법에 대해 의견을 나누어 보자.

2. 소비자피해구제 관련해서 소비자기본법에 의한 소비자분쟁해결기준이 있다. 품목별 분쟁해결기준의 내용을 소비자피해 사례를 활용하여 설명해 보자.

3. 제조물책임법의 시행으로 이전의 민법에 의한 소비자피해구제보다 어떤 점이 소비자보호적 측면에서 달라졌는지 사례를 중심으로 토론해 보자.

4. 우리나라에 소비자단체소송제도가 도입됨으로써 어떤 점이 달라질 것인지 그동안의 소비자 소송 관련 판례를 중심으로 토론해 보자.

PART 3 소비자거래 관련 법률 및 제도

CHAPTER 6 · 거래 일반

CHAPTER 7 · 표시·광고의 공정화에
관한 법률

CHAPTER 8 · 방문판매 등에 관한 법률

CHAPTER 9 · 전자상거래 등에서의
소비자보호에 관한 법률

CHAPTER 10 · 할부거래에 관한 법률

거래 일반

소비자가 일상적으로 구매하는 행위는 법률적 관점에서 볼 때 계약행위이다. 대다수의 소비자 계약은 개인과 개인간에 사적으로 이루어지는 계약이며 이는 민사법의 적용을 받는다. 민사법 은 민법, 상법, 소비자기본법 등으로 나눌 수 있는데 이 중 가장 기본적인 것은 민법이다.

한편 오늘날 대부분의 계약은 사업자가 일방적으로 만든 '약관'에 의하여 이루어지게 되는데, 이 약관에는 계약의 내용과 조건이 정하여져 있다. 약관은 그 명칭이나 형태 또는 범위를 불문 하고 계약의 일방당사자가 다수의 상대방과의 사이에 계약을 체결하기 위하여 일정한 형식에 의하여 미리 마련한 계약의 내용이 되는 것을 말한다. 이와 관련하여 본 장에서는 계약관계나 손해배상 등 소비자거래 일반에서 매우 중요한 법적 근거가 되는 '민법'과 '약관의 규제에 관한 법률'에 관하여 알아보도록 한다.

1. 민법의 기초

일정한 시기에 일정한 사회에서 행해지는 법규범들은 그가 가지는 의미와 내용에 어느 정도 체계적인 통일성을 갖추고 있으며, 이를 법질서라고 한다. 소비자로서의 생활은 바로 이러한 법질서 안에서 이루어진다. 소비자가 일상적으로 구매하는 행위는 법률적 관점에서 볼 때 계약행위이다. 대다수의 소비자 계약은 개인과 개인 간에 사적으로 이루어지는 계약이며 이는 민사법의 적용을 받는다. 민사법은 민법, 상법, 소비자보호법 등으로 나눌 수 있는데, 이 중 가장 기본적인 것이 민법이다. 소비자가 생활하는 가운데 입게 되는 피해구제의 법적 근거는 영업 정지나 과태료와 같은 행정법 규정, 징역이나 벌금 등과 같은 형사법 규정, 그리고 손해배상 등에 관한 민사법 규정 등이 있으며, 이 중 가장 중요한 것은 민사법 규정이다.

1 | 민법의 의의

민법은 형식적으로 '민법'이라는 이름의 성문법전을 가리키지만, 실질적으로는 모든 사람들에게 일반적으로 적용되는 사법, 즉 일반사법을 뜻한다. 여기서는 민법이 전체 법질서 내지는 법체계 가운데에서 차지하는 지위를 살펴봄으로써 민법의 의의를 살펴보고자 한다.

(1) 민법의 실질적 의의

① 사법으로서의 민법

사람의 생활은 크게 둘로 나누어진다. 하나는 국가를 조직하고 유지하는 생활이고, 다른 하나는 그 이전에 하나의 인간으로서의 생활이다. 전자는 국민으로서의 생활로 이를 규율하는 법은 공법(公法)이고, 후자는 인간으로서의 생활로 이를 규율하는 법은 사법

(私法)이다. 일반적으로 국제법, 헌법, 행정법, 형법, 형사소송법, 민사소송법 등은 공법에 속하고, 민법과 상법은 사법에 속하는 것으로 분류된다.

개인과 개인 사이의 인간생활 관계에 적용되는 원칙법인 민법에서는 크게 자기 보존을 위한 재산관계와 종족 보존을 위한 가족관계의 2가지 유형을 규율하는 내용으로 구성되어 있다. 소유권과 계약을 중심으로 한 일반적 경제생활, 즉 재화와 용역의 지배·이용·교환의 관계와 같은 재산관계는 재산법(물권편·채권편)에서 다루고, 남녀의 성적 결합과 부모·자식의 관계 및 유언과 상속관계 등과 같은 가족관계는 가족법(친족편·상속편)에서 다루고 있다.

여기서 공법과 사법을 구별하는 이유를 2가지로 정리해 볼 수 있다. ① 공법은 법치주의가 지배하여 우월적 특수적 지위가 인정되어 공권력의 행사가 허용되는 반면, 사법은 사적자치가 적용되므로 원칙적으로 자기의 의사에 따라 법률관계를 자유롭게 형성할 수 있으며, 법이 미흡한 부분에 대해서는 당사자의 의사에 의한 보충이 허용된다. ② 권리구제 절차가 상이하여 각각 행정소송법과 민사소송법에서 다른 규정을 두고 있다.

그럼에도 공법과 사법을 어느 하나의 기준만으로 구별하는 것은 어렵다. 예를 들면 부동산 등기는 공익과도 관련이 있는 것이지만 사법의 적용을 받으며, 친족법은 사법인 민법의 일부이지만 부모와 자녀 사이의 법률관계는 불평등관계로서 공법적 특색을 포함하고 있다. 따라서 공법이든 사법이든 각각의 법률에서 그 규율목적과 대상을 정하고 있으므로 구체적인 사안에 따라 어느 법률의 적용을 받게 되는가를 확정하면 된다.

② 일반사법으로서의 민법

법은 그 적용범위에 따라 일반법과 특별법으로 나누어지는데 그 적용대상이나 장소·시간에 관계없이 누구에게나 적용되는 법을 일반법이라 하고, 그 적용대상이나 장소·시간의 제한이 있는 법을 특별법이라고 한다. 이런 의미에서 민법은 인간이면 누구에게나 적용될 것을 예정하고 있으므로 일반법에 속한다. 반면에 상법은 민법에 대하여 특별법인데, 상법은 상인을 그 적용대상으로 하기 때문이다. 일반법과 특별법이 저촉되면 특별법이 먼저 적용되고, 특별법이 규율하지 않는 사항에 대해서는 일반법이 적용된다.

③ 실체법으로서의 민법

법 규범의 적용방법에 따라 법은 실체법과 절차법으로 분류되며, 민법은 권리와 의무의 발생·변경·소멸 기타 법률관계를 직접 규율하는 실체법에 속한다. 반면 의무의 위반 등이 있을 때 일정한 절차를 거쳐 그 의무이행을 강제하기 위하여 그 절차를 규율하는 법을 절차법이라고 하는데, 민사소송법과 가사소송법 등이 이에 해당한다.

(2) 민법의 형식적 의의와 구성

1958년에 제정되어 1960년부터 시행되고 있는 현행 '민법'이라는 이름의 성문법전을 형식적 의의의 민법이라고 한다. 이 민법은 총칙, 물권, 채권, 친족, 상속의 5편으로 구성되어 있다. 공통적이면서 일반적인 규정들을 모아 '총칙'이라 하여 민법의 나머지 4편 앞에 두고 있다(표 6-1 참조).

제1편 총칙에서는 권리의 주체로서 자연인과 법인, 권리의 객체로서 물건, 권리변동의 원인으로서 법률행위와 법률의 규정 중 소멸시효에 관해 규정한다. 구체적으로는 '통칙·사람·법인·물건·법률행위·기간·소멸시효'의 7개 장, 184개 조문으로 구성되어 있다. 제2편 물권과 제3편 채권에 관한 규정을 '재산법'이라고 하는데, 사람의 경제적 행위에 대한 규범, 즉 거래규범으로 합리성에 바탕을 두고 거래안전의 보호와 간이화를 위한 각종 규정이 담겨 있다. 특히 당사자 간의 관계를 규율하는 채권법은 대부분이 임의 규정이며, 개인의 의사에 의해 달리 규율될 수 있는 사적 자치가 허용된다. 제4편 친족과 제5편 상속에 관한 규정은 '가족법(신분법)'이라고 하고, 사람의 가족생활에 대한 규범으로서, 보수성, 지방성, 습속성(習俗性) 등이 바탕을 이루며, 경제적 행위와는 달리 가족생활

표 **6-1** 민법의 구성

편	제목	내용
제1편	총칙	권리의 주체와 객체, 법률행위
제2편	물권	재산법
제3편	채권	재산법
제4편	친족	가족법
제5편	상속	가족법

은 사회질서와 밀접한 관계가 있으므로 그 규정은 강행규정으로 되어 있다. 민법에서 소비자거래와 관련하여 중요한 부분은 총칙과 채권이므로 이에 대하여 상세히 살펴보도록 한다.

(3) 민법의 기본원리

근대 민법은 개인주의와 자유주의에 바탕을 두고 사적자치(私的自治)의 원칙을 따르고 있는데, 이것은 법질서가 허용하는 한도에서 각자가 자기의 법률관계를 자기의 의사에 따라 자주적으로 처리할 수 있고, 국가나 법질서는 여기에 직접적으로 개입하거나 간섭하면 안된다는 것을 의미한다.

이러한 사적자치의 원칙으로부터 계약 자유의 원칙, 소유권 존중의 원칙, 그리고 과실 책임의 원칙이 도출되게 된다. 계약 자유의 원칙은 구체적으로 계약을 맺을 것인지의 여부에 관한 계약 체결의 자유, 누구와 계약을 맺을 것인가에 관한 상대방 선택의 자유, 어떤 내용으로 계약을 맺을 것인지에 관한 내용 결정의 자유 및 어떤 방식으로 계약을 맺을 것인가에 관한 방식의 자유 등을 그 내용으로 한다. 소유권 존중의 원칙은 한 개인이 자기의 인격을 자유롭게 전개하기 위한 물질적 기초, 즉 소유권으로 대표되는 재산권을 존중하는 것으로, 소유자가 법률의 범위 내에서 그 소유물을 사용, 수익, 처분할 수 있는 권리를 가지며, 자기의 소유물을 권한 없이 점유하고 있는 자에 대하여 반환을 청구할 수 있고, 소유권을 방해하거나 방해할 염려가 있는 행위를 한 자에 대하여 방해의 제거나 예방을 청구할 수 있다. 그리고 과실 책임의 원칙은 타인에게 손해를 가한 자는 원칙적으로 고의 또는 과실로 인하여 위법하게 타인에게 가한 손해에 대해서만 책임을 진다는 것으로 채무불이행이나 불법행위에 관하여 중요한 의미를 갖는다. 그런데 원칙적으로 고의범만을 처벌하는 형법에서는 고의와 과실 구분이 매우 중요한 반면, 민사 책임에서는 손해의 공평한 분담이 목표이기 때문에 원칙적으로 고의와 과실은 같은 정도로 다루어지며, 대개 과실이 고의를 포함하는 넓은 의미로 사용되기도 한다.

그러나 민법의 자유주의적 경향은 법이 의도하지 않은 결과를 초래할 수 있는데, 사용자와 근로자, 임대인과 임차인, 제조자와 소비자 등과 같이 경제적으로나 사회적으로 불평등한 관계가 그러하다. 이런 상황에서 모든 국민에게 인간다운 생활을 보장해 주기 위하여 개인 상호간의 법률관계를 사적자치에만 맡겨둘 수 없게 되었고, 국가나 법질서가 이에 직·간접적으로 개입하게 되었고, '사회적 형평'이라는 이념이 반영되게 되었다.

그리하여 민법의 기본원리는 자유인격의 원칙과 공공복리의 원칙을 최고원리로 하고 있으며, 경제적 약자를 보호하거나 공익을 위하여, 약한 당사자를 보호하기 위하여 계약 자유 제한의 원칙, 부득이하게 공공의 필요를 충족시키기 위한 소유권 제한의 원칙, 그리고 피해자의 보호와 손해의 공평한 분담을 실현하기 위하여 불가피하게 위험을 내포하고 있는 기업활동에 의하여 이익을 얻는 기업은 그 활동으로 인해서 타인에게 가한 손해에 대하여 고의나 과실이 없더라도 배상할 책임을 부담한다는 무과실책임주의가 반영되었다.

(4) 민법의 효력

속인주의(屬人主義)와 속지주의(屬地主義)를 같이 채택하는 것이 근대국가에서의 일반적인 경향이어서, 민법은 대한민국 국민에 대하여 그가 국내에 있든 국외에 있든 관계없이 (속인주의), 그리고 대한민국의 영토 내에 있는 내국인이든 외국인이든 관계없이(속지주의) 적용된다. 그러나 우리 민법과 외국의 민법이 충돌할 경우에는 그 규정내용의 차이 때문에 어느 나라의 법을 적용하느냐에 따라 그 효과가 달라질 수 있으므로, 이런 경우 어느 나라의 법을 적용할 지는 그 준거법을 정함을 목적으로 제정된 법률인 국제사법 (國際私法)에 따른다.

2 | 민법 총칙

(1) 법률관계(민법 제3조)

인간의 생활관계를 규율하는 사회규범 중 법에 의하여 규율되는 관계를 법률관계라고 한다. 오늘날 인간의 생활관계의 대부분이 법에 의하여 규율되고 있으며, 이 법률관계는 국가의 강제력에 의해서 실현할 수 있다.

법률관계와 구별되는 것으로 호의관계가 있는데, 법적으로 구속받으려는 의사 없이

행해진 생활관계를 말한다. 예를 들면, 식사에 초대하거나 출근길 카풀 약속과 같이 급부자에게 법률적 의무가 없음에도 불구하고 무상으로 급부를 하는 것으로, 호의적 급부를 약속받은 자에게는 이행청구권도 또한 채무불이행을 이유로 하는 손해배상청구권도 발생하지 않는다. 그러나 당해 행위가 무상이냐의 여부가 법률관계와 호의관계의 유일한 구별표준일 수는 없으며, 법률효과의사에 의하여 결정되어야 한다. 예를 들면 수능시험장에 이웃집 학생을 자동차로 태워다 주기로 약속하였을 경우, 출근길 카풀 동승자가 사고를 당하였을 경우에는 비록 무상으로 한 약속이더라도 그 손해까지 호의관계에 속하는 것은 아니며, 그 손해를 누가 부담할지 결정하는 것은 법률관계에 속하는 사항이 된다.

이와 같이 법률관계는 사람과 사람의 관계, 또는 사람과 물건 기타 재화의 관계로 나타나지만 결국은 사람과 사람의 관계이며, 법에 의하여 구속되는 자와 법에 의하여 보호받는 자의 관계로 나타나게 된다. 여기서 전자의 지위는 의무, 후자의 지위는 권리가 되므로, 결국 법률관계는 권리와 의무의 관계이다.

(2) 권리와 의무

권리란 일정한 구체적 생활상의 이익을 누릴 수 있도록 법이 인정하고 옹호하는 힘을 말하고, 의무란 의무자의 의사와는 관계없이 일정한 행위를 해야 할 또는 하지 않아야 할 법률상의 구속을 말한다. 예를 들면 A가 B가 소유한 부동산 매매계약을 체결한다면 A는 B에게 매매대금을 지급할 의무가 있는 반면, 토지 소유권을 이전받을 권리가 있으며, B는 A와는 반대로 토지 소유권을 이전해 줄 의무가 있고, 매매대금을 지급받을 권리를 갖게 된다. 이것이 매매라는 법률관계에 의해서 발생하는 권리와 의무이다.

물론 모든 법률관계가 직접적으로 권리·의무관계로 나타나는 것은 아니며, 언제나 권리와 의무가 상응하는 것은 아니어서 의무만 있고 권리는 없다거나(예: 공고의무, 등기의무, 감독의무) 권리만 있고 그에 상응하는 의무는 없는 경우(예: 취소권, 추인권, 해제권과 같은 형성권)도 있다.

여기서 의무와 구별되는 것으로 간접의무 또는 책무가 있는데, 그것을 준수하지 않으면 그 부담자에게 법에 의한 일정한 불이익이 발생하지만, 상대방이 그것을 강제하거나 그 위반에 대하여 손해배상을 청구할 수 없는 것을 말한다. 책무의 예로는 증여자의 하자고지 의무, 사용대차에서 대주(貸主)의 하자고지 의무, 청약자의 승낙연착에 대한 통지의무, 과실상계에서 피해자의 주의의무, 채권자의 수령의무 등을 들 수 있다.

① 권리의 분류

* **내용에 의한 분류** 권리의 내용을 이루는 생활이익을 기준으로 재산권, 인격권, 가족권, 사원권으로 나눌 수 있다. 재산권은 경제적으로 가치 있는 이익을 누리는 것을 목적으로 금전으로 평가될 수 있는 권리를 총칭하며, 물권, 채권, 무체재산권(지적재산권)이 해당한다. 다시 물권은 권리자가 물건을 직접 지배해서 이익을 얻는 배타적인 권리로서, 민법에서는 점유권, 소유권, 지상권, 지역권, 전세권, 유치권, 질권, 저당권의 8가지를 인정하고 있다. 채권은 금전을 빌려준 경우에 그 반환을 구하는 것과 같이 특정인(채권자)이 다른 특정인(채무자)에 대하여 일정한 급부를 청구하는 권리로, 당사자 간의 계약과 법률의 규정에 의해 발생한다. 무체재산권은 저작이나 발명 등과 같이 정신적 창조물을 독점적으로 이용하는 것을 내용으로 하는 권리로, 특허권, 실용신안권, 의장권, 상표권, 저작권 등이 이에 해당한다.

인격권은 권리의 주체와 분리할 수 없는 인격적 이익을 누리는 것을 내용으로 하는 권리로서, 인간으로서의 존엄과 가치에 그 바탕을 두고 있다. 구체적으로는 생명, 신체, 정신의 지유에 대한 권리를 가리키며, 정신의 자유에 대한 권리는 명예, 신용, 정조, 성명, 초상, 사생활의 보호를 포함한다.

가족권은 신분권이라고도 하는데, 호주, 남편, 아내, 부모, 자녀, 친족 등의 신분에 따르는 생활이익을 내용으로 하는 권리로, 권리보다는 의무가 강조되며, 원칙적으로 일신전속권(一身專屬權)이다.

사원권은 사단(社團)의 구성원(社員)이 그 지위로써 사단에 대하여 가지는 여러 권리와 의무를 총칭하며, 사원의 지위는 양도 또는 상속할 수 없는 것으로 정하고 있다.

* **작용(효력)에 의한 분류** 권리를 그에 주어진 법률상의 힘의 정도에 의해 분류하면 지배권, 청구권, 형성권, 항변권으로 나눌 수 있다. 지배권은 타인의 행위를 필요로 하지 않고 일정한 객체를 직접 지배할 수 있는 권리로서 물권, 무체 재산권, 인격권이 이

에 속하며 친권·후견권 등은 비록 사람을 대상으로 하기는 하지만 상대방의 의사를 누르고 권리내용을 직접 실현한다는 점에서 지배권이라고 보는 것이 통설이다. 이 지배권에 대한 침해는 원칙적으로 불법행위가 성립된다.

청구권은 특정인이 다른 특정인에 대하여 일정한 행위를 할 것을 청구할 수 있는 권리로 채권에서 나오는 것이 보통이지만, 물건의 점유를 침탈당한 경우 물권에 기해 그 반환을 청구하는 소유물반환청구권, 가족관계에서 기하는 상속회복청구권, 부양청구권, 부부간 동거청구권 등이 이에 속한다.

형성권은 권리자의 일방적 의사표시만으로 권리의 변동을 생기게 하는 권리로서, 권리자의 의사표시만으로 법률관계의 변동이 일어나는 것과 법원의 판결에 의하여 비로소 법률관계의 변동이 일어나는 것의 두 유형이 있다. 이 중 전자에는 법률행위의 동의권, 취소권, 추인권, 계약의 해제권 및 해지권, 상계권, 약혼 해제권, 상속포기권이 있으며, 후자에는 채권자취소권, 혼인취소권, 재판상이혼권, 친생부인권, 입양취소권, 재판상파양권 등이 이에 속한다.

항변권은 청구권의 행사에 대해 일정한 사유로 인해 그 급부를 거절할 수 있는 권리로, 주장되는 청구권의 존재를 필요로 한다. 이것은 상대방의 청구권 자체를 소멸시킬 수 있는 권리가 아니라 그 작용을 일시적 또는 영구적으로 저지할 수 있는 권리이다.

• **기타 분류** 특정 상대방이 없고 누구에 대해서도 주장할 수 있는 권리인 절대권(물권, 인격권)과 특정인에 대해서만 주장할 수 있는 상대권(채권)이 있다. 양도성 및 상속성이 있느냐에 따라 일신전속권과 비전속권으로 나누고, 권리의 독립성에 따라 주된 권리와 종된 권리로 나눈다. 그리고 권리가 발생하기 위한 요건 중 일부만을 갖추어 장래 남은 요건이 갖추어지면 권리를 취득할 수 있는 상태에 대하여 법이 보호를 해주는 것을 의미하는 기대권이 있다.

② 권리의 주체와 객체, 권리 변동

민법은 권리를 중심으로 크게 3가지 체계로 구성되어 있다. 하나는 권리의 주체이고, 둘은 권리의 객체, 셋은 권리의 변동이다. 따라서 민법은 권리의 주체에 그 객체를 대상으로 하여 그 변동을 정하는 법률이라고 할 수 있다.

법에 의하여 권리를 향유할 수 있는 힘을 부여받은 자를 권리주체라고 하는데, 민법상 권리의 주체로는 사람인 '자연인'과 일정한 단체 즉 사단 또는 재단으로 법인격을 취득한 '법인'이 있다. 그리고 이러한 권리주체는 권리능력, 의사능력, 행위능력, 그리고 책임능력과 같은 민법상의 능력을 갖는다.

민법 제3조는 "사람은 생존한 동안 권리와 의무의 주체가 된다."고 규정하고 있는데, 이는 모든 자연인에게 권리능력이 인정된다는 점 및 권리와 의무가 상응한다는 점을 밝힌 것으로 권리능력 평등의 원칙을 규정한 것이다. 이러한 권리능력은 권리의 주체가 될 수 있는 지위 또는 자격을 말하는 것으로 모든 권리주체는 바로 권리능력을 가지면서 의무능력을 부담할 수 있다. 권리를 가질 수 있는 능력을 가진 권리능력자는 실제로 권리를 가지고 있는 권리자와는 다른 개념이며, 민법상 사람은 출생한 때로부터 권리능력을 가지며 사망으로 인하여 권리능력은 소멸된다. 법인에 대해서도 일정한 범위에서 권리능력을 부여하고 있다.

의사능력은 자기가 하는 행위의 의미나 결과를 정상적인 인식력과 예기력을 바탕으로 합리적으로 판단하고 자기의 의사를 결정할 수 있는 정신적 능력을 말하고, 유아나 고도의 정신병자 등에게는 이런 능력이 결여되어 있다. 따라서 의사능력이 없다면 '의사에 기한' 법률관계의 형성은 무의미한 것이 되고, 의사 무능력자(예: 유아, 정신병자, 만취자 등)가 한 의사표시는 무효가 된다. 법인의 경우 그 성질상 의사능력은 문제되지 않는다.

행위능력은 독자적으로 유효하게 법률행위(예: 계약)를 할 수 있는 지위를 말하는데, 이는 의사능력과는 달리 획일적으로 판단된다. 민법상 단순히 능력이라고만 하면, 이는 행위능력을 의미한다. 민법상의 행위 무능력자는 연령으로 해서 일률적으로 결정되는 미성년자와 일정한 요건이 갖추어진 경우에 법원의 선고에 의한 한정치산자와 금치산자의 셋이 있으며, 행위무능력자가 독자적으로 행한 법률행위는 의사능력 여부와는 관계없이 취소할 수 있다. 여기서 미성년자는 만 20세 미만의 자가 되고, 한정치산자는 심신박약이거나 재산의 낭비로 자기나 가족의 생활을 궁박하게 할 염려가 있는 자로서 본인, 배우자, 4촌 이내의 친족, 후견인 또는 검사의 청구에 의해 법원에서 선고하며, 금치산자는 심신상실의 상태에 있는 자로서, 본인, 배우자, 4촌 이내의 친족, 후견인 또는 검사의 청구로 역시 법원에서 선고한다.

책임능력은 자기의 행위가 타인의 법익을 위법하게 침해한다는 것을 알기에 충분한 판단능력, 즉 법률상의 책임을 변식할 수 있는 지능을 말한다. 이는 의사능력과 마찬가지로 개개의 행위와 관련하여 개별적으로 판단되며, 자연인의 경우에는 자기가 하는 행위의 법률상의 책임을 변식할 지능조차 없으면 책임무능력자가 된다. 이들은 불법행위 또는 채무불이행에 대하여 책임지지 않으며, 이들의 불법행위에 대해서는 감독자가 책임을 지게 된다.

권리의 객체는 권리의 대상을 말하며, 권리의 종류에 따라 다르다. 즉 물권의 객체는 물건이고, 채권의 객체는 채무자의 일정한 행위이다. 민법은 권리의 객체 중 물건에 관하여만 규정하고 있는데, 물건은 물권의 객체이지만, 간접적으로 채권과 기타 다른 권리와 관련되기도 한다.

법률관계의 변동이 일어나려면 일정한 전제조건이 갖추어져야 하는데, 이 전제조건을 법률요건이라고 하며, 일정한 법률요건이 갖추어짐에 따라 발생하는 법률관계의 변동, 즉 권리·의무의 발생, 변경, 소멸이 법률효과가 된다. 그리고 사적자치의 원칙이 지배하는 사법에서 가장 중요한 것은 의사표시를 요소로 하는 법률행위가 되며, 법률요건을 구성하는 개개의 사실을 법률사실이라고 한다.

법률요건은 그 발생요인에 따라 둘로 나누어진다. 하나는 당사자의 의사표시 내지는 법률행위로, 민법의 기본 토대를 이루는 사적 자치는 의사표시를 수단으로 하여 현실화되고, 그 완성된 단위가 바로 법률행위이다. 예를 들어 매매에서 청약과 승낙의 의사표시가 합치하면 재산권을 매도하고 매수하는 효과가 발생하게 되며, 단순히 청약의 의사표시만으로는 법률행위가 성립하지 않는다. 이에 대해 다른 하나는 법률행위 이외의 모든 경우로 민법이 일정한 판단하에 권리 변동의 효과를 일률적으로 발생시키는 것인데, 총칭하여 법률의 규정이라고 한다. 예를 들어 소멸시효, 취득시효, 사무 관리, 부당이득, 불법행위, 상속 등이 이에 해당하는데, 그 규정에 따라 일정한 요건이 충족되면 당연히 권리를 취득하거나 잃게 되는 효과가 발생한다.

(3) 법률행위(민법 제107~제113조)

법률행위는 의사표시를 불가결의 요소로 하는 법률요건으로, 권리의 변동을 원하는 당사자의 의사 또는 목적대로 그 효과가 발생한다는 점이 특징이다. 법률행위의 성립의 일반적 효력요건으로는 ① 당사자의 권리능력·행위능력·의사능력이 있어야 한다. ② 법률행위 내용의 확정성·가능성·적법성·사회적 타당성이 있어야 한다. ③ 의사형성과정에 하자 없이 자유로운 의사 결정을 하고, 의사와 표시의 일치가 요구된다.

이를 좀 더 세부적으로 보면, ① 당사자가 행위무능력자인 때에는 그 법률행위를 취소할 수 있고, 의사무능력자이거나 권리능력자가 아닌 경우에는 그 법률행위는 무효가 된다. ② 법률행위의 목적이 확정되어 있거나 확정 가능해야 하고, 그 실현이 가능해야 하며, 목적이 적법해야 할 뿐 아니라 선량한 풍속, 기타 사회질서에 위반되지 않아 사회적 타당성이 인정되어야 한다. 단, 이 중 하나라도 갖추지 못한 경우에는 그 법률행위는 절대적으로 무효이다. ③ 의사와 표시가 불일치하는 경우, 진의(眞意)가 아닌 의사표시를 상대방이 알거나 알 수 있었던 경우나 상대방과 통정(通情)한 허위의 의사표시는 무효이다. 그리고 착오가 있었거나 타인의 부당한 간섭, 즉 사기·강박에 의해 의사표시를 한 때에는 표의자가 이를 취소할 수 있다.

법률행위의 종류는 의사표시의 수 및 방향에 따라 계약, 합동행위, 단독행위로 구분할 수 있다. ① 계약은 대립되는 2개 이상의 대립되는 당사자가 서로 상대방에 대하여 내용적으로 일치하는 의사표시를 함으로써 성립하는 법률행위를 말한다. 계약에는 채권계약, 물권법상의 계약, 가족법상의 계약이 있으나, 좁은 의미의 계약은 채권 계약만을 말하며, 민법에서도 채권계약에 관해서만 계약이라는 표현을 사용한다. 대신 채권계약을 제외한 다른 계약에서는 합의라는 표현을 사용하기도 한다. ② 합동행위는 서로 대립하지 않고 방향을 같이하는 2개 이상의 의사표시에 의해 성립하는 법률행위로 사단법인의 설립행위가 해당한다. ③ 단독행위는 행위자의 의사표시만으로 성립하는 법률행위를 말하는 것으로 유언, 취소·해제·동의·추인과 같이 형성권의 행사로서 행해지는 의사표시와 채무면제나 소유권 포기 등도 이에 해당한다. 단독행위는 다시 상대방의 수령을 요하는 경우(동의, 채무면제, 상계, 추인, 취소, 해제, 해지)와 그렇지 않은 경우(권리의 포기, 유언, 재단법인 설립행위)로 나누어지며, 원칙적으로 법률이 허용하는 경우에만 단독행위를 할 수 있고, 계약처럼 자유롭게 할 수 없다.

　법률행위는 의사표시의 일정한 방식 여부에 따라 요식(要式)행위와 불요식(不要式)행위로 나눌 수 있는데, 계약자유의 한 내용으로 방식의 자유가 인정되므로, 일반적으로 법률행위의 방식은 자유롭게 불요식을 원칙으로 한다. 그러나 당사자의 신중한 의사 결정을 위하여, 거래의 안전과 신속을 위하여, 또는 법률관계의 명확화를 위하여 일정한 방식이 요구되기도 하는데, 요식행위와 불요식행위는 효력면에서 볼 때 원칙적으로 차이가 없다.

　법률행위에 관해 민법 총칙 편에서는 총칙, 의사표시, 대리, 무효와 취소, 조건과 기한의 5개 절로 나누어 규정하고 있다. 그 내용의 개요를 살펴보면 다음과 같다.

① 총칙

법률행위가 선량한 풍속이나 기타 사회질서에 위반한 사항을 내용으로 하는 경우와 당사자의 궁박, 경솔 또는 무경험으로 인하여 현저하게 공정을 잃은 경우에는 무효로 한다. 다만 법률행위의 당사자가 법령 중의 선량한 풍속 기타 사회질서에 관계없는 규정과 다른 의사표시를 한 때에는 그 의사에 의하며, 법령 중의 선량한 풍속 기타 사회질서에 관계없는 규정과 다른 관습이 있는 경우에 당사자가 명확하게 의사표시를 하지 않은 때에는 그 관습에 따르도록 되어 있다.

② 의사표시(민법 제107~113조)

의사표시는 법률행위의 불가결의 요소로서, 표의자의 의사가 올바르게 표시되고 그 의사에 따른 법률효과가 발생해야 한다. 법률행위가 그 효력을 발생하기 위해서는 그 요소인 의사표시에 흠이 없어야 한다. 따라서 진의가 아닌 의사표시, 통정한 허위의 의사표시, 착오로 인한 의사표시, 사기·강박에 의한 의사표시는 의사와 표시가 일치하지 않는다는 점에서 흠이 있는 의사표시로 간주된다. 그러나 설사 표의자가 잘못 표시하였더라도 상대방이 표의자가 뜻한 의사대로 받아들였다면 그 의사에 따른 효과가 발생하게 된다.

　상대방이 있는 의사표시에서 진의가 아닌 의사표시의 경우에는 표의자가 농담이나 거짓말과 같이 의식적으로 의사와 어긋나는 표시를 하였다면 상대방 보호의 필요에 의해 그 표시대로 효과가 발생한다. 그러나 상대방이 표의자의 의사표시가 진의가 아님을 알았거나 알 수 있었을 경우에는 상대방 보호의 필요가 없어지므로 무효가 된다. 또한 상대방과 통정한 허위의 의사표시의 경우에는 비록 표의자의 의사와 표시가 일치하지 않지만 상대방이 표의자의 의사를 정확하게 이해하였고, 그 의사는 표시에 따른 법률효과의 불발생이므로 그 표시는 무효가 된다.

착오는 표의자의 과실로 자신의 의사와는 달리 표시한 것으로, 그 표시대로 효과가 발생한다고 볼 수 있다. 그러나 민법에서는 의사표시를 함에 있어서 법률행위의 중요 부분에 착오가 있는 때에는 취소할 수 있는데, 그 착오가 표의자의 중대한 과실로 인한 때에는 취소하지 못하도록 하였다. 또한 사기나 강박에 의한 의사표시는 취소할 수 있으며, 상대방이 있는 의사표시에 관하여 제3자가 사기나 강박을 행한 경우에는 상대방이 그 사실을 알았거나 알 수 있었을 경우에 한하여 그 의사표시를 취소할 수 있다.

의사표시의 효력은 상대방이 있는 의사표시의 경우 민법은 도달주의를 채택하여 그 통지가 상대방에게 도달한 때로부터 효력을 발생한다. 도달이란 의사표시가 상대방의 사회적 지배범위 내에 들어가 상대방이 객관적으로 의사표시의 내용을 알 수 있는 상태에 놓이는 것을 말한다. 그러나 표의자가 그 통지를 보낸 후 사망하거나 행위능력을 상실하더라도 의사표시의 효력은 그대로 유지된다. 그리고 의사표시의 상대방이 그 의사표시의 수령능력이 없는 무능력자인 경우에는 의사표시로 인정되지 못하며, 법정대리인이 그 도달을 안 후에는 도달의 효력을 발생하게 된다. 또한 표의자가 과실 없이 상대방을 알지 못하거나 상대방의 소재를 알지 못할 때에는 공시송달에 의하여 의사표시의 효력을 발생시킬 수 있다. 공시송달은 법원 사무관 등이 송달할 서류를 보관하고 그 사유를 법원게시판에 게시하거나 그 밖에 대법원 규칙이 정하는 방법(관보, 공보 또는 신문 게재, 전자통신매체를 이용한 공시)에 따라서 해야 한다.

③ 대리(민법 제114~136조)

대리란 대리인이 본인의 이름으로 의사표시를 하거나 의사표시를 수형함으로써 그 법률효과가 직접 본인에게 귀속되도록 하는 제도이다. 대리 행위의 법률효과가 본인에게 귀속되려면 본인이 대리행위를 할 사람에게 대리할 권한을 주거나 법률이 그러한 권한을 인정한 경우여야 한다는 점, 대리인이 상대방과 법률행위를 하면서 그 효과가 자신이 아닌 본인에게 돌아간다는 점을 밝혀야 한다는 점, 그리고 대리인이 대리권의 범위 내에서 대리행위를 해야 한다는 점 등의 세가지 요건을 갖추어야 한다. 대리는 원칙적으로 의사표시 또는 그것을 요소로 하는 법률행위에 한하여 인정되며, 혼인이나 유언 등과 같이 본인의 의사 결정을 절대적으로 필요로 하는 가족법상의 법률행위에서는 대리가 허용되지 않는다.

④ 무효와 취소(민법 제137~146조)

법률행위가 당사자가 원한 대로 법률효과를 발생시키는 경우에 이를 유효하다 또는 효력이 있다고 한다. 그러나 법률행위가 성립하였더라도 유효요건이 갖추어지지 않았다면 법에서는 이를 이유로 효력부여를 거부할 수 있다. 이와 같이 법에 의하여 효력부여가 거부되는 경우를 총칭하여 넓은 의미에서 무효라고 할 수 있다.

법에 의해 효력부여가 거부되는 경우는 크게 2가지 경우를 생각할 수 있는데, 하나는 법률행위를 무효로 할 권리를 가진 사람이 그 권리를 행사함으로써 비로소 무효로 되는 경우와 다른 하나는 그러한 행위없이 바로 무효인 경우이다. 이 중 전자는 취소(取消)라 하고, 후자는 무효(無效)가 된다.

법률행위의 무효란 법률행위가 성립한 때부터 법률상 당연히 그 효력이 없는 것으로 확정되는 것을 말하고, 취소는 일단 유효하게 성립한 법률행위의 효력을 무능력 또는 의사표시의 결함을 이유로 행위 시에 소급하여 무효로 하는 특정인(취소권자)의 의사표시로 취소권자는 무능력자, 하자있는 의사표시를 한 자, 그 대리인 또는 승계인에 한한다. 법률행위가 무효가 되는 경우에는 의사무능력자의 법률행위, 강행규정에 위반하는 법률행위, 사회질서에 반하는 법률행위, 불공정한 법률행위, 상대방이 안 비진의 표시, 허위표시, 무권 대리행위 등이다. 또한 무능력자의 법률행위, 착오에 의한 의사표시, 사기 또는 강박에 의한 의사표시 등은 법률행위를 취소할 수 있는 경우가 된다.

무효와 취소의 차이를 보면, ① 법률행위의 효력에서 무효는 누구의 주장도 기다릴 필요 없이 처음부터 당연히 효력이 발생하지 않는 데 비해, 취소는 일정한 취소권자가 취소를 한 때에 한해서 소급하여 무효인 것으로 되며, 그 취소를 하지 않은 때에는 법률행위의 효력발생에는 아무런 영향이 없다. ② 추인(追認)의 불가(不可)에서 무효인 법률행위는 추인하여도 그 효력이 생기지 않는 것이 원칙인 데 비해 취소할 수 있는 법률행위를 추인하면 그 이후에는 취소할 수 없고 유효한 법률행위로 확정된다. ③ 권리행사기간에서 무효는 아무리 시간이 경과하더라도 무효지만, 취소는 일정한 기간 내에 취소권 행사를 하지 않으면 취소권 자체가 소멸하여 그 이후에는 유효한 법률행위로 확정된다. 넷째, 부당이득반환의 범위에서 법률행위를 취소하면 처음부터 무효인 것으로 되므로 취소한 때에는 그 결과에서 무효와 같게 된다.

취소와 구별되는 개념으로 철회, 재판상의 취소, 공법상의 취소, 해제가 있다. 철회는 표의자의 단독행위로 그 효력이 발생하는데, 민법상 인정되는 철회에는 2가지 유형이 있다. ① 아직 효력이 생기지 않은 의사표시를 그대로 저지하여 장래효과가 발생하지 않게 하는 것으로 무능력자의 계약이나 유언자가 생전에 유언을 철회하는 것 등이 해당한다. ② 일단 의사표시가 발생하기는 하였지만 그것만으로는 권리의무를 생기게 하지 못할 때에 그것에 기하여 법률행위가 행하여질 때까지 그 의사표시의 효력을 장래에 향하여 소멸시키는 것으로, 법정대리인이 미성년자의 법률행위에 대해 동의와 허락을 철회할 수 있는 것을 말한다. 재판상의 취소는 혼인이나 입양과 같은 신분행위를 취소하는 것으로 소(訴)로서 법원에 청구해야 한다. 공법상의 취소는 한정치산 선고 또는 금치산 선고의 취소, 실종선고의 취소와 같이 사법 상의 의사표시에 관한 사항이 아닌 공법상의 취소를 말한다. 그리고 해제(解除)는 유효하게 성립된 계약에 당사자 일방의 채무 불이행이 있을 때 그 상대방이 일방적으로 계약을 소급적으로 소멸시키는 것을 말하는데, 법률행위 중에서도 계약에만 특유한 것이고, 채무불이행을 원인으로 그 효력을 실효시킨다는 점에서 취소와는 다르다. 또한 해제는 유효하게 성립한 계약의 효력을 소급적으로 소멸시키는 제도라는 점에서 법률행위의 효력이 발생하기 전에 그 발생을 저지하는 철회와 구별된다.

⑤ 조건과 기한(민법 제147~154조)

법률행위가 성립하면 그 효력이 곧 생기는 것이 원칙이다. 예를 들면 민법에서는 매매는 당사자 일방이 재산권을 상대방에게 이전할 것을 약정하고 상대방이 그 대금을 지급할 것을 약정함으로써 그 효력이 생긴다고 정하고 있어 법률행위, 즉 계약은 그 성립에 의하여 효력이 발상한다는 규정형식을 취하고 있다. 그러나 당사자들이 법률행위의 효력의 발생 또는 소멸을 장래의 일정한 사실에 의존하게 할 수 있으며, 이처럼 법률행위의 효력의 발생 또는 소멸을 제한하기 위하여 법률행위에 부가되는 약관을 법률행위의 부관(附款)이라고 한다. 조건과 기한은 바로 법률행위의 부관이다.

조건(條件)은 법률행위의 효력의 발생 또는 소멸을 '장래의 불확실한 사실'의 성립 여부에 의존하게 하는 법률행위의 부관으로 취직을 하면 자동차를 사 주겠다고 약정하는 경우에 증여계약은 즉시 성립하지만, 그 계약에 의한 자동차의 인도에 앞서 취직이 선행되어야 한다. 따라서 조건이 성취되었는지의 여부에 대하여 당사자들은 중대한 이해관계를 가지게 된다.

기한(期限)은 법률행위의 효력의 발생이나 소멸 또는 채무의 이행을 장래 발생할 것이 확실한 사실에 의존하게 하는 법률행위의 부관을 말한다. 따라서 장래의 사실이라는 점에서는 조건과 같지만, 그 사실이 확실하게 발생하는 것인 점에서 조건과 다르다. 기한은 법률행위의 조건으로 당사자가 임의로 정하는 것이므로 법정기한은 여기서 말하는 기한과는 다르다. 기한의 이익이란 기한이 도래하지 않음으로써 그동안 당사자가 받는 이익을 말한다. 당사자 중 누가 기한의 이익을 가지는지는 경우에 따라 다르지만, 보통은 채무자가 기한의 이익을 가지는 경우가 많기 때문에 민법은 채무자의 이익을 위한 것으로 추정한다.

(4) 기간(민법 제155~161조)

기간은 어느 시점에서 어느 시점까지의 계속된 시간을 말한다. 법률사실로서 기간은 사건에 속한다. 그런데 기간은 다른 법률사실과 결합하여 법률요건을 이루는 경우가 많다. 기간계산에 관한 민법규정은 보충적인 것으로 법령이나 재판상의 처분 또는 법률행위에 달리 정한 바가 있으면 그에 의한다.

기간의 단위를 '시·분·초'로 정하느냐 아니면 '일·주·월·년'으로 정하느냐에 따라 민법은 그 계산방법을 달리한다. '시·분·초'일 경우에는 자연적 계산방법에 의하고, 즉시 기산하며, 기간의 만료점은 그 정하여진 시·분·초가 종료한 때이다. '일·주·월·년'일 경우에는 역법적(曆法的) 계산방법에 의하고, 기산점은 기간의 초일(初日)을 산입하지 않고, 기간 말일의 종료로 기간이 만료된다. 기산점의 예외로 그 기간이 오전 0시부터 시작하는 경우에는 초일을 산입하고, 연령의 계산에서는 출생일을 산입한다. 만료일은 달력에 의해 계산하므로 월이나 년의 일수의 장단(長短)은 문제되지 않는다. 또한 당사자가 기일을 특정의 날짜로 지정하지 않고 주초(일요일), 주중(수요일), 주말(토요일), 월초(1일), 월중(그 달의 15일), 월말(그 달의 마지막 날)로 정한 경우에는 어느 날을 의미하는지 확정할 필요가 있다.

여기서 기간계산의 예를 들어보자. 2006년 9월 15일 오전 10시부터 7일간이라고 하면 기산점은 9월 16일이 되고, 만료점은 9월 22일 오후 12시가 된다. 1985년 10월 월 9일 오전 10시에 출생한 자는 2005년 10월 9일 오전 0시에 성년이 된다. 그리고 이사회는 회의 1주간 전에 통지하도록 되어 있고, 예정일이 10월 15일이라고 한다면, 10월 14일이 기산점이 되어 그날부터 역으로 7일이 되는 8일의 오전 0시에 만료되므로, 10월 7일 중으로 이사회 소집통지가 발송되어야 한다.

(5) 소멸시효(민법 제162~184조)

시효란 일정한 사실상태가 일정한 기간 동안 계속된 경우 그 사실 상태가 진실한 권리관계에 합치하느냐 여부를 묻지 않고서 일정한 법률효과를 발생시키는 제도로, 일정 기간이 경과한 다음 권리소멸의 효과를 부여하는 소멸시효와 반대로 권리취득의 효과를 부여하는 취득시효의 2가지가 있는데, 민법에서는 소멸시효를 총칙편에, 취득시효를 물권편에 각각 규정하고 있다.

일정한 기간의 경과로 권리가 소멸하거나 실효되는 점에서 소멸시효와 유사한 제도로 제척기간(除斥期間)이 있는데, 법률에서 획일적으로 정한 일정한 권리의 행사기간을 말하며, 제척기간 내에 권리를 행사하지 않으면 그 권리는 당연히 소멸된다. 소멸시효와 제척기간의 차이로는, ① 소멸시효가 완성되면 그 기산일에 소급하여 권리소멸의 효과가 생기지만, 제척기간의 경우에 기간이 경과한 때부터 장래에 향하여 권리가 소멸된다. ② 소멸시효는 권리자의 청구나 압류 등 또는 채무자의 승인이 있으면 중단되고, 그때까지 경과된 시효기간은 산입되지 않지만, 재척기간에 권리자의 권리주장이 있으면 그 효과가 발생하며, 이를 기초로 다시 기간이 갱신되는 등의 문제가 발생하지 않는다. ③ 제척 기간에 의한 권리의 소멸은 당사자가 이를 주장하지 않더라도 법원이 당연히 고려해야 하는 직권조사사항인 반면, 소멸시효 완성에 의한 권리의 소멸은 시효원용권자가 시효 완성사실을 원용한 경우에 비로소 고려된다. ④ 소멸시효의 이익은 포기할 수 있으나, 제척기간에는 포기가 인정되지 않는다. ⑤ 소멸시효기간은 법률행위에 의하여 단축 또 는 경감할 수 있지만, 제척기간은 자유로이 단축할 수 없다.

3 | 민법 채권편(민법 제373조~)

채권편에서는 사적·경제적 영역에서의 수요 충족을 목적으로 하는 거래행위 및 특정한 사람들 사이에서의 이해 조절에 관한 본질적 규정들을 포함하고 있다. 민법 외에도 상법 이나 수표법, 어음법 등 채권관계를 발생시키는 법률이 많이 있지만, 이런 특별법상의 채 권관계에 대해서도 그 법률이 달리 정하고 있지 않는 한 본 법의 규정들이 적용된다.

채권이란 특정인이 다른 특정인에 대하여 특정의 행위를 청구할 수 있는 권리(급부 청 구권)를 말하며, 채권은 재산권이고, 상대권이며 청구권이다. 또한 사업자와 소비자 사이 에서 일어나는 계약상의 책임과 불법행위 책임에 관하여 기본적으로 적용되며, 채무 불 이행, 하자담보 책임, 계약의 해제와 해지, 손해배상 책임에 관한 규정들을 포함하고 있다.

(1) 계약

민법은 개인이 자기 의사에 따라 자기의 법률관계를 스스로 형성할 수 있다는 사적자치 의 원칙을 기본으로 하는데, 개인이 자기 의사에 따라 자기의 법률관계를 형성하는 것 은 주로 법률행위, 특히 계약을 통해서이다. 이 계약은 서로 대립되는 2개 이상의 의사표 시의 합치로 성립하는 법률행위로, 채권관계의 발생을 목적으로 한다. 계약법의 기본원 칙 중의 하나는 일단 맺어진 계약은 지켜져야 한다는 것이다. 자유이자 동시에 구속인 것이다.

계약에는 계약자유의 원칙이 적용되는데, 당사자가 자유롭게 선택한 상대방과 법률관계의 내용을 자유롭게 합의하고, 법이 그 합의를 법적 구속력 있는 것으로 승인하는 원칙이다. 계약자유의 원칙의 구체적인 내용으로는 ① 계약을 체결할 것인지 여부에 관한 계약 체결의 자유, ② 누구와의 사이에 계약을 체결할 것인지에 대한 상대방 선택의 자유, ③ 어떤 내용으로 계약을 맺을 것인지에 관한 내용 결정의 자유, ④ 어떤 방식으로 계약을 맺을 것인가에 관한 방식의 자유 등을 들 수 있으며, 이 중 가장 중요한 것은 내용결정의 자유이다.

그런데 계약자유의 원칙에 의한 계약정의는 원칙적으로 교섭력이 대등한 당사자들이 전제되고 이들이 경쟁을 해야 실현될 수 있으나, 당사자들이 사전합의를 한다든지 약관 규제 등의 여러 가지 경우로 제한을 받기도 한다.

계약은 원칙적으로 당사자들의 의사표시의 합치, 즉 합의에 의하여 성립(민법 제527~535조)하며, 합의는 보통 청약(請約)과 승낙(承諾)으로 성립한다. 청약의 의사표시와 승낙의 의사표시가 내용적으로 일치하는 것이 객관적 합치이고, 당사자의 의사표시가 상대방의 의사표시와 결합하여 계약을 성립시키려는 의의를 가지는 경우에는 주관적 합치가 있게 된다.

① 청약

청약은 그에 대응하는 상대방의 승낙과 합치하여 일정한 내용의 계약을 성립시킬 것을 목적으로 하는 당사자 일방의 확정적 의사표시이다. 따라서 청약은 그 자체로는 의사표시에 불과하며, 하나의 법률사실에 지나지 않는다. 그러나 청약은 그에 응하는 승낙만 있으면 바로 계약이 성립될 수 있을 정도로 확정적이어야 하며, 청약자가 따로 별도의 의사표시를 할 필요는 없다. 또한 의사표시의 효력발생 시기에 관한 일반원칙에 따라 도달에 의하여 효력을 발생하며, 청약이 효력을 발생하면 청약자가 이를 마음대로 철회하지 못하는데, 이를 청약의 구속력이라고 한다.

청약의 실질적 효력은 다음과 같다. ① 청약이 도달하면 상대방은 그에 대하여 승낙함으로써 곧 계약을 성립시킬 수 있다. ② 청약의 의사표시가 상대방에게 도달하면 승낙을 받을 수 있는 효력을 지니지만, 원칙적으로 청약 수령자는 청약을 받았다는 사실로부터 아무런 법률상의 의무를 부담하지 않고, 그가 승낙을 하느냐 않느냐는 원칙적으로 그의 자유에 속한다. ③ 승낙기간이 정해져 있는 청약에 대하여 그 기간 내에 한하여 승낙할 수 있는데, 승낙은 승낙기간 내에 도달해야 한다. 만약 보통의 경우라면 승낙기간 내에 청약자에게 도달할 수 있도록 발송된 승낙통지가 도중에 어떤 연유로든 승낙기간이 지난 후에 도달하였다면, 청약자는 지체없이 상대방에게 연착의 통지를 하여 승낙의 통지를 발송한 자를 보호해야 한다. 왜냐하면 승낙의 통지를 발송한 자는 그 통지가 승낙 기간 내에 청약자에게 도달하여 계약이 성립하였다고 믿고, 계약상의 채무의 이행을 준비하거나 다른 계약의 체결을 단념하는 등 계약 당사자로서의 기대를 가지고 행동할 것이므로, 계약이 불성립으로 끝났다면 예측할 수 없는 손해를 입을 가능성이 있기 때문이다.

② 승낙

승낙은 청약에 응하여 계약을 성립시키려고 청약 수령자(피청약자)가 청약자에 대하여 행하는 의사표시이다. 도달주의의 일반원칙에 따라 승낙은 도달한 때에 그 효력이 발생하고 계약도 그때에 성립하게 된다. 그러나 승낙기간이 지난 후에 도착한 승낙은 청약자가 이를 새로운 청약으로 보고 그에 대하여 승낙함으로써 계약을 성립시킬 수 있다.

③ 계약의 효력발생(민법 제536~542조)

계약이 성립하였다고 해서 언제나 당사자가 원하는 바의 효과가 발생하는 것은 아니며, 다시 일정한 요건을 갖추어야 비로소 효력이 발생하게 된다. 여기서 일정한 요건은 모든 법률행위에 공통적으로 적용되는 일반적 효력요건을 말한다.

민법의 계약의 효력에서는 쌍무give and take계약의 특유한 효력인 동시이행의 항변권과 위험부담, 그리고 제3자를 위한 계약에 관하여 규정하고 있다. 동시이행의 항변권은 쌍무계약의 당사자 일방이 상대방이 채무를 이행하거나 이행의 제공을 하지 않은 채 채무의 이행을 청구하면 자기 채무의 이행을 거절할 수 있는 것을 말한다. 위험부담은 쌍무계약에서 당사자 일방의 채무가 그에게 책임없는 사유로 불능이 되어 소멸하는 경우에 그의 반대급부 청구권, 다시 말하면 채권자의 반대급부 의무가 소멸하느냐 아니면 존속하느냐의 문제가 발생하는데, 이를 위험부담의 문제라고 한다. 그리고 제3자를 위한 계약은 계약 당사자가 자기 명의로 체결한 계약에 의하여 제3자로 하여금 직접 계약당사자의 일방에 대하여 권리를 취득하게 하는 것을 목적으로 하는 것이다. 예를 들면 보험회사 A와 보험계약자 B사이의 생명보험계약에 의하여 B가 보험료를 지급하고 아들 C로 하여금 A회사에 대한 보험금 청구권을 취득하게 하는 것이 해당한다. 여기서 A는 낙약자(諾約者), B는 요약자(要約者) 또는 채권자, 그리고 C는 수익자(受益者) 또는 제3자가 된다.

(2) 계약의 해제와 해지(민법 제543~553조)

① 계약의 해제

계약의 해제란 유효하게 성립한 계약의 효력을 당사자 일방의 의사표시에 의하여 소급적으로 소멸하게 하여 계약이 처음부터 존재하지 않았던 것과 같은 상태로 복귀시키는 것을 말한다. 본래 계약은 일단 성립한 후에는 당사자가 이를 마음대로 해제하지 못하므로, 계약의 해제는 당사자가 해제권을 가지는 경우에 한하며, 해제권은 형성권에 속한다. 이런 해제권은 다음의 두 경우에 발생하게 되는데, ① 당사자 일방의 채무불이행을 원인으로 법률의 규정에 의하여 당연히 발생하는 경우(법정 해제), ② 당사자 사이의 특약으로 해제권이 유보된 경우(약정 해제)이다.

이렇게 해제권이 발생하더라도 그 권리가 행사되지 않는다면 해제의 효과는 발생하지 않는다. 해제권의 행사는 상대방에 대한 의사표시로 하는데, 이 의사표시는 철회할 수 없고 조건이나 기한을 붙이지 못한다. 일단 해제권에 의해 계약이 해제되면 당사자는 계약적 구속으로부터 해방되어 계약상의 의무를 면하고, 해제되는 계약에 기하여 발생한 권리는 소멸하게 된다. 또한 계약의 이행으로 이전된 권리를 복구하게 되어 아직 이행하지 않은 채무는 소멸하고, 이미 이행한 것에 대해서는 서로 원상회복의무를 지게 된다. 해제로 인한 원상회복의무는 부당이득반환의무의 성질을 가지며, 상대방의 채무불이행으로 인한 해제에서 자신의 채무면제와 반환이행으로도 불이행으로 인한 손해를 전보받지 못할 경우에는 손해배상을 청구할 수 있다. 그리고 계약의 해제는 손해배상의 청구에 영향을 미치지 않는다.

② 계약의 해지

계속적 계약관계에서 당사자 일방의 채무불이행을 이유로 한 채권관계를 해제에 의해 소멸하게 한다면 원상회복관계가 매우 복잡해지게 된다. 이럴 경우 그 효과를 계약 체결 시로 소급하여 발생시킬 필요가 없으며, 장래에 향하여 효력이 없는 것으로 하면 충분하다. 이렇게 계속적 계약관계에서 일방적 의사표시로 계약의 효력을 장래에 향하여 소멸하게 하는 행위를 해지라고 하고, 해지할 수 있는 권리를 해지권이라고 한다. 해지는 소급효과가 없다는 점에서 해제와는 다르고, 해지 사유는 각 계약의 특성에 맞게 개별적으로 규정되어 있다.

해지를 하면 당사자들은 지금까지 계속되었던 관계를 청산할 의무를 부담하는데, 이 청산의무는 해제에서의 원상회복 의무와는 다르고, 계약상의 의무의 연장으로 볼 수 있다. 그리고 계약의 해지는 해제와 마찬가지로 손해배상의 청구에 영향을 미치지 않는다.

(3) 채무불이행·하자담보책임과 불법행위책임

① 채무불이행(민법 제390조)

채무자에게는 채무의 내용에 좇은 이행을 할 의무가 있는데, 여러 가지 원인으로 인하여 급부가 정상적으로 이루어지지 않는 경우가 있으며, 이를 급부 장애라고 한다. 급부장애에는 협의의 채무불이행, 채권자 지체, 목적 달성 위험부담, 사정 변경, 담보 책임 등이 포함되지만, 여기서는 채무불이행에 대해서만 정리하였다.

채무불이행에는 이행지체나 이행불능과 같이 채무자에 의한 이행행위가 없는 소극적 형태가 있고, 채무자의 이행에 결함이 있어 채무의 완전한 이행으로 인정되지 못하는 경우를 불완전 이행이라 하여 제3의 채무불이행 유형으로 인정한다. 이행지체는 급부의 실현이 아직 가능함에도 불구하고 채무자가 그의 급부를 적시에 이행하지 않는 경우를 말하며, 보통 채권자에게 지연손해가 발생하므로 채권자는 이에 대한 손해배상을 청구할 수 있다. 이행불능은 급부 제공이 불가능한 것으로, 채무의 내용에 합치하는 결과를 채무자의 행위에 의하여 실현시킬 수 없거나 그러한 결과의 실현에 필요한 행위가 이루어질 수 없는 경우를 말한다. 여기서 원시적으로 불능인 급부를 목적으로 하는 계약은 무효가 되고, 후발적으로 채무자에게 책임 없는 사유로 인한 불능이면 채무자는 급부의무, 즉 채무를 면하며 채권자는 급부를 청구할 수 없고 손해배상도 청구하지 못한다. 그러나 채무자에게 책임있는 사유로 인한 불능의 경우에는 채무자의 제1차적 급부의무가 소멸하는 반면, 채권자에게 손해배상 청구권, 계약해제권 및 대상청구권(代償請求權)이 발생한다.

불완전 이행이란 채무자가 채무의 이행으로서 이행행위를 하였으나 그것이 채무내용에 좋은 이행이 아닌 경우 또는 그보다 좁게 이행함으로써 채권자에게 손해가 발생한 경우를 말하며, 적극적 채권 침해라고도 한다. 예를 들어 우유에 세균이 들어 있어서 매수인이 감염된 경우, 병든 가축의 공급으로 매수인의 다른 가축이 감염된 경우, 부작용을 수반하는 약을 설명 없이 팔아 그 약을 복용한 자가 피해를 입은 경우, 물건의 특수한 용법 또는 성질을 알려주지 않아 매수자가 피해를 입은 경우, 그리고 전염병에 걸린 소를 인도받아 채권자의 다른 소가 감염된 경우와 같이 확대손해 내지 부가적 손해가 발생한 경우이다. 이 경우에는 채무자의 손해배상 책임을 인정할 수 있으며, 그러기 위해서는 다음의 요건들이 충족되어야 한다.

- 채무자가 작위 또는 부작위로 계약상의 의무를 위반하고, 이로써 채권자에 손해를 가해야 하며, 채무자의 행위와 의무위반 사이에, 그리고 의무위반과 손해 사이에 인과관계가 존재해야 한다.
- 계약에 기하여 채무자에게 요구할 수 있는 모든 의무(준비의무, 보관의무, 고지의무, 보고의무 또는 비밀유지 의무)는 그 위반이 불완전이행을 성립시키는 의무에 속한다.

여기서 손해배상 청구권은 본래의 급부청구권과 함께 병존하게 되며, 다른 의사표시가 없는 한 금전으로 배상되어야 하는데, 불완전 이행으로 인한 가학적 사태가 피해자에게 손해뿐만 아니라 이익도 가져다준 경우에는 이 이익을 손해를 산정함에 있어서 참작해야 하고, 손익상계(損益相計)에 의하여 배상되어야 할 금액에서 공제하는 것이 마땅하다. 또한 불완전 이행으로 말미암아 채권자가 계약 전체의 이행에 대하여 아무런 이익도 가질 수 없게 되었거나 채권자가 계약의 존속을 더 이상 기대할 수 없을 정도로 계약목적이 의무 위반에 의하여 위태롭게 된 경우에는 채권자는 계약을 해제할 수 있으며, 계속적 채권관계인 경우에도 계약을 해지할 수 있다.

② 하자담보 책임(민법 제580조)

하자담보 책임은 매매의 목적물에 하자가 있는 때에 매수인(소비자)이 매도인(판매자)에게 손해배상 청구 또는 계약해제를 할 수 있는 것을 내용으로 하는 책임에 관한 것을 말한다. 이 경우에 매수인이 하자있는 것을 알았거나 과실로 인하여 이를 알지 못한 때에는 책임을 물을 수 없으며, 매수인이 하자있음을 안 날로부터 6월 내에 권리행사를 해야 한다.

③ 불법행위 책임

불법행위란 타인에게 손해를 가하는 위법한 행위를 말하며, 이는 법정채권관계의 발생 원인이고, 같은 위법행위에 속하는 채무불이행과 차이를 보인다. 불법행위 및 그에 따른 손해배상 책임은 개인의 위법행위에 대한 형사책임과는 달리 사회생활에서 생기는 손해를 적정하게 배분함에 그 목적이 있다.

과실책임의 원칙 가해자가 자기의 과책(過責), 즉 고의 또는 과실에 기하여 타인에게 손해를 가한 경우에만 그에 대한 배상책임을 부담한다는 원칙을 말한다. 그러나 과실책임주의 합리성이 문제가 되어 과실 책임을 입증하기가 쉽지 않아 과실책임주의 하에서는 피해자의 희생으로 이익을 얻는다는 결과가 나올 수 있다. 그리하여 과실책임주의가 점차 완화되어 가해자에게 과실이 없더라도 그의 행위로 인하여 손해가 발생하였다는 관계가 있으면 그것만으로 손해배상 책임을 지우는 무과실책임주의가 대두하기에 되었다. 우리나라에서는 환경정책기본법, 토양환경보전법, 원자력손해배상법, 제조물책임법 등의 법조문에서 무과실책임을 인정하거나 과실을 추정하고 있다. 그럼에도 주의의무 해태를 기초로 하는 과실 책임이 불법행위의 기본원리이며, 손해의 공평한 분담이라는 제도목적을 달성할 수 없는 경우에 한하여 예외적으로 무과실책임이 인정되어야 한다.

불법행위를 행한 자는 자신의 행위가 위법한 것임을 인식할 수 있는 정신능력, 즉

책임능력을 갖추어야 하는데, 일반인은 대체로 책임능력을 갖추고 있으므로 가해자 쪽에서 책임을 면하려면 책임무능력의 사실을 입증해야 한다. 또한 현실적으로 손해가 발생한 것에 한하여 배상을 하며, 타인의 어떤 권리를 침해하였더라도 손해가 생기지 않으면 손해배상책임은 발생하지 않는다. 따라서 손해배상을 받기 위해서는 피해자 측에서 가해행위와 손해 사이에 인과관계가 있음을 입증해야 한다. 그리고 타인의 신체, 자유 또는 명예를 해하거나 기타 정신상 고통을 가한 자는 재산 이외의 손해에 대해서도 배상할 책임이 있다. 또한 타인의 생명을 해한 자는 피해자의 직계존속, 직계비속 및 배우자에 대하여는 재산상의 손해가 없는 경우에라도 손해배상의 책임을 진다. 그러나 미성년자가 타인에게 손해를 가한 경우에 그 행위의 책임을 변식할 지능이 없는 때에는 배상의 책임이 없고, 심신상실 중에 타인에게 손해를 가한 자는 배상의 책임이 없는데, 고의 또는 과실로 인하여 심신상실을 초래한 때에는 배상 책임을 지게 된다.

손해배상청구권에서는 태아를 이미 출생한 것으로 보며, 피해자나 그 법정대리인이 그 손해 및 가해자를 안 날로부터 3년간 이를 행사하지 아니하면 시효로 인하여 소멸하고, 불법행위를 한 날로부터 10년을 경과한 때에도 소멸한다.

• **고의 또는 과실** 고의(故意)란 자기 행위로 인하여 타인에게 손해가 발생할 것임을 알고도 그것을 의욕하는 심리상태이고, 과실(過失)은 사회생활상 주의를 기울였다면, 일정한 결과의 발생을 알 수 있었거나 그러한 결과를 회피할 수 있었을 것인데, 그 주의를 다하지 못함으로써 그러한 결과를 발생하게 하는 심리상태를 말한다. 불법행위에서 고의 또는 과실로 인한 위법행위로 타인에게 손해를 가한 자는 그 손해를 배상할 책임을 지고, 그 입증책임은 원칙적으로 피해자가 진다.

• **불법행위와 보험제도** 불법행위에서 배상의무자에게 변제능력이 없다면 무과실책임에 의하여 피해자에게 손해배상청구권을 인정하더라도 손해의 공평한 분담이라는 목적을 달성할 수 없을 것이므로, 피해자의 구제를 위하여 배상의무자의 배상능력을 강화하기 위한 수단으로 보험제도가 이용되고 있으며, 책임보험이 이에 해당한다. 이러한 예로는 자동차손해배상책임보험, 근로자의 재해보상보험, 원자력 손해배상보험 등이 있다.

2. 약관규제에 관한 법률

1 | 약관의 의의

현대 경제사회에서 소비자는 사업자가 제공하는 상품과 서비스를 구입하여 사용하는 사적인 일상생활을 영위하고 있는데, 소비자는 사업자와의 거래활동에서는 상대적으로 열등한 지위에 있다. 따라서 소비자는 일정한 보호를 받을 필요가 있다. 한편 사업자와 소비자 사이의 거래활동은 매매 등의 계약관계를 기초로 하며, 오늘날 대부분의 계약은 사업자가 일방적으로 만든 '약관(約款)'에 의하여 이루어지는데, 이 약관에는 계약의 내용과 조건이 정해져 있다.

약관의 규제에 관한 법률(이하 '약관규제법')에 따르면 약관은 그 명칭이나 형태 또는 범위를 불문하고 계약의 일방당사자가 다수의 상대방과의 사이에 계약을 체결하기 위하여 일정한 형식에 의하여 미리 마련한 계약의 내용이 되는 것을 말한다. 이러한 약관은 동종의 대량거래가 반복되는 경우에 신속한 거래와 획일성을 도모할 수 있다는 점에서 사업자에게는 매우 편리한 도구로 이용되는데, 사업자와 대등한 지위에 있지 않은 소비자를 배제하고 사업자 일방적으로 자신에게 유리하도록 만들게 된다는 점에서 약관의 내용에 대한 불공정성 문제가 제기될 수 있다. 따라서 경제적 약자를 보호하고 소비자와 사업자의 실질적 평등을 이루기 위하여 약관에 대한 특유한 법적 규제가 필요하게 되었고, 우리나라에서는 1986년 약관규제법이 제정되기에 이르렀다.

2 | 약관규제법의 내용

이 법은 약관이 상법 제3편, 근로기준법, 기타 대통령령이 정하는 비영리사업의 분야에 속하는 계약에 관한 것일 때에는 이를 적용하지 않는다. 또한 특정한 거래 분야의 약관에 대하여 다른 법률에 특별한 규정이 있는 경우에는 이 법의 규정에 우선한다.

(1) 약관의 계약에의 편입

약관은 사업자의 고객에 대한 약관의 명시가 있을 때에 계약내용을 구성하게 된다. 이러한 약관이 계약당사자 사이에 구속력을 갖는 것은 그 자체가 법규범이기 때문이 아니라 당사자가 그 약관의 규정을 계약내용에 포함시키기로 합의하였기 때문이다. 이와 같이 일정한 요건을 갖추어 약관이 특정한 계약의 내용으로 편입되는 것을 가리켜 '계약에의 편입'이라고 한다. 계약에의 편입요건을 보면 약관이 계약의 내용으로 되어 상대방에게 효력을 미치기 위해서는 사업자는 약관을 명시하고 설명해야 한다는 것이다.

① 약관의 명시·설명 의무(약관규제법 제3조)

사업자는 계약 체결에 있어서 고객에게 약관의 내용을 계약의 종류에 따라 일반적으로 예상되는 방법으로 명시하고, 고객이 요구할 때에는 당해 약관의 사본을 고객에게 교부하여 이를 알 수 있도록 해야 한다. 또한 사업자는 약관에 정해져 있는 중요한 내용을 고객이 이해할 수 있도록 설명해야 한다. 그러나 약관에 정해진 사항이라도 고객이 그 내용에 관하여 충분히 잘 알고 있는 사항이거나, 거래상 일반적이고 공통적이어서 고객이 별도의 설명이 없더라도 충분히 예상할 수 있었던 사항, 또는 당해 거래계약에 당연히 적용되는 법령에 규정되어 있는 사항이라면 그런 조항에 대해서까지 사업자에게 명시·설명의무가 인정된다고 할 수 없다. 그러나 다른 법률의 규정에 의하여 행정관청의 인가를 받은 여객운송업, 통신업, 그리고 전기·가스 및 수도사업의 약관의 경우에는 명시·설명의무가 면제된다.

사업자는 명시·설명의 대상이 되는 조상에 관해서 고객의 주의를 환기하고, 고객의 요청이 있으면 그 내용을 설명해야 하고, 단순히 청약을 유인하는 안내문에 기재된 것만으로는 명시·설명을 한 것으로 되지 않는다. 그런데 사업자가 명시의무를 위반한 경우에 소비자가 약관의 효력을 승인 또는 거부하는 것은 약관 전부에 대하여 일률적으로 해야 하는 반면, 설명의무 위반의 경우에는 당해 조항의 효력만이 문제가 된다.

② 개별약정 우선의 원칙

약관에서 정하고 있는 사항에 관하여 계약당사자가 명시적으로 약관의 규정과 다른 내용의 약정을 합의하였다면 당해 합의사항은 약관에 우선하므로 약관의 규정을 이유로 약정의 효력을 부인할 수는 없다.

(2) 약관의 해석(약관규제법 제5조)

약관은 신의성실의 원칙에 따라 공정하게 해석되어야 하며, 고객에 따라서 다르게 해석되어서는 안 된다. 즉 공정하게 그리고 다수의 고객에게 동일하게 객관적으로 해석되어야 하며(객관적·통일적 해석의 원칙), 그 의미가 명확하지 않은 약관조항을 고객에게 유리하게 해석되어야 하고, 특히 고객에게 불리한 조항은 축소해석되어야 한다(작성자 불이익의 원칙 또는 고객유리해석의 원칙).

(3) 불공정 약관조항의 무효(약관규제법 제6조)

신의성실의 원칙에 반하여 공정을 잃은 약관 조항, 구체적으로는 ① 고객에 대하여 부당하게 불리한 조항, ② 고객이 계약의 거래행태 등 제반사정에 비추어 예상하기 어려운 조항, ③ 계약의 목적을 달성할 수 없을 정도로 계약에 따르는 본질적 권리를 제한하는 조항은 무효가 되는 것을 일반원칙으로 한다.

① 사업자의 부당한 면책 등을 포함한 조항(약관규제법 제7조)

사업자·이행보조자 또는 피용자의 고의 또는 중대한 과실로 인한 법률상의 책임을 배제하는 조항, 상당한 이유없이 사업자의 손해배상 범위를 제한하거나 사업자가 부담해야 할 위험을 고객에게 이전시키는 조항, 상당한 이유 없이 사업자의 담보책임을 배제 또는 제한하거나 그 담보책임에 따르는 고객의 권리행사의 요건을 가중하는 조항 또는 계약목적물에 관하여 견본이 제시되거나 품질·성능 등에 관한 표시가 있는 경우 그 보장된 내용에 대한 책임을 배제 또는 제한하는 조항은 무효이다.

② 고객에게 부당한 손해배상액을 예정한 조항(약관규제법 제8조)

고객에 대하여 부당하게 과중한 지연손해금 등의 손해배상의무를 부담시키는 약관조항은 무효이다.

③ 계약의 해제·해지권 등의 제한 조항(약관규제법 제9조)

법률의 규정에 의한 고객의 해제권·해지권을 배제하거나 그 행사를 제한하는 조항, 사업자에게 법률에서 규정하고 있지 않은 해제권·해지권을 부여하거나 법률의 규정에 의한 해제권·해지권의 행사요건을 완화하여 고객에 대하여 부당하게 불이익을 줄 우려가 있는 조항, 계약의 해제 또는 해지로 인한 고객의 원상회복의무를 상당한 이유없이 과중하게 부담시키거나 원상회복 청구권을 부당하게 포기하도록 하는 조항, 계약의 해제·해지로 인한 사업자의 원상회복 의무나 손해배상 의무를 부당하게 경감하는 조항, 계속적인 채권관계의 발생을 목적으로 하는 계약에서 그 존속기간을 부당하게 단기 또는 장기로 하거나 묵시의 기간연장 또는 갱신이 가능하도록 정하여 고객에게 부당하게 불이익을 줄 우려가 있는 조항은 무료이다.

④ 채무의 이행에 관하여 불공정한 조항(약관규제법 제10조)

상당한 이유없이 급부의 내용을 사업자가 일방적으로 결정하거나 변경할 수 있도록 권한을 부여하는 조항, 상당한 이유없이 사업자가 이행해야 할 급부를 일방적으로 중지할 수 있게 하거나 제3자로 하여금 대행할 수 있게 하는 조항은 무효이다.

⑤ 고객의 권익보호를 해하는 조항(약관규제법 제11조)

법률의 규정에 의한 고객의 항변권, 상계권 등의 권리를 상당한 이유 없이 배제 또는 제한하는 조항, 고객에게 부여된 기한의 이익을 상당한 이유 없이 박탈하는 조항, 고객이 제3자와 계약을 체결하는 것을 부당하게 제한하는 조항, 사업자가 업무상 알게 된 고객의 비밀을 정당한 이유 없이 누설하는 것을 허용하는 조항은 무효이다.

⑥ 의사표시의 의제에 관한 불공정 조항(약관규제법 제12조)

일정한 작위 또는 부작위가 있을 때 고객의 의사표시가 표명되거나 표명되지 않은 것으로 보는 조항은 무효이나, 다만 고객에게 상당한 기한 내에 의사표시를 하지 않으면 의사표시가 표명되거나 표명되지 않은 것으로 본다는 뜻을 명확하게 따로 고지하거나 부득이한 사유로 그러한 고지를 할 수 없는 경우에는 예외로 한다.

고객의 의사표시의 형식이나 요건에 대하여 부당하게 엄격한 제한을 가하는 조항, 고객의 이익에 중대한 영향을 미치는 사업자의 의사표시가 상당한 이유 없이 고객에게 도달된 것으로 보는 조항, 고객의 이익에 중대한 영향을 미치는 사업자의 의사표시에 부당하게 장기의 기한 또는 불확정 기한을 정하는 조항은 무효이다.

⑦ 대리인의 책임가중에 관한 조항

고객이 대리인에 의하여 계약이 체결된 경우 고객이 그 의무를 이행하지 않은 때에는 대리인에게 그 의무의 전부 또는 일부를 이행할 책임을 지게 하는 내용의 약관조항은

생각하는
소비자
6-1

고객에 대하여 부당하게 불리한 불공정 약관조항

공정거래위원회는 2004년 10월 4일 계층별 소비자보호시책의 일환으로 26개 여행사의 여행약관상 불공정약관조항에 대해 시정권고 조치한 바 있다. 시정조치대상 약관조항은 첫째, 여행일정이나 가격 등 계약의 중요 내용을 '현지사정' 또는 '항공사의 사정'이라는 포괄적이고 추상적인 사유로 인해 변경할 수 있도록 한 조항(이른바 '패키지여행 일정 및 가격 변경 조항'), 둘째, 고객이 패키지 일정에 참여하지 않을 경우 추가 비용을 지출해야 한다는 조항(이른바 '패키지여행 일정 불참 시 위약금 부과 조항'), 셋째, 여행계약 체결 시 약관의 설명의무를 한 것으로 간주하는 조항(이른바 '약관설명의무이행 간주 조항')이다.

우선 '패키지여행 일정 및 가격 변경 조항'은 여행업자는 원칙적으로 여행조건을 변경할 수 없고, 여행사의 귀책사유가 없는 특별한 사유가 있을 경우에만 예외적으로 변경할 수 있음에도 지나치게 포괄적이고 추상적인 사유로 여행업자가 일방적으로 여행조건을 변경할 수 있도록 규정하였으므로 상당한 이유 없이 급부의 내용을 사업자가 일방적으로 결정하거나 변경할 수 있는 권한을 부여하는 조항으로 약관의 규제에 관한 법률(이하 '약관법'이라 한다) 제10조제1호에 해당한다고 본 공정거래위원회의 판단은 타당한 것으로 판단된다.

> ▶ 문제된 조항
> • 상기 일정 및 가격은 항공 및 현지사정으로 변경될 수 있음을 양지하시기 바랍니다(11개 여행사업자).
> • 상기 일정은 항공 및 현지사정에 따라 변경될 수 있습니다(14개 여행사업자).

둘째, '패키지여행 일정 불참 시 위약금 부과 조항'은 위약금을 부과할 사유가 전혀 없음에도 위약금을 부과하도록 규정함으로써 고객의 입장에서 부당하게 불리한 것인 동시에 여행계약

무효이다.

⑧ 소송제기의 금지 등에 관한 조항

고객에 대하여 부당하게 불리한 소 제기의 금지조항 또는 재판관할의 합의조항이나 상당한 이유 없이 고객에게 입증책임을 부담시키는 약관조항은 무효이다.

(4) 불공정 약관 적용의 제한(약관규제법 제15조)

국제적으로 통용되는 약관 및 기타 특별한 사정이 있는 약관은 불공정 약관조항으로의

의 거래형태 등 제반 사정에 비추어 예상하기 어려운 조항이라 할 것이므로 약관법 제6조 제2항 제1호, 제2호에 해당한다고 볼 수 있다.

> ▶ **문제된 조항(중국, 동남아 패키지여행 상품 일정표 기재사항)**
> • 관광 일정을 빠지실 경우 1일 $30(50$)을 현지에서 지불하셔야 합니다(21개 여행사업자).

셋째, 약관설명의무이행 간주 조항은 여행업자가 약관법상 정해진 설명의무의 이행을 회피하기 위하여 이러한 규정을 두었고 이러한 의무의 이행은 전적으로 사업자 측에서 부담해야 할 의무에 해당하기 때문에 설명의무불이행에 따른 불이익을 고객에게 전가하는 부당하게 불리한 조항으로 판단된다. 따라서 약관법 제7조제1호 및 제6조제2항제1호를 근거로 해당 조항의 불공정성을 인정한 결정으로 타당하다.

> ▶ **문제된 조항(계약서 하단에 기재)**
> • 본 계약이 체결됨과 동시에 약관설명의무를 다한 것으로 본다(6개 여행사업자).

약관과 관련한 공정거래위원회의 위 심결은 여행업자가 당초 약정한 패키지여행 일정 등을 일방적으로 변경하고 현지 일정을 강요하면서도 그 책임을 무마해 온 오랜 관행에 대하여 소비자의 권리 주장이 확대되어 여행업 분야의 건전하고 공정한 거래질서 확립에 기여하였다고 판단된다.

자료: 공정거래위원회. 심결사례 30선, pp.692-695.

규정 적용을 조항별·업종별로 제한할 수 있는데, ① 국제적으로 통용되는 운송업, ② 국제적으로 통용되는 금융업 및 보험업, ③ 수출보험법에 의한 수출보험업의 약관에는 적용하지 않는다.

(5) 무효인 약관조항의 효력(약관규제법 제16조)

약관조항이 무효로 되는 경우에는 계약 체결 때부터 계약내용을 구성하지 못하는 것이 된다. 다시 말하면 약관의 전부 또는 일부 조항이 무효인 경우 계약은 나머지 부분만으로 유효하게 존속하지만, 유효한 부분만으로는 계약의 목적 달성이 불가능하거나 일방당사자에게 부당하게 불리한 경우에 당해 계약 전부가 무효가 된다. 그러나 일부 무효의 경우에 무효조항은 사실상의 관습 또는 임의규정에 의하여 대체된다.

(6) 공정거래위원회에 의한 약관의 규제(약관규제법 제17조)

사업자는 불공정약관조항을 계약의 내용으로 해서는 안 되며, 공정거래위원회는 사업자가 불공정 약관조항의 사용금지 조항을 위반하였을 경우에는 사업자에게 당해 약관의 삭제·수정 등 시정에 필요한 조치를 권고할 수 있다.

공정거래위원회는 불공정 약관조항의 사용금지 조항을 위반한 사업자가 다음의 사항에 해당하면 규정을 위반한 사업자에게 당해 약관 조항의 삭제·수정 등 시정에 필요한 조치를 명할 수 있다. ① 사업자가 시장지배적 사업자인 경우(독점규제법 참조), ② 사업자가 자기의 거래성의 지위를 부당하게 이용하여 계약을 체결하는 경우, ③ 일반 공중에게 물품·용역을 공급하는 계약으로서 계약 체결의 긴급성·신속성으로 인하여 고객이 계약을 체결할 때에 약관조항의 내용을 변경하기 곤란한 경우, ④ 사업자의 계약당사자로서의 우월적 지위가 현저하거나 고객이 다른 사업자를 선택할 범위가 제한되어 있어 약관을 계약의 내용으로 하는 것이 사실상 강제되는 경우, ⑤ 계약의 성질 또는 목적상 계약의 취소·해제 또는 해지가 불가능하거나 그로 인하여 고객에게 현저한 재산상의 손해가 발생하는 경우, ⑥ 사업자가 불공정 약관 사용금지 규정에 의한 권고를 정당한 사유 없이 따르지 아니하여 다수 고객의 피해가 발생하거나 발생할 우려가 현저한 경우 등이다.

공정거래위원회는 불공정 약관조항의 삭제·수정 등의 시정에 필요한 조치를 권고하거나 명함에 있어서 필요한 때에는 당해 사업자와 동종 사업을 영위하는 다른 사업자에게 같은 내용의 불공정 약관조항을 사용하지 말 것을 권고할 수 있다.

그리고 공정거래위원회는 행정관청이 작성한 약관 또는 다른 법률에 의하여 행정관청의 인가를 받은 약관이 약관규제법의 불공정거래약관조항에 해당한다고 인정될 때에는 당해 행정관청에 그 사실을 통보하고 시정에 필요한 조치를 요청 또는 권고를 할 수 있는데, 그 내용을 명시한 서면으로 해야 한다. 은행법의 규정에 의한 금융기관의 경우에는 '금융감독기구의 설치 등에 관한 법률'에 의하여 설립된 금융감독원에 그 사실을 통보하고 그 시정에 필요한 조치를 취하도록 권고할 수 있으며, 금융감독원은 그 요청 또는 권고를 받은 날부터 60일 이내에 공정거래위원회에 서면으로 처리 결과를 통보해야 한다.

(7) 약관의 심사(약관규제법 제19조)

약관조항과 관련하여 법률상의 이익이 있는 자, 소비자기본법에 의하여 등록된 소비자단체, 한국소비자원 및 사업자 단체는 약관규제법 위반 여부에 관한 심사를 공정거래위원회에 청구할 수 있으며, 청구는 서면으로 해야 한다.

약관법 시행 이후 2012년까지 공정거래위원회가 심사한 약관심사청구 건수는 직권조사를 포함하여 약 1만 6,277건에 이르고 있다. 모바일쿠폰, 소셜커머스, 스마트폰 등과 같이 새롭게 등장한 유형에 대한 약관심사 수요도 증가하고 있으며, 온라인서비스 분야

표 **6-2** 청구인별 약관심사청구 현황   (단위: 건)

연도 청구인별	'00	'01	'02	'03	'04	'05	'06	'07	'08	'09	'10	'11	'12	계
이해관계인	580	766	1,132	1,223	1,129	987	909	913	918	907	941	839	859	12,103
소비자단체	12	18	18	23	67	18	24	27	12	10	4	3	—	236
직권심사	69	107	75	40	28	81	33	169	100	81	63	115	47	1,008
계	661	891	1,225	1,286	1,224	1,086	966	1,109	1,030	998	1,108	957	906	13,347

자료: 공정거래위원회(2013). 2013년도 공정거래백서, p.360.

에서의 개인정보 관련 약관에 대한 심사 등 약관심사 분야는 계속 확대되고 있다. 그 동안의 심사청구 실적을 살펴보면, 2000년부터 2012년까지 총 13,347건의 심사청구가 있었다. 거래상의 이익이 있는 자의 심사청구가 1만 2,103건(90.7%), 한국소비자원을 포함한 소비자단체가 236건(1.8%), 직권심사가 1,008건(7.6%)을 차지하고 있다.

그동안의 시정 실적을 살펴보면, 2000년부터 2012년까지 총 1,708건을 처리하였는데 그중 시정명령이 132건, 시정권고가 924건이었고 심사하는 과정에서 사업자가 스스로 불공정약관을 시정하여 경고 또는 심의 절차를 종료한 사건이 622건이다(표 6-3 참조). 약관사건은 다른 사건에 비해 자진시정(심의 절차 종료)의 비중이 높은데, 이는 약관의 특성상 불공정약관으로 피해를 보는 거래 상대방이 다수이므로 시정에 많은 시간이 소요되는 정식 조치보다 사업자의 자진시정으로 사건을 조속하게 마무리하는 것이 다수 소비자들의 권익을 신속하게 회복하고 거래 여건 변화에 탄력적으로 대응이 가능하기 때문이다.

또한, 시정 실적을 업종별로 분석해 보면, 2000년부터 2012년까지 총 1,708건의 시정조치 중, 통신·전기·여행알선·운송·운동·건강·오락 등의 서비스업종이 전체 시정실적의 1,051건(61.5%)을 차지하여 가장 높은 것으로 나타났다. 또 주택·상가분양이나 상가·아파트·사무실 임대차 등 부동산매매, 임대차계약과 관련한 부동산업종이 302건

표 6-3 조치유형별 불공정약관 시정 실적 (단위: 건)

조치유형 \ 연도	'00	'01	'02	'03	'04	'05	'06	'07	'08	'09	'10	'11	'12	계
고발	—	—	—	—	—	—	—	—	—	—	—	—	—	0
시정명령	21	12	60	33	2	—	—	3	—	—	—	1	—	132
시정요청	-	4	5	2	1	—	1	—	1	—	—	—	—	14
시정권고	35	84	110	79	70	134	118	90	76	43	31	46	8	924
경고	—	—	—	—	6	10	—	—	—	—	—	—	—	16
자진시정	—	—	—	—	—	—	—	—	113	121	134	147	107	622
계	56	100	175	114	79	144	119	93	190	164	465	194	115	1,708

* 2008년 이후 실적부터 구분하였으며, 약관법 위반 관련 자진시정은 심의 절차 종료
자료: 공정거래위원회(2013). 2013년도 공정거래백서, p.360.

표 **6-4** 업종별 불공정약관 시정조치 실적 (단위: 건)

연도 조치유형	'00	'01	'02	'03	'04	'05	'06	'07	'08	'09	'10	'11	'12	계
부동산업	18	26	47	16	21	32	17	24	23	31	17	18	12	302
금융	1	2	43	13	7	15	6	2	44	9	18	7	14	181
도소매업	15	3	23	25	—	2	10	11	23	25	10	10	17	174
서비스업	22	69	62	60	51	95	86	56	100	99	120	159	72	1,051
계	56	100	175	114	79	144	119	93	190	164	165	194	115	1,708

자료: 공정거래위원회(2013). 2013년도 공정거래백서, p.361.

(17.7%), 금융·보험·신용카드·리스계약 등 금융·보험업이 181건(10.6%), 프랜차이즈·할부매매·사무용기 매매·학습지 등 배달판매계약 등을 포함한 도·소매업종이 174건(10.2%)을 차지하고 있다(표 6-4 참조).

(8) 표준약관의 심사 청구(약관규제법 제19조3)

사업자 및 사업자단체는 건전한 거래질서를 확립하고 불공정한 내용의 약관이 통용되는 것을 방지하기 위하여 일정한 거래 분야에서 표준이 되는 약관(이하 '표준약관')을 정할 수 있으며, 아울러 공정거래위원회에 표준약관의 내용이 약관규제법에 위반되는지 여부에 관한 심사를 서면으로 청구할 수 있다. 심사청구를 받은 공정거래위원회는 심사청구를 받은 날부터 60일 이내에 심사 결과를 신청인에게 통보해야 하고, 필요하다고 인정하는 경우에는 표준약관을 사용하고 있는 사업자 또는 사업자단체에 대하여 당해 약관의 운용 상황을 제출하게 할 수 있다.

표준약관이란 건전한 거래질서를 확립하고 불공정한 내용의 약관이 통용되는 것을 방

표 **6-5** 표준약관 제정 및 개정 현황(2012년 3월 31일 기준)

연도	'95	'96	'97	'98	'99	'00	'01	'02	'03	'04	'05	'06	'07	'08	'09	'10	'11	'12	계
제정 수	2	8	3	6	3	1	9	18	4	—	—	—	3	3	4	2	1	2	69
개정 수	—	—	—	—	1	—	—	6	2	—	—	2	1	8	16	3	4	5	48

자료: 공정거래위원회(2013). 2013년도 공정거래백서, p.361.

지하기 위하여 일정한 거래 분야에서 표준이 되는 약관이다. 공정거래위원회에 심사청구를 통해 인정을 받을 수 있다. 아파트표준공급계약서(표준약관 제10001호)를 시작으로 2012년 12월 현재까지 은행여신거래기본약관, 국내외 여행 표준계약서, 인터넷사이버몰이용 표준약관, 대중문화예술인 표준전속 계약서 등 총 32개 분야에 69개 표준약관이 보급되어 사용되고 있다.

<table>
<tr><td>생각하는
소비자
6-2</td><td>은행 등의 여신거래 표준약관 개정의결 취소와 관련된 판례</td></tr>
</table>

□ 서울고등법원 선고 2010누24311 판결, 위원회 일부 패소
□ 대법원 2010. 10. 14. 선고 2008두23184 판결, 파기환송(위원회 승소 취지)
□ 서울고등법원(환송심) 2011. 4. 6. 선고 2010누35571 판결(위원회 승소)
□ 대법원 2011. 8. 25. 선고 2011두9614 판결(심리불속행 기각, 위원회 승소 확정)

판시사항

약관의 불공정성 여부는 문제되는 조항을 개별적으로 판단할 것이 아니라 전체 약관내용을 종합적으로 고찰한 후에 그 약관이 사용되는 거래 분야의 통상적인 거래관행, 거래대상인 상품이나 용역의 특성 등을 고려하여 판단해야 한다고 판시하였다.

가. 행위사실 및 소송경위

□ 2008. 1. 30. 은행 등의 여신 관련 표준약관 일부 개정

ㅇ 가계용, 기업용의 각 대출거래·여신거래 약정서에 인지세 부담을 은행과 고객이 각 50%씩 부담하도록 명시

- 종전 약관에는 은행과 채무자가 협의하여(본인, 은행, 각 50%씩 본인과 은행) 정하도록 되어 있어 대부분 채무자가 부담

ㅇ 근저당·저당권 설정계약서에 근저당권 설정과 말소 시 소요되는 비용의 부담 주체를 각 경우별로 은행, 채무자 또는 설정자로 명시

□ 2008. 2. 11. 은행 등에 개정된 표준약관 사용권장 공문 발송

□ 2008. 3. 13. 은행 등은 개정의결 및 사용권장의 취소를 구하는 소송제기

(9) 조사 및 의견진술

공정거래위원회는 불공정 약관조항 사용금지 조항에 의한 시정을 위한 조치를 권고하거나 명하기 위하여 필요하다고 인정되는 경우 및 약관의 심사청구를 받은 경우에는 약관이 법에 위반된 사실이 있는지 여부를 확인하기 위하여 필요한 조사를 할 수 있다. 공정거래위원회는 약관의 내용이 이 법에 위반되는지 여부에 대하여 심의하기 전에 당해

나. 대법의 판결요지

□ 상고인의 상고 이유에 관한 주장은 상고심 절차에 관한 특례법 제4조에 정한 사유를 포함하지 않거나 이유가 없다고 인정되므로 상고를 기각

〈참고〉 서울고법의 환송심 판결내용

□ 해당 분야에 약관이 있는 경우에도 위원회가 직권으로 표준약관을 개정·보급할 수 있는지 여부(약관법 제19조의2 제3항 해석 관련)

○ 약관법 제19조의2 제3항에 따르면 위원회는 해당 분야에 약관이 없거나 불공정 약관조항이 있는 경우에만 사업자 및 사업자단체에 표준약관을 마련하여 심사청구할 것을 권고할 수 있다고 해석함이 타당

□ 근저당 설정비 및 인지세 부담주체를 고객이 선택할 수 있도록 한 기존 약관의 불공정성 여부

○ 약관의 불공정성 여부를 판단하기 위해서는 문제되는 조항만을 개별적으로 판단할 것이 아니라, 전체 약관 내용을 종합적으로 고찰한 후에 판단해야 하고 그 약관이 사용되는 거래분야의 통상적인 거래관행, 거래대상인 상품이나 용역의 특성 등을 고려해서 판단해야 함

○ 개정 전 표준약관은 은행대출 거래 분야에서의 거래관행이나 대출상품의 특성 및 그로 인한 악용가능성, 그 내용과 적용실태, 약관개정 경위 등을 고려해 보면, 대출거래에서 우월적 지위에 있는 은행이 그 지위를 이용하여 대출 관련 부대비용 중 은행이 부담해야 할 비용까지 고객에게 전가시킬 수 있도록 한 것이어서 고객에게 부당하게 불리한 약관조항임

약관에 의하여 거래를 한 사업자 또는 이해관계인에 대하여 당해 약관이 심사대상이 되었다는 사실을 서면으로 통지해야 하며, 여기에는 공정거래위원회의 회의의 일시 및 장소를 명기해야 한다. 통지를 받은 당사자 또는 이해관계인은 공정거래위원회의 회의에 출석하여 그 의견을 진술하거나 필요한 자료를 제출할 수 있다. 심사대상이 된 약관이 다른 법률에 의하여 행정관청의 인가를 받았거나 받아야 할 것인 때에는 심의에 앞서 그 행정관청에 대하여 의견의 제출을 요구할 수 있으며, 그 내용과 기한을 명시한 서면으로 해야 한다.

(10) 불공정 약관조항의 공개
공정거래위원회는 약관규제법에 위반된다고 심의 의결한 약관조항의 목록을 작성·비치하고 필요한 때에는 이를 일반인에게 공람하게 할 수 있다.

3. 분쟁의 조정 등(약관규제법 제24~28조)

동법 제17조를 위반한 약관 또는 이와 비슷한 유형의 약관으로서 대통령령으로 정하는 약관과 관련된 분쟁을 조정하기 위하여 '독점규제 및 공정거래에 관한 법률' 제48조의2 제1항에 따른 한국공정거래조정원에 약관 분쟁조정협의회를 두고 있다. 협의회는 위원장 1명을 포함한 9명의 위원으로 구성한다. 협의회 위원은 약관규제·소비자 분야에 경험 또는 전문지식이 있는 사람으로 구성된다.

동법 제27조에 의해 동법 제17조를 위반한 약관 또는 이와 비슷한 유형의 약관으로서 대통령령으로 정하는 약관으로 인하여 피해를 입은 고객은 서면(분쟁조정신청서)을 협의회에 제출함으로써 분쟁조정을 신청할 수 있다. 다만 ① 분쟁조정 신청이 있기 이전에 공정거래위원회가 조사 중인 사건, ② 분쟁조정 신청의 내용이 약관의 해석이나 그 이행을 요구하는 사건, ③ 약관의 무효판정을 요구하는 사건, ④ 해당 분쟁조정사항에 대하여 법원에 소를 제기한 사건 등은 예외이다.

협의회는 분쟁당사자가 협의회의 권고 또는 조정안을 수락하거나 스스로 조정하는 등 조정이 성립된 경우, 조정을 신청 또는 의뢰받은 날부터 60일(분쟁당사자 쌍방이 기간연장에 동의한 경우에는 90일로 함)이 경과하여도 조정이 성립되지 아니한 경우, 분쟁당사자의 일방이 조정을 거부하거나 해당 분쟁조정사항에 대하여 법원에 소를 제기하는 등 조정 절차를 진행할 실익이 없는 경우에는 조정 절차를 종료해야 한다.

동법 제28조의2에 공정거래위원회, 고객 또는 사업자는 동법 제28조에 따라 조정이 성립된 사항과 같거나 비슷한 유형의 피해가 다수 고객에게 발생할 가능성이 크다고 판단한 경우에는 협의회에 일괄적인 분쟁조정(집단분쟁조정)을 의뢰하거나 신청할 수 있다. 협의회는 집단분쟁조정의 당사자가 아닌 고객으로부터 그 분쟁조정의 당사자에 추가로 포함될 수 있도록 하는 신청을 받을 수 있다. 협의회는 협의회의 의결로써 집단분쟁조정의 당사자 중에서 공동의 이익을 대표하기에 가장 적합한 1인 또는 수인을 대표당사자로 선임할 수 있다. 또 협의회는 사업자가 협의회의 집단분쟁조정의 내용을 수락한 경우에는 집단분쟁조정의 당사자가 아닌 자로서 피해를 입은 고객에 대한 보상계획서를 작성하여 협의회에 제출하도록 권고할 수 있다.

스스로 **찾아보기**

1. 자신이 구입한 상품(예: 보험상품, 스포츠센터 이용, 전자상거래 회원약관 등)에서 교부된 약관을 찾아서 판매자가 자신에게 어떤 사항을 중점적으로 설명해 주었는지 기억을 더듬어 보자. 그리고 약관이 이해하기 쉽게 작성되었는지, 상품의 구체적인 내용은 무엇인지에 대해서 검토해 보고, 관련된 사례에 대해서 주변 사람들과 의견을 교환해 보자.
2. 본인이 자주 사용하는 물품이나 서비스를 거래할 때 적용되는 표준약관이 있는지 찾아보자.

표시·광고의
공정화에 관한 법률

소비 또는 구매에 필요한 정보의 대부분은 사업자가 표시와 광고를 통하여 제공하는 것이 대부분이다. 소비자정보로서 표시와 광고는 일단 생산되면 낮은 비용으로 전달될 수 있으며 파급효과가 크다. 그런데 사업자가 제공하는 정보 중에서 소비자가 접할 수 있는 정보는 대부분이 생산자가 일방적으로 생산한 것으로 소비자와 사업자 간 정보의 비대칭성이 발생하며, 이는 필연적으로 소비자문제를 발생시킨다.

이에 따라 모든 국가에서는 부당한 표시·광고에 대하여 규제제도를 도입하여 운영하고 있다. 이와 관련하여 본 장에서는 '표시·광고의 공정화에 관한 법률'과 다양한 표시제도에 관해 살펴보도록 한다.

1. 표시·광고의 공정화

남에게 알리기 위해 보여 주는 것을 '표시'라고 한다. 소비자는 자기가 구매하고자 하는 상품 또는 용역에 관하여 알 권리가 있고, 공급자는 자기가 판매하고자 하는 상품 또는 용역에 관하여 소비자에게 알릴 권리가 있는 동시에 알려 주어야 할 의무가 있다. 일반적으로 사업자는 상품 자체 또는 그 부속품과 관련하여 상표, 라벨과 사용 설명서 등에서 판촉효과에 유리하다고 판단되는 내용을 표시하는데 표시는 신문, 잡지 및 TV등의 매스컴 광고와 팸플릿, 전단 외의 용기의 포장 자체도 포함하는 대단히 넓은 의미의 개념이다. 한편 소비자 입장에서는 사업자로부터 제공되는 표시를 통하여 직접적인 상품 정보를 제공받을 수 있다는 점에서 중요한 의미를 갖는다.

소비 또는 구매에 필요한 정보의 대부분은 사업자가 표시와 광고를 통하여 제공하는 것이 대부분이다. 소비자정보로서 표시와 광고는 일단 생산되면 낮은 비용으로 전달될 수 있으며, 개별 소비자들이 특정 소비자정보를 이용한다 하더라도 타인이 당해 정보를 이용하는 데 제약을 받지 않는 비경합성과 비배타성을 가지고 있다. 이에 따라 소비자는 자신이 필요로 하는 정보를 제3자가 아닌, 당해 상품을 생산·판매하는 사업자가 제공하는 정보로부터 수집할 수밖에 없는 경우가 일반적이다. 그런데 사업자가 제공하는 정보 중에서 소비자가 접할 수 있는 정보는 거의 대부분 생산자가 일방적으로 생산한 것으로 소비자와 사업자 간 정보의 비대칭성이 발생하며, 이는 필연적으로 소비자문제를 발생시킨다. 이에 따라 모든 국가에서는 부당한 표시·광고에 대하여 규제제도를 도입하여 운영하고 있다. 우리나라에서는 표시·광고의 공정화에 관한 법률(이하 표시·광고법이라 함)을 통하여 이루어지고 있다.

표시·광고법에서는 부당한 표시·광고행위 금지(동법 제3조), 중요정보 고시 및 통합공고(동법 제4조), 표시·광고내용의 실증(동법 제5조), 시정조치(동법 제7조), 임시중지명령(동법 제8조), 손해배상책임(동법 제10조), 표시·광고의 자율규약(동법 제14조) 등 여러 제도를 도입하여 소비자문제를 야기할 가능성이 있는 사업자의 부당한 표시·광고행위를 규제하고 있다. 표시·광고의 공정화에 관한 법률을 담당하는 정부 부처는 공정거래위원회이다. 이에 공정거래위원회는 보다 다양한 시장에 대한 적극적인 모니터링을 통해 부당표시·광고를 적발하여 시정함과 동시에 보다 근본적인 해결을 위해서 관련 시장에서의 제도 개선사항을 발굴하고, 관련 사업자의 자율적 시정 노력을 유도하고 있다.

1 | 표시·광고법의 개요

표시·광고법은 상품 또는 용역에 관한 표시·광고에 있어서 소비자를 속이거나 소비자로 하여금 잘못 알게 하는 부당한 표시·광고를 방지하고 소비자에게 바르고 유용한 정보의 제공을 촉진함으로써 공정한 거래질서를 확립하고 소비자를 보호함을 목적으로 1999년 2월 5일 제정되었다.

표시란 사업자 또는 사업자단체가 상품 또는 용역에 관하여 자기 또는 다른 사업자 등에 관한 사항이나 자기 또는 다른 사업자 등의 상품 등의 내용·거래조건, 기타 그 거래에 관한 사항을 소비자에게 알리기 위하여 상품의 용기·포장, 사업장 등의 게시물 또는 상품권·회원권·분양권 등 상품 등에 관한 권리를 나타내는 증서에 쓰거나 붙인 문자·도형 및 상품의 특성을 나타내는 용기·포장을 말한다.

광고는 사업자 등이 상품 등에 관하여 자기 또는 다른 사업자 등에 관한 사항이나 자기 또는 다른 사업자 등의 상품 등의 내용·거래조건 기타 그 거래에 관한 사항을 정기간행물,* 인터넷신문,** 방송,*** 전기통신,**** 그 밖에 대통령령이 정하는 방법으로 소비자에게 널리 알리거나 제시하는 것을 말한다. 여기서 대통령령이 정하는 방법이란

---

* 신문 등의 자유와 기능보장에 관한 법률에서 동일한 제호로 연 2회 이상 계속적으로 발행하는 신문, 잡지, 기타 간행물
** 신문 등의 자유와 기능보장에 관한 법률에서 컴퓨터 등 정보처리능력을 가진 장치와 통신망을 이용하여 정치·경제·사회·문화·시사 등에 관한 보도·논평·여론 및 정보 등을 전파하기 위하여 간행하는 전자간행물
*** 방송법에서 방송프로그램을 기획·편성 또는 제작하여 이를 시청자에게 송신하는 텔레비전 방송, 라디오 방송, 데이터 방송, 이동 멀티미디어 방송
**** 전기통신기본법에서 유선·무선·광선 및 기타의 전자적 방식에 의하여 부호·문언·음향 또는 영상을 송신하거나 수신하는 것

① 전단·팸플릿·견본 또는 입장권, ② 인터넷 또는 PC통신, ③ 포스터·간판·네온사인·에드벌룬 또는 전광판, ④ 비디오물·음반·서적·간행물·영화 또는 연극, ⑤ 자기 상품 외의 다른 상품, ⑥ 기타 ①~⑤와 유사한 매체 또는 수단을 말한다.

표시·광고법의 목적은 부당한 표시·광고의 방지와 소비자에게 바르고 유용한 정보의 제공 촉진이라고 할 수 있다. 부당한 표시·광고의 방지는 사후 규제조치를 주된 내용으

표 7-1 표시·광고 관련 고시·심사지침

구분	법령명	제·개정일자	시행일자
법률	표시·광고의 공정화에 관한 법률	2011. 3. 29	2011. 3. 29
시행령	표시·광고의 공정화에 관한 법률 시행령	2009. 3. 12	2009. 3. 12
고시·지침	표시·광고사항에 대한 통합공고	2014. 9. 22	2014. 9. 22
	기만적인 표시·광고 심사지침	2010. 12. 31	2010. 12. 31
	보험상품 표시·광고에 관한 심사지침	2012. 8. 21	2012. 8. 21
	부당한 표시·광고행위의 유형 및 기준 지정고시	2012. 5. 1	2012. 5. 1
	비교 표시·광고에 관한 심사지침	2012. 8. 21	2012. 8. 21
	상가 등의 분양 및 임대 표시·광고에 관한 심사지침	2012. 08. 21	2012. 8. 21
	소비자 안전에 관한 표시·광고 심사지침	2012. 8. 21	2012. 8. 21
	수상 인증 등의 표시·광고에 관한 심사지침	2012. 8. 21	2012. 8. 21
	은행 등의 금융상품 표시·광고에 관한 심사지침	2012. 8. 21	2012 8. 21
	인터넷 광고에 관한 심사지침	2012. 9. 7	2012. 9. 7
	임시중지명령에 관한 운영지침	2012. 8. 21	2012. 8. 21
	정정광고에 관한 운영지침	2012. 8. 21	2012. 8. 21
	주택의 표시·광고에 관한 심사지침	2012. 8. 21	2012. 8. 21
	중요한 표시·광고사항고시	2014. 6. 11	2014. 7. 15
	추천 보증 등에 관한 표시·광고 심사지침	2014. 6. 18	2014. 6. 18
	통신판매 표시·광고에 관한 심사지침	1999. 7. 1	1999. 7. 1
	표시·광고심사자문위원회의 설치 및 운영에 관한 규정	2011. 2. 22	2011. 2. 22
	표시·광고 실증에 관한 운영고시	2012. 8. 20	2012. 8. 20
	표시·광고법위반사업자에대한과징금부과세부기준 등에 관한 고시	2014. 11. 28	2015. 3. 1
	환경관련 표시·광고에 관한 심사지침	2014. 5. 1	2014. 5. 1

자료: 공정거래위원회 홈페이지. 위원회소관법령.

로 하고 있다. 소비자에게 바르고 유용한 정보의 제공은 중요한 표시·광고사항의 고시
제도와 표시·광고내용의 실증자료 공개제도 등을 통하여 그 목적을 달성하고자 하고 있
다. 표시·광고법과 관련된 세부적인 고시와 지침은 20개에 달한다(표 7-1 참조).

2 | 부당한 표시·광고행위의 금지

(1) 부당한 표시·광고행위(표시·광고법 제3조)

사업자 등은 소비자를 속이거나 소비자로 하여금 잘못 알게 할 우려가 있는 표시·광고
행위로서 공정한 거래질서를 저해할 우려가 있는 ① 허위·과장의 표시·광고행위, ② 기
만적인 표시·광고행위, ③ 부당하게 비교하는 표시·광고행위, ④ 비방적인 표시·광고행
위를 하거나 다른 사업자 등으로 하여금 이를 행하게 해서는 안 된다.

공정거래위원회는 사업자가 부당한 표시·광고행위를 하는 때에는 당해 사업자 등에
대하여 ① 당해 위반행위의 중지를 명하거나, ② 위반 행위의 내용 및 정도와 기간 및 횟
수를 참작하여 시정명령을 받은 사실의 공표를 명하거나, ③ 위반 행위의 내용 및 정도
와 기간 및 횟수를 참작하여 정정광고를 명하거나, ④ 기타 위반행위의 시정을 위하여
필요한 조치를 명할 수 있다.

행정적 제재시정조치로는 표시·광고법 제7조에 의해 당해 위반행위의 중지, 시정명령

부당한 표시광고

표시·광고법 시행령 제3조에 따른 부당한 표시광고는 다음과 같다.
- 허위 과장의 표시·광고는 사실과 다르게 표시·광고하거나 사실을 지나치게 부풀려 표시·광고하는 것
- 기만적인 표시·광고는 사실을 은폐하거나 축소하는 등의 방법으로 표시·광고하는 것
- 부당하게 비교하는 표시·광고는 비교대상 및 기준을 명시하지 아니하거나 객관적인 근거 없이 자기 또
  는 자기의 상품이나 용역을 다른 사업자 또는 사업자단체의 상품이나 용역과 비교하여 우량 또는 유리
  하다고 표시·광고하는 것
- 비방적인 표시·광고는 다른 사업자·사업자단체 또는 다른 사업자·사업자단체의 상품에 관하여 객관
  적인 근거가 없는 내용으로 표시 광고하여 비방하거나 불리한 사실만을 표시·광고하여 비방하는 행위

을 받은 사실의 공표, 정정광고, 기타 위반행위 시정을 위하여 필요한 조치 등의 부과를 할 수 있다. 과징금은 매출액의 2%를 초과하지 아니하는 범위 안에서 부과할 수 있다. 매출액이 없거나 산정이 곤란한 경우에는 5억 원의 범위 안에서 부과할 수 있다. 벌칙은 형벌은 위반유형에 따라 최대 2년 이하의 징역 또는 1억 5,000만 원 이하의 벌금 부과가 가능하며 과태료는 위반유형에 따라 최대 1억 원 이하의 과태료 부과가 가능하다.

임시중지명령제는 소비자 또는 경쟁사업자 등에게 생길 회복할 수 없는 손해를 예방하기 위해 시정조치의 필요성이 시급한 부당표시·광고에 대해서는 공정위가 이를 일시 중지할 수 있도록 하는 제도이다. 임시중지명령의 요청은 소비자단체, 정보통신윤리위원회, 한국간행물윤리위원회, 한국소비자원, 한국신문윤리위원회, 한국광고자율심의기구, 표시·광고를 심의하기 위하여 다른 법령에 의하여 설립된 기관 또는 단체가 할 수 있다.

① 허위·과장 표시·광고행위

허위·과장 표시·광고행위는 사실과 다르게 표시·광고하거나 사실을 지나치게 부풀려 표시·광고하는 것으로, 소비자를 오인시켜 소비자의 합리적 상품선택을 방해할 우려가 있는 광고를 말한다. 공정거래위원회에서는 '상품 또는 용역의 재료, 성분, 품질, 규격, 함량, 원산지, 제조방법, 효능, 기타의 거래내용이나 가격, 수량 등의 거래조건에 관하여 사실과 다르게 또는 그보다 우량하거나 유리하다고 광고함으로써 소비자를 유인하거나 상품의 질과 양을 속이는 행위'를 허위·과장광고라고 하고 있다. 대체로 사실과 다르거나 근거 없는 내용인 경우를 허위 표시·광고라고 할 수 있고, 표시·광고상의 주장이 특정 사실 또는 근거에 기초하고는 있으나 그 내용을 부풀린 경우를 과장 표시·광고라고 할 수 있다. 그러나 이에 대한 구분은 쉽지 않아서 진실성에 반하는지의 여부는 허위·과장 표시·광고의 판단에 중요한 요소가 된다. 여기서 진실성이란 표시·광고 내용 전체의 진실성뿐만 아니라 부분적인 진실성도 포함되며, 표시·광고내용이 객관적으로 증명되지 않은 사실의 표시·광고도 진실성에 위배된 것으로 본다.

구체적으로는 표시·광고내용이 사실과 완전히 다르거나 부분적으로 사실인 경우, 제품의 특성상 용인될 수 없는 용어를 사용한 경우, 실증되지 않은 수치나 사실을 주장하는 경우(미실증 표시·광고), 그리고 배타적 용어를 사용하는 경우 등을 허위·과장 표시·광고로 한다. 또한 상품의 품질에 대한 객관적 입증이 어려운 '가장 좋은', '가장 큰'이라는 표현을 사용한 표시·광고라든지, 속담이나 옛 시의 구절을 인용하여 실제로는 있을 수 없는 내용을 어느 정도 얼버무리는 형식도 확대된 표시·과장광고로 본다. 그러나 표시·광고의 속성상 다소의 허위나 과장은 그것이 일반 상거래 관행과 신의성실의 의무에 비추어 인정될 수 있다고 보며 실제로 '놀라운', '완벽한', '뛰어난' 등 허풍에 가까운 주관적 표현에 대해서는 소비자도 그런 표현에 속지 않을 것으로 보기 때문에 어느 정도 허용될 수 있다.

② 기만적 표시·광고행위

기만적인 표시·광고는 사실을 은폐하거나 축소하는 등의 방법으로 표시·광고하는 것으로, 사실을 은폐하거나 기만적인 방법으로 소비자를 속이거나 속일 우려가 있는 표시·광고이다. 여기서 '기만적'이란 일반적으로 서로 지켜야 할 신의와 성실의 의무를 저버리는 모든 적극적 및 소극적 행위로써 소비자로 하여금 상품 및 용역에 관하여 착오를 일으키게 할 우려가 있는 것을 의미한다.

대체로 소비자는 표시·광고물에서 사용하는 각 용어를 주의깊게 생각하면서 음미하기보다는 전체적인 인상에 의해 이해하는 경향이 있기 때문에 비록 표시·광고에서 행해진 개개의 주장이 문자대로 또는 부분적으로 진실이라고 할지라도 광고의 전체적 인상이 기만적인 경우도 있을 수 있다. 공정거래위원회의 심결례에 의하면 전체적인 인상이 기만적인 광고에 해당하는 경우를 공공기관이 아니면서 마치 공공기관인 것처럼 표현하는 광고, 광고상품과 직접적인 관련이 없는 자료나 통계 혹은 인증을 인용하는 광고, 국내제품을 외국제품으로, 외국제품을 국내제품으로 오인시킬 우려가 있는 광고, 기타 전체적 인상이 소비자를 기만함으로써 구매행위를 오도하는 광고라고 밝히고 있다.

또한 소비자가 표시·광고 문구를 어떻게 이해하느냐에 따라 구매활동에 지대한 영향을 미치기 때문에 표시·광고 문구의 해석범위도 기만적 광고의 중요한 판단요소가 된다. 따라서 표시·광고 내용이 2가지 또는 그 이상으로 해석되고, 그중 어느 하나라도 기만적이라면 기만적 표시·광고에 해당된다.

③ 부당한 비교 표시·광고행위

부당하게 비교하는 표시·광고는 비교대상 및 기준을 명시하지 않거나 객관적인 근거 없이 자기 또는 자기의 상품이나 용역을 다른 사업자와 비교하거나 다른 사업자 등의 상품이나 용역과 비교하여 우량 또는 유리하다고 표시·광고하는 것이다. 그런데 대부분의 광고는 비교의 속성을 가지고 있어서 일반적으로 광고주와 경쟁기업의 상품이나 용역을 비교하는 형태의 광고는 비교 광고에 해당한다.

여기서 비교 표시·광고의 요건을 구분해 보면 다음의 2가지로 볼 수 있다. 첫째, 비교 표시·광고는 경쟁관계에 있는 상품 또는 기업의 명칭을 거론하거나 암시함으로써 경쟁 사업자를 식별할 수 있어야 한다. 따라서 경쟁사를 밝히지 않는 표시·광고나 일반경쟁 사로 지칭되는 표시·광고는 비교 표시·광고에 해당하지 않는다. 둘째, 제품 혹은 용역의 1가지 이상의 특정한 속성이 비교되어야 한다. 표시·광고상의 내용이 특정 경쟁사업자에 대한 전면적인 우월성을 주장하는 경우라면 비교 표시·광고에 해당되지 않는다.

비교 표시·광고에서도 소비자가 볼 때에 인지하는 진실성이 중요한 요건이 되므로 비교되는 상품 또는 용역이 전체적으로 정확한 모습으로 전달되어야 한다. 그러기 위해서는 비교항목이 공정하고 적절하게 선정되어야 하며, 경쟁하는 제품 간의 의미 있는 차이를 부각시켜야 하는데, 만약 자신의 표시·광고상품의 우월성을 강조하기 위해서 작위적으로 경쟁업자의 비교대상 내용을 선별하여 전체적 인상을 왜곡시키는 경우에는 명백하게 부당한 비교 표시·광고에 해당한다. 또한 비교 표시·광고의 내용을 입증할 수 있는 과학적·객관적 근거나 자료가 없이 자신의 것이 경쟁사업자의 것에 비해 우량 또는 유리하다고 주장하는 표시·광고 역시 부당한 비교 표시·광고에 해당하게 된다.

공정거래위원회의 비교 표시·광고 심사지침의 일반적 원칙은 다음과 같다. 비교 표시·광고는 소비자에게 사업자나 상품에 관한 유용하고 정확한 정보제공을 목적으로 행하는 것이어야 하며, 소비자를 속이거나 소비자로 하여금 잘못 알게 할 우려가 없도록 해야 한다. 비교 표시·광고는 그 비교대상 및 비교기준이 명확해야 하며 비교내용 및 비교방법이 적정해야 한다. 비교 표시·광고는 법령에 의한 시험·조사기관이나 사업자와 독립적으로 경영되는 시험·조사기관에서 학술적 또는 산업계 등에서 일반적으로 인정된 방법 등 객관적이고 타당한 방법으로 실시한 시험·조사 결과에 의하여 실증된 사실에 근거해야 한다.

비록 사실에 기초한 비교하는 형식의 표시·광고라고 하여도 다른 사업자 및 다른 사업자의 상품에 대한 중대한 이미지 훼손이 되는 것과 같이 표시·광고의 전체내용이 전달하는 바가 다른 사업자 또는 다른 사업자의 상품이 실제보다 현저히 열등 또는 불리한 것처럼 소비자가 오인할 수 있다면 이는 비방적인 표시·광고에 해당된다.

④ 비방 표시·광고행위

비방적인 표시·광고는 다른 사업자 또는 다른 사업자의 상품이나 용역에 관하여 객관적인 근거가 없는 내용으로 표시·광고하여 비방하거나 불리한 사실만을 표시·광고하여 비방하는 것으로, 경쟁사업자의 것에 관하여 객관적으로 인정된 근거 없는 내용으로 표시·광고하여 비방하거나 또는 경쟁사업자의 것에 관하여 불리한 사실만을 표시·광고하여 비방하는 행위를 말한다. 이러한 비방 표시·광고는 일반적으로 비교 표시·광고의 형식으로 나타나는데, 실제 사례에서 이 둘을 구분하는 것은 쉽지 않다.

비방 표시·광고는 실질적으로는 허위·과장 표시·광고 또는 기만적 표시·광고 행위에 해당한다. 즉 경쟁사업자의 것에 관하여 객관적으로 인정된 근거 없는 내용으로 비방하는 경우는 허위·과장 표시·광고에 해당하며, 경쟁사업자의 것에 관하여 불리한 사실만을 표시·광고하여 비방하는 경우는 기만적 표시·광고에 해당한다. 그럼에도 표시·광고법에서는 이를 별도로 규정하는데, 허위·과장 표시·광고는 자신의 것에 관하여 진실성이 반하는 내용을 표시·광고하는 것이고, 비방 표시·광고는 경쟁사업자의 것에 관하여 그 진실성에 반하는 내용을 표시·광고하는 것이다.

(2) 심사지침

공정거래위원회가 제시하는 부당한 표시·광고에 관한 주요 심사지침은 다음과 같다.

① 주택의 표시·광고에 관한 심사지침

주택공급사업자가 주택의 분양 및 임대와 관련하여 행하는 표시·광고로서 분양 또는 임대하는 주택의 공급자, 면적, 특징 등에 관하여 소비자를 오인시킬 우려가 있는 부당한 표시·광고행위의 유형을 제시한다.

② 상가 등의 분양 및 임대 표시·광고에 관한 심사지침

사업자가 상가, 사무실, 오피스텔, 콘도미니엄 등의 분양·임대와 관련하여 행하는 표시·광고로서 상가 등의 명칭, 시행자·시공자·분양자, 분양업종, 상권, 수익성, 분양가, 건축허가, 건물인증 등에 관하여 소비자를 오인시킬 우려가 있는 부당한 표시·광고행위의 유형을 제시한다.

③ 환경 관련 표시·광고에 관한 심사지침

사업자가 환경과 관련된 내용으로 행하는 표시·광고로서 사업자 자신 또는 경쟁사업자가 공급하는 상품이나 용역의 원재료, 성분, 품질, 성능, 제조방법, 가격, 보증 기타의 거래내용이나 거래조건 등에 관하여 소비자를 오인시킬 우려가 있는 부당한 표시·광고행위의 유형을 제시한다.

④ 은행 등의 금융상품 표시·광고에 관한 심사지침

은행 등이 국내에서 공급하는 금융상품의 거래조건 등에 대해서 행하는 표시·광고로서 이자율·수익률, 이자·수익 산정방법, 대출자격 등에 관하여 소비자를 오인시킬 우려가 있는 부당한 표시·광고행위의 유형을 제시한다.

⑤ 보험상품 표시·광고에 관한 심사지침

보험회사가 국내에서 판매하는 보험상품에 관하여 행하는 표시·광고로서 보험회사의 보험료, 보험혜택, 중도해약환급금, 만기환급금 등에 관하여 소비자를 오인시킬 우려가 있는 부당한 표시·광고행위의 유형을 제시한다.

⑥ 수상·인증 등의 표시·광고에 관한 심사지침

사업자가 각종 수상·인증·특허 등에 관하여 행하는 표시·광고로서 수상·인증·선정·특허 등의 사실·획득 의미·인정가치 등에 관하여 소비자를 오인시킬 우려가 있는 부당

한 표시·광고행위의 유형을 제시한다.

⑦ 통신판매 표시·광고에 관한 심사지침

통신판매사업자가 상품 판매 또는 용역 제공에 관하여 행하는 표시·광고로서 통신판매

12개 커피 가맹본부의 거짓·과장광고 제재

공정거래위원회는 창업 희망자를 대상으로 가맹점 수익률, 창업 비용 등을 거짓·과장으로 광고하여 표시·광고법을 위반한 12개 커피 전문점 가맹본부°에게 시정명령과 공표명령하기로 의결하였다.

법 위반 현황

사업자('12년 말 가맹점 수)	브랜드명	거짓·과장광고 내용°	위반 기간(홈페이지)
(주)이디야(625)	이디야커피	순이익, 매장 수	2011년 3월 28일~2013년 11월 25일
(주)할리스에프앤비(324)	할리스커피	영업이익, 글로벌고객 만족대상 등 수상	2011년 7월~2013년 12월 17일
(주)이랜드파크(158)	더카페	유럽 SCAE협회 인증 바리스타 전문교육과정 제공	2013년 2월 28일~2014년 2월 7일
(주)다빈치(129)	다빈치커피	폐점률	2007년 6월~2013년 9월 24일
티에고(주)(100)	커피마마	창업 비용, 창업 만족도 등	2013년 7월 1일~2013년 9월 26일
사과나무(주)(79)	커피베이	순이익	2013년 5월 1일~2013년 9월 30일
태영에프앤비(주)(78)	주커피	월수입	2012년 6월~2013년 9월 23일
(주)커피니(63)	커피니	순이익	2013년 4월 11일~2014년 2월 25일
(주)버즈커피(27)	버즈커피	창업 비용, 가맹점 수	2011년 4월~2013년 9월
블루빈커피컴퍼니(주)(25)	라떼킹	순수익	2013년 5월~2013년 9월
(주)제이지이커피컴퍼니(25)	모노레일 에스프레소	순이익	2013년 7월 말~2013년 9월 17일
(주)리치홀딩스(3)	라떼야커피	순수마진	2013년 5월~2013년 8월 31일

○ 거짓·과장광고 내용 중 '순이익', '순수익', '순수마진' 등은 모두 동일한 의미이나, 법 위반 사업자들의 광고 표현 그대로 기재한 것이다.

자료: 공정거래위원회(2014. 11. 6). 보도자료.

사업자의 주소, 전화번호 등 사업자 자신, 상품의 내용 및 가격, 거래조건 등에 관하여 소비자를 오인시킬 우려가 있는 부당한 표시·광고행위의 유형을 제시한다.

⑧ 추천·보증 등의 표시·광고에 관한 심사지침
개인적 경험·체험이나 전문가 또는 단체의 추천·보증 등에서 소비자피해를 유발하는 부당한 표시·광고행위의 유형을 제시한다.

⑨ 소비자안전에 관한 표시·광고 심사지침
상품 또는 용역에 관한 표시·광고에 있어서 소비자안전과 관련하여 부당한 표시·광고가 될 수 있는 대표적인 유형을 공통지침과 업종별지침으로 구분하여 제시한다.

3 │ 중요정보공개제도(표시·광고법 제4조)

공정거래위원회는 상품 또는 용역이나 거래 분야의 성질에 비추어 소비자의 보호 또는 공정한 거래질서의 유지를 위하여 필요한 사항인 경우에는 사업자나 사업자단체가 표시·광고에 포함해야 하는 사항(이하 '중요정보'라 함)과 표시·광고의 방법을 고시(인터넷 게재 포함)할 수 있다. 또한 사업자 등은 표시·광고행위를 하는 경우에는 고시된 중요정보를 표시·광고해야 한다. 여기서 중요정보는 표시·광고를 하지 않아 소비자의 피해가 자주 발생하고 있는 사항, 표시·광고를 하지 않으면 소비자가 상품 또는 용역의 중대한 결함 또는 기능상의 한계 등을 정확히 알지 못하여 소비자의 구매 선택에 결정적인 영향을 미치게 되는 경우, 소비자의 생명·신체상의 위해가 발생할 가능성이 있는 경우, 그 밖에 소비자의 합리적인 선택을 현저히 그르칠 가능성이 있거나 공정한 거래질서를 현저히 저해하는 경우가 우려되는 사항이 된다. 예를 들면 자동차 부품이 신품 또는 중고인지 아니면 재생인지의 여부와 같은 사항, 백화점 할인특매광고에서 할인대상 분야가 무엇이고, 할인율은 얼마나 되는지에 관한 사항, 그리고 패키지 해외여행상품 광고 시 숙박등급 및 식사횟수 등을 표시하는 것 등이 이에 해당된다.

표시·광고의 각 분야에서 '중요정보'의 정의

소비자 안전 분야의 중요정보
담배 제조·판매업의 중요정보: 상품 등의 포장·용기 등에 표시행위를 할 경우와 상품 등에 관하여 신문·잡지 등에 광고할 경우
【표시·광고 예시】 '니코틴 및 타르 함량'을 구체적으로 명시(니코틴 ○○mg/개비, 타르 ○○mg/개비)

유전자변형물질 분야의 중요정보
■ 식품 제조·판매업의 중요정보 항목
【광고 예시】
 － 당해식품에 '유전자변형물질이 포함되어 있다는 사실'을 구체적으로 명시
 － 유전자재조합(농·축·수산물명)포함 식품 포함 여부가 확실한 경우, 유전자재조합(농·축·수산물명) 포함가능성 있음, 포함
   여부가 불확실하나 포함가능성이 큰 경우
■ 농·수산물 생산·판매업의 중요정보 항목
【광고 예시】
 － 당해 농·수산물에 '유전자변형물질이 포함되어 있다는 사실'을 구체적으로 명시
 － 유전자변형 (농·수산물명) 포함(포함 여부가 확실한 경우), 유전자변형(농·수산물명) 포함 가능성이 있음(포함 여부가 불확
   실하나 포함가능성이 큰 경우)

상품권 분야의 중요정보
■ 표시/광고대상 중요정보 항목
 － 권면금액 중 사용 후의 잔액에 대한 현금 환불 기준
 － 상사채권 소멸시효(5년) 이내인 경우로서 유효기간이 경과된 상품권에 대한 보상기준
【표시·광고 예시】
■ '권면금액 중 사용 후의 잔액에 대한 현금 환불 기준' 등을 구체적으로 명시
 － 권면금액 중 사용 후의 잔액에 대한 현금 환불 기준: 상품권 권면금액의 ○○% 이상 사용 시 잔액을 현금 환불
 － 상사채권 소멸시효(5년) 이내인 경우로서 유효기간이 경과된 상품권에 대한 보상기준: 상품권 권면금액의 ○○% 해당 금액
   을 현금 환불

산후조리원
■ 제공되는 서비스의 구체적 내용과 요금 체계: "○○서비스, ○○서비스: ○○원, 이외 서비스(가능한 서비스의 내용을 괄호 형태
  로 명시)는 별도 요금 추가", "○○서비스, ○○서비스: ○○원, 추가요금 없음" 등과 같이 명시함
■ 중도해약 시 환불기준
 － 구체적 기준 명시: 해지일까지의 이용일수에 해당하는 금액과 총 계약금액의 ○○% 공제 후 환급 등
 － 소비자 분쟁해결기준 원용: 환불 기준은 공정거래위원회 고시 소비자분쟁해결기준에 따름

해외연수프로그램
■ 제공되는 서비스의 구체적 내용 및 요금 체계: 숙박시설, 체류기간, 체류기간 동안 교습내용 및 방법, '○○프로그램, ○○프로
  그램: ○○원, 이외 프로그램(가능한 프로그램의 내용을 괄호형태로 명시)는 별도 요금 추가', '○○프로그램, ○○프로그램: ○○
  원, 추가요금 없음' 등과 같이 명시함
■ 계약 중도 해지 시 환불 기준: 중도 해지가 불가능한 경우 '중도 해지 불가능', 중도 해지가 일정 기간에만 가능할 경우 '언제까
  지 해지 가능' 등으로 명시하고, 구체적인 환불 기준을 명시함

자료: 공정거래위원회(2014). 중요한 표시·광고 사항 고시.

이와 같이 표시·광고법에서 중요정보 공개제를 명시하는 이유는 다음과 같다. 첫째, 사업자는 상품정보를 독점하면서 유리한 정보만을 공개하고 상품결함 등 불리한 정보는 은폐하는 경향이 있기 때문이다. 둘째, 이를 방치할 경우 잘못된 구매로 인한 소비자 피해는 물론 사업자 간의 품질, 가격경쟁도 저해될 우려가 있기 때문이다. 셋째, 따라서 사업자가 표시·광고를 할 때 소비자 선택에 핵심적인 중요사항을 표시하도록 할 필요가 있기 때문이다.

이처럼 공정거래위원회가 중요정보를 고시할 때에는 중요정보제공협의회 및 관계행정 기관의 장과 미리 협의해야 하는데, 필요하다고 인정되는 때에는 공청회를 개최하여 사업자단체, 소비자단체, 그 밖의 이해관계인 등의 의견을 들을 수 있으며, 소비자 및 사업자 등 이해관계인에게 종합적인 정보를 제공하기 위하여 다른 법령에서 표시·광고를 하도록 한 사항 및 표시·광고를 제한하거나 금지하고 있는 사항을 통합하여 공고할 수 있다.

4 │ 표시·광고내용실증제(표시·광고법 제5조)

(1) 주요 내용

사업자는 자기가 행한 표시·광고 중 사실과 관련한 사항에 대하여는 이를 실증할 수 있어야 하는데, 공정거래위원회는 사업자 등이 부당한 표시·광고 행위의 금지조항을 위반할 우려가 있어 이에 대한 실증이 필요하다고 인정되는 경우에는 그 내용을 구체적으로 명시하여 당해 사업자에게 관련 자료의 제출을 요청할 수 있다.

광고실증제도는 사업자가 광고에서 주장한 내용을 실험·연구 등 경험적 사실에 근거한 합리적이고 객관적인 자료에 의해 증명하는 것을 의미하는 것으로, 광고에서 주장하는 내용에 대한 입증책임을 사업자에게 전환함으로써 광고 심의의 신속성을 확보하고, 광고에서의 주장이 과학적이고 객관적인 사실에 근거하도록 하게 함으로써 부당광고를 사전에 예방하는 기능을 가지고 있다. 관련자료 요청을 받은 사업자가 광고에서 주장한 내용에 대하여 합리적인 근거를 제출하지 못할 경우에는 미실증 광고로 규제를 받으며, 동시에 제출된 실증자료가 객관적인 자료로 인정받지 못하는 경우에는 부당광고로도 규제를 받게 된다. 따라서 미실증 광고 규제법리하에서는 사업자의 광고내용에 대한 입증책임의 부담을 완화시켜 주기 위하여 실증대상이 되는 광고내용을 제품의 안전성, 효능·성능, 제품의 품질, 가격 비교 등 소비자의 구매행위에 큰 영향을 미치는 광고의 핵심사항selling point으로 한정하고 있다.

이때 사업자가 표시·광고한 내용 중 사실과 관련한 사항을 실증함에 있어서 시험이나 조사는 다음과 같이 이루어져야 한다. ① 실증에 사용되는 시험 또는 조사의 방법은 학술적 또는 산업계에서 일반적으로 인정된 방법 등 객관적이고 타당한 방법일 것, ② 시험 또는 조사는 법령에 의한 시험·조사기관이나 사업자 등과 독립적으로 경영되는 시험·조사기관에서 이를 행할 것 등이 바로 그것이다.

또한 공정거래위원회는 상품 또는 용역에 관하여 소비자가 잘못 아는 것을 방지하거나 공정한 거래질서를 유지하기 위하여 필요하다고 인정되는 경우, 그 자료가 사업자의 영업상의 비밀에 해당하는 경우를 제외하고는 사업자가 제출한 실증자료를 비치하여 이를 일반이 열람할 수 있게 하거나 기타 적절한 방법에 의하여 이를 공개할 수 있다.

공정거래위원회는 사업자가 실증자료의 제출을 요구받고도 15일 이내에 제출하지 않은 채 계속하여 표시·광고를 하는 때에는 실증자료를 제출할 때까지 그 표시·광고행위의 중지를 명할 수 있다.

(2) 광고실증 운영지침

표시·광고 중 객관적인 판단이 가능한 사실과 관련한 사항에 대해서 표시·광고 내용의 실증제 운영은 다음과 같이 하게 된다.

① 실증자료 요청의 주요 대상

부당한 표시·광고 행위의 금지조항에 위반될 우려가 있는 표시·광고로서 TV, 라디오, 신문 및 잡지를 통해 전국적으로 표시·광고되고, 표시·광고 중 사실과 관련한 사항이 당해 표시·광고의 주요 내용인 경우에는 실증자료 요청의 주요 대상이 된다. 여기서 표시·광고의 주요 내용은 인체에 직접적으로 영향을 미친다는 내용인 경우, 안전 또는 환경과 관련된 내용인 경우, 성능, 효능, 품질에 관한 내용인 경우, 기타 소비자의 구매선택 및 거래질서에 중대한 영향을 미치는 내용인 경우이다. 그 예를 들어 보면 건강보조식품의 경우, '담즙 분비 촉진효과' 등의 표현과 같이 인체에 직접적으로 영향을 미친다는 내용의 표시·광고, 내연기관용 윤활유의 경우, '연료 절감 10%' 등의 표현과 같이 성능에 관한 내용의 표시·광고, 운동기구의 경우 '○○보다 열량 소비율 5배 높음, 근육강화 기능이 40% 더 높음' 등의 표현과 같이 비교하는 내용의 표시·광고 등이 해당된다.

② 실증자료의 심사

실증자료는 실증방법, 실증기관, 실증내용의 요건을 모두 갖춘 경우에 그 객관성과 타당성을 인정하게 된다. 실증에 사용되는 시험·조사 기타 실증방법은 학술적 또는 산업계에서 일반적으로 인정된 방법 등 객관적이고 타당한 방법이어야 한다. 구체적으로는 실증방법이 시험·조사에 의한 경우에는 관련분야에서 확립된 절차·방법에 따르거나 관련 분야의 전문가 다수가 인정하는 절차 및 방법에 의할 것, 전문가, 전문가단체, 전문기관 등의 견해에 의한 경우에는 당해 분야의 전문지식에 기초한 공식적인 견해로서 당해 분야의 전문가라면 일반적으로 인정할 수 있는 내용일 것, 학술문헌에 의한 경우에는 그 내용이 당해 분야의 전문가에 의하여 일반적으로 인정될 것, 기타 실증을 위한 방법은 그 절차, 과정 등이 객관적이고 타당할 것 등이다.

그러나 다음과 같은 경우는 객관적이고 타당한 실증방법에 해당되지 않은 것으로 보는데, 보통 타이어보다 25% 빨리 정지할 수 있다는 타이어 광고에서 통상적인 도로 상태가 아닌 물에 젖은 노면 등 특수한 상황 또는 조건에서 실시하는 시험, 실증되어야 하는 표시·광고의 내용과 다른 분야의 전문지식을 가진 전문가의 견해를 인용한 경우, 전문가 사이에서 의문이 존재하는 내용의 견해 또는 학술문헌 등을 인용한 경우 등이다.

실증방법이 시험·조사에 의한 경우에는 시험·조사기관은 독립적으로 경영되는 시험·조사기관이어야 하고, 시험·조사를 수행하는 데 필요한 충분한 능력이 있다고 인정되는 기관이어야 하는데, 여기서 독립적으로 경영되는 시험·조사기관이란 사업자 등 또는 사업자의 계열회사가 운영하는 시험·조사기관이거나, 사업자 등이 속한 기업집단의 범위에 속하였으나 그 기업집단으로부터 제외된 회사가 운영하는 시험·조사기관이 아닌 시험·조사기관을 말한다. 그러나 법령에 의한 시험·조사기관 또는 사업자 등과 독립적으로 경영되는 시험·조사기관이 없거나, 공개될 경우 영업활동에 중대한 침해가 우려되는 영업상의 비밀을 유지하기 위하여 독립된 시험·조사기관에 의한 시험·조사가 적당하지 않은 경우, 시험·조사비용이 과다하여 독립된 시험·조사기관에 의한 시험·조사가 적당하지 않은 경우로 공정거래위원회가 인정할 때에는 예외로 한다.

실증내용은 요구된 표시·광고 내용과 직접적인 상관관계가 있어야 하며, 실증이 요구된 표시·광고 내용이 타당하다고 소비자들이 충분히 인정할 수 있는 정도여야 한다. 예를 들면, ○○자동차에 관하여 안전도가 우수하다고 비교광고 하였으나, 그 실증자료로서 미국 환경청EPA의 연비에 관한 시험 결과를 제출하였다면 합리적인 실증근거로 인정할 수 없다.

5 | 사업자단체의 표시·광고제한행위의 금지(표시·광고법 제6조)

사업자단체는 공정거래위원회가 소비자의 이익을 보호하거나 공정한 거래질서를 유지하기 위하여 필요하다고 인정하는 경우를 제외하고, 법령에 의하지 않고 당해 사업자단체에 가입된 사업자에 대하여 표시·광고를 제한하는 행위를 해서는 안 된다. 만약 사업자단체의 표시·광고제한행위를 인정하고자 할 때에는 공정거래위원회는 관계행정기관의 장과 미리 협의해야 하고, 위반하는 행위가 있는 때에는 당해 위반행위의 중지, 당해 위반행위를 정한 정관·규약 등의 변경, 기타 위반행위의 시정을 위하여 필요한 조치를 명할 수 있다.

6 | 시정조치 및 임시중지명령제도, 손해배상책임

공정거래위원회는 사업자 등이 부당한 표시·광고 금지조항을 위반하여 부당한 표시·광고 행위를 하는 경우에는 그 사업자 등에 대하여 그 시정을 위해, ① 해당 위반행위의 중지, ② 시정명령을 받은 사실의 공표, ③ 정정광고 등의 시정조치를 명할 수 있다.

또한 공정거래위원회는 표시·광고 행위가 ① 부당한 표시·광고 금지조항을 위반한다고 명백하게 의심되는 경우, ② 그 표시·광고행위로 인하여 소비자나 경쟁사업자에게 회복하기 어려운 손해가 발생할 우려가 있어 이를 예방하기 위하여 긴급히 필요하다고 인정되는 경우 사업자 등에 대하여 그 표시·광고행위를 일시 중지할 것을 명할 수 있다.

소비자단체나 그 밖에 대통령령으로 정하는 기관·단체는 사업자 등의 표시·광고 행위가 위 사항 모두에 해당한다고 인정할 때에는 서면(전자문서를 포함)으로 공정거래위원회에 그 표시·광고 행위의 일시 중지를 명하도록 요청할 수 있다. 임시중지명령의 요청은 소비자단체, 정보통신윤리위원회, 한국간행물윤리위원회, 한국소비자원, 한국신문윤리위원회, 한국광고자율심의기구, 표시·광고를 심의하기 위하여 다른 법령에 의하여 설립된 기관 또는 단체가 할 수 있다.

임시중지명령에 불복하는 자는 그 명령을 받은 날부터 7일 이내에 공정거래위원회에 이의를 제기할 수 있다. 공정거래위원회는 임시중지명령을 받은 자가 이의를 제기하였을 때에는 지체 없이 서울고등법원에 그 사실을 통보해야 하며, 통보를 받은 서울고등법원은 비송사건절차법에 따라 재판을 한다.

공정거래위원회는 부당한 표시·광고 금지조항을 위반하여 표시·광고 행위를 한 사업자 등에 대하여는 대통령령으로 정하는 매출액(대통령령으로 정하는 사업자의 경우에는 영업수익)에 100분의 2를 곱한 금액을 초과하지 아니하는 범위에서 과징금을 부과할 수 있다. 다만, 그 위반행위를 한 자가 매출액이 없거나 매출액을 산정하기 곤란한 경우에는 5억 원을 초과하지 아니하는 범위에서 과징금을 부과할 수 있다. 공정거래위원회는 사업자단체 표시·광고 제한행위 규정을 위반하여 사업자의 표시·광고 행위를 제한하는 행위를 한 사업자단체에 대하여는 5억 원의 범위에서 과징금을 부과할 수 있다. 과징금을 부과하는 경우에는 위반행위의 내용 및 정도, 기간 및 횟수, 위반행위로 인하여 취득한 이익의 규모, 사업자 등이 소비자의 피해를 예방하거나 보상하기 위하여 기울인 노력의 정도를 고려해야 한다.

사업자 등은 부당한 표시·광고 행위를 함으로써 피해를 입은 자가 있는 경우에는 그 피해자에 대하여 손해배상의 책임을 진다. 손해배상의 책임을 지는 사업자 등은 고의 또는 과실이 없음을 들어 그 피해자에 대한 책임을 면할 수 없다.

7 | 동의의결제도(표시·광고법 제7조의2)

(1) 동의의결제도의 도입 배경 및 개념

표시·광고법상 동의의결제도는 부당한 표시·광고행위의 신속한 중지, 그리고 소비자에게 실질적인 피해구제면에서 효과가 있는 것으로 알려져 있다. 동 제도의 도입이 소비자 이익의 실질적 보호에 많은 도움이 되므로, 하루속히 도입되어야 된다는 측면, 제도 도입과정에서 타부처와 협의가 필요하다는 측면 등을 고려해야 한다. 2014년 1월 28일 동 법 개정을 통해 신설된 동의의결제도는 공정거래위원회의 조사나 심의를 받고 있는 사업자 등(이하 '신청인'이라 함)은 해당 조사나 심의의 대상이 되는 행위로 인한 소비자 오인상태의 자발적 해소 등 거래질서의 개선, 소비자피해구제 등을 위하여 동의의결을 하여 줄 것을 공정거래위원회에 신청할 수 있다. 다만 ① 독점규제 및 공정거래에 관한 법률 제71조제2항에 따른 고발요건에 해당하는 경우, ② 동의의결이 있기 전 신청인이 신청을 취소하는 경우에 해당하는 경우 공정거래위원회는 동의의결을 하지 아니하고 이 법에 따른 심의 절차를 진행해야 한다.

신청인이 해당 행위를 특정할 수 있는 사실관계, 해당 행위의 중지, 소비자 오인상태의 해소 등 거래질서의 적극적 개선을 위하여 필요한 시정방안, 소비자와 다른 사업자 등의 피해를 구제하거나 예방하기 위하여 필요한 시정방안을 기재한 서면으로 해야 한다. 공정거래위원회는 해당 행위의 사실관계에 대한 조사를 마친 후 시정방안이 요건을 모두 충족한다고 판단되는 경우에는 해당 행위 관련 심의 절차를 중단하고 시정방안과 같은 취지의 의결(이하 '동의의결'이라 함)을 할 수 있다. 이에 해당하는 요건은 ① 해당 행위가 이 법을 위반한 것으로 판단될 경우에 예상되는 시정조치, 그 밖의 제재와 균형을 이룰 것, ② 공정하고 자유로운 거래질서를 회복시키거나 소비자, 다른 사업자 등을 보호하기에 적절하다고 인정될 것을 의미한다. 이 경우 신청인과의 협의를 거쳐 시정방안을 수정할 수 있다. 공정거래위원회의 동의의결은 해당 행위가 이 법에 위반된다고 인정한 것을 의미하지 아니하며, 누구든지 신청인이 동의의결을 받은 사실을 들어 해당 행위가 이 법에 위반된다고 주장할 수 없다.

(2) 동의의결의 절차 및 취소

공정거래위원회는 신속한 조치의 필요성, 소비자피해의 직접 보상 필요성 등을 종합적으로 고려하여 동의의결 절차의 개시 여부를 결정해야 한다. 공정거래위원회는 동의의결을 하기 전에 30일 이상의 기간을 정하여 해당 행위의 개요, 관계 법령 조항, 시정방안, 해당 행위와 관련하여 신고인 등 이해관계인의 이해를 돕는 그 밖의 정보의 사항을 신고인 등 이해관계인에게 통지하거나, 관보 또는 공정거래위원회의 인터넷 홈페이지에 공고하는 등의 방법으로 의견을 제출할 기회를 주어야 한다.

공정거래위원회는 위 사항을 관계 행정기관의 장에게 통보하고 그 의견을 들어야 하며, 검찰총장과는 협의해야 한다. 공정거래위원회는 동의의결을 하거나 이를 취소하는 경우에는 독점규제 및 공정거래에 관한 법률 제37조의3의 구분에 따른 회의의 심의·의결을 거쳐야 한다. 동의의결을 받은 신청인은 의결에 따라 동의의결의 이행계획과 이행결과를 공정거래위원회에 제출해야 한다. 서면의 신청방법, 이 조에 따른 의견 조회 방법, 심의·의결 절차 등 그 밖의 세부사항은 공정거래위원회가 정하여 고시할 수 있다.

생각하는 소비자 7-2

거짓·과장광고를 통해 고가로 판매되는 키 성장제 관련 피해주의보

공정거래위원회(위원장 김동수)는 최근 자녀의 성장에 대한 부모의 관심을 악용하여 거짓·과장광고 등을 통해 고가로 판매되고 있는 키 성장제에 대해 소비자피해주의보를 발령하였다. 특히 상당수 제품은 객관적인 효과검증 없이 유명인 등을 내세워 광고하면서 공급가 대비 최고 50배에 달하는 고가로 판매되는 경우도 있어 소비자의 각별한 주의가 요구된다. 소비자가 주의해야 할 사항을 정리하면 다음과 같다.

- 키 성장제의 효능·효과를 과신하여 충동구매를 하지 않는다.
- 유명 제약회사의 제품 브랜드에 현혹되지 않는다.
- 향후 반품할 경우를 대비하여 환불 규정을 사전에 꼼꼼히 확인하고 관련 영수증, 증서 등을 보관한다.
- 키 성장제를 섭취하여 부작용 증세가 나타나 약품을 구입했거나 병원 진료를 받았다면 관련 영수증, 병원진단서 등을 보관해 둔다.

자료: 공정거래위원회 보도자료(2012. 10. 30).

공정거래위원회가 동의의결을 취소할 수 있는 경우는 ① 동의의결의 기초가 된 시장 상황 등 사실관계의 현저한 변경 등으로 인하여 시정방안이 적정하지 아니하게 된 경우, ② 신청인이 제공한 불완전하거나 부정확한 정보로 인하여 동의의결을 하게 되었거나, 신청인이 거짓 또는 그 밖의 부정한 방법으로 동의의결을 받은 경우, ③ 신청인이 정당한 이유 없이 동의의결을 이행하지 아니하는 경우이다. 동의의결을 취소하는 경우 신청인이 또 동의의결을 해줄 것을 신청하면 공정거래위원회는 다시 동의의결을 할 수 있다. 동의의결을 취소하는 경우 공정거래위원회는 중단된 해당 행위 관련 심의 절차를 계속하여 진행할 수 있다.

공정거래위원회는 정당한 이유 없이 상당한 기한 내에 동의의결을 이행하지 아니한 자에게 동의의결이 이행되거나 취소되기 전까지 1일당 200만 원 이하의 이행강제금을 부과할 수 있다. 이행강제금의 부과·납부·징수 및 환급 등에 대하여는 독점규제 및 공정거래에 관한 법률 제17조의3제2항 및 제3항을 준용한다.

8 | 표시·광고의 제한 등과 관련된 협의와 자율규약제도

표시·광고는 사업자의 경쟁·판촉수단인 점을 감안하여, 관련 법규를 담당하는 관계 행정기관의 장으로 하여금 사업자 등에게 표시·광고를 금지 또는 제한하거나 표시·광고하도록 의무를 부과하는 것을 내용으로 하는 법령을 제·개정할 때에는 미리 공정거래위원회와 협의하도록 하였다.

사업자 등은 부당한 표시·광고 행위의 금지조항의 위반을 방지하기 위하여 자율적으로 표시·광고에 관한 규약이나 기준 등(자율규약)을 정할 수 있으며, 이 자율규약 및 사업자 등의 표시·광고가 부당한 표시·광고 행위의 금지조항 또는 자율규약에 위반되는지의 여부를 심의하기 위한 조직인 자율심의기구는 정당한 사유없이 사업자 등의 표시·광고 또는 소비자에 대한 정보제공을 제한해서는 안 된다.

2. 표시적정화

1 | 가격표시제도

가격표시제도는 소매가격 표시의무업소에서 판매하는 농·축·수산물 등을 포함한 공산품을 생산·판매하거나 그 매매·교환을 업으로 하는 자에게 당해 유통단계의 거래가격을 표시하도록 하는 제도를 말한다. 본 제도는 판매자나 소비자 모두에게 유익한 제도로서 판매자는 적정이윤을 얻을 수 있고 소비자는 가격을 비교하여 현명한 구매 결정을 할 수 있다. 본 제도는 물가안정에 관한 법률 및 동법 시행령의 규정에 의한 판매가격open price, 단위가격 표시요령과 소비자보호법의 규정에 의한 권장소비자가격 등의 표시금지에 관한 '가격표시제 실시요령'에 의하여 시행되고 있다.

(1) 판매가격 표시 의무

소매점포에서 판매하는 전 품목에는 판매가격을 표시해야 한다. 2000년도 7월부터 총 42개 소매업종에 대하여 의무적으로 판매가격을 표시하도록 한 것이며, 판매 가격 표시제도가 실시되면서 소비자에게는 판매가격 비교를 위한 점포별 가격표시가 매우 중요한 역할을 하게 되었다. 여기서 판매 가격은 소매업자가 일반 소비자에게 판매하는 상품의 실제 가격을 가리키는 것으로 표시 의무자는 가격 표시대상 소매점포를 운영하는 판매업자, 즉 대형 할인점, 백화점, 쇼핑센터 내의 모든 소매점포가 된다.

2001년도 1월부터는 의약품에 대해서도 실제의 판매가격을 표시하도록 하고 있다. 본 제도는 의약품을 판매하고자 하는 자(약국 등)로 하여금 판매하는 모든 의약품에 대하여 판매 가격을 표시·부착하게 하여 소비자가 약국별 의약품 판매가격을 비교·검토하여 가장 저렴한 의약품을 구매할 수 있도록 한 제도이다. 따라서 약국 등은 판매하는 의약품의 용기 또는 포장에 소비자 판매가격을 표시하거나 제품의 표시면적이 협소하여 가격표시가 곤란한 경우에는 소비자가 쉽게 알아볼 수 있도록 종합가격표시판 등을 설치해야 한다. 의약품 판매 가격표시의 위반 여부에 대한 감시는 관할 보건소 및 식품의

약품안전청에서 실시하고 있다.

(2) 권장소비자가격 표시 금지

권장소비자가격은 명칭 여하를 불문하고 사업자가 표시하는 가격을 말한다. 권장소비자가격의 표시의무자는 상품을 제조·유통·수입하는 자로서 자신의 상품을 소비자에게 직접 판매하는 것을 업으로 하지 않는 자(사업자)가 된다. 권장소비자가격 표시 금지 품목으로는 가전제품, 의류, 기타용품에서 모두 22개 품목이 해당된다. 구체적인 품목은 다음과 같다.

① 가전제품(11개)

TV, VTR, 유선전화기, 오디오, 세탁기, 냉장고, 에어컨, 전자수첩(전자사전 포함), 카세트, 캠코더, 전기면도기

② 의류(4개)

신사 정장(콤비류 포함), 숙녀 정장, 아동복(내의류 제외), 운동복(추리닝 및 땀복에 한함)

③ 기타용품(7개)

러닝머신, 롤러블레이드, 운동화, 손목시계, 카메라, 가스레인지(오븐레인지 포함), 침대

(3) 단위가격표시제

단위가격은 상품의 가격을 단위당으로 나타내어 표시하는 가격으로 판매가격과 함께 의무적으로 표기하게 된다. 그리고 단위가격의 표시의무자 역시 대규모 점포 중 대형점, 백화점, 쇼핑센터내의 소매점포를 관리하는 판매업자가 된다. 단위가격 표시대상으로는 가공식품 15개와 일용잡화 6개 품목해서 모두 21개 품목이 해당된다. 구체적인 표시단위는 다음과 같다.

① 가공식품(15개)

햄류(10g), 우유(100mL), 설탕(100g), 커피(10g), 치즈(10g), 식용류(100mL), 참기름(100mL), 마요네즈(100g), 간장(100mL), 맛살(100g), 식초(10mL), 복합조미료(10g), 소금(100g), 참치캔(10g), 라면(개)

② 일용잡화(6개)

랩(m), 호일(m), 화장지(10m), 분말세제(100g), 섬유유연제(mL), 종이기저귀(개)

2 | 품질표시제도

(1) 품질보증(인증)표시제도

우리나라에서는 산업자원부 주관으로 품질경영 및 공산품 안전관리법에 의한 품질보증체제 인증제도 운영요령을 마련·시행하고 있으며, 한국품질환경인정협회의 장은 이에 의거하여 국제표준화기구 등에서 정한 기준 또는 지침에 따른 해석지침을 따로 정할 수 있도록 되어 있다. 그에 따라 소비자에게 상품품질에 대한 정보를 주기 위한 품질인증마크제도와 수상·인증 등의 표시·광고에 관한 심사지침이 마련되어 시행 중에 있다. 특히 수상·인증 등의 표시·광고에 관한 심사지침은 한국표준협회의 품질경영상이나 대한출판문화협회의 출판문화상과 같이 사업자가 사업자 외의 자로부터 자신의 상품, 용역의 우수성 또는 공로 등을 인정받아 상을 받는 행위인 수상과 품질인증 마크제도에 의해 시행되고 있는 국제표준화$_{\text{ISO}}$가 제정한 ISO9000, ISO14000 규격에 의한 인증 등, 우리나라의 KS마크, 검마크, 전마크, NT마크, KT마크, GD마크, GP마크, SD마크, AS마크, 환경마크, EM마크, Q마크, 태극마크 등의 규격인증, 그리고 미국의 UL마크, FCC마크, 일본의 S마크, SG마크, 영국의 BSI마크, 프랑스의 NF마크, 캐나다의 CSA마크, 독일의 VDE마크 등과 같이 사업자가 관련 법규 또는 일정기준에 따라 어떠한 규격 또는 시스템 등에 적합한 상품·용역을 공급한다는 사실을 사업자 외의 자가 인정 또는 보증하는 행위인 인증과 허가·승인 등에 적용되고 있다. 품질인증마크는 다양한 기준에 의하여 다음과 같이 분류될 수 있다.

① 강제성 여부

정부가 사업자로 하여금 일정한 규격에 따라 상품을 제조하여 반드시 의무적으로 승인을 받도록 한 강제마크와 선택적으로 승인을 받도록 한 임의마크가 있다.

② 마크대상

품질인증마크는 제품을 대상으로 하는 경우, 기술을 대상으로 하는 경우, 사업체 관리시스템을 대상으로 하는 경우로 나누어진다.

③ 마크부여기관

국가기관에서 부여하는 인증마크와 비국가기관에서 부여하는 인증마크로 나누어진다. 비국가기관에서 인증하는 마크의 경우 상품에 문제가 발생하면 인증을 부여한 민간기관 혹은 제조업체에서 모두 배상을 하도록 되어 있다.

④ 마크의 특성

소비자의 안전과 위해의 피해를 막기 위하여 전기 혹은 전열기기 등의 상품을 비롯한 공산품에 대하여 정부의 기준에 맞추어 제조되었는가를 검사하여 부여하는 공산품 규격인증마크가 있으며, 이 중 KS마크를 제외하고는 모두 강제마크이다. 또한 우수한 품질임을 표시하는 품질우수인증마크, 그리고 특수마크 등이 있으며 이들은 임의마크이다.

(2) 공산품 품질인정제도

품질인정제도는 상품의 품질과 안전도를 보증하여 소비자가 인증마크를 확인함으로써 불량제품을 피하고 질 좋은 상품을 구할 수 있는 제도로, 정부의 공산품 품질규격인증마크와 품질우수인정마크, 그리고 특수마크의 3가지 제도가 운영되고 있다.

① 공산품 품질규격인증마크

정부가 정한 일정한 규격에 따라 상품을 제조해 반드시 승인을 받아야 하는 마크로 KS 마크, 전마크, 검마크 등이 이에 해당된다.

- **KS마크** 우리나라의 대표적인 제3자 제품인증제도로 전 품목에 대해 민간기관인 한국표준협회에서 수행한다. 식품과 관련해서는 KS가공식품마크와 전통식품 품질인증마크가 있다.
- **전마크** 전기용품 안전관리법이 규정하는 기준에 따라, 전기용품에 부여하는 강제마크이므로 이 마크가 없는 전기제품은 불법제품이며, 이는 수입품에도 적용된다.
- **검마크** 품질경영 및 공산품 안전관리법에 의거, 기술표준원에서 주관하며 생활용품 안전검사제에 의해 안전검사를 받아 합격한 제품에 대해 표시하도록 한 제도이다. 여기서 안전검사제는 안전에 대한 우려가 큰가 작은가에 따라 사전검사(검마크)와 사후검사(안전마크)로 나누어진다. 안전마크는 강제성은 없다.

② 품질우수인증마크

의무사항은 아니며, 우수한 품질임을 표시하는 마크이다.

- **품마크** KS마크와는 별도로 연필, 노트 등 학용품이나 어린이 용품을 비롯한 거의 모든 산업 분야에서 품질 관리가 우수한 업체에 대해 정부에서 부여하며, 시스템인증마크의 성격을 갖는다.
- **GD마크** KS·품·검마크를 이미 획득한 제품 중 디자인, 기능, 안전성 등을 종합 심사한 결과 우수한 제품에 대해 정부(산업디자인포장개발원)가 인정을 해 주는 마크good design이다.
- **SD마크** 우수한 산업디자인으로 인해 수출 등 매출 신장에 두드러진 제품을 대상으로 부여하는 마크super design이다.
- **GP마크** 포장이 뛰어난 상품good package에 대해 산업디자인포장개발원에서 심사를 거쳐 부여하는 마크이다.

- **GQ마크** 품질은 우수하면서_{good quality} 제품인지도가 낮아 판매에 어려움을 겪는 중소 기업을 돕기 위해 만들어진 마크이다.

- **Q마크** 한국생활용품시험연구소, 한국원사직물시험검사소, 한국의류시험검사소, 한국 전기전자시험검사소, 한국화학시험검사소, 한국유화시험검사소 등 6개 분야별 민간 시험소에서 해당업체의 신청을 받아 우수품질제품에 붙여주는 것으로, 임의적 표시 사항이지만 Q마크 제품에 하자가 발생되면 시험소와 함께 해당업체에서는 수리·교 환·대금의 환불 등 보상을 해 주게 된다. Q마크는 국내 소비자를 위한 일반 Q마크, 적정 품질상품으로 환경오염방지 저공해상품에 부착하는 환경Q마크, 그리고 외국의 소비자보호를 위해 수출품에 부착하는 수출Q마크의 3종류로 구분된다.

- **태극마크** 한국귀금속감정센터가 귀금속에 대한 상인과 소비자 간 신뢰를 높이기 위 하여 귀금속에 부여하는 마크이다.

③ 특수마크

- **전자파적합등록마크** 전자파적합등록 인증제도에 의해 전자제품에서 발생하는 전자파 가 방사 또는 전도되어 다른 기기의 성능에 장해를 주는 것을 방지하고, 전파환경보 호 및 인명·재산의 피해예방을 목적으로 정보통신부 장관(전파연구소)이 행하는 전 자파적합_{EMC: Electromagnetic Compatiability}등록을 받은 제품에 부착하는 마크이다.

- **환경마크** 제품품질과 상관없이 환경보전을 위해 재활용품을 사용했거나 오염물질을 사용하지 않는 상품에 대해 부여하는 마크이다.

- **AS마크** 사후봉사가 우수한 기업에 대해 정부(기술표준원)가 그 기업의 AS 품질을 공 인해 주는 제도로, 소비자의 상품 선택 폭을 넓히고 나아가 소비자의 이익을 보호하 는 제도로, 선진국에서도 전례가 없는 제도이다.

- **GR마크** 상품의 내용물을 담고 있는 용기 등의 재활용 여부를 소비자가 쉽게 알 수 있도록 하기 위하여 재활용마크를 상품용기에 국가(기술표준원)가 부여한 품질인증 마크를 표시하도록 하는 제도(우수재활용품 품질인증)이다.

- **고효율인증제도** 에너지 이용 합리화를 위하여 고효율에너지 기자재 중 일정 기준 이 상의 제품에 대하여 인증하여 주는 효율보증제도이다.

표 **7-2** 외국의 규격품질인증제도

국가	제도	국가	제도
미국	UL제도, ETL제도	프랑스	LCIE제도
캐나다	CSA제도	이탈리아	IMQ제도
독일	VDE제도	일본	JIS제도, JQA제도, JET제도
영국	BIS제도		

(3) ISO 인증제도

'ISOInternational Organization for Standardization, 국제표준화기구 9000'은 품질보증체제를 의미하며 품질관리체제와는 다르다. 우리나라에서는 한국산업기술평가원에서 ISO 9000 시리즈 규격요건에 따라 심사를 실시하여 품질시스템이 적합하게 운영되고 있음을 인정하는 기업에게 본 인증을 부여하고 있다. ISO 9000 품질보증체제를 운영하는 회사에서는 ISO 9001, 9002, 9003 규격 중 하나를 선택하여 품질보증체제 인증을 받을 수 있으며, 간단한 제품은 ISO 9003(출하 시 확인)만으로도 충분하다. 또 다른 ISO 시리즈로 환경경영관리체계에 대한 국제인증제도인 ISO 14000 시리즈가 있다.

(4) 외국의 규격품질인증제도

외국의 규격품질인증제도에는 다음과 같은 종류가 있으며, 우리나라의 산업기술시험원이 인증부여업무를 대행하고 있다(표 7-2 참조).

3 │ 식품표시제도

(1) 식품영양표시제도

식품영양표시제도는 소비자보호 차원에서 주로 상품의 품질, 원료, 사용방법에 관한 정보를 단순히 제공하는 다른 표시제도와 달리, 식품에 영양 성분, 영양소 함량 등의 영양정보를 표시하여 소비자에게 제공함으로써 소비자들의 합리적인 영양 관리를 위한 현명한 식품 선택을 유도하는 데 목적을 둔 제도이지만, 아직 제대로 정착되지 않고 있는 실정이다. 일반적으로 가공식품의 영양정보는 크게 영양정보 표시, 영양소 함량강조 표시, 그리고 건강강조 표시의 3가지로 나누어 표시할 수 있다.

- 영양정보표시는 제품이 갖는 영양소의 종류와 제품의 일정량에 함유된 영양소의 함량과 같은 영양성분을 표시하는 것이다.
- 영양소함량강조표시는 제품에 함유된 영양소의 함유 사실 또는 함유 정도를 '무', '저', '고', '강화', '첨가', '감소' 등의 특정한 용어로 표시하며, 다시 영양소함량강조표시와 영양소비교강조표시로 나누어진다.
- 건강강조표시는 식품의 질병 또는 건강과 관련된 상태를 표시하여 소비자에게 식품의 건강효과에 관한 정보를 제공해 주는 것이다.

(2) 건강기능식품에 관한 표시제도

우리나라에서는 2003년에 '건강기능식품에 관한 법'을 제정하였고, 표시사항은 '건강기능 식품에 관한 표시기준'에 의거하여 표시제도를 운영하고 있다. 본 제도에 대한 구체적인 표시기준은 다음과 같다.

- 주 표시면에 제품명과 내용량, 건강기능식품을 반드시 표시해야 한다.
- 정보표시면에는 유통기한, 보관방법, 섭취량, 섭취방법, 섭취 시 주의사항, 원재료명 및 함량을 표시해야 한다.
- 기능정보면에서는 인체의 성장 증진 및 정상적인 기능에 대한 영양소의 생리학적 작용을 나타내는 영양소 기능 표시와 인체의 정상기능이나 생물학적 활동에 특별한 효과가 있어 건강상의 기여나 기능 향상 또는 건강 유지 개선을 나타내는 영양소 기능 표시를 한다.
- 전체 식사를 통한 식품의 섭취가 질병의 발생 또는 건강상태의 위험 감소와 관련한 질병발생 위험 감소 표시로 구분하여 표시하도록 한다.
- 섭취량, 섭취방법 및 섭취 시 주의사항은 다음과 같다.

- 해당제품에 대한 섭취대상별 1회 섭취하는 양과 1일 섭취횟수 및 섭취방법을 표시
  하도록 한다.
- 해당 제품의 섭취 시 이상증상이나 부작용 우려대상, 과다 섭취 시 부작용 가능성
  및 그 양 등 주의해야 할 사항이 있을 경우 이를 표시하도록 한다.
* 질병의 예방 및 치료를 위한 의약품이 아니라는 내용의 표현은 소비자가 알아보기
  쉽도록 주 표시면 또는 정보표시면의 아랫부분에 바닥면과 평행하게 표시하도록
  한다.

(3) 농산물 표시 관련 제도

국립농산물 품질관리원에서는 '농수산물가공산업육성법'에 의거 농수산물의 공정거래
실현은 물론 소비자보호에 이바지하고자 농수산물 및 농수산물가공품, 기타 특산물을
대상으로 농수산물의 표준출하 규격화와 특산물 및 전통식품의 품질인증제도를 실시하
고 있다. 2015년 현재 농식품인증제도는 친환경농산물인증제도, 농산물우수관리인증제
도, 농산물이력추적관리제도, 가공식품산업표준KS인증제도, 전통식품품질인증제도, 유
기가공식품인증제도, 우수식품인증기관지정제도, 지리적표시제도, 술품질인증제도가 있

표 7-3 친환경농산물 표시인증제도

종류	내용	마크
유기농산물	3년 이상 농약과 화학비료를 사용하지 않고 재배한 농산물	유기농 (ORGANIC) 농림축산식품부
무농약농산물	농약을 사용하지 않고 재배한 농산물	무농약 (NON PESTICIDE) 농림축산식품부
저농약농산물	농약을 1/2 이하로 사용하여 재배한 농산물	저농약농산물

자료: 국립농산물품질관리원(2014).

다. 2012년 1월 1일부터는 국가 대표 인증마크로서 대표성을 확보하고 인증제품의 경쟁력을 강화하고자 통합인증로고를 사용하여 소비자인지도 향상에 기여하고 있다.

2001년 7월 1일부터는 농산물 품질관리법의 품질인증제도와 환경농업육성법의 표시신고제도를 일원화하여 '친환경 농산물 표시인증제도'를 시행하고 있다. 친환경농산물은 종류별로 표시방법이 다르다(표 7-3 참조). 농산물의 본격적인 수입개방에 따라 공정한 거래질서를 확립하고 생산농업인과 소비자를 동시에 보호하기 위하여 농산물의 원산지 표시제도를 시행하고 있다.

4 | 등급사정제도

등급사정grade rating제도란 동일한 종류의 상품을 품질에 따라 등급을 평가하여 그 결과를 상품에 부착하도록 하는 제도로서, 소비자로 하여금 동일 제품의 선택 시 좀 더 합리적인 구매를 할 수 있도록 정보를 제공하는 데 그 목적이 있다.

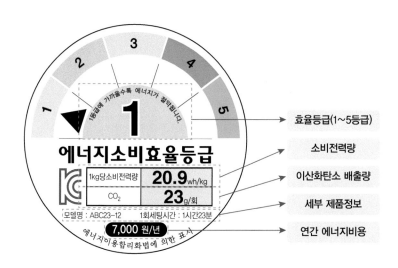

그림 **7-1** 에너지소비효율등급 표시

자료: 에너지관리공단(www.kemco.or.kr).

(1) 에너지소비효율등급표시제도

에너지소비효율등급표시제도(효율관리기자재 운용규정, 지식경제부 고시)에 따른 의무
제도로, 국내 제조업자(국산품)·수입업자(수입품)가 지정 시험기관에서 측정 후, 의무적
으로 에너지관리공단에 제품을 신고(시험성적서 발급일자 60일 이내에 공단 홈페이지
에 신고), 에너지소비효율등급라벨 및 최저소비효율라벨을 부착해야 하며, 최저소비효율
기준MEPS: Minimum Energy Performance Standard 미달 시에는 국내 생산·판매가 금지된다. 에너지
관리공단신고사이트www.kemco.or.kr에 반드시 제조업자(국산품)·수입업자(수입품)가 직접
신고하도록 되어 있다.

생각하는 소비자 7-3

수송에너지 효율성 계산

평균에너지소비효율제도(평균연비제도, Average Fuel Economy)는 각 자동차 제작사가 1년
동안 국내에 판매한 승용자동차 연비의 합계를 판매량으로 나누어 산출된 평균연비를 통해
국내 승용차의 연비를 관리하는 제도이다. 각 제작사별 연간 판매량을 감안하여 평균연비는
가중조화평균으로 산출한다. 적용기간은 2012~2015년이다.

이행기준

평균연비 17km/l 이상 또는 온실가스 배출 140g/km 이하

적용 자동차

승차인원 10인승 이하의 승용자동차 및 승합자동차 중 총 중량이 3.5톤 미만인 자동차(단, 특
수목적을 위한 자동차는 제외)

측정방식

도심주행 모드(FTP-75) + 고속도로주행 모드(HWFET) 고려

> 평균에너지소비효율 기준 = 대상자동차 총 판매량(대)/
> {Σ(대상자동차 종류별 판매량(대)/대상자동차 종류별 에너지소비효율기준)}

- 대상자동차 종류별 에너지소비효율기준 = 28.4577 − 0.007813 × m
- m = 해당 연도 판매자동차의 종류별 공차중량

자료: 에너지관리공단(2014).

그림 7-2 자동차안전평가 사례(2014)

자료: 자동차결함신고센터(www.car.go.kr).

에너지소비효율등급라벨은 에너지절약형제품에 대한 변별력 향상을 통해 고효율제품의 보급을 촉진하기 위하여 제품의 효율에 따라 1~5등급으로 나누어 표시하는 라벨이다. 에너지소비효율등급은 1등급에 가까운 제품이 가장 높은 에너지 절약형 제품이며, 1등급 제품은 5등급 제품보다 30~40% 절감효과가 있다. 전체 35개 품목(자동차 제외) 중 형광램프용안정기, 삼상유도전동기, 어댑터.충전기, 변압기, 전기온풍기, 전기스토브, 전기장판, 전기온수매트, 전열보드, 전기침대, 전기라디에이터를 제외한 24개 품목에 이 라벨을 적용하고 있다. 에너지소비효율등급라벨을 적용하지 않는 11개 품목에는 아래와 같은 별도의 에너지소비효율라벨이 적용된다. 해당 제조·수입업자는 고시내용에 따라 에너지소비효율등급라벨 등을 제작하여 제품에 부착한 후 판매해야 하며, 이때 반드시 고시된 부착 위치를 준수해야 한다.

(2) 자동차 안전성등급 표시제도

국토교통부는 자동차안전도평가KNCAP: Korean New Car Assessment Program를 거쳐 탑승자가 받는 상해정도를 평가한다. 신차안전도평가란 소비자에게 보다 넓은 선택의 기회를 제공하고 제작사가 보다 안전한 자동차를 제작하도록 유도하기 위해 충돌시험 등을 통하여 자동차의 안전성을 평가하고 그 결과를 소비자에게 공개하는 것이다www.car.go.kr. 1999년부터 국토교통부 주관으로 자동차안전연구원에서 자동차평가를 실시하여 그 결과를 발표하고 있다.

　1999년부터 2012년까지 승용자동차 101개 모델, 승합자동차 4개 모델 및 소형화물자동차 2개 모델에 대한 정면충돌안전성 등 8개 항목에 대한 안전도를 평가하여 발표하였고, 2013년에 수입자동차 4차종을 포함한 승용자동차 11개 모델의 정면충돌안전성, 부분정면충돌안전성, 측면충돌안전성, 좌석안전성, 보행자안전성, 주행전복안전성, 제동안전성, 기둥측면충돌안전성 및 사고예방안전성의 총 9항목을 평가하였다. 2014년부터 '충돌분야 종합등급(정면충돌, 부분정면충돌, 측면충돌, 기둥측면충돌, 좌석안전성 등 5개 항목을 종합)'에서 전 항목(9항목)의 평가 결과로 확대 적용하여 '안전도종합등급'을 산정, 그 결과를 발표하고 소비자들에게 제공하고 있다.

(3) 축산물 품질등급 표시제도

축산물의 등급은 축산법 및 시행령에 근거하여 축산물등급판정세부기준에 따라 선정된

표 **7-4** 쇠고기 등급 표시방법

육량	1⁺⁺등급	1⁺등급	1등급	2등급	3등급	등 외
A등급	1⁺⁺A	1⁺A	1A	2A	3A	
B등급	1⁺⁺B	1⁺B	1B	2B	3B	D
C등급	1⁺⁺C	1⁺C	1C	2C	4C	
등 외	D					

자료: 축산물품질평가원(2014).

다. 주된 기준은 육질의 상태와 도축 당시의 육량이다. 예를 들어 쇠고기의 등급은 육질등급과 육량등급으로 구분하여 판정한다. 육질등급은 고기의 질을 근내 지방도, 육색, 지방색, 조직감, 성숙도에 따라 1^{++}, 1^{+}, 1, 2, 3등급으로 판정하는 것으로 소비자가 고기를 선택하는 기준이 되며, 육량등급은 도체에서 얻을 수 있는 고기량을 도체 중량, 등지방 두께, 등심 단면적을 종합하여, A, B, C등급으로 판정한다. 쇠고기의 구체적인 등급표시방법은 다음과 같다(표 7-4 참조).

스스로 찾아보기

1. 자신이 사용하고 있는 물품에 있는 각종 표시를 모아 종류별로 정리하고, 표시의 의미를 확인해 보자. 그리고 주변 사람들과 사례를 교환해 보자.

2. 자신의 최근 구매경험에 근거하여 구매물품에 기재된 표시사항이 얼마나 물품구매 결정에 유용한 것이었는지 토론해 보고, 보완되었으면 하는 표시사항이 무엇인지 주변 사람들과 의견을 교환해 보자.

3. 시간대를 정하여 TV 광고의 유형을 분석하고, 소비자생활에 미칠 수 있는 영향을 토론해 보자.

4. 광고로 인한 구매경험을 서로 나누어 보고 나름의 광고 심의를 해 보자.

방문판매 등에 관한 법률

방문판매 등에 관한 법률(이하 '방문판매법'이라 함)은 소비자가 구매를 계획하지 않은 상태에서 방문판매원의 갑작스럽고 끈질긴 권유에 휘말려 충동구매를 하거나, 그 밖의 방문판매 특성상 발생할 수 있는 소비자불만 내지 소비자피해로부터 소비자를 보호해야 할 필요성에서 1991년 제정되었다.

방문판매법의 적용을 받는 판매유형으로는 전형적으로 판매자가 소비자를 직접 방문하여 물품을 판매하는 방문판매를 비롯하여 전화권유판매, 다단계판매, 후원방문판매, 계속거래, 사업권유거래가 있다.

1. 방문판매법 주요 개념 정의와 적용범위

1 | 주요 개념 정의(동법 제2조)

(1) 방문판매

'방문판매자'란 방문판매를 업으로 하기 위하여 방문판매조직을 개설 또는 관리·운영하는 자(이하 '방문판매업자'라 함)와 방문판매업자를 대신하여 방문판매업무를 수행하는 자(이하 '방문판매원'이라 함)를 말한다. 다시 말해 방문판매를 하는 사업자(사장)는 방문판매업자라 하고, 직원은 방문판매원, 그리고 이 둘을 포함하여 방문판매자라고 한다.

방문판매란 판매자가 소비자의 집을 직접 방문하여 판매하는 경우는 물론 '고정된 판매자의 영업장소가 아닌 곳'에서 판매를 하는 경우를 의미한다. 여기서 '고정된 판매자의 영업장소가 아닌 곳'이란 영업소, 대리점, 지점, 출장소 등 명칭 여하를 막론하고 고정된 장소에서 3월 이상 계속적으로 영업을 하는 장소 이외의 장소에서 소비자에게 권유하여 계약의 청약을 받거나 계약을 체결하여 상품을 판매하는 것을 말한다(시행규칙 제2조). 여기서 청약이란 소비자가 계약을 체결하지는 않았지만 구매할 의사를 표시한 경우를 의미한다.

아울러 주의할 것은 '고정된 판매자의 영업장소가 아닌 장소'에서 소비자와 직접 대면하여 재화 또는 용역(이하 '재화 등'이라 함)에 관한 정보만 제공하고 소비자의 구매를 유도하여 고정된 판매자의 영업장소에서 계약의 청약을 받거나 계약을 체결하는 경우 역시 방문판매법이 적용된다는 점이다(시행규칙 제3조).

한마디로 방문판매는 재화 등에 관한 정보를 제공하고 소비자를 유인하여 소비자의 청약 혹은 계약이 고정된 영업장소 이외의 장소에서 소비자와 대면하여 이루어진 것을 의미한다.

(2) 전화권유판매

전화권유판매자란 전화권유판매조직을 개설 또는 관리·운영하는 자(이하 '전화권유판

방문판매 사례

사례 1 소비자가 광고지를 보고 판매자에게 전화를 하여 재화 등의 정보를 문의하자 판매자가 자세한 정보를 제공하겠다고 하며 소비자의 가정을 방문하여 상품구매를 권유하여 계약을 체결하는 경우

→ 소비자가 전화를 하여 재화 등의 정보를 문의하였지만, 재화 등에 대한 정보제공 및 소비자의 청약이 판매자의 영업장소(사업장) 외의 장소에서 이루어진 것이므로 방문판매에 해당함

사례 2 판매자가 판촉활동을 위해 시내 주요 지점에 간이 판매장소를 설치하고 2개월 동안 영업활동을 하였는데 소비자가 이러한 간이 판매장소에 방문하여 계약을 체결하는 경우

→ 판매장소가 고정된 영업장소(사업장)에 해당하기 위해서는 일정한 시설을 갖추고 3월 이상 영업을 계속하는 고정된 장소여야 하므로, 3월 미만의 기간 동안 영업한 간이 판매장소는 '영업장소 외의 장소'에 해당하므로 방문판매에 해당함

사례 3 소비자가 전화로 ○○케이블 TV에 대한 기간, 가격, 설치비 및 채널 등에 대하여 문의하여 ◎◎조건으로 구매의사를 표시하고 이에 전문 기사가 가정을 방문하여 장비를 설치한 후 계약서 및 개통 확인서 등의 제 서류에 서명하고 계약을 체결하는 경우

→ 판매자가 먼저 소비자를 유인한 사실 없이, 소비자가 먼저 구매할 의사를 판매자의 영업장소로 전해 왔고, 판매자는 자신의 고정된 영업장소에서 소비자의 청약을 받고 방문한 사례이므로 방문판매에 해당되지 않음

자료: 공정거래위원회(2006. 7. 19). 방문판매에서의 소비자보호 지침, www.ftc.go.kr.

매업자'라 함)와 전화권유 판매업자를 대신하여 전화권유판매업무를 수행하는 자(이하 '전화권유판매원'이라 함)이다. 전화권유판매는 전화를 사용하여 소비자의 응답을 유도하고 대화를 함으로써 소비자에게 권유하여 계약의 청약을 받거나 계약을 체결하여 판매하는 것이다. 전화를 통해 소비자에게 방문하고 판매하는 유형이기 때문에 방문판매법의 적용을 받는다고 이해하면 될 것이다. 따라서 전화로 재화나 서비스를 소개하거나 광고하는 데 그치고 실제 계약은 추후에 이루어진다면 전화권유판매가 아니라 일반판매 혹은 통신판매에 해당한다고 할 수 있다.

　동창회 명부나 기타 개인정보를 입수하여 판매업자가 소비자의 자택이나 직장으로 전

화를 걸어 상품판매를 하거나, 소비자의 지연·학연 등을 내세워 전화로 구매를 권유하는 등은 전화권유판매의 대표적 사례이다.

최근 많이 사용하는 텔레마케팅과 전화권유판매와의 개념 차이를 살펴보면, 텔레마케팅은 고객의 주문을 전화로 접수하거나 전화를 통한 광고, 고객 불만 등을 전화로 접수

전화권유판매 사례

사례 1 판매자가 소비자에게 전화를 먼저 걸어 상품에 대한 정보를 제공하고 소비자와 대화를 하는 과정에서 소비자의 청약을 받는 행위

→ 이 경우 전화권유판매에 해당함. 다만, ARS 또는 문자메시지 등 전화를 이용하여 상품정보만을 제공하는 것은 전자상거래 등에서의 소비자보호에 관한 법률의 '통신판매'에 해당함

사례 2 휴대폰에 광고메시지를 전송하여 소비자로 하여금 광고메시지에 안내된 전화번호를 통하여 전화를 걸도록 유도한 후 계약의 청약을 받거나 계약을 체결하는 행위

→ 이 경우 판매자가 소비자로부터 걸려 오는 전화에 대한 응답을 함에 있어서 추가적인 구매권유 없이 고객의 주문만 접수하는 형태는 전화권유판매에는 해당되지 않으며, 전자상거래 등에서의 소비자보호에 관한 법률의 '통신판매'에 해당함. 다만, 판매자가 소비자의 주문만 받는 것이 아니라 소비자에게 구매를 권유하여 계약의 청약을 받거나 계약을 체결하는 경우는 전화권유판매에 해당됨

사례 3 "경품에 당첨되었습니다. ○○○-○○○○으로 확인하여 주세요." 등의 문자메시지를 보고 해당 업체에 그 사실을 확인하고자 소비자가 먼저 전화를 걸고, 정수기·비데 등 상품을 구입할 것을 권유받아 이를 구매하게 된 경우

→ 이 경우 소비자는 상품을 구매할 의사가 없이 경품 당첨 등 사실을 확인하고자 전화를 한 것이고 판매자의 권유에 의하여 상품을 구매한 것이므로 전화권유판매에 해당함

통신판매에서 전화는 단지 상품정보를 제공하는 수단에 지나지 않으나 전화권유판매에 있어서 전화는 정보제공은 물론이고 소비자에게 접근하여 계약 체결을 하는 데 적극적으로 사용되는 매체이다. '전화권유판매'와 '통신판매' 간 중요한 구별 기준으로 소비자의 구매의사가 당초에 존재하였으면 통신판매에 해당되며, 판매자의 권유에 의하여 구매가 유도된 것은 전화권유판매라고 할 수 있다.

자료: 공정거래위원회(2006. 7. 19). 방문판매에서의 소비자보호 지침. www.ftc.go.kr.

및 관리하는 것을 포함하는 개념으로서 전화를 이용하여 계약 체결을 하는 판매방식인 전화권유판매를 포괄하는 개념이라고 할 수 있다(한국소비자원, 2014).

(3) 다단계판매

'다단계판매자'라 함은 다단계판매조직을 개설 또는 관리·운영하는 자(이하 '다단계판매업자'라 함)와 다단계판매업자를 대신하여 판매를 하는 업무를 수행하는 자(이하 '다단계판매원'이라 함)를 말한다. 그리고 다단계판매란 다단계판매업자가 소비자에게 '일정한 활동'을 하면 '일정한 이익'을 얻을 수 있다고 권유하여 하위판매원의 가입이 단계적으로 이루어져 가입한 하위판매원의 단계가 3단계 이상인 다단계판매조직을 통한 물품판매를 말한다. 여기서 3단계란 다단계판매업자가 1단계이고, 그 하위판매원이 2단계이며, 그 하위판매원의 하위판매원이 3단계가 된다. 다만 판매원의 단계가 2단계 이하라고 하더라도 후원수당 지급방법 등 사실상 3단계 이상으로 관리·운영되는 경우는 다단계판매에 포함된다(동법 제2조의5).

여기서 일정한 활동이란 ① 다단계판매업자가 공급하는 재화 등을 소비자에게 판매할 것, ② 소비자 전부 또는 일부를 자신의 하위판매원으로 가입하도록 하여 그 하위판매원이 자신과 같이 ①과 동일한 활동을 할 것 등이다.

일정한 이익이란 다단계판매에 있어서 다단계판매원이 소비자에게 재화 등을 판매하여 얻는 소매이익과 다단계판매업자가 자신의 다단계판매원에게 지급하는 후원수당을 말한다. 여기서 후원수당이라 함은 판매수당·알선수수료·장려금·후원금 등 그 명칭 및 지급형태를 불문하고 다단계판매업자가 다음 사항과 관련하여 다단계판매원에게 지급하는 경제적 이익을 말한다.

- 다단계판매원에게 속하는 하위판매원들에 대한 조직관리 및 교육훈련실적
- 다단계판매원 자신의 재화 등의 판매실적이나 그 다단계판매원에게 속하는 하위판매원들의 재화 등의 판매실적

(4) 후원방문판매

후원방문판매자라 함은 후원방문판매조직을 개설 또는 관리·운영하는 자(이하 '후원방문판매업자'라 함)와 후원방문판매업자를 대신하여 판매를 하는 업무를 수행하는 자(이하 '후원방문판매원'이라 함)를 말한다. 후원방문판매란 특정 판매원의 구매·판매 등의 실적이 그 바로 위 상위판매원 1인의 후원수당에만 영향을 미치는 후원수당 지급방식을 가진 경우를 말한다.

(5) 계속거래 및 사업권유거래

'계속거래'라 함은 1개월 이상 계속적으로 또는 부정기적으로 재화 등을 공급하는 계약으로서 중도에 해지할 경우 대금환급의 제한 또는 위약금에 관한 약정이 있는 거래를 말한다. 예컨대 학습지, 결혼정보, 잡지구독, 레저·스포츠시설 이용권 판매 등 대부분의 회원제거래가 계속거래의 형태를 취하며 이들 서비스는 1개월 이상의 기간 동안 수회 제공받는 형태를 취한다. 계속거래 분야에서 현실적으로 많이 발생하는 소비자피해는 소비자의 계약 해지를 거부하거나 과다한 위약금을 청구하는 행위 등으로, 1회적으로 끝나는 일반 점포판매와는 달리 법에 의해 소비자를 보호할 필요가 있어 방문판매법

사업권유거래 사례

사례 1 속기록, 번역 등의 아르바이트 일감을 주면서, 보다 유리한 조건으로 아르바이트를 하기 위해서는 자격증 등을 취득해야 한다며 교재 구입 및 인터넷 학원 수강을 하도록 하는 경우

➡ 이 경우는 사업권유거래에 해당됨. 그러나 아르바이트 일감을 주지 않고 단순히 자격증 취득을 위한 교재구매를 권유하는 경우는 사업권유거래에 해당되지 않음

사례 2 커피자판기를 운영하여 사업할 것을 권유하며 커피자판기를 소비자에게 판매하는 경우

➡ 사업권유거래에 해당됨. 일반적으로 자판기사업을 하는 자들은 소비자와 유사하게 정보력, 협상력 등의 측면에서 열악한 지위에 있는 영세상인, 소규모 자영업자, 아르바이트 개념의 부업 희망자 등이며 이들을 새로운 소득 기회로 유인하는 기만적인 판매업자로부터 보호하자는 것이 법 규정의 취지임

자료: 공정거래위원회(2006. 7. 19). 방문판매에서의 소비자보호 지침. www.ftc.go.kr.

의 적용을 받도록 하였다.

사업권유거래라 함은 사업자가 소득 기회를 알선·제공하는 방법으로 거래 상대방을 유인하여 재화 등을 구입하게 하는 거래를 의미한다. 그리고 이러한 사업을 하는 자를 계속거래업자, 사업권유거래업자라고 한다.

2 | **적용범위[동법 제3조]**

방문판매법은 당연히 전형적인 방문판매, 전화권유판매, 다단계판매, 후원방문판매, 계속거래, 사업권유거래 이외에는 적용될 수 없으며, 다음의 경우에는 방문판매법의 적용이 제외된다.

* 사업자가 영업의 이익을 남기고 다른 소비자에게 판매할 목적(상행위 목적)으로 재화 등을 구입하는 경우
* 보험사업자와의 보험계약 체결을 위한 거래인 경우. 즉, 보험계약이 방문판매에 의해 이루어지더라도 방문판매법의 적용을 받지 않는다.
* 개인이 방문판매원을 두지 않고 가공되지 않은 농산물·수산물·축산물·임산물 그리고 방문판매자가 직접 생산한 재화 등을 직접 방문판매하는 경우(시행령 제6조). 예를 들어 아파트 단지에 들어온 차량에서 파, 마늘 등을 구입한 경우와 같이 판매원이 없는 방문판매업자의 경우에는 방문판매법이 적용되지 않는다. 그러나 생산자가 직접판매하는 경우라 하더라도 방문판매원을 고용하여 판매하는 경우는 방문판매에 해당된다. 특히 종래 법적용이 제외되던 의약품, 유가증권·어음 등 기타 채무증서는 2002년 방문판매법 개정에 따라 적용대상에 포함되었다.

3 | 다른 법률과의 관계(동법 제4조)

방문판매거래에서 소비자보호와 관련하여 방문판매법과 다른 법률의 적용이 경합하는 경우에는 이 법을 우선 적용하되, 다른 법률을 적용하는 것이 소비자에게 유리한 경우에는 그 법을 적용한다.

실제 거래에서는 방문판매원을 통해서 물품을 구입하고 대금의 지불방법을 할부로 하는 경우가 많다. 이 경우 방문판매법과 할부거래법 중에 어느 법을 적용할 것인가의 문제가 대두되며, 방문판매법을 우선 적용하되 할부거래법을 적용하는 것이 소비자에 유리한 경우에는 할부거래법을 적용할 수 있다. 결국 방문판매법과 할부거래법에서 소비자에게 유리한 내용을 모두 적용하여 소비자권리를 보호할 수 있다는 의미이다.

2. 방문판매 및 전화권유판매

1 | 사업자의 의무사항

(1) 방문판매원 등의 명부작성의무(동법 제6조)

소비자가 방문판매원 혹은 전화권유판매원(이하 '방문판매원 등'이라 함)의 신분을 확인할 수 있도록, 방문판매업자 혹은 전화권유판매업자(이하 '방문판매업자 등'이라 함)는 방문판매원 등의 성명, 생년월일, 주소, 전화번호(전자우편주소가 있는 경우 이를 포함)가 포함된 명부를 작성해야 한다. 또한 홈페이지를 운용하는 경우에는 소비자가 당해 홈페이지를 통하여 특정 방문판매원 등이 방문판매업자 등에 소속되어 있음을 쉽게 확인할 수 있도록 해야 한다(시행규칙 제9조). 이러한 법적 제제는 방문판매원이 대기업의 직원임을 사칭하여 판매하는 것 등의 피해를 방지하기 위함이며, 소비자는 이러한 사항을 인지하여 방문판매원 확인을 하는 것이 바람직하다.

• 방문판매자 등(방문판매업자 등과 방문판매원 등을 포함한 개념)이 재화 등을 판매하고자 하는 경우에는 소비자에게 미리 해당 방문 또는 전화가 판매의 권유를 위한 것임과 방문판매자 등의 성명 또는 명칭, 판매하는 재화 등의 종류 및 내용을 밝혀야 한다. 이는 방문판매자가 소비자에게 자신이 현재 상품 구입 등의 권유를 받고 있다는 명확한 인식을 갖게 하기 위함이다.

(2) 사업자의 정보제공의무(동법 제7조)

방문판매자 등은 재화 등의 판매에 관한 계약을 체결하기 전에 소비자가 계약의 내용을 이해할 수 있도록 다음의 계약 체결 전의 정보제공 사항을 제공해야 한다.

계약 체결 전의 정보제공 사항(동법 제7조제1항)

1. 방문판매업자 등의 성명(법인인 경우에는 대표자의 성명을 말함)·상호·주소·전화번호·전자우편주소
2. 방문판매원 등의 성명·주소·전화번호·전자우편주소. 다만, 방문판매업자 등이 소비자와 직접 계약을 체결하는 경우는 제외함
3. 재화 등의 명칭·종류 및 내용
4. 재화 등의 가격과 그 지급방법 및 시기
5. 재화 등의 공급방법 및 시기
6. 청약의 철회 및 계약의 해제(이하 '청약철회 등'이라 함)의 기한·행사방법·효과에 관한 사항 및 청약철회 등의 권리 행사에 필요한 서식(다음의 청약철회·계약해제통보서 서식 참고)
7. 재화 등의 교환·반품·수리보증 및 그 대금 환불의 조건과 절차
8. 전자매체로 공급이 가능한 재화 등(예: 온라인게임프로그램, 교육프로그램 등)의 설치·전송 등과 관련하여 요구되는 기술적 사항
9. 소비자피해보상·재화 등에 대한 불만 및 소비자와 사업자 사이의 분쟁 처리에 관한 사항
10. 거래에 관한 약관
11. 그 밖에 소비자의 구매 여부 판단에 영향을 주는 거래조건 또는 소비자의 피해구제에 필요한 사항으로서 첫째, 재화 등의 가격 외에 소비자가 추가로 부담해야 할 사항이 있는 경우 그 내용 및 금액이다. 예를 들면, 고가의 사은품이 있는 재화 등을 판매하면서 청약철회시 사은품 비용을 청구하여 청약철회를 어렵게 할 수 있는 경우, 청약철회 시 사은품에 대한 비용 청구에 관한 사항을 계약을 체결하기 전에 소비자에게 설명해야 하며 계약서에 기재해야 한다. 둘째, 판매일시, 판매지역, 판매수량, 물건인도지역 등 판매조건과 관련하여 제한이 있는 경우 그 내용을 설명해야 하며 계약서에 기재해야 함(시행령 제11조)

(3) 사업자의 계약서 발급의무(동법 제7조 제2항)

* 방문판매자 등은 재화 등의 판매에 관한 계약을 체결할 때에는 위 계약 체결 전의 정보제공 사항 모두를 기재한 계약서를 소비자에게 발급해야 한다.
* 방문판매자 등은 재화 등의 계약을 미성년자(만 19세 미만)와 체결하고자 하는 경우에는 법정대리인의 동의를 얻어야 한다. 이 경우 법정대리인의 동의를 얻지 못하는 경우에는 미성년자 본인 또는 법정대리인이 계약을 취소할 수 있다는 내용을 고지해야 한다.
* 전화권유판매의 경우, 소비자의 동의를 얻어 계약서를 팩스나 전자문서로 송부할 수 있다. 이 경우 계약의 내용이나 도달에 관하여 다툼이 있는 경우에는 전화권유판매자가 이를 입증해야 한다.

2 | 청약철회(동법 제8조)

청약철회란 소비자가 물건을 구매한 후 물건에 하자가 없음에도 불구하고 자신의 구매의사 결정이 잘못되었다고 판단되면 구매한 물건을 도로 판매자에게 돌려주고 돈을 돌려받을 수 있는 권리를 말한다. 영어로는 'Cooling Off'라고 하며 이는 글자 그대로 '냉각'을 의미한다. 아마도 방문판매로 인한 구매 시 충동적으로 약간 흥분하여 쉽게 구매 결정을 하게 되는 소비자가 냉정을 되찾고 이를 되돌릴 기회를 주기 위한 의도에서 붙여진 명칭이라고 생각된다.

청약이란 '구매하려는 의도'를 의미하며 계약과는 다른 의미를 갖는다. 방문판매 시 계약을 정식으로 했어도 이를 청약이라고 간주하며 물건을 구매한 소비자가 계약서를 받은지 청약철회기간이 경과할 때까지 청약철회를 하지 않으면 계약을 한 것으로 간주한다고 이해하면 될 것이다.

(1) 청약철회기간
청약철회는 아무 때에나 할 수 있지 않고 다음에 따라야 한다.

- 계약서를 교부받은 날부터 14일, 다만 계약서를 교부받은 때보다 재화 등의 공급이 늦게 이루어진 경우에는 재화 등을 공급받거나 공급이 개시된 날부터 14일 이내에 청약철회를 할 수 있다.
- 만약 소비자가 계약서를 교부받지 않았거나, 방문판매자 등의 주소 등이 기재되지 않은 계약서를 교부받은 경우, 또는 방문판매자 등의 주소 변경 등의 사유로 청약철회기간 이내에 청약철회를 할 수 없는 경우에는 그 주소를 안 날 또는 알 수 있었던 날부터 14일 이내에 청약철회를 할 수 있다.
- 방문판매업자 등이 청약철회를 방해한 경우에는 그 방해 행위가 종료한 날부터 14일 이내에 청약철회를 할 수 있다.
- 재화 등의 내용이 표시·광고의 내용과 다르거나 계약내용과 다르게 이행된 경우에는 재화 등을 공급받은 날부터 3월 이내 또는 그 사실을 안 날 또는 알 수 있었던 날부터 30일 이내에 청약철회를 할 수 있다.
- 청약철회권 행사기간 14일을 계산하기 시작하는 시점 즉, 기산점은 민법 제157조의 초일 불산입의 원칙(계약 첫날은 계산에 넣지 않음)에 따라 계약서를 받은 날 또는 구매한 물품을 받은 날은 청약철회기간에 넣지 않고 다음 날부터 날짜를 세기 시작하여 14일을 계산한다. 또한 14일째 되는 날, 즉 청약철회기간 마지막 날이 공휴일일 경우 그다음 영업일까지 청약철회권을 행사할 수 있다.

(2) 청약철회 행사방법
청약철회를 행사하기 위해서 소비자는 우선 청약철회요청서를 작성한다. 작성방법은 방

방문판매로 물건을 구입하였을 경우, 청약철회기간 계산해 보기

- **구매일** 2015년 1월 5일(월) 계약서를 교부받고 물건을 받음
- **청약철회가 가능한 기간** 1월 5일(월)은 계산에 넣지 않고 1월 6일(화)부터 계산을 시작하여 1월 19일(월)까지 방문판매자에게 보내는 청약철회요청서에 우체국 소인이 찍히면 된다. 14일 동안 중간에 있는 휴일은 모두 청약철회기간인 14일에 포함되며, 마지막 날이 휴일인 경우에만 포함이 안 되어 그다음 영업일까지 청약철회가 가능하다.

문판매법에서 제공하는 양식을 이용한다(표 8-1 참조).

청약철회 행사방법은 서면에 의한 철회 외에 구두 또는 전자문서 등 전기·통신매체를 이용하여 청약철회를 할 수 있다. 이는 소비자가 청약철회를 보다 쉽게 할 수 있도록 하려는 것으로 소비자의 편의성을 도모하고자 하는 데 있다. 그러나 청약철회의 의사표시를 서면이 아닌 구두, 전화 등의 방법으로 할 경우 철회 의사표시의 유무에 관하여 다툼이 있을 경우 이를 입증하는 것이 쉽지 않기 때문에 오히려 소비자에게 예측하지 못한 피해를 가져올 수 있다. 따라서 청약철회는 서면으로 하는 것이 바람직하다.

청약철회의 효력은 소비자가 청약철회에 대한 의사를 표명한 날부터 효력이 발생하며, 서면으로 청약철회 시 청약철회 요청서를 발송한 날 즉, 우체국 소인이 찍힌 날에 청약철회 효력이 발생한다. 이때는 우체국에서 내용증명우편을 이용한다. 내용증명우편은 우체국에서 내가 어떠한 내용의 우편물을 보냈는지 증명해 주는 것으로 종전의 등기(우편물 발송과 수취만을 증명해 주는 우체국서비스)에 내용증명서비스를 더한 것이라고 생각하면 된다. 즉, 동일한 내용의 편지를 3부 작성(복사)하여 우체국에서 내용증명우편이라는 증명을 받은 뒤, 1부는 우체국에서 보관하고, 1부는 자신이 보관하며, 또 다른 1부는 상대방(방문판매자 등)에게 등기로 보내는 것이다. 이때 중요한 것은 신용카드를 이용하여 물건 값을 지불하였다면 판매자와 더불어 신용카드회사에도 청약철회요청서를 보내야 한다는 점이다.

내용증명 발송방법

내용증명으로 발송한 우편물은 3년간 우체국에서 보관한다. 이 기간 내에는 해당 우체국에 특수우편물 수령증·주민등록증 등을 제시해 본인임을 입증하면 보관중인 내용증명 내용의 열람을 청구할 수 있으며 필요시에는 복사를 요청할 수 있다.

발송과정
- 내용증명 편지를 A4 용지에 작성(원본)후 3부를 복사(등본)하여 발신인에 날인한다.
- 우체국에 제출하고 내용증명으로 발송해 주도록 요청한다.
- 원본을 우체국 직원이 보는 앞에서 봉투에 넣고 봉함하여 제출하면 원본은 수신인에게 발송하고 등본 1통은 발신인에게, 나머지 1통은 우체국에서 보관하게 된다.

표 **8-1** 청약철회·계약해제 통보서 양식

청약철회·계약해제 통보서

수신자 인적사항 및 연락처	
성명	회사대표 귀하
주소	
연락처	
발신자 인적사항 및 연락처	
성명	
주소	
연락처	

계약 관련 사항			
상품·서비스명			
계약 연월일		계약서를 받은 날	
상품·서비스를 제공받은 날		상품 수량	
계약금액		이미 지급한 금액	
계약 경위 및 상황			
청약철회 및 계약해제 사유			
제품의 현재 상태			
기 타			

방문판매 등에 관한 법률 제8조, 제17조 및 제29조제3항에 따라 위와 같이 청약을 철회하거나 계약을 해제함을 알립니다.

년   월   일

성 명   (서명 또는 인)

(3) 청약철회가 안 되는 경우

청약철회의 목적은 구매 결정을 제대로 하지 못한 소비자에게 원상회복할 수 있는 기회를 주는 것이지 구매한 상품의 하자를 해결하기 위한 것이 아니다. 판매자는 청약철회로 받은 상품을 다른 사람에게 팔 수 있어야 하기 때문에 다음의 경우 청약철회 적용이 제외된다.

① 소비자에게 책임이 있는 사유로 상품이 없어지거나 또는 훼손된 경우

다만 상품의 내용을 확인하기 위하여 포장을 훼손한 경우에는 청약철회가 가능하다. 그리고 상품의 훼손에 대하여 소비자에게 책임이 있는지의 여부에 관하여 다툼이 있는 경우에는 방문판매자 등이 이를 입증해야 한다.

② 소비자가 상품을 사용하여 그 가치가 현저히 감소한 경우

자동차, 세탁기, 냉장고 등은 1회라도 사용한 경우 청약철회를 할 수 없다. 이러한 제품은 1회 사용만으로 중고품 취급을 받을 정도로 가치가 현저히 감소되기 때문이다. 앞에서도 설명하였지만 청약철회된 상품을 판매자는 다른 소비자에게 신상품으로 판매할 수 있어야 한다.

다만 이 경우 방문판매자 등은 그 사실을 상품의 포장 혹은 소비자가 쉽게 알 수 있는 곳에 명기하거나 시용(試用)상품을 제공하는 등의 방법으로 재화 등의 사용이나 일부 소비 등에 의하여 청약철회의 권리 행사가 방해받지 아니 하도록 조치해야 하며, 이러한 조치를 취한 때에 한하여 소비자의 청약철회가 제한된다.

③ 복제가 가능한 상품의 포장을 훼손한 경우

복제가 가능한 상품(예: 음반, CD, 컴퓨터 소프트웨어 등)의 비닐포장을 훼손한 경우에는 복제를 하였다고 인정하여 청약철회가 불가능하다. 책의 경우도 간혹 비닐로 포장하여 판매할 때가 있는데 이 역시 비닐이 벗겨졌다면 복사된 것으로 간주한다.

④ 판매자에게 중대한 피해가 예상되는 경우

소비자의 주문에 따라 개별 생산되는 상품과 같이 청약철회를 할 경우, 판매자에게 회복할 수 없는 중대한 피해가 예상되는 경우에는 청약철회가 제한된다.

⑤ 방문판매자 등에게 중대한 피해가 예상되는 경우

방문판매자 등에게 회복할 수 없는 중대한 피해가 예상되는 경우로 사전에 당해 거래에 대하여 별도로 그 사실을 소비자에게 고지하고 소비자로부터 서면(전자문서 포함)에 의한 동의를 얻은 경우에는 청약철회가 제한된다.

(4) 청약철회 효과

청약철회요청서를 판매자에게 보낸 후 소비자는 구매한 상품을 방문판매자 등에게 돌려주어야 한다. 이때 상품의 반환에 필요한 비용은 방문판매자 등이 부담한다. 예를 들어 착신부담으로 방문판매자 등에게 택배를 보낸다면 이에 대해 방문판매자 등은 소비자에게 위약금(계약위반에 따른 벌금) 또는 손해배상의 명목으로 비용을 청구할 수 없다. 이러한 내용을 법적으로 규정한 것은 상품반환에 따른 비용의 부담 등이 소비자의 청약철회 요청을 방해하지 않도록 하기 위함이다.

　방문판매자 등은 소비자로부터 상품을 반환 받은 날로부터 3영업일 이내에 이미 받은 상품 대금을 반환해야 한다. 방문판매자 등이 소비자에게 재화 등의 대금의 환급을 지연한 때에는 그 지연기간에 따라 지연이자(이하 '지연배상금'이라 함)를 지급해야 한다. 참

> **특수거래와 청약철회**
>
> 일반적인 거래는 소비자가 상품을 구매할 의도를 가지고 ① 판매상점을 찾아가, ② 물건을 직접 보고, ③ 일시금으로 지불하는 것으로 이루어진다. 이에 비해 특수거래는 소비자가 ① 구매할 의도를 가지고 있지 않은 상태에서 구매권유를 받게 되거나(방문판매), ② 인터넷 혹은 TV홈쇼핑에서 화면의 그림만을 보고 구매를 하게 되는 경우(전자상거래), 그리고 ③ 물건값을 나누어 지불함으로 충동구매를 하기 쉬운 할부거래를 특수거래라 한다. 이러한 특수거래에서는 소비자가 충동적으로 구매하였을 경우, 원상회복의 기회를 주기 위하여 청약철회가 법적으로 보장되어 있다.

고로 청약철회 시 재화 등의 훼손에 대하여 소비자의 책임이 있는지의 여부, 계약이 체결된 사실 및 그 시기, 재화 등의 공급사실 및 그 시기 또는 계약서의 교부사실 및 그 시기 등에 관하여 다툼이 있는 경우에는 방문판매자 등이 이를 입증해야 함이 법으로 명시되어 있음을 이해해야 한다.

(5) 채무의 상계(동법 제9조제6항)

소비자가 신용카드로 물건을 구매하고 방문판매자 등이 결제업자(신용카드사)로부터 물건 값을 이미 받은 후 소비자가 청약철회를 하였다면, 방문판매자 등은 물건 값을 신용카드사에게 돌려주어야 한다. 그렇지 않을 경우, 신용카드사는 소비자에게 상품대금 결제를 요청하게 될 것이고, 소비자는 청약철회로 상품을 방문판매자 등에게 돌려주었는데도 신용카드사에 상품대금을 지불해야 하는 상황이 발생하게 된다.

따라서 소비자가 청약철회를 하였는데 방문판매자 등이 신용카드사에 정당한 사유 없이 대금을 반환하지 않는 경우, 소비자는 동일한 방문판매자로부터 재화를 구입하고 그 대금 중 전에 청약철회 후 환급받지 못한 금액만큼 신용카드사에게 상계를 요청할 수 있다. 상계요청은 다음 방법에 의하여 신용카드사에게 요청한다.

- 환급금액 등을 기재한 서면(전자문서 포함)에 의하여 요청할 것
- 청약철회기간 내에 청약철회를 한 사실 및 재화 등을 반환하였음을 입증하는 자료(만일 소비자가 재화를 반환하였으나 수취가 거절된 경우에는 입증자료를 첨부할 것)

신용카드사(결제업자)는 상계한 경우 그 사실 및 상계금액 등을 기재한 서면(전자문서 포함)을 판매자 및 소비자에게 지체 없이 송부해야 한다(시행령 제15조). 그리고 소비자는 결제업자가 상계를 정당한 사유 없이 게을리한 경우 결제업자에 대해 대금의 결제를 거부할 수 있다. 이 경우 방문판매자와 신용카드사는 소비자의 결제 거부를 이유로 소비자를 연체자로 처리하는 등 소비자에게 불이익을 주는 행위를 해서는 안 된다.

(6) 일부 소비된 재화에 대한 사업자의 비용 청구

방문판매자 등이 청약철회상품에 대한 대금을 반환하는 과정에서 상품이 사용되거나 또는 일부 소비된 경우에는 소비자가 상품 사용으로부터 얻은 이익 또는 그 상품 공급에 소요된 비용에 상당하는 다음 범위의 금액을 소비자에게 청구할 수 있다.

* 소비자의 상품 사용으로 소모성 부품의 재판매가 곤란하거나 재판매가격이 현저히 하락하는 당해 소모성 부품 공급에 소요된 비용
* 여러 개의 동일한 가분물(加分物, 나눌 수 있는 물건)로 구성된 상품의 경우, 소비자의 일부 소비로 인하여 소비된 부분의 공급에 소요된 비용(동법 제9조제8항, 시행령 제16조)

3 | 계약해제와 손해배상청구금액의 제한(법 제10조)

소비자에게 책임 있는 사유로 인하여 계약이 해제된 경우, 방문판매자 등이 소비자에게 청구하는 손해배상액은 다음 각 항에서 정한 금액에 대금미납에 따른 지연배상금을 더한 금액을 초과할 수 없다.

* 공급한 재화 등이 반환된 경우에는 다음 2개 금액 중 큰 금액
  - 반환된 재화 등의 통상 사용료액 또는 그 사용에 의하여 통상 얻을 수 있는 이익에 상당하는 금액
  - 반환된 재화 등의 판매가액에서 그 재화 등이 반환된 당시의 가액을 뺀 금액
* 공급한 재화 등이 반환되지 않은 경우, 그 재화 등의 판매가액에 상당하는 금액

4 | 금지행위[동법 제11조]

방문판매자 등은 다음 행위를 해서는 안 된다.

* 재화 등의 판매에 관한 계약 체결을 강요하거나 청약철회 또는 계약의 해지를 방해할 목적으로 소비자에게 위력을 가하는 행위
* 허위 또는 과장된 사실을 알리거나 기만적 방법을 사용하여 소비자를 유인 또는 거래하거나 청약철회 또는 계약해지를 방해하는 행위
* 가입비·판매보조물품·개인할당 판매액·교육비 등 그 명칭 및 형태 여하를 불문하고 방문판매원 등이 되고자 하는 자 또는 방문판매원 등에게 방문판매원 등이 되기 위한 조건 또는 방문판매원 등의 자격을 유지하기 위한 조건으로서 1인당 연간 2만 원 이상의 비용(시행령 제17조), 그 밖의 금품을 징수하거나 재화 등을 구매하게 하는 등의 의무를 부과하는 행위
* 방문판매원 등에게 다른 방문판매원 등을 모집하도록 의무를 지게 하는 행위
* 청약철회나 계약해지를 방해할 목적으로 주소·전화번호 등을 변경하는 행위
* 분쟁이나 불만처리에 필요한 인력 또는 설비의 부족을 상당기간 방치하여 소비자에게 피해를 주는 행위
* 소비자의 청약(요구)이 없는데도 일방적으로 재화 등을 공급하고 재화 등의 대금을 청구하는 행위
* 소비자가 재화를 구매하거나 용역을 제공받을 의사가 없음을 밝혔음에도 불구하고 전화, 모사전송, 컴퓨터통신 등을 통하여 재화를 구매하거나 용역을 제공받도록 강요하는 행위
* 소비자의 허락을 받지 않거나 허락 받은 범위를 넘어 소비자에 관한 정보를 이용(제3자에게 제공하는 경우를 포함)하는 행위. 다만, 다음의 경우는 본인의 허락 없이 정보제공이 가능하다(시행령 제18, 19조)
* 재화 등의 배송 등 소비자와의 계약 이행에 불가피한 경우
* 재화 등의 거래에 따른 대금 정산을 위하여 필요한 경우

금지행위 사례

사례 1 욕설, 인신모독, 감금 또는 계약 체결을 조건으로 귀가를 시켜준다고 위협하는 등의 행위로 계약 체결을 강요하는 행위

사례 2 계약 체결 후에 마음에 들지 아니하여 청약철회 등 또는 계약해지를 하려고 재화를 반품하고 청약철회 또는 계약해지를 통보하자, 사업자가 신용불량자를 운운하며 청약철회 또는 계약 해지를 거부하는 행위

자료: 공정거래위원회(2006. 7. 19). 방문판매에서의 소비자보호 지침. www.ftc.go.kr.

- 도용 방지를 위하여 본인 확인에 필요한 경우로서 소비자의 신원 및 실명 여부나 본인의 진의 여부 확인을 위하여 정보를 제공하는 경우나, 미성년자와의 거래에 있어 법정대리인의 동의 여부를 확인하기 위하여 정보를 이용하는 경우
- 법률의 규정 또는 법률에 의하여 필요한 불가피한 사유가 있는 경우

3. 다단계판매 및 후원방문판매

1 │ 사업자의 의무

(1) 등록의무

- 다단계판매업자 또는 후원방문판매업자(이하 '다단계판매업자 등'이라 함)는 사업 등록, 변경, 휴업 혹은 폐업 등을 하고자 할 경우, 일정한 서류를 갖추어 공정거래위원회 또는 각 시·도지사에게 등록해야 한다(동법 제13조). 소비자는 거래하고자 하는 다단계판매업자 등에 대해 살펴보고 싶다면 공정거래위원회 홈페이지를 이용하면 된다.

- 다단계판매원 또는 후원방문판매원(이하 '다단계판매원 등'이라 함)으로 가입하고자 하는 자는 그 조직을 관리·운영하는 다단계판매업자에게 등록해야 한다. 다만, 다단계판매원 등으로 등록할 수 없는 사람 중 국가공무원·지방공무원 또는 교육공무원 및 사립학교법에 의한 교원이 포함되어 있음을 기억해야 한다. 이는 공직 혹은 다른 사람의 모범이 되어야 할 사람들이 다단계판매 또는 후원방문판매에 종사하면서 오히려 부수적인 판매업에 집중하는 사례의 부작용을 방지하기 위한 조치라고 이해하면 된다.
- 다단계판매업자 등은 관리·운영하는 조직에 가입한 다단계판매원 등에게 다단계판매원 등의 등록증을 교부해야 한다. 등록증에는 다단계판매원 등의 성명, 생년월일, 주소, 등록일자, 등록번호 및 다단계판매업자 등의 명칭(직인 포함)이 표시되어야 한다(시행규칙 제16조).
- 다단계판매업자 등은 다단계판매원 등 등록부를 작성하고, 소비자피해의 방지 또는 구제를 위하여 필요한 경우 소비자로 하여금 등록된 다단계판매원 등의 신원을 확인할 수 있도록 해야 한다. 홈페이지를 운용하는 경우에는 소비자가 당해 홈페이지를 통해 다단계판매원 등을 확인할 수 있도록 해야 한다.

(2) 정보제공 의무

다단계판매의 방법으로 재화 등의 판매에 관한 계약을 체결하는 경우, 다단계판매업자 등은 방문판매 및 전화권유판매에서 명시한 동법 제7조(방문판매자 등의 소비자에 대한 정보제공의무 등)와 동일하게 소비자에 대한 정보제공의무를 다해야 한다.

2 | 청약철회[동법 제17조]

(1) 청약철회기간 및 방법

다단계판매 및 후원방문판매의 청약철회는 2가지 경우를 고려하여 이해해야 한다.

- 소비자가 다단계판매원 등을 대상으로 청약철회를 하는 경우이다. 다만 소비자가 다단계판매원 등의 소재불명 등의 사유로 청약철회를 할 수 없는 경우, 그리고 해당 다단계판매원 등에게 청약철회를 하더라도 대금 환급 등의 효과를 기대하기 어려운 경우에만 소비자는 다단계판매업자 등을 대상으로 청약철회를 할 수 있다(시행령 제24조). 이 경우 청약철회기간은 14일로 방문판매 및 전화권유판매의 경우(동법 제8조)와 동일하며 청약철회방법 역시 동일하다.
- 다단계판매원 등이 다단계판매업자 등을 대상으로 하는 청약철회이다. 이 경우 청약철회기간은 계약을 체결한 날부터 3개월 이내이며 청약철회방법은 방문판매 및 전화권유판매의 경우와 동일하다.

(2) 청약철회가 안 되는 경우

소비자 또는 다단계판매원 등이 청약철회를 하는 경우 모두 방문판매 및 전화권유판매에서 소비자가 청약철회를 할 수 없는 경우와 동일하다. 다만 다단계판매원 등이 다단계판매업자 등을 대상으로 한 청약철회를 할 때 다음의 경우는 청약철회를 할 수 없다.

- 재고 보유에 관하여 다단계판매업자 등에게 거짓으로 보고하는 등의 방법으로 과다하게 재화 등의 재고를 보유한 경우
- 다시 판매하기 어려울 정도로 재화 등을 훼손한 경우

(3) 청약철회효과

청약철회요청서를 보낸 후 소비자(혹은 '다단계판매원' 등)는 방문판매 및 전화권유판매의 경우와 동일하게 구매한 상품을 다단계판매원 등(혹은 '다단계판매업자' 등)에게 돌려보낸다. 이때 판매자는 소비자가 청약철회를 위한 재화 등을 돌려보내는 비용은 물론 위약금 등의 어떠한 명목으로도 소비자에게 비용을 청구할 수 없다.

판매자는 소비자로부터 청약철회 재화 등을 돌려받은 날로부터 구매한 대금을 3영업일 이내에 반환해 주어야 한다. 다만 다단계판매업자는 다단계판매원의 청약철회에 따른 재화의 대금을 환급할 때, 다음의 경우 비용을 공제할 수 있다.

- 공급일로부터 1개월이 지난 후 2개월 이내에 반환하는 경우: 그 재화 등의 대금의 5% 이내로서 당사자 간에 약정한 금액
- 공급일로부터 2개월이 지난 후 3개월 이내에 반환하는 경우: 그 재화 등의 대금의 7% 이내로서 당사자 간의 약정한 금액
- 다단계판매업자 등의 등록이 취소되어 반환하는 경우: 위 사항으로 산출된 금액의 1/2에 해당하는 금액

다단계판매업자가 다단계판매원을 대신하여 소비자의 청약철회에 따라 청약철회된 재화의 대금을 소비자에게 환급한 경우, 그 환급한 금액이 다단계판매원에게 공급한 금액을 초과할 때에는 그 차액을 다단계판매원에게 청구할 수 있다. 즉, 다단계판매원을 중간상인이라고 생각하고 소비자가 다단계판매업자에게 직접 청약철회를 한 경우라면 당연히 다단계판매업자는 소비자가격으로 물건 값을 지불해 주어야 하기 때문에 다단계판매업자는 도매가격과 소매가격의 차이를 다단계판매원에게 청구할 수 있다.

(4) 채무의 상계(동법 제27조)
방문판매 및 전화권유판매의 경우와 동일하다.

(5) 일부 소비된 재화에 대한 사업자의 비용 청구
방문판매 및 전화권유판매의 경우와 동일하다.

3 | 계약해제 및 배상청구금액의 제한 등(동법 제19조)

방문판매 및 전화권유판매의 경우와 동일하다.

4 │ 후원수당 지급기준(동법 제20조 시행령 제28조)

다단계판매업자 등은 후원수당의 산정 및 지급기준을 객관적이고 명확하게 정해야 하며, 후원수당의 산정 및 지급기준을 변경하고자 하는 경우에는 변경사유 및 변경내용·적용일을 명시하여 현행 후원수당의 산정 및 지급기준과 함께 그 적용일부터 3월 이전에 다단계판매원 등에게 통지해야 한다.

다만 후원수당의 산정 및 지급기준의 변경이 다단계판매원 등에게 이익이 되거나 다단계판매원 등의 동의를 얻은 경우에는 즉시 변경할 수 있다. 후원수당의 지급기준 변경이 확정된 때에는 이를 다단계판매원 등에게 통지해야 하며, 주소불명 등의 사유로 개별 통지가 불가능한 다단계판매원 등에 대해서는 사보에 게재하거나 1월 이상의 기간 동안 홈페이지에 게시함으로써 통지에 갈음할 수 있다

다단계판매업자가 다단계판매원에게 후원수당으로 지급할 수 있는 총액은 다단계판매업자가 다단계판매원에게 공급한 재화 등의 가격(부가가치세 포함)의 합계액의 35%에 해당하는 금액 범위 이내이어야 한다. 그리고 후원방문판매업자가 후원방문판매원에게 주는 후원수당의 경우는 38% 이내여야 한다. 다단계판매업자는 일정수의 하위판매원을 모집 또는 후원하는 것을 조건으로 하위판매원 또는 그 하위판매원의 판매실적에 관계없이 후원수당을 차등하여 지급하여서는 안 된다.

5 │ 금지행위(법 제22, 23, 24조)

다단계판매업자 혹은 다단계판매원 등의 금지행위는 판매구조 특성상 다음 2가지 경우로 구분하여 살펴볼 수 있다.

다단계판매업자 혹은 다단계판매원이 소비자와의 관계에서 금지되어 있는 행위는 방문판매 및 전화권유판매의 경우와 동일하다. 다만 다른 것은 '판매하는 개별 재화의 가격을 160만 원(부가가치세가 포함된 금액)을 초과하도록 정하여 판매하는 행위(시행령

제30조)'를 금지하고 있는 것이다.

다단계판매업자가 다단계판매원을 대상으로 한 금지행위는 다음과 같다.

- 다단계판매업자는 다단계판매원에게 등록, 자격 유지 또는 유리한 후원수당 지급기준의 적용을 조건으로 상품구입 등의 명목으로 연간 5만 원 이상의 수준을 초과한 부담을 지게 하는 행위
- 다단계판매원에게 일정 수의 하위판매원을 모집하도록 의무를 지게 하는 행위. 그리고 판매원 또는 판매원이 되려는 자에게 하위판매원 모집 자체에 대하여 경제적 이익을 지급하는 행위 및 후원수당의 지급을 약속하여 판매원을 모집하거나 가입을 권유하는 행위
- 다단계판매원은 언제든지 다단계판매업자에게 탈퇴의사를 표시하고 탈퇴할 수 있으며, 이를 방해하는 행위

6 | 소비자 등의 침해정지 요청(동법 제25조)

다단계판매업자 및 다단계판매원이 금지행위에 관한 규정을 위반한 경우, 소비자기본법 제 29조에 따라 등록한 소비자단체, 한국소비자원 등은 위반행위에 대하여 공정거래위원회에 금지행위로 인한 침해의 정지에 필요한 조치를 요청할 수 있다.

7 | 정상 다단계판매와 불법 다단계판매의 구분

우리나라에서는 계속되는 당국의 단속에도 불구하고 불법적인 다단계판매가 사회적 물의를 빚고 있다. 불법 다단계판매는 초기에는 정상적인 다단계판매로 시작하지만 어느 정도 지나면, 물건을 판매함으로써 얻는 이익에는 관심이 없다. 다만 하위판매원을 모집

하는 데 열중하며 하위판매원에게 법으로 금지된 가입비 내지 세미나 참석비 등의 명목으로 많은 돈을 요구하여 돈을 버는 구조(소위 사람장사)로 변질되는 경향이 있다.

또한 하위판매원들에게는 짧은 기간에 큰 돈을 벌 수 있다는 사행심을 조장하여 대학생에게 휴학을 권유하는 등 정상적인 생활을 포기하고 오직 불법 다단계판매에 열중하도록 하기도 한다. 한번 불법 판매조직에 빠지게 되면 정상적인 사회생활을 하기 어려움은 물론 커다란 경제적 손실을 입어 개인의 일생을 망치게 되는 경우가 대부분이다.

표 8-2 정상 다단계판매와 불법 다단계판매 비교

구분	정상 다단계판매	불법 다단계판매
사업소개	다단계판매방식으로 소비생활에 필요한 물건을 구매하거나 판매할 것을 권유하며 검증할 수 있는 회사 물건에 대한 자세한 정보제공	다단계판매방식임을 설명하지 않고 오로지 단기간에 많은 돈을 벌 수 있다는 것을 강조하며 당장 필요하지 않은 물건의 대량구매를 유도
상품가격	생필품 중심으로 현재 방문판매 등에 관한 법률에서는 거래가격이 160만 원 이상의 물품을 팔지 못하도록 되어 있음	화장품, 전자요 등의 가격이 시중가격과 매우 큰 차이를 보이는 등 고가상품 중심으로 거래됨
물건 전달	주로 택배시스템을 이용하여 주문자가 원하는 장소로 배달	판매원이 판매과정에서 직접 물건을 개봉해 훼손하여 반품하지 못하게 하거나 반품에 필요한 서류와 물건을 상위사업자가 보관하여 반품을 방해
하위판매원 수당	하위판매원의 구매실적과 판매실적에 의거하여 후원수당 등 다양한 수당지급 기준	오로지 새로운 판매원을 가입시키는 행위 자체에서 수익 발생(사람장사)
가입비	없음	가입비, 교재비, 세미나 참석비 등 각종 명목으로 금품징수
상품구매	강제구매 없음	판매원 등록 시 또는 후원수당을 미끼로 강제구매를 유도
확장구조	하위판매원 확보의무 없음	하위판매원 확보의무 부과
품질보증 및 환불제도	품질보증 및 환불제도 확실	품질보증 및 환불제도 미비 또는 없음
사업성격	장기적인 차원의 비즈니스	단기간의 일확천금을 꾀함
업무구조	철저한 부업 출발 유도	전업으로 일할 것을 유도(학생의 경우 휴학을 유도)
피해보상	공제조합 등에 가입되어 소비자피해 발생 시 보상 가능	공제조합 등에 가입되어 있지 않아 보상 불가능

불법 다단계판매 피해 사례 및 주의 사항

사례 1 아르바이트, 병역특례, 취직 등 일자리를 빙자해 판매원 모집

천안에 사는 L군(22살, 대학생)은 친구로부터 병역특례 일자리를 소개받고 서울에 있는 F사의 교육을 받았다. 이 회사는 빠르면 한 달, 늦으면 3년 안에 1,000만 원 이상의 월 급여를 받을 수 있다고 했다. L군은 판매원으로 가입하면서 400만 원에 해당하는 물건을 구매했는데 물건 구매에 필요한 돈을 마련하는 다양한 방법을 교육받았다.

사례 2 방문판매나 통신판매로 등록하고 다단계판매방식으로 영업

방문판매회사인 N사 대표 정모 씨 등은 하위 직급자를 모아 출자하면 거액의 대가를 지불하겠다고 속여 투자금을 가로채고 1,000억 원대 불법행위를 하여 사기 혐의로 구속 기소되었다. 이들은 2005년 10월부터 2006년 5월 말까지 사업설명회를 통해 출자를 하면 약속한 기한 내에 출자원리금과 수당을 주고 하위직급자 유치 실적 및 출자금액에 따라 각종 장려금을 지급하겠다고 속여 홍모 씨 등 9,900여 명으로부터 1,034억 원의 투자금을 유치하였다.

불법 다단계판매를 피하기 위한 소비자의 주의 사항

- 물건 가격이 일반 시장에서 거래되는 가격보다 터무니없이 비싼 것은 위험하다.
- 물건 구매계약을 했지만 실질적으로는 물건을 거래하지 않고 수당 등을 지급받는 것은 위험하다.
- 투자의 위험성을 알리지 않고 단기간에 많은 돈을 벌 수 있다는 것을 내세워서 사재기, 강제 구매 등을 유도하는 것은 위험하다.
- 사람을 끌어들이기만 하면 많은 수익이 발생한다는 것은 위험하다.
- 취업을 미끼로 다단계판매원 등록을 강요하는 것은 위험하다.
- 방문판매업으로 신고했지만 실제로는 다단계판매방식으로 영업을 하거나 다단계판매업등록증을 비정상적으로 보유한 채 영업하는 회사는 위험하다.

자료: 공정거래위원회(2009). 다단계판매, 이것만은 꼭 알아두세요!.

4. 계속거래 및 사업권유거래

계속거래 및 사업권유거래와 관련하여 반드시 알아두어야 사항은 소비자의 청약철회권리가 주어지지 않는다는 점이다.

1 │ 계약 전의 정보제공 및 계약서 교부의무(동법 제30조)

계속거래는 10만 원 이상의 재화 등을 3개월 이상 거래기간을 조건으로 계약을 체결하는 경우, 사업권유거래는 거래기간에 상관없이 재화 등의 금액이 30만 원 이상인 조건으로 계약을 체결하는 경우에만 다음의 사항을 설명하고 계약을 체결하는 때에는 다음의 사항을 기재한 계약서를 소비자에게 교부해야 한다(시행령 제37조). 또한 계약을 미성년자와 체결하고자 하는 경우에는 법정대리인의 동의를 얻어야 한다. 이 경우 법정대리인의 동의를 얻지 못하는 경우에는 미성년자 본인 또는 법정대리인이 계약을 취소할 수 있다는 내용을 고지해야 한다. 이 부분은 방문판매와 동일하다.

- 계속거래업자 또는 사업권유거래업자(이하 '계속거래업자 등'이라 함) 등의 성명(법인인 경우에는 대표자의 성명을 말함)·상호·주소·전화번호·전자우편주소
- 계속거래를 통하여 판매하는 재화 등(계속거래와 관련하여 따로 구입할 필요가 있는 다른 재화 등이 있는 경우에는 그 재화 등을 포함)이나 사업권유거래를 통하여 판매하는 재화 등의 명칭, 종류 및 내용
- 재화 등의 대금(가입비, 설치비 등 명칭 여하를 불문하고 재화 등의 거래와 관련하여 지급하는 금액을 포함함)과 그 지급시기 및 방법
- 재화 등의 거래 방법과 거래기간 및 시기
- 사업권유거래의 경우에는 제공되는 사업에 관한 거래조건으로 사업자가 제공하는 사업기회에 의하여 얻게 되는 이익이나 그 보장에 관한 조건(시행령 제38조)

- 계약의 해지와 그 행사방법·효과에 관한 사항 및 해지권의 행사에 필요한 서식
- 소비자피해보상, 재화에 대한 불만 및 소비자와 사업자 사이의 분쟁 처리에 관한 사항
- 거래에 관한 약관
- 그 밖에 거래 여부의 판단에 영향을 주는 거래조건 또는 소비자의 피해구제에 필요한 사항으로서 판매일시, 판매지역, 판매수량, 인도지역 등 판매조건과 관련하여 제한이 있는 경우 그 내용에 관한 사항(시행령 제38조)

2 | 계약의 해지[동법 제31, 32조]

계속거래업자 등과 계약을 체결한 소비자는 계약기간 중 언제든지 계약을 해지 또는 해제할 수 있다. 그리고 계속거래업자 등은 가입비, 혹은 그 밖의 명칭 여하를 불문하고 소비자에게 실제 공급된 재화 등의 대가를 초과하여 수령한 대금의 반환을 부당하게 거부하여서는 안 된다. 또한 계속거래업자 등은 소비자의 귀책사유로 계약이 해지 또는 해제된 경우 위약금을 청구할 수 있으나, 소비자에게 해지 또는 해제로 인하여 발생하는 손실을 현저하게 초과하는 위약금을 청구해서는 안 된다.

3 | 금지행위[동법 제34조]

계속거래업자 등은 다음에 해당하는 행위를 해서는 안 되며, 금지행위 내용은 방문판매 및 전화권유판매의 경우와 유사하다.

- 계속거래 등의 계약을 체결하게 하거나 계약의 해지 또는 해제를 방해하기 위하여 소비자에게 위력을 가하는 행위
- 허위 또는 과장된 사실을 알리거나 그 밖의 기만적인 방법으로 소비자를 유인 또는 거래하거나 계약의 해지 또는 해제를 방해하는 행위

- 계속거래 등에 필요한 재화 등을 통상 거래가격보다 현저히 비싼 가격으로 구입하게 하는 행위
- 소비자가 계속거래 등의 계약을 해지 또는 해제하였음에도 불구하고 정당한 사유 없이 이에 따른 조치를 지연하거나 거부하는 행위
- 계약의 해지 또는 해제를 방해할 목적으로 주소·전화번호 등을 변경하는 행위
- 분쟁이나 불만 처리에 필요한 인력 또는 설비의 부족을 상당기간 방치하여 소비자에게 피해를 주는 행위
- 소비자의 청약이 없는 데도 일방적으로 재화를 공급하고 재화의 대금을 청구하는 행위
- 소비자가 재화를 구매하거나 용역을 제공받을 의사가 없음을 밝혔음에도 불구하고 전화, 모사전송, 컴퓨터통신 등을 통하여 재화를 구매하거나 용역을 제공받도록 강요하는 행위

5. 소비자권익의 보호

1 | 전화권유판매 수신거부의사 등록시스템(동법 제42조)

- 전화권유판매 수신거부의사 등록시스템www.donotcall.go.kr은 전화권유판매업자가 전화권유판매 영업을 하기 전에, 본 시스템에 수신거부의사를 등록한 소비자의 휴대전화번호를 사업자의 영업대상목록에서 제외시킬 수 있도록 하는 기능을 한다.
- 소비자는 수신거부 신청 시 모든 전화권유판매사업자에 대한 거부의사를 표명한 것으로, 특정 사업자에 대한 수신거부를 해제하고자 할 경우 본 시스템의 수신거부 조회 및 수정메뉴를 통해 수정이 가능하다.
- 사업자는 전화권유판매의 대상과 방법, 전화권유판매 수신동의 철회방법 등을 소비

자에게 개별적으로 고지하고 미리 동의를 받은 경우에만 전화권유판매 수신거부의 사 등록시스템에서 소비자의 전화권유판매수신거부 의사를 확인하지 않고 전화권유 판매를 할 수 있다(한국소비자원, 2014).

2 | 소비자피해보상보험제도(동법 제44조)

소비자피해보상보험제도는 보험원리를 통한 소비자피해보상시스템으로 판매업자가 보험회사, 은행, 공제조합과 보험 또는 보증계약을 체결하는 방식이다. 다단계판매업자와 후원방문판매업자는 의무적으로 소비자피해보상 보험에 가입해야 하고 방문판매업자 및 전화권유판매업자, 계속거래 및 사업권유거래업자는 권장 정도로 그치고 있다.

종전에는 다단계판매 분야에서 피해 발생 시 위법 행위자에 대한 형사 처벌이나 영업정지 등의 제재는 가해졌으나 피해자에 대한 금전적 구제는 어려운 문제가 있었기 때문에 2002년 방문판매법 개정 시 소비자피해보상 보험제도를 도입하였다.

방문판매법(시행령 제44조제1항 3목)은 소비자피해보상 보험의 계약금액 수준을 재화 등의 매매대금을 한도로 공정거래위원회가 정하여 고시하는 규모 이상으로 할 것을 명시하고 있다. 이에 따른 공정거래위원회의 '소비자피해보상 보험에서의 보험계약 금액에 관한 기준고시' 내용을 살펴보면 다음과 같으며, 보험금은 소비자가 상품을 구매한 후 판매자가 상품을 공급하지 않은 경우와 소비자의 청약철회 시 판매업자가 대금 환급을 하지 않은 경우에 지급한다.

> **위법행위 신고요령**
>
> 다단계판매원 등이 3개월 이내에 청약철회의사(소비자는 14일)를 표시했는 데도 대금 반환 등의 업무가 이행되지 않거나 교육, 합숙 강요 등 방문판매법상 금지행위로 피해를 입은 경우는 공정거래위원회(홈페이지 www.ftc.go.kr, 특수거래과 044-220-4431~2), 또는 경찰, 관할 시·도에 신고하면 된다.
>
> 자료: 한국소비자원(2014). 방문판매 등에 관한 법률, 소비자상담 피해구제 매뉴얼 4. www.kcb.go.kr.

- 피보험자 또는 수혜자가 소비자인 경우 보험계약 금액은 법이 정하는 대금환급금액의 90% 이상(단, 피보험자 또는 수혜자가 20세 미만인자 또는 60세 이상인 자인 경우에는 법이 정하는 대금환급 금액 이상)으로 하고, 1인당 보상한도를 두는 경우 소비자 1인에 대한 보험계약 금액의 한도는 매 3월의 기간 동안 200만 원 이상으로 한다.

- 피보험자 또는 수혜자가 다단계판매원, 후원판매원인 경우 보험 계약금액은 법이 정하는 대금환급금액의 70% 이상으로 하고 1인당 보상한도를 두는 경우, 다단계판매원, 후원방문판매원 1인에 대한 보험계약금액의 한도는 매 3월의 기간 동안 500만 원 이상으로 한다.

이와 같이 보상금액에 제한을 두는 이유는 소비자의 분별 없는 구매행위 방지, 다단

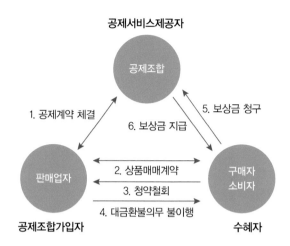

그림 8-1 공제조합 운영과정

자료: 공정거래위원회 홈페이지(www.ftc.go.kr).

계판매원 또는 후원방문판매원의 책임성 제고 및 도덕적 해이 방지를 위해서이다. 공제조합의 운영방식은 공제가입자(판매업자)가 공제료를 납부하고 수혜자는 소비자가 되는 일종의 보험이다.

스스로 **찾아보기**

1. 공정거래위원회 홈페이지www.ftc.go.kr의 '정책/제도 → 소비자정책 → 방문판매·다단계판매' 메뉴를 찾아 클릭하여 어떠한 내용이 있는지 확인해 보자.

2. 한국소비자단체협의회 홈페이지www.consumer.or.kr에서 '자율분쟁조정위원회' 메뉴를 클릭해 보고 방문판매 등과 관련된 분쟁조정 사례에는 무엇이 있는지 살펴보자.

전자상거래 등에서의 소비자보호에 관한 법률

정부는 세계화·디지털화에 부응하여 2002년 전자상거래 분야 소비자보호를 소비자보호시책의 주요 내용으로 추진하면서 '전자상거래 등에서의 소비자보호에 관한 법률'을 제정하는 등 전자상거래 관련 소비자보호 기반을 마련해 왔다. 전자상거래는 비대면 거래로 이루어지는 특성상 기존의 거래에 비하여 소비자이익이 침해될 우려가 더 많기 때문에 소비자보호의 중요성이 더 커지게 되었다. 뿐만 아니라 전자상거래를 활성화하기 위하여서도 전자상거래의 소비자보호는 매우 중요하다.

이에 본 장에서는 전자상거래로 인한 소비자문제를 해결하기 위한 방안으로서 '전자상거래 등에서의 소비자보호에 관한 법률'(이하 '전자상거래법'이라고 함)에서 전자상거래 사업자의 의무, 소비자권익 보호를 위한 방안, 위반에 대한 제재조치 관련 내용을 중심으로 살펴보고자 한다. 또한 최근에 도입되고 있는 전자상거래를 위한 소비자보호제도에는 어떠한 것이 있는지 살펴보고자 한다.

1. 전자상거래법 제정 의의 및 법률 개요

1 | 제정 의의

인터넷과 정보통신기술의 발달로 전자상거래의 비중이 날로 증가하고, 이에 따른 소비자피해가 증가하게 되었으며, 소비자문제 발생의 가능성도 높아짐에 따라 기존의 '방문판매 등에 관한 법률'에서 통신판매에 관한 규정만으로 이를 규제하는 데 한계가 생기게 되었다. 따라서 1999년 '전자거래기본법'과 '전자서명법'이 제정·시행되기에 이르렀다. 이와 관련하여 2000년에는 '전자거래소비자보호지침', '전자상거래 표준약관', '인터넷사이버몰 이용표준약관' 등이 마련되었다. 2001년에는 '전자금융거래 표준약관'이 제정되었고, '소비자피해보상규정'에 '인터넷쇼핑몰업', '인터넷콘텐츠업' 관련 규정 등이 추가되었다. 나아가 '방문판매 등에 관한 법률'에서 통신판매에 관한 규정을 별도로 분리하여 2002년 3월 30일 '전자상거래 등에서의 소비자보호에 관한 법률(동년 7월 1일부터 시행)'이 제정되었고, 일부 내용이 여러 차례에 걸쳐서 개정되었으며 가장 최근에는 2013년 5월에 개정된 이후 현재에 이르고 있다. 전자상거래법은 전자상거래 및 통신판매를 함에 있어서 사업자가 재화나 용역의 거래 또는 공급과정에서 준수해야 하는 기본적 의무를 규정하고 소비자권익을 보호하고자 함을 목적으로 하고 있으며, 전자거래에 관련된 제반권리·의무관계와 청약철회, 표시·광고, 배상책임 등 소비자보호에 관한 세부사항을 담고 있다. 전자상거래 소비자보호 관련 법령을 지속적으로 정비함으로써 현재 선진국 수준의 법적·제도적 기반을 갖추게 되었다.

2 | 주요 내용

'전자상거래 등에서의 소비자보호에 관한 법률'은 총 제7장제45조와 부칙으로 구성되어 있으며, 주요 내용을 살펴보면 다음과 같다(표 9-1 참조). 제1장 총칙에서는 법 제정의

표 9-1 전자상거래 등에서의 소비자보호에 관한 법률 구성체계

구분	주요 내용
제1장 총칙	목적, 정의, 다른 법률과의 관계
제2장 전자상거래 및 통신판매	전자문서의 활용, 거래기록의 보존, 조작실수 등의 방지, 전자적 대금지급의 신뢰 확보, 배송사업자 등의 협력, 사이버몰 운영, 소비자에 관한 정보의 이용, 통신판매업자의 신고, 신원 및 거래조건에 대한 정보의 제공, 청약 확인, 재화 등의 공급, 청약철회, 손해배상청구금액의 제한, 통신판매중개자의 고지 및 정보제공, 통신판매중개자 및 통신판매중개의뢰자의 책임, 금지행위
제3장 소비자권익의 보호	소비자보호지침의 제정, 소비자피해보상보험계약, 구매권유 광고 시 주의사항, 전자상거래소비자단체 등의 지원
제4장 조사 및 감독	위반행위의 조사, 공개정보 검색, 위법행위 등에 대한 정보공개, 평가·인증사업의 공정화
제5장 시정조치 및 과징금 부과	위반행위의 시정권고, 시정조치, 소비자피해 분쟁조정의 요청, 과징금,
제6장 보칙	소비자에게 불리한 계약의 금지, 전속관할, 사업자단체의 등록, 권한의 위임·위탁, 독점규제 및 공정거래에 관한 법률의 준용
제7장 벌칙	벌금, 양벌규정, 과태료

목적과 개념정의를 다루고 있다. 제2장에서는 전자상거래와 통신판매를 함에 있어서 사업자들이 준수해야 할 의무를 담고 있으며, 이 법의 가장 중요한 부분이라고 할 수 있다. 제3장에서는 소비자권익보호를 위하여 사업자가 갖추어야 할 제도적 방안 등에 대하여 다루고 있다. 제4장에서는 위반행위에 대한 조사 및 감독과 관련된 사항을 담고 있으며, 제5장에서는 위반행위에 대한 시정권고 및 과징금 부과와 소비자분쟁조정의 요청에 관한 내용을 담고 있다. 제6장에서는 보칙으로서 소비자에게 불리한 계약의 금지와 독점규제 및 공정거래에 관한 법률의 준용에 관한 내용 등을 담고 있으며, 제7장에서는 위반사항에 대한 벌칙과 과태료에 관한 내용을 다루고 있다.

2. 전자상거래 사업자의 의무

동법에서 제시하고 있는 사업자의 준수의무를 거래단계별로 살펴보면 영업 전 단계, 청약단계, 재화의 공급단계, 청약의 철회 및 효과 등으로 나눌 수 있으며, 또한 사업자의 금지행위에 대하여서도 명시하고 있다.

1 | 영업 전 단계

통신판매업자는 대통령령으로 정하는 바에 따라 다음 각 호의 사항을 공정거래위원회 또는 특별자치도지사·시장·군수·구청장에게 신고해야 한다. 다만, 통신판매의 거래횟수, 거래규모 등이 공정거래위원회가 고시로 정하는 기준 이하인 경우에는 그러하지 아니하다(동법 제12조제1항).

* 상호(법인인 경우에는 대표자의 성명 및 주민등록번호를 포함), 주소, 전화번호
* 전자우편주소, 인터넷도메인, 호스트서버의 소재지
* 그 밖에 사업자의 신원 확인을 위하여 필요한 사항으로서 대통령령으로 정하는 사항

2 | 청약단계

(1) 자기신원정보 표시

전자상거래를 하는 사이버몰의 운영자는 소비자가 사업자의 신원 등을 쉽게 알 수 있도록 다음 각 호의 사항을 총리령으로 정하는 바에 따라 표시해야 한다(동법 제10조 제1항).

* 상호 및 대표자 성명
* 영업소가 있는 곳의 주소(소비자의 불만을 처리할 수 있는 곳의 주소를 포함)
* 전화번호·전자우편주소
* 사업자등록번호
* 사이버몰 이용약관

- 그 밖에 소비자보호를 위하여 필요한 사항으로서 대통령령으로 정하는 사항

(2) 표시광고의 기록보존의무 이행

사업자는 전자상거래 및 통신판매에서의 표시·광고, 계약내용 및 그 이행 등 거래에 관한 기록을 상당한 기간 보존해야 한다. 이 경우 소비자가 쉽게 거래기록을 열람·보존할 수 있는 방법을 제공해야 한다(동법 제6조제1항). 제1항에 따라 사업자가 보존해야 할 거래기록 및 그와 관련된 개인정보(성명·주소·주민등록번호 등 거래의 주체를 식별할 수 있는 정보로 한정함)는 소비자가 개인정보의 이용에 관한 동의를 철회하는 경우에도 '정보통신망 이용촉진 및 정보보호 등에 관한 법률' 등 대통령령으로 정하는 개인정보 보호와 관련된 법률의 규정에도 불구하고 이를 보존할 수 있다(동법 제6조제2항). 제1항에 따라 사업자가 보존하는 거래기록의 대상·범위·기간 및 소비자에게 제공하는 열람·보존의 방법 등에 관하여 필요한 사항은 대통령령으로 정한다(동법 제6조제3항).

동법 제6조제3항에 따라 사업자가 보존해야 할 거래기록의 대상·범위 및 기간은 다음 각 호와 같다. 다만, 통신판매중개자는 자신의 정보처리시스템을 통하여 처리한 기록의 범위 내에서 다음 각 호의 거래기록을 보존해야 한다(시행령 제6조).

- 표시광고에 관한 기록: 6월
- 계약 또는 청약철회 등에 관한 기록: 5년
- 대금 결제 및 재화 등의 공급에 관한 기록: 5년
- 소비자의 불만 또는 분쟁 처리에 관한 기록: 3년

(3) 신원 및 거래조건에 대한 정보의 제공

통신판매업자가 재화 등의 거래에 관한 청약을 받을 목적으로 표시·광고를 할 때에는 그 표시·광고에 다음 각 호의 사항을 포함해야 한다(동법 제13조제1항).

- 상호 및 대표자 성명
- 주소·전화번호·전자우편주소

생각하는
소비자
9-1

모바일 상품정보제공

'상품정보제공 고시'는 통신판매업자가 소비자의 합리적인 구매결정에 필수적인 정보를 제공하도록 하기 위하여 제정하였다. 전자상거래를 통한 서비스의 거래가 급증하고, 스마트폰을 이용한 모바일 쿠폰 구매, 영화·공연 예매 등 새로운 유형의 거래가 확산됨에 따라 전자상거래가 활발한 품목을 추가하여 '상품정보제공 고시'를 개정하였다(2014. 4. 1 시행).

'모바일 쿠폰' 품목

스마트폰 메신저를 통한 모바일쿠폰의 거래가 증가하고 있으나, 이용조건과 환불방법에 대한 정보가 부족하여 소비자의 불편이 증가하였다.

사례 모바일 쿠폰을 선물할 경우 구매자와 수령자가 달라 환불 기준과 절차가 복잡하나, 소비자가 이러한 내용을 알기가 어려운 점이 있었다.

따라서 사전에 환불조건 및 방법 등의 정보를 비롯하여 발행자, 유효기간, 이용조건, 이용가능 매장 등의 정보를 제공하도록 하였다.

'영화·공연' 품목

이용조건이 충분히 고지되지 않아 표를 예매하고도 이용하지 못하거나, 환불 조건 등을 충분히 확인하지 못하는 등의 소비자피해가 발생하였다.

• 제12조에 따라 공정거래위원회 또는 특별자치 도지사·시장·군수·구청장에게 한 신고의 신고번호와 그 신고를 받은 기관의 이름 등 신고를 확인할 수 있는 사항

공정거래위원회는 동법 제13조제1항 및 제2항에 따른 통신판매업자의 상호 등에 관한 사항, 재화 등의 정보에 관한 사항과 거래조건에 대한 표시·광고 및 고지의 내용과 방법을 정하여 고시할 수 있다. 이 경우 거래방법이나 재화 등의 특성을 고려하여 그 표시·광고 및 고지의 내용과 방법을 다르게 정할 수 있다(동법 제13조제4항). 이에 따라 공정거래위원회는 2012년 8월 17일 '전자상거래 등에서의 상품 등의 정보제공에 관한 고시(이하 '상품정보제공 고시'라 함)'를 제정하였으며, 2013년 12월 26일 일부 개정하였다.

사례 1 영화 티켓을 구매하였으나, 자신이 거주하는 지역에서는 이용이 불가능하여 이용하지 못했다.

사례 2 공연 티켓을 구매하였으나, 자신이 관람 가능한 날짜의 주연배우가 자신이 생각했던 배우와 달라 곤란을 겪었다.

따라서 주최 또는 기획(공연에 한함), 관람등급, 시간, 장소, 주연(공연에 한함) 등 기본적 정보와 함께 취소조건, 취소·환불방법 등의 정보를 제공하도록 하였다.

'기타 용역' 품목

소셜커머스 등을 통한 피부 관리, 마사지 등 서비스 이용권 판매가 증가하고 있으나, 현행 고시에 분류가 되지 않아 정보가 불충분하게 제공되었다.

사례 소셜커머스를 통해 마사지 서비스 쿠폰을 구입하여 이용하였으나, 자격증을 받은 마사지사인지 의심스러운 저질의 서비스를 받았다.

따라서 서비스제공자, 법에 의한 인증·허가, 이용조건, 취소·환불기준 및 방법 등의 정보를 제공하도록 하였다.

자료: 공정거래위원회 보도자료(2013. 12. 30). 모바일 쿠폰, 영화공연 예매 등 상품정보 기준 마련.

본 고시의 목적은 통신판매업자가 소비자에게 제공(표시광고 또는 고지를 말함)해야 할 재화 등의 정보에 관한 사항과 거래조건에 관한 정보(상품 등의 정보)의 내용과 제공방법을 구체적으로 제시함으로써 소비자가 전자상거래 등을 함에 있어 합리적인 선택을 하도록 하는 데 기여하고 정보 부족으로 인한 소비자피해를 사전에 예방하는 데 있다.

(4) 조작 실수 등의 방지를 위한 적절한 절차 구비

사업자는 전자상거래에서 소비자의 조작 실수 등으로 인한 의사표시의 착오 등으로 발생하는 피해를 예방할 수 있도록 거래 대금이 부과되는 시점 또는 청약 전에 그 내용을 확인하거나 바로 잡는 데에 필요한 절차를 마련해야 한다(동법 제7조).

(5) 청약 확인을 위한 절차의 구비

통신판매업자는 소비자로부터 재화 등의 거래에 관한 청약을 받으면 청약 의사표시의 수신 확인 및 판매 가능 여부에 관한 정보를 소비자에게 신속하게 알려야 한다(동법 제14조제1항). 또한 통신판매업자는 계약 체결 전에 소비자가 청약의 내용을 확인하고, 정정 또는 취소할 수 있도록 적절한 절차를 갖추어야 한다(동법 제14조제2항).

(6) 청약받은 재화 등의 공급이 곤란한 경우 지체 없이 통지

통신판매업자는 청약을 받은 재화 등을 공급하기 곤란하다는 것을 알았을 때에는 그 사유를 소비자에게 지체 없이 알려야 하고, 선지급식 통신판매의 경우에는 소비자가 그 대금의 전부 또는 일부를 지급한 날부터 3영업일 이내에 환급하거나 환급에 필요한 조치를 해야 한다(동법 제15조제2항).

(7) 계약서의 송부

통신판매업자는 소비자가 계약 체결 전에 재화 등에 대한 거래조건을 정확하게 이해하고 실수나 착오 없이 거래할 수 있도록 다음 각 호의 사항을 적절한 방법으로 표시·광고하거나 고지해야 하며, 계약이 체결되면 계약자에게 다음 각 호의 사항이 기재된 계약내용에 관한 서면을 재화 등을 공급할 때까지 교부해야 한다. 다만, 계약자의 권리를 침해하지 아니하는 범위에서 대통령령으로 정하는 사유가 있는 경우에는 계약자를 갈음하여 재화 등을 공급받는 자에게 계약내용에 관한 서면을 교부할 수 있다(동법 제13조제2항).

- 재화 등의 공급자 및 판매자의 상호, 대표자의 성명·주소 및 전화번호 등
- 재화 등의 명칭·종류 및 내용
  - 재화 등의 정보에 관한 사항(이 경우 제품에 표시된 기재로 계약내용에 관한 서면에의 기재를 갈음할 수 있음)
- 재화 등의 가격(가격이 결정되어 있지 아니한 경우에는 가격을 결정하는 구체적인 방법)과 그 지급방법 및 지급시기
- 재화 등의 공급방법 및 공급시기

- 청약의 철회 및 계약의 해제(이하 '청약철회 등'이라 함)의 기한·행사방법 및 효과에 관한 사항(청약철회 등의 권리를 행사하는 데에 필요한 서식을 포함한다)
- 재화 등의 교환·반품·보증과 그 대금 환불 및 환불의 지연에 따른 배상금 지급의 조건·절차
- 전자매체로 공급할 수 있는 재화 등의 전송·설치 등을 할 때 필요한 기술적 사항
- 소비자피해보상의 처리, 재화 등에 대한 불만처리 및 소비자와 사업자 사이의 분쟁 처리에 관한 사항
- 거래에 관한 약관(그 약관의 내용을 확인할 수 있는 방법을 포함)
- 소비자가 구매의 안전을 위하여 원하는 경우에는 재화 등을 공급받을 때까지 대통령령으로 정하는 제3자에게 그 재화 등의 결제대금을 예치하는 것(이하 '결제대금예치'라 함)의 이용을 선택할 수 있다는 사항 또는 통신판매업자의 제24조제1항에 따른 소비자피해보상보험계약 등의 체결을 선택할 수 있다는 사항(동법 제15조제1항에 따른 선지급식 통신판매의 경우에만 해당하며, 제24조제3항 각 호의 어느 하나에 해당하는 거래를 하는 경우는 제외)

에스크로제도와 소비자피해보상보험계약

에스크로제도
에스크로Escrow제도는 제3자(에스크로 사업자)가 소비자의 결제대금을 예치하고 있다가 상품배송이 완료된 후 그 대금을 통신판매업자에게 지급하는 거래안전장치로, 법률에서는 결제대금예치제라고 한다. 에스크로 사업자는 은행 등 금융기관과 자본금 10억 원 이상, 부채비율 200% 이해 등의 요건을 갖추고 소비자피해보상보험계약 등에 가입한 상법상 회사 또는 민법상 법인이다. 신용카드 거래의 경우 PG(Payment Gateway, 전자지급결제대행업자)업체들이 사실상 에스크로 역할을 하는 점을 고려하여 도입의무를 면제하고 있다.

소비자피해보상보험계약
소비자가 통신판매업자에게 대금을 결제하였으나 상품을 배송 받지 못하는 피해 등을 입은 경우, 그 피해를 보상해 주는 것을 내용으로 하는 보험이다. 보험사와의 보험계약, 은행과의 채무지급보증계약, 공제조합과의 공제계약이 여기에 해당한다. 전자상거래법이 개정됨에 따라 선지급식 통신판매업자는 거래의 안전장치로 에스크로, 보험계약, 채무지급보증계약, 공제계약 중 하나에 대해 소비자가 그 이용(또는 체결) 여부를 선택할 수 있도록 제공해야 한다(동법 제13조제2항제10호 및 제24조제2항).

• 그 밖에 소비자의 구매 여부 판단에 영향을 주는 거래조건 또는 소비자피해의 구제에 필요한 사항으로서 대통령령으로 정하는 사항

3 | 재화의 공급단계

(1) 기간 내 재화 등의 공급에 필요한 조치

통신판매업자는 소비자가 청약을 한 날부터 7일 이내에 재화 등의 공급에 필요한 조치를 해야 하고, 소비자가 재화 등을 공급받기 전에 미리 재화 등의 대금을 전부 또는 일부 지급하는 통신판매(이하 '선지급식 통신판매'라 함)의 경우에는 소비자가 그 대금을 전부 또는 일부 지급한 날부터 3영업일 이내에 재화 등의 공급을 위하여 필요한 조치를 해야 한다. 다만, 소비자와 통신판매업자 간에 재화 등의 공급시기에 관하여 따로 약정한 것이 있는 경우에는 그러하지 아니하다(동법 제15조제1항).

'공급에 필요한 조치'가 반드시 그 기간 내에 공급이 완료되어야 하는 것을 의미하는 것은 아니며, 출고나 배송 등 공급을 위하여 필요한 조치를 해야 함을 의미한다.

(2) 공급 절차 및 진행 상황을 확인할 수 있는 조치

통신판매업자는 소비자가 재화 등의 공급 절차 및 진행 상황을 확인할 수 있도록 적절한 조치를 해야 한다. 이 경우 공정거래위원회는 그 조치에 필요한 사항을 정하여 고시할 수 있다(동법 제15조제3항).

(3) 전자적 대금지급 사실에 대한 통지 및 자료 열람

사업자와 전자결제업자 등은 전자적 대금지급이 이루어진 경우 전자문서의 송신 등 총리령으로 정하는 방법으로 소비자에게 그 사실을 알리고, 언제든지 소비자에게 전자적 대금지급과 관련한 자료를 열람할 수 있도록 해야 한다(동법 제8조제3항).

4 | 청약의 철회 및 효과

(1) 법정기간 내 청약철회

통신판매업자와 재화 등의 구매에 관한 계약을 체결한 소비자는 다음 각 호의 기간(거래당사자가 다음 각 호의 기간보다 긴 기간으로 약정한 경우에는 그 기간을 말함) 이내에 해당 계약에 관한 청약철회 등을 할 수 있다(동법 제17조제1항).

* 제13조제2항에 따른 계약내용에 관한 서면을 받은 날부터 7일. 다만, 그 서면을 받은 때보다 재화 등의 공급이 늦게 이루어진 경우에는 재화 등을 공급받거나 재화 등의 공급이 시작된 날부터 7일
* 제13조 제2항에 따른 계약내용에 관한 서면을 받지 아니한 경우, 통신판매업자의 주소 등이 적혀 있지 아니한 서면을 받은 경우 또는 통신판매업자의 주소 변경 등의 사유로 제1호의 기간에 청약철회 등을 할 수 없는 경우에는 통신판매업자의 주소를 안 날 또는 알 수 있었던 날부터 7일

소비자는 다음 각 호의 어느 하나에 해당하는 경우에는 통신판매업자의 의사에 반하여 제1항에 따른 청약철회 등을 할 수 없다. 다만, 통신판매업자가 제6항에 따른 조치를 하지 아니하는 경우에는 제2호부터 제4호까지의 규정에 해당하는 경우에도 청약철회 등을 할 수 있다(동법 제17조제2항).

* 소비자에게 책임이 있는 사유로 재화 등이 멸실되거나 훼손된 경우(다만, 재화 등의 내용을 확인하기 위하여 포장 등을 훼손한 경우는 제외)
* 소비자의 사용 또는 일부 소비로 재화 등의 가치가 현저히 감소한 경우
* 시간이 지나 다시 판매하기 곤란할 정도로 재화 등의 가치가 현저히 감소한 경우
* 복제가 가능한 재화 등의 포장을 훼손한 경우
* 그 밖에 거래의 안전을 위하여 대통령령으로 정하는 경우

소비자는 제1항 및 제2항에도 불구하고 재화 등의 내용이 표시·광고의 내용과 다르거나 계약내용과 다르게 이행된 경우에는 그 재화 등을 공급받은 날부터 3개월 이내, 그 사실을 안 날 또는 알 수 있었던 날부터 30일 이내에 청약철회 등을 할 수 있다(동법 제17조제3항).

제1항 또는 제3항에 따른 청약철회 등을 서면으로 하는 경우에는 그 의사표시가 적힌 서면을 발송한 날에 그 효력이 발생한다(동법 제17조제4항).

제1항부터 제3항까지의 규정을 적용할 때 재화 등의 훼손에 대하여 소비자의 책임이 있는지 여부, 재화 등의 구매에 관한 계약이 체결된 사실 및 그 시기, 재화 등의 공급사

모바일 쇼핑몰에서 청약철회 의사표시방법

최근 스마트폰 이용이 보편화되면서 모바일 전자상거래 시장규모도 빠르게 성장하고 있으나, 스마트폰 등 모바일 기기는 화면 크기 등의 제약으로 소비자들에게 정보를 충실히 제공하지 못하여 구매 결정에 문제가 발생할 수 있다. 그러나 전자상거래법은 PC 환경을 중심으로 규정되어 모바일 전자상거래 사업자들이 정보제공 의무 등을 준수하는 데 어려움이 있는 실정이다. 따라서 사업자들이 모바일 환경에서 전자상거래법상 주요 의무를 원활하게 준수할 수 있도록 사업자 및 소비자의 의견 청취 등을 거쳐 이번 '모바일 전자상거래 사업자의 전자상거래법 준수 요령'을 마련하여, 전자상거래 사업자들의 '전자상거래법'에 관한 이해 및 준수의식을 높이고자 하였다.

'모바일 전자상거래 사업자의 전자상거래법 준수 요령'에서는 모바일쇼핑몰을 통해 소비자가 계약의 청약을 하는 경우, 소비자가 모바일쇼핑몰에서 청약의 철회, 계약의 해지·해제·변경 등도 할 수 있도록 구체적인 방법을 아래 예시와 같이 안내하고 있다.

모바일 쇼핑몰에서의 청약철회 등의 의사표시 방법

- 모바일 쇼핑몰에 청약의 철회, 계약의 해지·해제·변경 등을 할 수 있는 버튼 등을 마련하는 방법
- 모바일 쇼핑몰에서 청약의 철회, 계약의 해지·해제·변경 등의 의사를 표시할 수 있는 모바일 게시판, 모바일 기기로 작성할 수 있는 1 : 1 메일 등을 제공하는 방법

자료: 공정거래위원회 보도자료(2014. 6. 13). 모바일 전자상거래 사업자의 전자상거래법 준수요령.

실 및 그 시기 등에 관하여 다툼이 있는 경우에는 통신판매업자가 이를 증명해야 한다 (동법 제17조제5항).

통신판매업자는 제2항제2호부터 제4호까지의 규정에 따라 청약철회 등이 불가능한 재화 등의 경우에는 그 사실을 재화 등의 포장이나 그 밖에 소비자가 쉽게 알 수 있는 곳에 명확하게 적거나 시험 사용 상품을 제공하는 등의 방법으로 청약철회 등의 권리 행사가 방해받지 아니하도록 조치해야 한다(동법 제17조제6항).

(2) 청약철회의 효과

통신판매업자(소비자로부터 재화 등의 대금을 받은 자 또는 소비자와 통신판매에 관한 계약을 체결한 자를 포함한다. 이하 제2항부터 제10항까지의 규정에서 같음)는 재화 등을 반환받은 날부터 3영업일 이내에 이미 지급받은 재화 등의 대금을 환급해야 한다. 이 경우 통신판매업자가 소비자에게 재화 등의 대금 환급을 지연한 때에는 그 지연기간에 대하여 연 100분의 40 이내의 범위에서 '은행법'에 따른 은행이 적용하는 연체금리 등 경제사정을 고려하여 대통령령으로 정하는 이율을 곱하여 산정한 지연이자(이하 '지연 배상금'이라 함)를 지급해야 한다(동법 제18조제2항).

통신판매업자는 제1항 및 제2항에 따라 재화 등의 대금을 환급할 때 소비자가 '여신 전문금융업법' 제2조제3호에 따른 신용카드나 그 밖에 대통령령으로 정하는 결제수단 으로 재화 등의 대금을 지급한 경우에는 지체 없이 해당 결제수단을 제공한 사업자(이 하 '결제업자'라 함)에게 재화 등의 대금 청구를 정지하거나 취소하도록 요청해야 한다. 다만, 통신판매업자가 결제업자로부터 해당 재화 등의 대금을 이미 받은 때에는 지체 없 이 그 대금을 결제업자에게 환급하고, 그 사실을 소비자에게 알려야 한다(동법 제18조 제3항).

소비자는 통신판매업자가 제3항 단서에도 불구하고 정당한 사유 없이 결제업자에게 대금을 환급하지 아니하는 경우에는 결제업자에게 그 통신판매업자에 대한 다른 채무 와 통신판매업자로부터 환급받을 금액을 상계(相計)할 것을 요청할 수 있다. 이 경우 결 제업자는 대통령령으로 정하는 바에 따라 그 통신판매업자에 대한 다른 채무와 상계할 수 있다(동법 제18조제6항).

통신판매업자, 재화 등의 대금을 받은 자 또는 소비자와 통신판매에 관한 계약을 체결한 자가 동일인이 아닌 경우에 이들은 제17조제1항 및 제3항에 따른 청약철회 등에 의한 제1항부터 제7항까지의 규정에 따른 재화 등의 대금 환급과 관련한 의무의 이행에 대하여 연대하여 책임을 진다(동법 제18조제11항).

(3) 반환배송비의 부담

제17조제1항의 규정과 같이 법정기간 내 행해진 청약철회 등의 경우 공급받은 재화 등의 반환에 필요한 비용은 소비자가 부담한다(동법 제18조제9항). 제17조 제3항의 규정과 같이 재화 등의 내용이 표시·광고 내용과 다르거나 계약내용과 다르게 이행된 청약철회 등의 경우 재화 등의 반환에 필요한 비용은 통신판매업자가 부담한다(동법 제18조제10항).

(4) 위약금, 손해배상 등의 청구제한

통신판매업자는 제17조제1항의 규정과 같이 법정기간 내 행해진 청약철회의 경우에는 청약철회 등을 이유로 소비자에게 위약금 또는 손해배상을 청구할 수 없다(동법 제18조제9항). 다만, 소비자에게 책임이 있는 사유로 재화 등의 판매에 관한 계약이 해제된 경우 통신판매업자가 소비자에게 청구하는 손해배상액은 다음 각 호의 구분에 따라 정한 금액에 대금 미납에 따른 지연배상금을 더한 금액을 초과할 수 없다(동법 제19조제1항).

- **공급한 재화 등이 반환된 경우** 다음 각 목의 금액 중 큰 금액
  - 반환된 재화 등의 통상 사용료 또는 그 사용으로 통상 얻을 수 있는 이익에 해당하는 금액
  - 반환된 재화 등의 판매가액(販賣價額)에서 그 재화 등이 반환된 당시의 가액을 뺀 금액
- **공급한 재화 등이 반환되지 아니한 경우** 그 재화 등의 판매가액에 해당하는 금액

(5) 소비자의 청약철회 제한

소비자는 다음 어느 하나에 해당하는 경우 통신판매업자의 의사에 반하여 법 제17조제1항에 따른 청약철회 등을 할 수 없다.

* 소비자에게 책임이 있는 사유로 재화 등이 멸실되거나 훼손된 경우(다만, 재화 등의 내용을 확인하기 위하여 포장 등을 훼손한 경우는 제외)
* 소비자의 사용 또는 일부 소비로 재화 등의 가치가 현저히 감소한 경우
* 시간이 지나 다시 판매하기 곤란할 정도로 재화 등의 가치가 현저히 감소한 경우
* 복제가 가능한 재화 등의 포장을 훼손한 경우
* 그 밖에 거래의 안전을 위하여 대통령령으로 정하는 경우

5 | 통신판매중개자의 책임

통신판매중개자는 제20조제1항의 고지를 하지 아니한 경우(재화 등을 판매함에 있어서 책임이 없다는 사실을 약정하지 아니하거나, 미리 고지하지 아니하고 통신판매의 중개를 한 경우) 통신판매중개의뢰자의 고의 또는 과실로 소비자에게 발생한 재산상 손해에 대하여 통신판매중개의뢰자와 연대하여 배상할 책임을 진다(동법 제20조의2 제1항).

통신판매중개자는 제20조제2항에 따라 소비자에게 정보 또는 정보를 열람할 수 있는 방법을 제공하지 아니하거나 제공한 정보가 사실과 달라 소비자에게 발생한 재산상 손해에 대하여 통신판매중개의뢰자와 연대하여 배상할 책임을 진다. 다만, 소비자에게 피해가 가지 아니하도록 상당한 주의를 기울인 경우에는 그러하지 아니하다(동법 제20조의2 제2항).

통신판매중개의뢰자(사업자의 경우에 한정한다)는 통신판매중개자의 고의 또는 과실로 소비자에게 발생한 재산상 손해에 대하여 통신판매중개자의 행위라는 이유로 면책되지 아니한다. 다만, 소비자에게 피해가 가지 아니하도록 상당한 주의를 기울인 경우에는 그러하지 아니하다(동법 제20조의2 제4항).

6 | 전자상거래 사업자 및 통신판매업자의 금지행위

다음 제21조의 금지행위 조항은 전자상거래 또는 통신판매를 하는 사업자가 반드시 지켜야 하는 것으로서 전자상거래법 내용 중 가장 핵심적인 내용이다. 전자상거래를 하는 사업자 또는 통신판매업자는 다음 각 호의 어느 하나에 해당하는 행위를 하여서는 아니된다(동법 제21조제1항).

* 거짓 또는 과장된 사실을 알리거나 기만적 방법을 사용하여 소비자를 유인 또는 소비자와 거래하거나 청약철회 등 또는 계약의 해지를 방해하는 행위
* 청약철회 등을 방해할 목적으로 주소, 전화번호, 인터넷도메인 이름 등을 변경하거나 폐지하는 행위
* 분쟁이나 불만처리에 필요한 인력 또는 설비의 부족을 상당기간 방치하여 소비자에게 피해를 주는 행위
* 소비자의 청약이 없음에도 불구하고 일방적으로 재화 등을 공급하고 그 대금을 청구하거나 재화 등의 공급 없이 대금을 청구하는 행위
* 소비자가 재화를 구매하거나 용역을 제공받을 의사가 없음을 밝혔음에도 불구하고 전화, 팩스, 컴퓨터통신 또는 전자우편 등을 통하여 재화를 구매하거나 용역을 제공받도록 강요하는 행위(스팸 강요)
* 본인의 허락을 받지 아니하거나 허락받은 범위를 넘어 소비자에 관한 정보를 이용하는 행위. 다만, 다음 각 목의 어느 하나에 해당하는 경우는 제외한다.
  - 재화 등의 배송 등 소비자와의 계약을 이행하기 위하여 불가피한 경우로서 대통령령으로 정하는 경우
  - 재화 등의 거래에 따른 대금정산을 위하여 필요한 경우
  - 도용방지를 위하여 본인 확인에 필요한 경우로서 대통령령으로 정하는 경우
  - 법률의 규정 또는 법률에 따라 필요한 불가피한 사유가 있는 경우
* 소비자의 동의를 받지 아니하거나 총리령으로 정하는 방법에 따라 쉽고 명확하게 소비자에게 설명·고지하지 아니하고 컴퓨터프로그램 등이 설치되게 하는 행위

공정거래위원회는 이 법의 위반행위를 방지하고 소비자피해를 예방하기 위하여 전자상거래를 하는 사업자 또는 통신판매업자가 준수해야 할 기준을 정하여 고시할 수 있다(동법 제21조제2항).

3. 전자상거래 소비자권익 보호를 위한 방안

1 │ 소비자정보보호

사업자는 전자상거래 또는 통신판매를 위하여 소비자에 관한 정보를 수집하거나 이용(제3자에게 제공하는 경우를 포함하며, 이하 같음)할 때는 '정보통신망 이용촉진 및 정보보호 등에 관한 법률' 등 관계 규정에 따라 이를 공정하게 수집하거나 이용해야 한다(동법 제11조제1항).

사업자는 재화 등을 거래함에 있어서 소비자에 관한 정보가 도용되어 해당 소비자에게 재산상의 손해가 발생하였거나 발생할 우려가 있는 특별한 사유가 있는 경우에는 본인 확인이나 피해의 회복 등 대통령령으로 정하는 필요한 조치를 취해야 한다(동법 제11조제2항).

2 │ 소비자보호지침의 제정

공정거래위원회는 전자상거래 또는 통신판매에서의 건전한 거래질서의 확립 및 소비자의 보호를 위하여 사업자의 자율적 준수를 유도하기 위한 지침(이하 '소비자보호지침'이라 함)을 관련 분야의 거래당사자, 기관 및 단체의 의견을 들어 정할 수 있다(동법 제23조제1항).

사업자는 그가 사용하는 약관이 소비자보호지침의 내용보다 소비자에게 불리한 경우 소비자보호지침과 다르게 정한 약관의 내용을 소비자가 알기 쉽게 표시 또는 고지해야 한다(동법 제23조제2항).

이에 따라 공정거래위원회에서는 2003년 10월 21일 '전자상거래 등에서의 소비자보호 지침'을 제정·고시하였으며, 전자상거래 시장이 변화함에 따라 여러 차례의 개정을 거쳐서 현재 2012년 8월 20일자 일부 개정된 내용이 시행되고 있다.

3 ┃ 소비자피해보상보험계약 등의 체결

공정거래위원회는 전자상거래 또는 통신판매에서 소비자를 보호하기 위하여 관련 사업 자에게 다음 각 호의 어느 하나에 해당하는 계약(이하 '소비자피해보상보험계약 등'이라 함)을 체결하도록 권장할 수 있다(동법 제24조제1항). 다만, 제8조 제4항에 따른 결제수 단의 발행자는 소비자피해보상보험계약 등을 체결해야 한다. 즉, 사이버몰에서 사용되는 전자적 대금지급방법으로서 재화 등을 구입·이용하기 위하여 미리 대가를 지불하는 방 식의 결제수단의 발행자는 총리령으로 정하는 바에 따라 그 결제수단의 신뢰도 확인과 관련된 사항, 사용상의 제한이나 그 밖의 주의 사항 등을 표시하거나 고지해야 한다(동 법 제8조제4항).

* 보험업법에 따른 보험계약
* 소비자피해보상금의 지급을 확보하기 위한 금융위원회의 설치 등에 관한 법률 제38 조에 따른 기관과의 채무지급보증계약
* 제10항에 따라 설립된 공제조합과의 공제계약: 통신판매업자는 제1항에도 불구하고 선지급식 통신판매를 할 때 소비자가 제13조제2항제10호에 따른 결제대금예치의 이 용 또는 통신판매업자의 소비자피해보상보험계약 등의 체결을 선택한 경우에는 소비 자가 결제대금예치를 이용하도록 하거나 소비자피해보상보험계약 등을 체결해야 한 다(동법 제24조제2항). 다만 신용카드로 구매하는 거래, 배송이 필요하지 않는 재화

등을 구매하는 거래(예: 게임, 인터넷 학원 수강), 대통령령이 정하는 5만 원(소비자가 1회 결제하는 금액 기준) 미만의 소액거래에는 위 의무의 적용을 제외한다(시행령 제28조의2).

4 | 구매권유광고 시 규정 준수

전자상거래를 하는 사업자 또는 통신판매업자가 전화, 팩스, 컴퓨터통신 또는 전자우편 등을 이용하여 재화를 구매하거나 용역을 제공받도록 권유하는 행위(이하 '구매권유광고'라 함)를 할 때에는 이 법과 '정보통신망 이용촉진 및 정보보호 등에 관한 법률' 등 관계 법률의 규정을 준수해야 한다(동법 제24조의2 제1항).

공정거래위원회는 제1항을 위반하여 구매권유광고를 한 전자상거래를 하는 사업자 또는 통신판매업자에 대한 시정조치를 하기 위하여 방송통신위원회 등 관련 기관에 위반자의 신원정보를 요청할 수 있다. 이 경우 신원정보의 요청은 공정거래위원회가 위반자의 신원정보를 확보하기 곤란한 경우로 한정하며, 방송통신위원회 등 관련 기관은 '정보통신망 이용촉진 및 정보보호 등에 관한 법률' 제64조의2제1항에도 불구하고 공정거래위원회에 위반자의 신원정보를 제공할 수 있다(동법 제24조의2 제2항).

5 | 전자상거래소비자단체 등의 지원

공정거래위원회는 전자상거래 및 통신판매에 있어서 공정거래질서를 확립하고 소비자의 권익을 보호하기 위한 사업을 시행하는 기관 또는 단체에 대하여 예산의 범위 안에서 필요한 지원 등을 할 수 있다(동법 제25조).

6 | 소비자피해 분쟁조정의 요청

공정거래위원회 또는 시·도지사는 전자상거래 또는 통신판매를 함에 있어서 이 법의 위반행위와 관련하여 소비자의 피해구제신청이 있는 경우에는 제31조에 따른 시정권고 또는 제32조에 따른 시정조치 등을 행하기 전에 전자상거래 또는 통신판매에서 소비자보호 관련 업무를 수행하는 기관 또는 단체 등 대통령령이 정하는 소비자피해분쟁조정기구(이하 '소비자피해 분쟁조정기구'라 함)에 그 조정을 의뢰할 수 있다(동법 제33조제1항). 대통령령이 정하는 소비자피해분쟁조정기구라 함은 전자거래분쟁조정위원회, 소비자분쟁조정위원회, 그 밖에 소비자보호 관련 법령에 의하여 설치·운영되는 분쟁조정기구를 말한다(시행령 제35조).

분쟁발생 시 단순한 제재보다는 사업자의 해결 노력과 소비자피해구제에 협력하도록 분쟁조정기구에 조정을 의뢰할 수 있도록 함으로써 소비자피해의 신속한 구제 및 분쟁 해결을 도모하고 있다. 소비자피해 분쟁조정기구의 권고안 또는 조정안을 당사자가 수락하고 이행한 경우에는 대통령령으로 정하는 바에 따라 제32조에 따른 시정조치를 하지 아니한다(동법 제33조제3항).

7 | 소비자 등에 불리한 계약 금지

제17조부터 제19조까지의 규정을 위반한 약정으로서 소비자에게 불리한 것은 효력이 없다(동법 제35조). 여기서는 제17조(청약철회 등), 제18조(청약철회 등의 효과), 제19조(손해배상청구금액의 제한 등)에 관한 규정을 다루고 있다.

4. 위반에 대한 제재조치

1 | 위반행위조사권

공정거래위원회, 시·도지사 또는 시장·군수·구청장은 이 법을 위반한 사실이 있다고 인정할 때에는 직권으로 필요한 조사를 할 수 있다(동법 제26조제1항). 시·도지사 또는 시장·군수·구청장이 제1항에 따른 조사를 하려면 미리 시·도지사는 공정거래위원회에, 시장·군수·구청장은 공정거래위원회 및 시·도지사에게 통보해야 하며, 공정거래위원회는 조사 등이 중복될 우려가 있는 경우에는 시·도지사 또는 시장·군수·구청장에게 조사의 중지를 요청할 수 있다. 이 경우 중지 요청을 받은 시·도지사 또는 시장·군수·구청장은 상당한 이유가 없으면 그 조사를 중지해야 한다(동법 제26조제2항).

공정거래위원회, 시·도지사 또는 시장·군수·구청장은 제1항 또는 제2항에 따라 조사를 한 경우에는 그 결과(조사 결과 시정조치명령 등의 처분을 하려는 경우에는 그 처분의 내용을 포함)를 해당 사건의 당사자에게 서면으로 알려야 한다(동법 제26조제3항). 누구든 이 법의 규정에 위반되는 사실이 있다고 인정할 때에는 그 사실을 공정거래위원회, 시·도지사 또는 시장·군수·구청장에게 신고할 수 있다(동법 제26조제4항).

공정거래위원회는 이 법을 위반하는 행위가 끝난 날부터 5년이 지난 경우에는 그 위반행위에 대하여 제32조에 따른 시정조치를 명하지 아니하거나 제34조에 따른 과징금을 부과하지 아니한다. 다만, 제33조 제1항에 따른 소비자피해 분쟁조정기구의 권고안이나 조정안을 당사자가 수락하고도 이를 이행하지 아니하는 경우에는 그러하지 아니하다(동법 제26조제5항).

공정거래위원회는 제6항의 조사활동에 참여하는 한국소비자원의 임직원에게 예산의 범위에서 수당이나 여비를 지급할 수 있다(동법 제26조제7항).

2 | 시정조치의 내용

(1) 위반행위의 시정권고

공정거래위원회, 시·도지사 또는 시장·군수·구청장은 사업자가 이 법을 위반하는 행위를 하거나 이 법에 따른 의무를 이행하지 아니한 경우에는 제32조의 시정조치를 명하기 전에 그 사업자가 그 위반행위를 중지하거나 이 법에 규정된 의무 또는 제32조에 따른 시정을 위하여 필요한 조치를 이행하도록 시정방안을 정하여 해당 사업자에게 이에 따를 것을 권고할 수 있다. 이 경우 그 사업자가 권고를 수락하면 제3항에 따라 시정조치를 명한 것으로 본다는 뜻을 함께 알려야 한다(동법 제31조제1항).

제1항에 따라 시정권고를 받은 사업자는 그 통지를 받은 날부터 10일 이내에 그 권고의 수락 여부를 그 권고를 한 행정청에 알려야 한다(동법 제31조제2항). 제1항에 따라 시정권고를 받은 자가 그 권고를 수락하면 제32조에 따른 시정조치를 명한 것으로 본다(동법 제31조제3항).

(2) 시정조치

공정거래위원회는 위법행위에 대한 제재조치로서 영업정지, 형사벌(고발), 시정권고, 시정조치 명령, 과태료 부과, 과징금 부과 등을 할 수 있다.

공정거래위원회는 사업자가 다음 각 호의 어느 하나에 해당하는 행위를 하거나 이 법에 따른 의무를 이행하지 아니하는 경우에는 해당 사업자에게 그 시정조치를 명할 수 있다(동법 제32조제1항).

* 제5조제2항부터 제5항까지, 제6조제1항, 제7조, 제8조, 제9조부터 제11조까지, 제12조제1항부터 제3항까지, 제13조제1항부터 제3항까지 및 제5항, 제14조, 제15조, 제17조제1항부터 제3항까지 및 제5항, 제18조, 제19조 제1항, 제20조, 제20조의2, 제22조제1항, 제23조제2항, 제24조 제1항·제2항 및 제5항부터 제9항까지, 제27조제2항 및 제4항, 제29조제1항 및 제2항을 위반하는 행위
* 제21조제1항 각 호의 금지행위 중 어느 하나에 해당하는 행위: 제1항에 따른 시정조

치는 다음 각 호의 어느 하나에 해당하는 조치를 말한다(동법 제32조제2항).

- 해당 위반행위의 중지
- 이 법에 규정된 의무의 이행
- 시정조치를 받은 사실의 공표
- 소비자피해 예방 및 구제에 필요한 조치
- 그 밖에 위반행위의 시정을 위하여 필요한 조치

제2항제3호에 따른 시정조치를 받은 사실의 공표에 필요한 사항과 같은 항 제4호에 따른 소비자피해 예방 및 구제에 필요한 조치의 구체적인 내용은 대통령령으로 정한다(동법 제32조제3항).

3 ┃ 영업의 정지

공정거래위원회는 다음 각 호의 어느 하나에 해당하는 경우에는 대통령령으로 정하는 바에 따라 1년 이내의 기간을 정하여 그 영업의 전부 또는 일부의 정지를 명할 수 있다(동법 제32조제4항).

* 제1항에 따른 시정조치명령에도 불구하고 위반행위가 반복되는 경우
* 시정조치명령에 따른 이행을 하지 아니한 경우
* 시정조치만으로는 소비자피해의 방지가 현저히 곤란하다고 판단되는 경우

시정조치에도 불구하고 법 위반행위가 반복되거나, 시정조치만으로는 소비자피해의 방지가 곤란하다고 판단되는 경우에는 1년 이내의 기간을 정하여 영업의 전부 또는 일부의 정지를 명할 수 있다. 영업정지의 기간은 15일~12월까지로 법위반의 종류별, 횟수별로 다르며 위반행위가 반복될수록 그 기간도 길어진다(시행령 제34조).

5. 기타 전자상거래 소비자보호를 위한 제도

1 | 전자상거래 등에서의 소비자보호지침

전자상거래 등에서의 소비자보호지침은 '전자상거래 등에서의 소비자보호에 관한 법률' 제21조제2항의 규정에 근거하여 관련 법령의 내용을 보다 구체화하여 예시함으로써 이 법 위반행위의 방지 및 소비자피해의 예방을 위하여 사업자가 지켜야 할 기준을 고시하고 있다. 동법 제23조의 규정에 따라 건전한 거래질서의 확립 및 소비자의 보호를 위하여 사업자의 자율적 준수를 유도하기 위한 목적으로 공정거래위원회가 2003년 10월 21일 제정·고시하였으며, 가장 최근에는 2012년 8월 20일 개정·고시하였다. 동 지침에서는 '표시광고 공정화에 관한 법률'과 '방문판매 등에 관한 법률', '약관규제에 관한 법률', '정보통신망 이용촉진 등에 관한 법률' 등 소비자권익과 관련한 각종 법률 조항을 전자거래에 준용할 수 있게 하였으며, 이 지침을 위반할 경우 관련 법에 따라 처벌을 받도록 하였다.

동 지침은 '일반사항'과 '권고사항'의 두 부분으로 구성되어 있다. 일반사항에서는 위반행위의 방지 및 피해의 예방을 위하여 관련 법령의 해석과 위반 여부를 판단하는 기준을 제시하고 있다. 권고사항에서는 건전한 거래질서 확립 및 소비자보호를 위하여 사업자의 자율적 준수를 유도하기 위한 내용으로 구성되어 있다. 사업자가 사용하는 약관이 권고사항에 규정된 내용보다 소비자에게 불리한 경우에 사업자는 다르게 정한 약관의 내용을 소비자가 알기 쉽게 표시 또는 고지해야 하며, 그러한 표시 또는 고지를 하지 아니한 경우에는 법 제32조에 따른 시정조치의 대상이 된다.

(1) 일반사항

일반사항에서는 사업자가 지켜야 할 기준에 대하여 다음과 같은 내용을 중심으로 고시하고 있다.

① 일반적 준수사항

사업자는 전자상거래 및 통신판매를 함에 있어서 다음 각 호의 사항을 준수해야 한다. 즉 '표시·광고 공정화에 관한 법률', '중요한 표시·광고 사항 고시', '부당한 표시·광고행위의 유형 및 기준 지정 고시' 등의 관련 규정을 준수해야 한다. 또한 사업자가 거래조건을 정하거나 이를 소비자에게 알릴 때에는 '독점규제 및 공정거래에 관한 법률', '약관의 규제에 관한 법률', '할부거래에 관한 법률' 등의 규정을 준수해야 하며, 소비자가 거래조건을 전자문서로 저장하거나 인쇄하여 보존할 수 있도록 해야 한다. 사업자가 청소년을 대상으로 전자상거래 및 통신판매를 할 때에는 '청소년보호법'에 의한 조치를 강구해야 한다.

② 통신판매, 통신판매업자, 통신판매중개자의 개념정의 및 책임의 범위

통신판매 등 그 개념에 대한 예시를 통해 그 내용을 명확하게 제시하고 있다.

③ 거래기록의 열람

전자상거래법 제6조 및 시행령 제6조제2항의 거래기록의 열람과 관련하여 사업자가 조치해야 할 사항에 대하여 고시하고 있다.

④ 조작실수 방지 및 청약확인 등을 위한 절차

전자상거래법 제7조 및 제14조제2항의 규정과 관련하여 조작실수 방지 및 청약확인 등을 위해 필요한 절차에 대해 사업자가 취해야 하는 적절한 절차를 고시하고 있다.

⑤ 전자적 대금지급 사실의 통지

전자상거래법 제8조제3항과 관련하여 사업자와 전자결제업자 등이 전자적 대금지급 사실을 소비자에게 통지할 때에는 전자우편, 전화, 휴대전화 단문메시지(SMS), 모사전송 등을 이용하여 즉시 통지하는 것을 원칙으로 정하여 고시하고 있다.

⑥ 소비자의 정보에 대한 수집 및 도용

전자상거래법 제11조제1항의 규정과 관련하여 전자상거래 및 통신판매에 있어 사업자가
소비자의 정보를 공정하게 수집 또는 이용하는 방법으로 볼 수 없는 행위를 고시하고,
예시를 통하여 구체적으로 설명하고 있다.

⑦ 재화 등의 공급 관련

전자상거래법 제15조제1항과 관련하여 재화 등의 공급에 필요한 조치를 고시하고 있다.

⑧ 사업자의 금지행위 관련

전자상거래법 제21조제1항제1호의 규정과 관련하여 '허위 또는 과장된 사실을 알리거나
기만적 방법을 사용하여 소비자를 유인 또는 거래'하는 행위에 대하여 고시하고 있다.

⑨ 사이버몰 등에서의 표시 관련

사이버몰 등에서 공정거래위원회가 승인한 표준약관을 사용한다는 마크 또는 표시를
한 사업자는 그 내용이나 문안을 소비자에게 불리하게 변경하여 사용하는 것을 '약관
규제에 관한 법률' 제19의제2항에 의거하여 금하고 있다.

⑩ 적립금에 대한 표시 및 보상

사업자가 사이버몰 등에서 적립금 제도를 운영하는 경우에 이용조건 및 이용기간, 소멸
조건, 사업자의 귀책사유로 사용하지 못하게 되는 경우의 보상기준 등을 소비자가 알기
쉬운 방법으로 게시하도록 고시하고 있다.

(2) 권고사항

권고사항에서는 건전거래 질서 확립과 소비자보호를 위한 사업자의 자율적 준수를 유
도하기 위한 것으로 그 내용은 다음과 같다.

① 청약철회 등 관련

재화 등의 내용이 표시광고내용과 다르거나 계약내용과 다르게 이행된 사유로 청약철회 등을 하는 경우에 구매 시의 배송비는 통신판매업자가 부담해야 하며, 소비자가 이미 지불한 경우에는 통신판매업자가 이를 환불해 주어야 한다. 소비자가 단순변심에 의해 청약철회 등을 하는 경우에는 구매 시 당사자 간의 약정에 의해 정할 수 있으며, 무료전화(예: 080서비스 등)를 이용하는 경우에는 청약철회 등의 분쟁처리에 관한 사항도 이를 이용할 수 있다고 명시해야 한다.

② 공개된 정보의 수집 및 도용피해의 회복

동법 제11조제1항의 규정과 관련하여 사업자가 전자상거래 및 통신판매를 위하여 소비자의 가족사항 등 사생활과 관련된 내용을 공개된 정보로부터 수집하여 사용하는 방법을 예시하고 있으며, 정보도용에 의한 피해를 회복하기 위하여 사업자가 취해야 할 피해회복 방법을 예시하고 있다.

③ 후불식 전화결제서비스의 사용제한 및 요금분쟁 관련

청소년이 자신 또는 법정대리인 등의 명의로 후불식 전화결제서비스를 사용하는 경우, 유무선 통신업자는 법정대리인의 사전요청에 따라 사용제한 등을 할 수 있도록 조치해야 한다.

④ 사이버몰 등에서의 표시 관련

사업자가 사이버몰의 이용약관을 개정할 경우에는 적용일자 및 개정내용, 개정사유 등을 명시하여 그 적용일자로부터 최소한 7일 이전부터 초기화면 또는 초기화면과의 연결화면을 통해 공지해야 한다. 다만, 소비자에게 불리하게 계약내용을 변경하는 경우에는 최소한 30일의 유예기간을 두고 공지해야 한다. 이 경우 개정 전 내용과 개정 후 내용을 명확하게 비교하여 소비자가 알기 쉽도록 표시해야 한다.

⑤ 온라인 서비스 확대 관련

전자상거래를 하는 사업자는 소비자가 온라인으로 회원가입 신청, 판매 청약, 정보제공 및 이용 등을 할 수 있도록 하는 경우, 회원 탈퇴, 또는 청약 철회 또는 변경 등도 동일하거나 더 쉬운 방법으로 이루어질 수 있도록 해야 함을 명시하고 있다.

2 | 전자상거래(인터넷사이버몰) 표준약관

공정거래위원회는 국내 영업 중인 전자상거래 쇼핑몰 업체의 상당수가 거래약관이 없거나 있더라도 고객에게 일방적으로 불리한 내용이 많은 실정을 고려하여 인터넷 전자상거래의 건전한 거래질서 확립 및 소비자권익보호를 위하여 한국정보통신진흥협회 및 전자상거래연구조합 등이 청구한 '인터넷사이버몰 이용표준약관(전자상거래 표준약관)'을 2000년 1월 28일 승인하였다. 이 약관은 전자상거래 사업자가 운영하는 사이버몰에서 제공하는 인터넷 관련 서비스를 이용함에 있어 사이버 몰과 이용자의 권리·의무 및 책임사항을 규정하고 있으며, PC통신과 무선 등을 이용하는 전자상거래에 대해서도 이 약관이 준용된다. 전자상거래 표준약관은 총 24개의 조항으로 구성되어 있다. 인터넷쇼핑몰 등 사업자와 소비자 간 전자상거래의 급속한 성장과 다양한 영업방식의 등장은 기존 표준약관만으로는 사업자의 영업현실과 소비자보호를 충분히 반영하는 데 한계가 있음을 감안하여 공정거래위원회는 2014년 9월 19일 전자상거래 표준약관을 개정·승인하였다. 개정 된 전자상거래 표준약관의 주요 내용을 살펴보면 다음과 같다.

① 약관의 명시와 설명 및 개정(제3조), ② 서비스의 제공 및 변경(제4조), ③ 서비스의 중단(제5조), ④ 회원가입(제6조), 회원탈퇴 및 자격상실 등(제7조), 회원에 대한 통지(제8조), ⑤ 구매신청(제9조), 계약의 성립(제10조), 대금지급방법(제11조), ⑥ 수신확인통지 및 구매신청 변경/취소(제12조), ⑦ 청약철회(제15조), 청약철회 등의 효과(제16조), ⑧ 개인정보보호(제17조), ⑨ '몰'의 의무(제18조), ⑩ 회원의 ID 및 비밀번호에 대한 의무(제19조), 이용자의 의무(제20조), ⑪ 저작권의 귀속 및 이용제한(제22조), ⑫ 분쟁해결(제23조), ⑬ 재판권 및 준거법(제24조)

3 | 인터넷사이트 인증마크제도

인터넷을 통한 전자상거래의 이용이 확대된 반면, 개인정보의 침해 및 무단유출 매매 등 불법적 피해 사례도 증가하여 e-BIZ 활성화의 걸림돌로 작용하고 있다. 따라서 인터넷 이용자의 개인정보를 효과적으로 보호하고, 온라인 거래를 안심하고 할 수 있는 신뢰기반 구축에 대한 필요성이 증가하게 되었다. 인터넷사이트의 개인정보보호 정책 및 관리수준을 종합적이고 객관적으로 평가하여 일정기준을 충족하는 경우 인터넷 이용자가 신뢰하고 거래할 수 있는 인터넷쇼핑몰에 대해 공인기관이 인정해 주는 인증마크제도가 정부기관 주도하에 도입되었다. 인터넷 이용자가 인터넷사이트(기업 및 기관 홈페이지 등)를 안전하게 이용할 수 있도록 이용자의 개인정보보호 수준을 '정보통신망 이용촉진 및 정보보호 등에 관한 법률' 및 '개인정보보호법(공공기관)'에 근거한 자체인증 심사 기준을 적용하여 일정수준 이상을 획득한 기업(관)의 사이트에 '개인정보보호마크 ePrivacy Mark', '인터넷사이트안전마크i-Safe Mark'를 부여하는 민간자율적 인증마크제도가 있다. 이 제도는 1999년 5월부터 도입되어 현재에 이르고 있으며, 2012년부터 개인정보보호협회OPA 정보보호마크인증위원회에서 주관하고 방송통신위원회(개인정보보호윤리과)와 지식경제부, 공정거래위원회, 국가보훈처 및 한국인터넷진흥원KISA이 후원하고 있다.

i-Safe Mark는 인터넷 사이트를 대상으로 개인정보보호, 시스템보안, 소비자보호에 대한 평가 후 인터넷 사이트 안전마크를 부여하는 제도이다. 심사기준을 살펴보면, 해당 사이트에 대하여 총 5개 분야에 대한 내용을 중심으로 인증심사를 하고 있다. 그 내용을 살펴보면 ① (개인정보 관련) 생명주기(개인정보의 수집, 개인정보 수집의 특별조치, 개인정보의 이용, 개인정보의 파기), ② 관리과정(이용자의 권리, 공개 및 책임), ③ 보호대책(관리적, 기술적 보호조치), ④ 시스템 보호(물리적 요건, 기술적 요건, 소비자보호), ⑤ 소비자보호(소비자보호) 등으로 구성되어 있다. 시스템 보호의 기술적 요건에 대한 통제항목의 예를 살펴보면 보안을 위한 침입차단기술에 관하여 침입차단시스템Firewall의 사용 여부에 관한 현황을 점검하는 것이다.

민간기업의 경우 세부점검항목은 114개로 구성되어 있으며, 공공기관의 경우에는 소비자보호 부분을 제외한 105개 항목으로 구성된다www.isafe.or.kr. 심사는 서류와 온라인

그림 9-1 인터넷사이트 안전마크

자료: www.isafe.or.kr; www.eprivacy.or.kr; www.etrust.or.kr

심사, 현장 실사 등으로 종합평가하여 일정 기준을 넘는 사이트에 안전마크를 부여한다. 금융, 의료 등 고도의 보안이 요구되는 인터넷사이트 경우 노란색 마크를, 기타 인터넷사이트 경우 녹색 마크를 부여하며 2가지 색상의 마크에 각기 다른 심사기준을 적용하고 있다.

개인정보보호마크₍ePRIVACY Mark₎제도란 이용자가 인터넷사이트를 안전하게 이용할 수 있도록 하는 목적으로 자체 인증심사기준을 적용해 일정수준 이상을 획득한 기관(업)의 사이트에 '개인정보보호마크'를 부여하는 민간자율적 인증제도이다.

심사기준을 살펴보면, 해당 사이트에 대하여 총 3개 영역에 대하여 다음과 같은 세부내용을 중심으로 인증심사를 하고 있다. 그 내용을 살펴보면 ① (개인정보 관련) 생명주기(개인정보의 수집, 개인정보 수집의 특별조치, 개인정보의 이용, 개인정보의 파기), ② 관리과정(이용자의 권리, 공개 및 책임), ③ 보호대책(관리적, 기술적 보호조치, 물리적, 기타조치) 등으로 구성되어 있다. 민간기업의 경우 세부점검항목은 76개로 구성되어 있으며, 공공기관의 경우에는 82개 항목으로 구성된다₍www.eprivacy.or.kr₎.

eTrust는 '전자문서 및 전자거래기본법' 제18조에 따라 웹사이트의 소비자보호 및 개인정보보호정책 그리고 구매 전 과정을 공정하고 엄격하게 심사하여 소비자가 믿고 거래할 수 있는 우수전자거래사업자에게 부여하는 인증제도이다. eTrust 인증을 통하여 온라인 거래의 안전성 및 편리성을 완성시키고자 함을 목적으로 하고 있다. 한국전자거래진흥원은 상업적 웹사이트의 소비자보호 및 개인정보보호정책, 구매과정을 평가하여 일정기준을 만족하는 웹사이트 운영업체에게 eTrust 인증마크를 부여하고 있다. 동아일보사, 한국경제신문사, 전자신문사와 공동주최하고 산업자원부가 후원한다. 인증 부문은 ① 인터넷쇼핑몰(종합사이버몰, 전문사이버몰, 직판사이버몰), ② 여행·레저, ③ 서비스(물리적 상품 판매 사업자 제외), ④ 금융(금융상품 판매), ⑤ 경매(인터넷상에서 경매), ⑥ BtoB(기업 간 전자상거래), ⑦ 무역(온라인 무역중개몰), 등 7개 부문으로 모두 온라인상의 전자상거래에 한한다.

eTrust 인증마크를 부여하기 위한 심사는 공통 부문과 부문별 심사영역으로 구성되어 있다. 공통 부문의 필수평가에서는 사업자정보, 개인정보보호, 결제시스템, 고객지원 등에 대하여 33개 항목을 심사한다. 공통 부문의 정량적 평가에서는 웹품질, 개인정보, 접근성 등에 대하여 20개 항목을 평가한다. 부문별 심사의 경우 각각 부문에 대하여 상품정보, 주문 프로세스, 배송 프로세스, 고객서비스 등에 대한 심사를 한다. 상품정보 심사평가항목의 예를 들면 가격, 제조원, 상품설명 등에 대한 정보제시가 적절하며, 정보표시방법이 적절한가 등을 중심으로 구성되어 있다www.etrust.or.kr. 인터넷사이트 인증마크의 사용은 다음과 같은 다양한 기대효과를 가진다.

- 인터넷 이용자 및 소비자가 신뢰할 수 있는 인터넷 사이트 선택 여건을 제공받을 수 있다.
- 개인정보 침해, 시스템 해킹 등 인터넷 활용에 따른 불안감을 해소해 준다.
- 인터넷상 개인정보와 소비자정보의 악용 및 이에 따른 피해를 사전에 방지할 수 있다.
- 민간 자율적인 개인정보보호 관리체계 정착으로 e-비즈니스 신뢰문화 정착이 가능하며, 인증마크 취득기업(기관)의 개인정보보호 우수사이트로서 홍보효과를 극대화할 수 있다.
- 정보보호 인증심사를 통하여 저비용으로 기업(기관) 내부의 시스템 보안 취약성 점검 및 종보보호 관리수준을 진단할 수 있어 고가의 컨설팅 비용을 절감할 수 있다.
- 해외마크와의 상호인정으로 국내 사업자의 해외 이용자 확충 및 시장 진출이 용이해질 수 있다.

4 | 모바일 전자상거래 사업자의 전자상거래 준수요령

모바일 전자상거래M-Commerce란 이동통신 단말기와 통신 네트워크를 이용해 각종 정보와 서비스뿐만 아니라 물품 및 서비스의 판매와 구입이 모바일 기기에서 이루어지는 새로운 전자상거래방식이다. 최근 태블릿 PC, 스마트폰, 휴대용 컴퓨터의 경량화 및 보급 확대에 따라 시간과 장소에 제약 없이 네트워크 접속이 가능해졌고, 특히 모바일 기기에 의한 접속량이 증가하면서 이를 사용하는 각종 모바일 서비스의 종류도 다양해졌다.

이동통신 단말기를 통한 상거래가 빠르게 성장하면서 소비자에게 발생할 수 있는 피해를 예방하고자 하는 목적으로 공정거래위원회는 '전자상거래법'에 따라 공정한 상거래를 행할 수 있도록 기존의 통신판매와 구별되는 엠커머스M-Commerce에 있어서 특히 유의해야 할 거래기준을 제시하고자 하였다. 이에 따라 2006년에 '공정한 엠커머스를 위한 사업자 가이드라인'을 제정·보급함으로써 휴대폰을 이용한 모바일쇼핑의 신뢰성을 강화하고자 하였다. 주요 내용은 ① 무선인터넷 포털사이트 운영자의 준수사항, ② 무선인터넷 사이버몰 운영자의 준수사항 등에 관한 것이다. 세부내용을 살펴보면, 사이버몰 운영자는 소비자의 단말기 조작실수 방지 및 청약 확인을 위한 절차를 마련해야 하고, 거래 종료 후 소비자가 거래기록을 열람·확인할 수 있도록 관련 장치를 구비해야 한다. 예를 들면, 소비자의 단말기 조작실수 방지 및 청약 확인을 위해 사이버몰 운영자는 결제화면으로 연결되기 전의 화면에서 청약한 상품이 소비자가 원하는 것인지를 물어 소비자의 일정한 입력을 통해 이를 확인하도록 하고 있다. 이외에도 청약확인을 위한 절

표 **9-2** PC기반 인터넷 쇼핑과 모바일 쇼핑의 비교

구분	PC 기반 인터넷 쇼핑	모바일 쇼핑
접속방법	PC를 통해 유선인터넷에 접속	모바일기기를 통해 무선인터넷에 접속
주요 특성	시간 제약 없음, 공간 제약 있음	시간, 공간 제약 없음
주이용 플랫폼	웹	애플리케이션, 웹
주요 업체	오픈마켓	소셜커머스
결제수단	신용카드, 계좌이체	모바일 소액결제, 신용카드, 계좌이체

자료: 김인숙(2014). 모바일 전자상거래와 소비자보호. 한국소비자원, 19.

표 9-3 모바일 전자상거래 사업자의 전자상거래 준수요령의 주요 내용

구분	내용
총칙	제정목적, 일반원칙, 용어의 정의

정보의 제공	• 사업자정보의 제공: 모바일 쇼핑몰 초기화면에 사업자정보를 모두 표시하거나 초기화면 버튼을 누르면 동일화면에서 추가정보제시, 또는 초기화면 버튼을 누르면 연결되는 다른 화면에 표시하는 방법 제시
	• 거래조건에 관한 정보 제공
	  – 재화에 관한 정보를 적절히 표시광고 또는 고지할 수 있는 방법 안내
	  – 사업자가 모바일 외에 다른 정보처리시스템을 이용하여 동일한 재화 등을 동일한 조건으로 판매하는 경우, 다른 정보처리시스템에서 제공하는 정보와 동일하게 표시·광고 또는 고지하도록 함
	  – 모바일에서만 적용되는 가격 및 할인율을 표시하는 경우, 할인율 산정의 기준이 되는 가격은 객관적으로 확인이 가능하도록 함
	• 미성년자와 거래 시 정보제공: 법정대리인이 계약에 동의하지 않으면 미성년자 본인도는 법정대리인이 계약을 취소할 수 있다는 내용을 계약 체결 전에 미성년자에게 고지하도록 함

구매 절차의 완결성	• 회원 탈퇴 및 소비자 관련 정보의 수정·삭제 등 • 청약의 철회 및 계약의 해지해제변경 등 • 결제 절차의 안전성 확보
소비자 민원의 처리	• 사업자는 소비자가 전화, 전자우편, 모바일 게시판, 모바일 메신저, 휴대전화 문자메시지 등을 통해 민원을 제기하도록 함 • 사업자는 소비자민원을 신속하게 처리하는 데 필요한 인력과 설비를 갖추어야 함

차, 미성년자와 거래 시 고지의무 등을 설명하고 있다.

또한 최근에는 시장의 급격한 변화에 따라 소비자권익을 침해하는 사례가 증가하면서 모바일 기기상의 특성으로 인하여 기존 '전자상거래법'에서의 제도와 법령으로는 피해예방과 구제를 하는 데 한계가 있다는 비판이 일어나면서 '(가칭)모바일 전자상거래 가이드라인' 마련의 필요성이 대두되었다(김인숙, 2014; 한국경제, 2014. 1. 13). 공정거래위원회는 2014년 6월에 모바일 쇼핑몰에서 상품정보 표시의 기준, 주문 및 취소메뉴 구비의무 등을 정하는 '모바일 전자상거래 사업자의 전자상거래 준수요령'을 마련하여 발표하였다(공정거래위원회 보도자료, 2014. 6. 13). 그 내용을 살펴보면 다음과 같다(표 9-3 참조).

5 | 소셜커머스 소비자보호 자율준수 가이드라인

소셜커머스라는 용어는 2005년 '야후'에 의해 처음 소개되었다. 트위터, 페이스북, 같은 소셜네트워크서비스SNS: Social Network Service를 활용하여 이루어지는 전자상거래의 일종으로서 일정 수 이상의 구매자가 모일 경우 파격적인 할인가로 상품을 제공하는 방식을 말한다. 소셜커머스는 크게 소셜링크형, 소셜웹형, 공동구매형, 오프라인 연동형 등의 4가지로 구분할 수 있으며, 2008년 그루폰이 설립된 이수 전세계적인 공동구매형 소셜커머스 붐이 일어났다. 현재 우리나라의 대표적인 소셜커머스는 티켓몬스터, 쿠팡, 위메이크프라이스 등이다.

소셜커머스는 소비자들이 SNS를 통하여 자발적으로 상품을 홍보하면서 구매자를 모으기 때문에 마케팅에 들어가는 비용이 거의 들지 않으며, 일부 사업자는 소셜커머스를 판매수단이 아니라 홍보·마케팅의 수단으로 이용하게 된다. 이와 같이 소셜커머스는 신제품 출시 홍보수단, 음식점 등 오프라인 서비스의 온라인화 촉진 등의 수단으로서 효과적인 기능을 한다. 반면에 할인율이 높은 소셜커머스의 특성상 할인율 과장광고, 사기 사이트로 인한 피해, 위조상품 판매, 판매수량 과대포장 등 역기능으로 인해 시장에서 소비자의 신뢰를 얻지 못하는 결과도 발생되고 있다.

공정거래위원회에서는 소셜커머스의 순기능적인 부분은 육성하면서, 소비자피해를 예방하고 소비자신뢰를 높이기 위하여 2012년 2월에 사업자의 자율적인 소비자보호를 위해 소셜커머스 가이드라인을 제정하였다. '소셜커머스 소비자보호 자율준수 가이드라인'의 목적은 소셜커머스 사업자가 전자상거래 또는 통신판매를 행함에 있어 '전자상거래법' 관련 법령 위반행위를 미연에 방지하고 소비자피해를 예방하는 등 소셜커머스 시장의 건전한 거래질서를 확립하기 위함이다(동법 제1장).

공정거래위원회는 '소셜커머스 소비자보호 자율준수 가이드라인'을 마련하고 5개의 소셜커머스 업체(소셜커머스는 티켓몬스터, 쿠팡, 위메이크프라이스, 그루폰, 쏘비)와 협약을 체결하였다. 또한 소셜커머스 방식의 영업을 도입·운영하는 인터넷쇼핑몰이 증가함에 따라 CJ오쇼핑, 신세계, GS홈쇼핑, 현대홈쇼핑 업체와의 협약도 체결하였다(공정거래위원회 뉴스, 2013. 3. 22). 회원사에게는 가이드라인의 준수 의무가 부과된다. '소셜커

표 9-4 소셜커머스 소비자보호 자율준수 가이드라인의 주요 내용

구분	내용
제1장 개요	제정목적, 준수의 선언적인 내용
제2장 소셜커머스 사업자 준수사항	전자상거래소비자보호법 준수사항(계약 체결 및 청약철회 관련 준수사항), 허위과장광고 관련 준수사항(가격 및 할인율 표시 관련 및 판매·광고페이지 표시 관련 준수사항), 서비스 이용 관련 준수사항(서비스 유효기간, 전자상거래소비자보호법상 청약철회 이외의 환불, 품질 관리 제고를 위한 준수사항), 소비자권익보호(신속한 소비자불만처리, 소비자보호교육 실시)
제3장 자율이행 점검	한국소비자원, 한국온라인쇼핑협회, 한국인터넷기업협회가 공동으로 매년 가이드라인을 준수 및 이행하는지 점검

머스 소비자보호 자율준수 가이드라인'은 총 3장으로 구성되어 있다(표 9-4 참조).

소셜커머스 등장 이후 공동구매 형태를 통한 가격 할인 등을 기반으로 급격히 성장해 왔으나, 할인율 과장, 위조상품 판매 등 소비자피해가 유발되는 행위가 발생하기 쉬운 점이 빈번하게 발생하는 등 가이드라인 운영과정의 문제점을 보완하기 위하여 2013년 9월에 가이드라인 개정을 하였다. 개정의 주요 내용은 다음과 같다(공정거래위원회 보도자료, 2013. 9. 25).

* 가격 또는 할인율 산정의 기준 및 표시방법 구체화
* 구매자 수나 판매량의 과장·조작 금지
* 위조상품 예방을 위한 사전검수 및 확인 절차 구체화
* 미사용·쿠폰 70% 환불제의 예외조항 및 표시사항 마련
* 고객불만 응대·처리시간 단축 및 고객센터CS 응답률 기준 상향

가이드라인의 운영을 통하여 얻을 수 있는 기대효과는 2가지로 정리할 수 있다. ① 정보의 신뢰성을 제고하고 미사용 쿠폰 환불제적용 대상을 합리적으로 개선하여 소비자의 신뢰를 높이고, 사업자들이 가이드라인을 자율적으로 준수하도록 함으로로써 급격히 성장하고 있는 소셜커머스 시장의 건전한 발전에 기여할 것으로 기대된다. ② 소셜커머스 판매방식을 사용하는 협약을 체결하지 않은 다른 업체들에게도 자율적인 가이드

라인 준수문화가 확산될 것으로 기대된다(공정거래위원회 보도자료, 2013. 9. 25).

6 | 해외직접구매 이용자 가이드라인

국내보다 저렴한 가격에 다양한 제품을 구입할 수 있다는 장점으로 인하여 해외직접구매(이하 '해외직구'라고 함) 이용자가 지속적으로 증가하고 있다. 관세청에 따르면 해외직구는 2012년 약 7,072억 원(794만 4,000건) 규모에서 2013년에는 약 1조 400억 원(1,115만9,000건) 규모로 확대되었다. 이와 같이 시장 규모가 급속하게 커지면서 소비자불만·피해도 점차 증가하고 있다. 이에 소비자원에서는 2014년 8월에 소비자들이 쉽고 안전하게 거래할 수 있도록 '해외직구 이용자 가이드라인'을 마련하였다. 가이드라인은 해외직구 유형 선택하기, 해외직구 전 반드시 점검해야 할 사항, 해외직구 소비자피해예방 팁, 그리고 해외직구 할인 이벤트정보로 구성되어 있다.

(1) 해외직구 유형

온라인 해외직구는 직접배송과 배송대행, 구매대행 등 3가지 유형으로 나누어진다. 직접배송이 증가하고는 있으나, 소형 전문몰은 자국 내 배송만 하는 경우가 많으므로 배송대행 또는 구매대행을 이용하게 된다. 해외직구 유형별 장단점을 비교해 보면 표 9-5와 같다. 이

표 **9-5** 해외직구 유형별 장단점

유형	장점	단점
직접배송	• 무료배송이 된다면 가장 저렴 (수수료 등이 절감)	• 피해 발생 시 해결이 어려움 (국내법 적용 안 됨) • 국제배송비가 비싼 경우가 많음
배송대행	• 국내로 직접 배송되지 않는 제품도 구입이 가능 • 배대지(배송대행지)에서 검수·검품서비스가 있어 직접배송보다 교환 또는 반품이 용이	• 제품 종류, 배대지(배송대행지), 배송 대행업체 별로 수수료 책정기준이 달라 비교가 필요함
구매대행	• 복잡한 해외직구를 비교적 편리하게 이용 가능	• 수수료가 가장 비싼 편 • 반품수수료, 조건이 업체별로 다름 (과다한 반품수수료 주의)

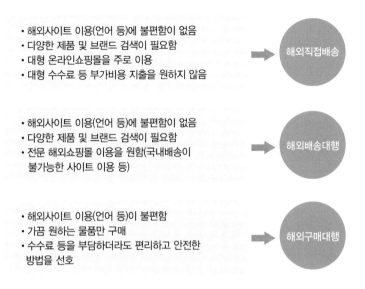

- 해외사이트 이용(언어 등)에 불편함이 없음
- 다양한 제품 및 브랜드 검색이 필요함
- 대형 온라인쇼핑몰을 주로 이용
- 대형 수수료 등 부가비용 지출을 원하지 않음

해외직접배송

- 해외사이트 이용(언어 등)에 불편함이 없음
- 다양한 제품 및 브랜드 검색이 필요함
- 전문 해외쇼핑몰 이용을 원함(국내배송이 불가능한 사이트 이용 등)

해외배송대행

- 해외사이트 이용(언어 등)이 불편함
- 가끔 원하는 물품만 구매
- 수수료 등을 부담하더라도 편리하고 안전한 방법을 선호

해외구매대행

그림 9-2 소비자패턴에 맞는 해외직구 유형 선택
자료: 한국소비자원(2014. 8), 해외직구 이용자 가이드라인 1.

러한 장단점을 고려하여 해외직구를 이용하고자 하는 소비자는 자신의 상황에 따라 가장 적절한 유형을 선택하여 구입을 하는 것이 바람직하다. 한국소비자원에서는 소비자 개인별 상황에 따른 해외직구 유형 선택방법을 그림 9-2와 같이 제안하고 있다.

(2) 해외직구 전 필수 점검사항

해외직구 전에 구매가능 품목인지 여부와 결제수단을 반드시 점검해야 한다. 구매가능 품목과 관련해서는 ① 무엇보다도 먼저 해외직구가 가능한 품목인지를 확인해야 한다. 국내수입이 금지된 성분이 포함된 제품은 통관이 불가능하며, 수수료만 발생하고 물건은 받지 못하게 되므로 사전에 금지품목 여부를 확인해야 한다. ② 해외제품의 특성을 파악한다. 예를 들면, 전자제품의 경우 사용 전압 및 주파수 등 규격과 사이즈를 확인하는 것이 필요하다. ③ 제품의 통관 조건 및 그에 따른 관세기준을 확인한다. 관세청 '국제우편물 예상세액 조회 서비스'에서 제시하고 있는 기준을 참고하여 살펴보는 것이 바람직하다. ④ 지속적인 AS가 필요한 고가품은 신중하게 구입한다. 동일제품이라도 공식수입제품과 품질보증, 고객서비스에 차이가 있을 수 있으므로 월드 워런티_{World Warranty} 유무 확인이 필요하다.

결제수단과 관련해서는 다음의 측면에서 유의해야 한다. 결제수단으로는 해외결제가 가능한 신용카드, 체크카드, 결제대행 등이 있으나, 반품취소 시 지급정지를 요청할 수 있는 신용카드를 이용하는 것이 가장 유리하다. 특히 현금거래를 유도하는 경우에는 사기 등 문제 발생 시 피해보상을 받기가 어렵다. 또한 신용카드 결제 후에도 문제 발생에 대비하여 구매 및 결제내역에 대한 증빙자료를 남겨 두는 것이 필요하다.

(3) 해외직구 유형별 소비자피해예방 팁

'해외직구 이용자 가이드라인'에서는 소비자피해 예방을 위한 팁_{tip}을 다음과 같이 제시하고 있다.

① 해외직접배송을 이용한 해외직구
- 해외 유명브랜드 제품을 지나치게 저렴한 가격으로 판매하는 곳이나, 잘 알려지지 않은 해외 온라인쇼핑몰의 이용을 자제한다.
- 가급적 대형의 유명한 인터넷쇼핑몰을 이용하여 구매한다.
- 피해보상제도 및 교환·환불조건이 국내와 다르므로 사전에 확인하고 구매한다.

② 배송대행업체를 이용한 해외직구
- 구매할 제품에 적합한 배송대행지를 선택한다. 동일 국가 안이라도 지역에 따라 세금 기준이 다르므로 구매할 제품의 부피, 무게, 세금 및 서비스 등의 조건 여부를 꼼꼼히 따져 본 후 업체를 선택한다.
- 운송 중 사고로 인한 제품 누락, 파손 또는 분실 등과 관련하여 분쟁이 발생할 수 있으므로, 사전에 배송조건과 보상내용을 확인하고 이용한다.

③ 구매대행업체를 이용한 해외직구
- 해외배송 등을 이유로 주문 취소, 반품, 환불이 되지 않는다고 안내하는 경우가 많

이 있으나 국내 소재의 구매대행은 국내법이 적용된다(7일 이내 청약철회 가능 등).

* 홈페이지에 게재된 교환 및 반품, 환불규정을 사전에 고지하고 있는지 여부와 구매 당시의 배송비용과 차이가 있는지 등을 꼼꼼히 확인한다.

* 인터넷쇼핑몰 사업자 신고 여부 및 에스크로제도 또는 소비자피해보상보험 가입 여부를 확인하고 가급적 신용카드 할부결제를 이용한다.

④ 해외직구 피해 예방 팁(공통)

* 옷, 신발 등은 국내사이즈와 다를 수 있으므로 꼼꼼히 비교하여 구매를 결정한다.

* 결제 시 계좌 송금(현금)을 요구하는 경우, 사기 피해 가능성이 있으므로 이용을 자제한다.

* 결제 시 화폐단위를 확인하여 원화$_{KRW}$로 되어 있다면 미국 달러$_{USD}$로 변경한다. 이렇게 하면 이중환전으로 인해 현지 통화로 결제할 때보다 높은 환율로 청구되는 것을 방지할 수 있다.

* 제품 수령 후, 박스포장상태가 불량한 경우 개봉 전·후상태를 촬영하여 오·배송 또는 파손 등에 대비한다.

스스로 찾아보기

1. 우리나라에서 운영되는 우수한 소셜커머스 운영 쇼핑몰을 찾아보고, 같은 유형의 다른 쇼핑몰과 비교하여 장단점을 살펴보자.

2. 다른 나라의 인터넷사이트 안전마크제도에 관하여 알아보자.

할부거래에
관한 법률

할부거래는 계약과 동시에 구매한 재화 등을 소비자가 사용하면서 대금을 일정 기간 나누어 지급하는 경우(후불식)와 먼저 재화 등의 대금을 일정 기간 나누어 지급하고 필요할 때 재화 등을 공급받는 경우(선불식)로 구분할 수 있다. 대부분의 재화가 후불식으로 할부거래가 이루어지는 반면, 상조서비스는 선불식 할부거래의 대표적인 상품이라고 할 수 있다.

할부거래는 소비자에게 충동구매를 할 수 있는 여지를 많이 준다. 예를 들면, 100만 원짜리 냉장고를 구매하려는 소비자가 심리적으로 비싸서 구매하기를 주저할 때, 판매자는 10개월 할부로 구입할 수 있다는 조건을 내세워 한 달에 10만 원, 아니, 하루에 담배 한 갑 내지 커피 한 잔 값에 불과한 3,300원만 아끼면 살 수 있다는 식으로 소비자가 쉽게 구매의사 결정을 하도록 유도하는 경우가 많다. 이외에도 할부거래와 관련해서 소비자를 보호해야 할 여러 필요성에서 1991년 '할부거래에 관한 법률'이 제정되었다. 그러나 한편으로는 할부거래가 당장 목돈이 없으나 꼭 필요한 물건을 구입해야 하는 경우, 소비자가 요긴하게 이용할 수 있는 거래방법이기도 하다.

1. 할부거래 주요 개념과 적용범위(동법 제2조)

1 | 주요 개념

(1) 할부거래

할부거래란 할부계약에 의한 거래이고, '할부거래업자'는 할부계약에 의한 재화 등의 공급을 업으로 하는 자이다. 그리고 '할부계약'이란 재화 등의 대금에 관해 대금을 분할하여 납부하기로 한 계약으로 '할부거래에 관한 법률(이하 '할부거래법'이라고 함)'에서는 '직접할부계약'과 '간접할부계약'의 2가지로 구분한다.

(2) 직접할부계약

소비자가 할부거래업자에게 재화 등의 대금을 2개월 이상의 기간에 걸쳐 3회 이상 나누어 지급하고, 재화 등의 대금을 완납하기 전에 재화 등의 공급을 받기로 하는 계약이다.

(3) 간접할부계약

소비자가 신용제공자(신용카드사, 할부금융사 등)에게 재화 등의 대금을 2개월 이상에 걸쳐 3회 이상 나누어 지급하고, 재화 등의 대금을 완납하기 전에 사업자로부터 재화 등의 공급을 받기로 하는 계약을 의미한다. 이 계약형태는 소비자가 자신의 신용카드를 이용하여 할부로 재화 등을 구입하고 대금을 나누어 지불하는 형태라고 생각하면 된다. 예를 들어 소비자가 자신의 신용카드로 냉장고를 10개월 할부로 구매하면 신용카드사는 냉장고 대금을 할부거래업자(판매자)에게 소비자를 대신하여 일시불로 지불하고, 소비자에게는 10개월 동안 매월 결제일에 대금을 나누어 청구하여 받는다. 특히 소비자가 자동차와 같이 고가의 재화 등을 할부로 구매할 경우, 할부금융사가 신용제공자가 되는 경우가 일반적이다. 즉, 소비자가 할부로 자동차를 구매하면, 할부금융사는 자동차 판매자에게 소비자를 대신하여 자동차 대금을 일시불로 지불하고, 할부기간 동안 매월 소비자로부터 할부금을 받는다. 이는 마치 소비자가 할부금융사로부터 자동차 구매대금을 빌려서 자동차 판매자에게 자동차 대금을 지불하고 할부기간 동안 할부금융사에게 자동차 대금과 할부수수료(이자와 동일한 개념)를 나누어 지불하는 형태라고 이해하면 될 것이다.

(4) 선불식 할부거래

선불식 할부거래란 선불식 할부계약에 의한 거래이고, '선불식 할부거래업자란' 선불식 할부계약에 의한 재화 등의 공급을 업으로 하는 자를 의미한다. 그리고 '선불식 할부계약'이란 소비자가 선불식 할부거래업자로부터 할부거래법에서 정한 재화 등의 대금을 2개월 이상의 기간에 걸쳐 2회 이상 나누어 지급함과 동시에 또는 지급한 후에 계획하지 않은 시점에서 재화 등의 공급을 받기로 하는 계약을 의미한다. 현재 시행령에서 구체화하고 있지 않아 장례나 혼례에 한정하고 있다.

예를 들어 상조사업자가 계약금을 받은 후 잔금은 상조서비스 제공 시 일시불로 받는 계약을 체결한 경우 총 2회 대금을 받음과 동시에 재화 등을 공급하였기 때문에 선불식 할부거래에 해당된다. 그러나 동일한 경우라도 여행 또는 유학 관련 서비스의 경우는 장례 및 혼례를 위한 것이 아니기 때문에 선불식 할부거래에 해당되지 않는다. 아울러 이미 날짜가 정해진 혼례에 대한 서비스 제공계약을 체결하고 계약금을 받은 후 잔금은 상조서비스 제공 시 일시불로 받기로 한 경우도, 제공시기가 확정되어 있으므로 선불식 할부계약에 해당되지 않는다.

2 | 할부거래법의 적용 제외 범위

장례나 혼례 등 선불식 할부거래가 아닌 일반 할부거래의 경우, 할부거래법은 상품의 대금을 2개월 이상의 기간에 걸쳐 3회 이상 나누어 지급하여 대금을 완납하기 전 혹은 후에 상품을 인도받기로 하는 계약으로 동산 및 용역의 경우에만 적용된다. 할부거래법이 적용되지 않는 경우는 다음과 같으며, 이 경우 할부거래법으로 보호받을 수 없다.

- 할부기간이 2월 미만이거나 할부횟수가 3회 미만인 경우
- 부동산인 경우
- 성질상 거래질서에 혼란이 발생할 수 있는 것으로 다음의 경우 할부거래법 적용을 받지 않음(시행령 제4조)
  - 농·수·축·임·광산물로서 통계법 규정에 의하여 작성한 한국산업분류표상의 제조업에 따라 제조되지 아니한 것
  - 약사법 제2조제4항의 규정에 의한 의약품
  - 보험업법에 의한 보험
  - 증권거래법 제2조 제1항의 규정에 의한 유가증권

생각하는 소비자 10-1

할부거래 관련 사례

사례 1 신용카드 3개월 무이자 할부행사가 있어 3개월 무이자로 결제했는데 돈이 생겨서 1개월 만에 선결제를 해서 완납하였다. 이 경우도 할부거래에 해당될까?

→ 할부거래인지 아닌지를 판단하려면 계약 체결 당시에 소비자와 사업자가 어떤 방식으로 계약했는지를 살펴보아야 한다. 애초에 계약을 체결할 때 '소비자가 재화 또는 용역에 대한 대가를 2개월 이상의 기간에 걸쳐 3회 이상 분할해서 지급하고, 그 대금을 완납하기 전에 재화 등을 받기로' 했다면 이는 할부거래에 해당된다.

사례 2 가전제품매장에서 텔레비전을 구입하면서 물품대금 38만 9,000원을 신용카드로 2회 분할납부 조건으로 결제한 경우 할부거래에 해당될까?

→ 할부기간이 2개월 미만이거나 할부횟수가 3회 미만인 할부계약은 법의 적용대상에서 제외되므로 할부거래에 해당되지 않는다.

사례 3 병원에서 질병 진단을 받고 약국에서 의약품을 구입하면서 23만 원을 신용카드로 5개월 할부결제한 경우는 할부거래에 해당할까?

→ 의약품은 법 적용제외 대상 목적물에 해당되어 할부거래에 해당되지 않는다(동법 제3조제2항 및 시행령 제4조제2호).

자료: 한국소비자원(2014). 할부거래에 관한 법률. 소비자상담·피해구제 매뉴얼.

－ 자본시장과 금융투자업에 관한 법률 제4조에 따른 증권 및 같은 법 제336조제1항
제1호에 따른 어음
* 상행위를 목적으로 하는 경우

소비자의 이익을 보호하기 위한 것이므로 소비자가 상행위를 목적으로 할부계약을 체
결하는 경우는 할부거래법으로부터 보호를 받을 수 없다. 여기서 상행위란 실질적으로
영리를 위한 행위를 말하며, 비록 상인이라 할지라도 영리가 목적이 아닌 소비만을 목적
으로 할부계약을 할 수 있다.

2. 다른 법률과의 관계(동법 제4조)

할부거래 및 선불식 할부거래에서의 소비자보호와 관련하여 할부거래법과 다른 법률이
경합하여 적용되는 경우에는 할부거래법을 우선하여 적용한다. 다만, 다른 법률을 적용
하는 것이 소비자에게 유리한 경우에는 그 법률을 적용한다. 예를 들어 소비자가 스포
츠센터이용권을 10개월 할부로 구입하거나 피부미용실을 정기적으로 다니면서 대금을 5
개월 할부로 지급하는 경우 방문판매법상 계속거래에도 해당되고 할부거래법에도 해당
된다. 따라서 이 경우, 우선 할부거래법을 적용하되 방문판매법의 계속거래를 적용하여
소비자에게 유리하면 이를 적용할 수 있다.

3. 할부거래

1 | 할부거래업자의 의무

(1) 표시의무(계약 체결 전의 정보 제공 의무, 동법 제5조, 시행규칙 제2조)

소비자의 충동구매를 막고 합리적인 선택을 할 수 있도록 하기 위해 할부거래업자가 계약을 체결하기 전에 소비자에게 할부거래의 내용과 거래조건 등에 관한 자세한 정보를 제공하도록 하고 있다. 즉, 할부거래업자는 할부계약을 체결하기 전에 다음의 사항을 표시해서 그 내용을 사업소에 게시하거나 소비자에게 서면으로 제시하는 방법으로 소비자에게 알릴 의무가 있다.

* 재화 등의 종류 및 내용
* 현금가격
* 할부가격
* 각 할부금의 금액·지급횟수 및 지급시기
* 할부수수료의 실제연간요율: 할부수수료율의 최고 한도는 이자제한법에서 정한 이자의 최고한도의 범위에서 대통령령으로 정하도록 되어 있으며, 현재 할부수수료율의 최고한도는 연 100분의 30(연 30%)으로 되어 있음(시행령 제5조)
* 계약금: 최초지급금·선수금 등 명칭이 무엇이든 할부계약을 체결할 때에 소비자가 할부거래업자에게 지급하는 금액
* 지연손해금 산정 시 적용하는 비율(동법 제12조제1항)

다만, 신용카드로 할부거래를 하는 간접할부계약의 경우에는 위 표시사항 중 할부가격, 각 할부금의 금액·지급횟수 및 지급시기, 계약금, 지연손해금 산정 시 적용하는 비율에 관한 사항을 표시하지 않을 수 있다. 이를 위반해서 할부거래의 표시를 하지 않거나 거짓으로 표시하면 500만 원 이하의 과태료가 부과된다(동법 제53조제4항제1호).

소비자가 할부계약을 통하여 신용카드로 재화 등의 대금을 지급하였을 때, 소비자는 할부기간 동안 원금을 매월 동일하게 나누어 지불하게 되며, 이에 따른 할부수수료(일종의 이자)를 함께 지불하게 된다. 예를 들어 신용카드를 이용하여 50만 원짜리 가전제품을 5개월 할부로 구입하였다고 가정할 경우, 그리고 소비자가 사용한 신용카드의 할부수수료율이 연 12%(월 1%)인 경우, 매월 소비자가 지불해야 할 금액은 다음과 같이 계산된다.

첫 달의 할부금(매월 지불해야 하는 돈)은 50만 원을 5개월로 나눈 원금 10만 원과 할부수수료인 50만 원의 1%(할부수수료율 연 12%는 월 1%에 해당)인 5,000원을 합하여 10만 5,000원을 지불한다. 둘째 달의 할부금은 원금 10만 원과 40만 원에 대한(첫 달에 10만 원을 갚음) 1%인 4,000원을 합하여 10만 4,000원을 지불한다. 이런 식으로 할부기간 5개월간 할부금을 지불하였을 경우, 할부가격은 현금가격에 할부수수료 총액을 합한 금액이 된다.

(단위: 원)

월	원금 (A)	할부수수료 (B)	할부금 (A + B)
1	100,000	500,000 × 1% = 5,000	105,000
2	100,000	400,000 × 1% = 4,000	104000
3	100,000	300,000 × 1% = 3,000	103,000
4	100,000	200,000 × 1% = 2,000	102,000
5	100,000	100,000 × 1% = 1,000	101,000
계	500,000 → 현금가격	115,000 → 총 할부수수료	515,000 → 할부가격

(2) 약관의 명시·교부·설명의무

할부거래가 약관에 의하여 행해지는 경우 할부거래업자는 할부계약내용의 표시의무 외에도, 그 약관의 내용을 분명하게 밝히고, 고객이 요구할 경우 그 약관의 사본을 소비자에게 교부하여 소비자가 약관의 내용을 알 수 있도록 해야 한다(약관규제법 제3조).

계약 체결 후에는 해당 계약서를 소비자에게 교부해야 한다. 다만 간접할부계약의 경우, 소비자의 동의를 받아 팩스나 전자문서로 소비자에게 계약서를 보낼 수 있으며, 계약서의 내용 혹은 도달에 다툼이 있으면 할부거래업자가 이를 증명해야 한다.

(3) 할부계약의 서면주의와 계약서교부의무(동법 제6조제1항, 제2항)

할부거래업자는 다음 사항을 적은 서면(전자문서 포함)으로 할부계약을 체결해야 한다.

다만 소비자가 신용카드로 결제(간접할부계약)를 할 경우, 할부가격, 각 할부금의 지급시기, 지연손해금 산정 시 적용하는 비율의 사항은 기재하지 않아도 된다.

- 할부거래업자·소비자 및 신용제공자의 성명과 주소
- 재화 등의 종류·내용 및 재화 등의 공급 시기
- 현금가격
- 할부가격(신용카드 결제의 경우는 미기재 가능)
- 각 할부금의 금액·지급횟수·지급기간 및 지급 시기(신용카드 결제의 경우는 지급 시기 미기재 가능)
- 할부수수료의 실제 연간요율
- 계약금
- 재화의 소유권 유보에 관한 사항
- 소비자의 청약철회권의 기한·행사방법·효과에 관한 사항(동법 제8조)
- 할부거래업자의 할부계약의 해제에 관한 사항(동법 제11조제1항)
- 지연손해금 산정 시 적용하는 비율(동법 제12조제1항, 신용카드 결제의 경우는 미기재 가능)
- 소비자의 기한의 이익 상실에 관한 사항(동법 제13조)
- 소비자의 항변권과 그 행사방법에 관한 사항(동법 제16조)

할부거래업자는 계약 체결 후 소비자에게 계약서를 발급해 주어야 한다. 다만, 간접할부계약(신용카드로 할부대금을 결제한 경우)의 경우, 소비자의 동의를 받아 계약서를 팩스나 전자문서로 소비자에게 계약서를 보낼 수 있으며, 계약서 내용 혹은 도달에 다툼이 있으면 할부거래업자가 이를 증명해야 한다.

신용제공자는 위에서 명시한 할부계약서(동법 제6조 제1항)의 기재사항 중 할부가격, 각 할부금의 금액·지급횟수·지급기간 및 지급시기, 할부수수료의 실제연간요율, 청약철회의 기한·행사방법·효과에 관한 사항, 지연손해금 산정 시 적용하는 비율, 소비자의 기한의 이익 상실에 관한 사항, 소비자의 항변권과 행사방법에 관한 사항을 적은 서면을

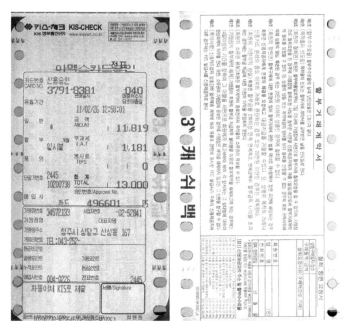

그림 **10-1** 신용카드 영수증

발급해야 한다.

그림 10-1은 신용카드 영수증 앞뒤의 내용이다. 신용카드 뒤의 내용을 살펴보면 '할부거래계약서'가 이미 인쇄되어 있다. 이는 대부분 신용카드를 이용하여 할부거래를 하기 때문에 거래 시마다 계약서를 작성하는 번거로움을 피하기 위해서이다. 따라서 신용카드로 할부거래를 할 경우 신용카드 영수증이 계약서의 역할을 한다.

위에서 설명한 할부계약서의 기재사항의 요건을 갖추지 못하거나 그 내용이 불확실한 경우, 그리고 소비자와 할부거래업자 간의 특약이 없으면 그 계약내용은 어떠한 경우에도 소비자에게 불리하게 해석하는 것을 금지하고 있다. 그리고 법을 위반해서 계약서에 기재사항을 모두 적지 않거나 거짓 사실을 적은 계약서를 교부하거나, 계약 체결 후 계약서를 교부하지 않으면 500만 원 이하의 과태료가 부과된다(동법 제53조제4항제2호, 제3호).

2 │ 청약의 철회(동법 제8조)

할부거래법은 거래의 안정은 다소 희생시키더라도 충동구매나 비합리적인 구매 결정으로부터 소비자를 보호하기 위하여 소비자에게 청약을 철회할 수 있는 권리를 부여하고 있다. 즉, 소비자가 구매를 하였더라도 구매 결정이 충동적이었다고 판단되면 구매한 상품을 판매자에게 되돌려 주고, 지불한 대금을 판매자로부터 되돌려 받을 수 있는 기회를 제공하는 것이 청약철회이다.

(1) 청약철회기간

소비자는 다음의 기간(거래 당사자가 더 긴 기간으로 약정한 경우에는 그 기간) 내에 할부거래에 관한 청약을 철회할 수 있다(동법 제8조제1항). 그리고 계약서의 발급사실과 그 시기, 재화 등의 공급 사실과 그 시기에 관해서 다툼이 있는 경우에는 할부거래업자가 이를 입증해야 한다.

* 계약서를 받은 날부터 7일이며, 계약서를 받는 날보다 재화 등의 공급이 늦게 이루어진 경우, 재화 등을 공급받은 날부터 7일 이내이다.
* 다음 어느 하나에 해당하는 경우, 할부거래업자의 주소를 안 날 또는 알 수 있었던 날 등 청약을 철회할 수 있는 날부터 7일 이내이다.
    - 계약서를 받지 않은 경우
    - 할부거래업자의 주소 등이 적혀 있지 않은 계약서를 받은 경우
    - 할부거래업자의 주소 변경 등의 사유로 청약을 철회할 수 없는 경우
* 계약서에 청약의 철회에 관한 사항이 적혀 있지 않은 경우, 청약을 철회할 수 있음을 안 날 또는 알 수 있었던 날부터 7일 이내이다.
* 할부거래업자가 청약의 철회를 방해한 경우, 그 방해행위가 종료된 날부터 7일 이내이다.
* 청약철회기간은 방문판매의 경우와 동일하게 첫날은 산입하지 않고 그 다음날부터 계산하여 7일째가 되는 날까지 청약철회가 이루어지면 된다. 다만 청약철회기간 마지막 날이 공휴일인 경우, 그다음 영업일까지로 한다.

(2) 청약철회의 제한(동법 제8조제2항)

소비자가 할부거래를 하였더라도 모든 경우 청약철회를 할 수 있는 것이 아니다. 다음의
경우는 청약철회가 제한된다.

- **제한 사항 1** 소비자에게 책임 있는 사유로 재화 등이 멸실되거나 훼손된 경우. 다만
  재화 등의 내용을 확인하기 위하여 포장 등을 훼손한 경우는 제외함
- **제한 사항 2** 소비자의 사용 또는 소비에 의해서 그 가치가 현저히 낮아질 우려가 있
  는 다음의 재화 등을 사용 또는 소비한 경우
  - 선박법에 따른 선박
  - 항공법에 따른 항공기
  - 철도사업법 및 도시철도법에 따른 궤도를 운행하는 차량
  - 건설기계관리법에 따른 건설기계
  - 자동차관리법에 따른 자동차
  - 설치에 전문인력 및 부속자재 등이 요구되는 것으로서, 냉동기, 전기냉방기, 보일러
    등의 재화를 설치하는 경우
- **제한 사항 3** 시간이 지남으로써 다시 판매하기 어려울 정도로 재화 등의 가치가 현저
  히 낮아진 경우
- **제한 사항 4** 복제할 수 있는 재화(음반, CD, 게임 등)의 포장을 훼손한 경우
- **제한 사항 5** 할부가격이 10만 원 미만인 할부계약(단, 신용카드를 사용해서 할부거래
  를 하는 경우에는 할부가격이 20만 원 미만의 할부계약인 경우)
- **제한 사항 6** 소비자의 주문에 따라 개별적으로 제조되는 재화 등의 공급을 목적으로
  하는 할부계약

청약철회 제한 사항 1~4까지의 규정에 따라 청약을 철회할 수 없는 재화 등에 대해서
는 그 사실을 재화 등의 포장이나 그 밖의 소비자가 쉽게 알 수 있는 곳에 분명하게 표
시하거나 시용상품을 제공하는 등의 방법으로 소비자가 청약철회에 방해받지 않도록
조치해야 한다(동법 제8조제6항). 만일, 해당 재화 등이 청약철회 제한 사유에 해당하는

지 여부에 관해 다툼이 있는 경우에는 할부거래업자가 이를 입증해야 한다(동법 제8조 제5항).

(3) 청약철회 행사방법

① 직접할부계약의 경우
청약철회권를 행사하려면 소비자는 청약철회권의 행사기간 내에 할부거래업자(판매자)에게 청약을 철회하는 의사표시가 적힌 서면을 발송해야 하며, 청약철회 요청서의 양식은 할부거래계약서의 양식(그림 10-1 참조) 혹은 방문판매법에서 제시한 양식을 이용하여 작성한다(표 8-1 참조). 청약철회요청서는 방문판매법에서 설명한 내용증명우편을 이용하여 발송한다.

② 간접할부계약의 경우
소비자가 신용카드를 이용하여 할부결재를 한 경우(간접할부계약의 경우), 청약철회요청서를 판매자뿐 아니라, 신용카드사에도 내용증명우편으로 보내야 한다. 그래야만 신용카드사에서 소비자에게 할부금 지급을 청구하더라도 소비자가 이를 거절할 수 있다. 그러나 다음 어느 하나에 해당하는 경우에는 소비자가 그 서면을 발송하지 않은 경우라도 신용제공자의 할부금 지급 청구를 거절할 수 있다(동법 제9조제2항).

* 신용제공자(신용카드사)가 청약철회기간 이내에 할부거래업자에게 재화 등의 대금을 지급한 경우
* 신용제공자(신용카드사)가 할부거래업자(판매자)로부터 소비자 청약철회에 따른 할부금청구의 중지 또는 취소를 요청받은 경우

(4) 청약철회의 효과(동법 제10조)
청약철회효과는 청약철회요청서를 발송한 날, 즉 우체국 소인이 찍힌 날부터 발생한다.

신용카드 거래구조

할부거래는 일반적으로 신용카드로 결제를 하기 때문에 신용카드 거래구조를 잘 이해하는 것이 중요하다. 신용카드 거래구조는 기본적으로 소비자, 신용카드사, 판매자 사이의 거래로 이루어지며 이에 대한 이해는 할부거래를 위해 소비자가 반드시 알아 두어야 할 사항이다. 지금부터 다음 그림과 함께 신용카드의 거래구조를 이해해 보자.

- 첫째, 신용카드사는 소비자에 대하여 신용상태를 심사한 후 카드를 발급한다.
- 둘째, 소비자는 미리 신용카드사와 계약을 맺은 판매점(이를 '가맹점'이라고 함)에서 카드를 제시하고 재화 등을 구매하고, 매출전표에 서명한다.
- 셋째, 판매자는 카드 뒷면에 있는 소비자의 서명과 매출전표의 서명이 일치하는지 여부로 소비자가 카드 소유자인지를 확인한 후 재화 등을 제공한다.
- 넷째, 판매자는 정해진 기간 내에 매출 전표를 신용카드사에게 제출하여 대금을 청구한다.
- 다섯째, 신용카드사는 판매자가 보내온 판매대금에서 미리 약정된 일정한 수수료를 공제한 후 나머지 금액을 판매자에게 지불한다. 신용카드사는 소비자를 대신하여 판매자에게 재화 등의 대금을 지불할 의무를 지니며, 이는 신용카드사가 소비자의 신용을 보증하였기 때문이다. 특히 소비자가 할부로 구입한 상품이라도 판매자는 그 대금을 카드회사로부터 일시불로 지급받는다는 사실을 알아 둘 필요가 있다.
- 여섯째, 신용카드사는 결제일에 소비자가 한 달 동안 사용한 카드대금을 청구한다.
- 일곱째, 소비자는 결제일에 신용카드사에 구매대금을 지불한다.

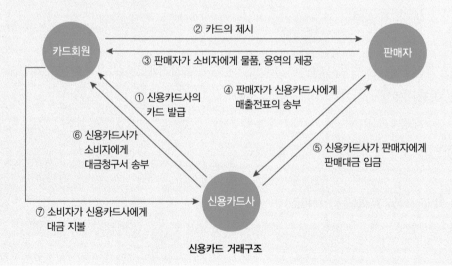

신용카드 거래구조

① 원상회복의무

소비자는 청약철회요청서를 할부거래업자에게 보낸 후, 이미 제공받은 재화 등을 반환해야 한다. 그리고 이와 동시에 할부거래업자(판매자)는 다음 어느 하나에 해당하는 영업일 이내에 이미 받은 계약금 및 할부금을 소비자에게 반환해야 한다.

* 재화를 공급한 경우에는 재화를 반환받은 날부터 3영업일
* 용역을 제공한 경우에는 청약철회요청서를 수령한 날부터 3영업일

할부거래업자가 소비자에게 재화 등의 계약금 및 할부금의 환급을 지연한 때에는 그 지연기간에 따른 지연배상금(계약금 및 할부금 × 연 100분의 20)을 함께 환급해야 한다. 이를 위반해서 계약금, 할부금 또는 지연배상금을 환급하지 않거나 환급에 필요한 조치를 취하지 않으면 500만 원 이하의 과태료가 부과된다.

② 제공된 용역에 대한 반환의 제한

청약철회권을 행사하기 전에 이미 용역(예: 교육서비스 혹은 마사지서비스 등)이 제공되었다면 할부거래업자는 소비자에게 이미 제공된 용역과 동일한 용역의 반환을 청구할 수 없다. 이는 일반 재화의 경우와 다르게 용역의 경우, 그 특성상 반환이 어렵기 때문이다. 그러나 할부거래업자는 소비자가 청약철회를 하였는데 이미 재화 등이 사용되었거나 일부 소비된 경우, 그 재화 등을 사용하거나 일부 소비해서 소비자가 얻은 이익 또는 할부거래업자가 그 재화 등의 공급에 든 비용에 상당하는 금액을 소비자에게 청구할 수 있다. 그럼에도 불구하고 이 비용은 다음의 범위를 넘지 못한다.

* 재화 등의 사용으로 소모성 부품을 재판매하기 곤란하거나 재판매가격이 현저히 하락하는 경우, 해당 소모성 부품을 공급하는 데에 든 금액
* 여러 개의 가분물(可分物)로 구성된 재화 등의 경우, 소비자의 일부 소비로 소비된 부분을 공급하는 데에 든 금액

③ 재화 등 반환비용의 부담

원상회복의무에 따라 소비자가 재화 등을 반환하는 데 필요한 비용은 할부거래업자가 부담한다. 그리고 할부거래업자는 소비자에게 청약철회를 이유로 위약금 또는 손해배상을 청구할 수 없다.

④ 신용제공자에 대한 할부금 청구 중지 또는 취소 요청

소비자가 신용카드로 할부거래 결제를 한 경우(간접할부계약인 경우), 할부거래업자는

생각하는 소비자 10-3

할부거래 청약철회 사례

사례 1 소비자는 피부관리실에서 개업 10주년 기념으로 50% 할인된 금액에 서비스를 제공해 준다고 하여 200만 원을 신용카드로 10개월 할부결제하였으며 당시 계약 당시 할인된 가격이기 때문에 환불은 안 된다는 설명을 들었다. 3일 후 사정이 생겨서 계약을 취소하고 싶은데, 청약철회가 가능할까?

→ 청약철회 가능: 계약서를 받았다면 교부받은 날부터 7일 이내에, 계약서를 받지 못했다면 K 피부관리실의 주소를 안 날 또는 알 수 있었던 날 등 철회권을 행사할 수 있는 날부터 7일 이내에 할부계약에 관한 청약을 철회하면 된다. 다만, A씨의 경우 신용카드를 이용해서 계약을 체결한 것으로 보이는데, 이처럼 신용제공자가 있는 경우 A씨는 동일한 기간 내에 신용제공자(신용카드회사)에도 철회의 의사표시가 적힌 서면을 발송해야 한다.

사례 2 가전대리점에서 냉장고를 12개월 할부로 결제하여 냉장고가 배달되어 살펴보니 마음에 들지 않아 바로 구입을 취소해 달라고 전화한 후, 청약철회의사를 내용증명우편으로 통보하였다. 대리점에서는 냉장고는 청약철회 대상품목이 아니라며 계약취소를 할 수 없다고 하는데 전혀 사용하지 않은 냉장고임에도 청약철회가 불가능할까?

→ 사용하기 전이라면 청약철회 가능: 소비자가 청약철회를 행사할 수 없는 대상품목으로서 사용에 의하여 그 가치가 현저히 감소될 우려가 있는 재화로 자동차, 냉장고 및 세탁기 등을 들고 있는데, 이는 제품을 사용한 경우에 청약철회가 인정되지 않는다는 것으로서 이러한 물품이라 하더라도 목적물을 인도받지 않았다거나 인도받았다 하더라도 사용하기 이전이라면 청약철회가 인정된다.

자료: 한국소비자원(2014). 할부거래에 관한 법률. 소비자상담·피해구제 매뉴얼. www.kca.go.kr.

청약철회요청서를 소비자로부터 받으면 지체 없이 해당 신용제공자에게 소비자가 청약철회한 재화 등의 할부금에 대한 청구를 중지 또는 취소하도록 요청해야 한다. 그리고 할부거래업자가 신용제공자로부터 해당 재화 등의 대금을 이미 지급받았다면, 지체 없이 이를 신용제공자에게 환급해야 한다. 만일 할부거래업자가 이 요청을 지연해서 소비자가 신용제공자에게 할부금을 지불하게 되었다면, 할부거래업자는 소비자가 할부금을 환급받는 날까지의 기간에 대한 지연배상금을 소비자에게 지급해야 한다.

⑤ 청약철회와 관련해서 소비자에게 불이익을 주는 행위 금지

할부거래업자 또는 신용제공자는 청약철회와 관련한 소비자와의 분쟁이 발생한 경우, 그 분쟁이 해결될 때까지 소비자가 할부금 지급을 거절했다는 이유로 해당 소비자를 연체자로 처리하는 등 소비자에게 불이익을 주는 행위를 금지한다. 이를 위반해서 소비자에게 불이익을 주는 행위를 하면 500만 원 이하의 과태료가 부과된다.

3 ┃ 할부거래업자의 할부계약해제권 및 손해배상청구금액의 제한

(1) 할부거래업자의 할부계약해제권의 제한(동법 제11조)

할부거래법은 소비자가 할부금을 연체하였을 때 할부거래업자가 그 계약을 해제할 수 있도록 규정하고 있다. 그러나 소비자의 할부금 지급 지체를 이유로 할부거래업자가 즉시 계약을 해제한다면 소비자에게는 지나치게 가혹하기 때문에 할부거래업자의 계약해제권 행사를 제한하고 있다. 즉, 할부거래업자가 소비자의 할부금 연체를 이유로 계약을 해제하려면 그 계약을 해제하기 전에 14일 이상의 기간을 정하여 소비자에게 그 이행을 서면으로 최고해야(알려야) 한다. 여기서는 최고의 도달주의를 택한 것으로 소비자에게 최고장이 도달한 날로부터 14일 이상의 기간을 주고 이 기간 동안 연체 할부금을 갚도록 하며 만일 이를 소비자가 이행하지 않을 경우 소비자에게 최고장이 도달한 날로부터 14일 이상의 기간이 지난 후에만 할부거래업자의 계약해제가 가능하다.

할부계약이 해제되면 각 당사자는 상대방에게 원상회복의무를 갖게 되고, 이때의 목적

물 반환의무와 지급한 할부금의 반환의무는 동시이행의 관계이다. 그러므로 소비자는 할부거래업자가 그 동안 지급한 할부금을 반환할 때까지 목적물의 반환을 거절할 수 있다.

(2) 손해배상청구금액의 제한(동법 제12조)

소비자가 자신의 책임 있는 사유로 할부금의 지급을 지체하고 있으면, 할부거래업자 또는 신용제공자(이하 '할부거래업자 등'이라 함)는 소비자의 채무불이행을 이유로 손해배상을 청구할 수 있지만, 소비자보다 우월한 지위에 있는 할부거래업자 등이 소비자에게 과중한 손해배상책임을 부담시킬 우려가 있으므로 할부거래법은 할부거래업자 등의 손해배상청구금액을 다음과 같이 일정한 범위로 제한하고 있다.

① 계약을 해제하지 않는 경우

할부거래업자 등이 계약을 해제하지 않고 지연 혹은 연체된 할부금의 연체료만 청구할 경우, 그 손해배상청구금액(지연손해금)은 지연할부금 × 연 30% 한도 내에서 할부거래업자 등이 소비자와 약정한 이율로 한다.

② 계약을 해제하는 경우

할부거래업자가 할부계약을 해제한 경우, 소비자에게 청구하는 소해배상액은 다음 어느 하나에 해당되는 금액과 '계약을 해제하지 않는 경우'의 지연손해금의 합계액을 초과하지 못한다.

- 소비자가 할부거래업자 등에게 재화의 반환으로 원상회복이 된 경우에는 재화의 통상적인 사용료와 계약 체결 및 그 이행을 위해서 통상 필요한 비용의 합계액이다. 다만 할부가격에서 재화 등이 반환된 당시의 가액을 공제한 금액이 그 사용료와 비용의 합계액을 초과하는 경우에는 그 공제한 금액이다.
- 재화 등의 반환 등 원상회복이 되지 않은 경우에는 할부가격에 상당한 금액이다. 다만 용역이 제공된 경우에는 이미 제공된 용역의 대가 또는 그 용역에 의해 얻어진 이익에 상당하는 금액이다.

* 재화 등의 공급이 되기 전인 경우에는 계약 체결 및 그 이행을 위해 통상 필요한 금액이다.

할부거래업자 등이 이상의 내용을 위반해서 지연손해금을 청구하면 500만 원 이하의 과태료가 부과된다.

4 │ 소비자의 기한이익상실(동법 제13조)

기한의 이익이란 기한이 도래하지 않음으로서 그 기간 동안 당사자가 받는 이익으로 여기서는 할부기한의 이익을 의미한다. 즉, 경제력이 부족한 소비자가 필요한 물품을 당장 사용할 수 있으면서 물품 대금을 할부기간 동안 나누어서 지불할 수 있는 이익을 의미한다. 따라서 기한이익상실이란 할부로 지불할 수 있는 이익을 상실하고 한꺼번에 상품 가격을 모두 지불해야 하는 것을 의미한다.

할부거래법은 할부금 지급에 대한 기한이익상실에 대해 다음과 같은 경우에 한하여 할부금 지급에 대한 기한의 이익을 상실한다.

* 할부금을 다음 지급기일까지 연속하여 2회 이상 지급하지 않고 그 연체액이 할부가격의 10분의 1을 초과한 경우이다. 할부거래업자 등은 소비자가 2회 이상 연속하여 할부금의 지급을 지체하고 있어도 그 지체된 할부금이 할부가격의 1/10이 되지 않으면 소비자의 기한이익을 상실시킬 수 없고, 소비자가 지체하고 있는 할부금이 할부가격의 1/10을 넘는다고 해도 계속해서 2회 이상 연체하지 않으면 기한이익을 상실시킬 수 없게 된다.
* 국내에서 할부금 지불이 어려운 경우로, 생업에 종사하기 위하여 외국에 이주하거나 외국인과 결혼 등으로 이주하는 때이다.
* 할부거래업자 등이 소비자의 기한이익 상실에 따라 소비자로부터 한꺼번에 지급받을 할부잔액은 할부수수료를 적용하지 않는다.

5 | 소비자의 기한전 할부금지급권[동법 제14조]

기한이란 할부기간(예: 10개월 할부)을 의미하며 기한전이란 할부기간이 도래하기 전을 의미한다. 따라서 '기한전 할부금 지급'이란 할부기간이 도래하기 전이라도 경제적 사정이 나아질 경우, 소비자는 나머지 할부금을 일시에 지급하고 할부수수료를 지불하지 않을 수 있는 권리를 의미한다.

이는 소비자가 할부로 물건을 구입하는 것은 대부분 할부가격이 현금가격보다 높음에도 불구하고 현금을 마련하기 곤란하기 때문이어서 경제적 여유가 있을 때는 할부금을 납부하는 중에 남아있는 구매대금을 일시에 지급할 수 있는 권리를 소비자에게 제공함으로써 할부수수료를 부담하지 않도록 하기 위한 것이다. 예를 들어, 50만 원짜리 가전제품을 5개월 할부로 구입하고 3개월 동안 할부금을 지불하였다면 구매대금 잔액은 20만 원이 남아 있을 것이고 이를 한꺼번에 지불하면 할부수수료를 지불하지 않아도 된다.

6 | 소비자의 항변권[동법 제16조]

소비자의 항변권이란 소비자가 할부계약으로 재화 등을 구입한 후에 그 재화 등에 하자가 있어서 계속 이용할 수 없는 경우, 소비자가 할부거래업자에게 지불할 잔여 할부금을 연체 없이 지급하지 않을 권리를 의미한다.

(1) 소비자의 항변권을 사용할 수 있는 경우
* 할부계약이 성립되지 않거나 무효인 경우
* 할부계약이 취소, 해제, 해지된 경우
* 재화 등의 전부 또는 일부가 공급시기까지 소비자에게 공급되지 않은 경우
* 할부거래업자가 하자담보책임을 이행하지 않은 경우 할부거래업자의 하자담보책임이란 소비자가 구매한 제품에 하자가 있는 경우 이를 수리 등을 통하여 원상회복시켜

줄 책임을 의미함. 예를 들어 3개월 전 집 근처 대리점에서 에어컨을 구입하고 할부로 결제했는데 찬바람이 나오지 않아 여러 차례 수리를 요청했으나 이에 대한 조치가 없을 경우, 항변권을 행사할 수 있음

- 그 밖에 할부거래업자의 채무불이행으로 인하여 할부계약의 목적을 달성할 수 없는 경우
- 다른 법률에 따라 정당하게 청약을 철회한 경우

(2) 간접할부계약의 경우

소비자의 항변권을 사용할 수 있는 경우에 해당한다고 할지라도 할부가격이 10만 원 이상, 신용카드를 사용하여 할부계약을 한 경우에는 20만 원 이상인 경우에 한하여 항변권을 사용할 수 있다.

(3) 할부거래업자 혹은 신용카드를 사용하여 할부거래를 했을 경우

소비자는 할부거래업자 혹은 신용카드를 사용하여 할부거래를 했을 경우(간접할부계약의 경우) 신용제공자(신용카드사)에게도 함께 할부금 지급을 거절한다는 의사표시를 청약철회시와 마찬가지로 서면으로 우체국에서 내용증명을 통해 통지한 후 할부금의 지급을 거절할 수 있다. 할부거래업자는 계약 시 항변요청서 서식을 소비자에게 제공하도록 되어 있으며 신용카드 영수증 뒷면을 보면 항변요청서 양식은 청약철회 요청서와 동일한 것으로 제공되고 있다.

(4) 항변권으로 지급을 거절할 경우

항변권으로 지급을 거절할 수 있는 금액은 지급을 거절한 당시에 소비자가 지급하지 않은 나머지 할부금으로 한다. 따라서 항변권을 행사하기 전까지 지불한 할부금에 대해서는 항변권을 행사할 수 없고, 항변권 행사 이후부터 지불해야 할 할부금에 대해서만 연체 없이 지불을 거절할 수 있다.

(5) 항변권의 행사를 서면으로 하는 경우

소비자가 항변권의 행사를 서면으로 하는 경우, 그 효력은 서면을 발송한 날에 발생한다.

(6) 소비자가 항변권을 행사해서 발생한 경우

할부거래업자 등은 소비자가 항변권을 행사해서 발생한 경우, 그 분쟁이 해결될 때까지 할부금 지급 거절을 이유로 해당 소비자를 약정한 기일 이내에 채무를 변제하지 않는 자로 처리하는 등 소비자에게 불이익을 주는 행위를 금지한다. 이를 위반해서 소비자에게 불이익을 주는 행위를 하면 500만 원 이하의 과태료가 부과된다.

4. 선불식 할부거래

선불식 할부거래는 소비자가 물품대금을 미리 일정 기간 적립하였다가 물품이 필요할 때 판매자로부터 공급받는 거래방식을 의미한다. 따라서 물품대금이 모두 적립되지 않은 시점에서 물품이 필요하면 물품을 제공받은 후에라도 나머지 물품대금을 적립해야 하는 특성이 있다.

상조서비스는 선불식 할부로 거래가 이루어지는 대표적인 서비스이다. 상조서비스는 1982년 부산상조 회사가 상조서비스를 도입한 이래 소비자피해가 급증하자, 상조서비스를 2010년 할부거래에 관한 법률에 '선불식 할부거래' 형태로 포함시켰다.

1 │ 사업자의 계약 체결 전의 정보제공 및 계약서 교부의무[동법 제23조]

소비자의 충동구매를 막고 합리적인 선택을 할 수 있도록 하기 위해 선불식 할부거래업자는 계약을 체결하기 전에 소비자에게 다음과 같은 할부거래의 내용과 거래조건 등에 관한 자세한 정보를 설명해야 한다. 그리고 다음의 사항을 모두 적은 계약서를 소비자에게 발급해야 한다. 이를 위반해서 계약서를 발급하지 않거나 거짓으로 적은 계약서를 발급하면 1,000만 원 이하의 과태료가 부과된다.

(1) 선불식 할부거래업자의 상호·주소·전화번호·전자우편주소·대표자의 이름

예를 들어, 상조업체 A가 쇼핑몰 B를 이용하여 상조상품을 소비자에게 판매하면서 상조업체 A의 상호, 주소, 전화번호 등을 제대로 알려주지 않은 경우에는 A에게 정보제공의무 위반의 책임이 있다. 또한 방문판매원을 통하여 상조계약을 체결하였는데 방문판매원의 연락처만 알려주고 상조사업자의 주소와 전화번호·전자우편주소 등을 알려주지 않은 경우, 설명이 미흡한 경우로서 정보제공의무 위반에 해당된다(공정거래위원회, 2011).

(2) 재화 등의 종류 및 내용

계약 체결 시 중요정보고시(상조업종의 주요 정보)에 따라 장례용품 등의 종류·품질·원산지 등을 다음과 같이 계약서에 기재하고 소비자에게 구체적으로 설명해야 한다.

- 수의 원단 제조에 사용되는 원사의 종류·구성비율·원산지, 원단의 제조방법·제조지역을 구체적으로 명시
- 원사의 종류원산지: "대마" 또는 "저마", 국내산인 경우 "국내산" 외국산인 경우 "국가명"을 명시
- 원단의 제조방법 및 제조지역: '수작업식 또는 기계식 여부'와 국내 제조인 경우 '국내산', 외국 제조인 경우 '국가명'을 명시

- 관의 재질·두께 및 원산지
- 관의 재질, 두께 및 원산지: 관의 재질은 '오동나무 ○○cm', '○○나무 ○○cm', 원산지는 '한국', '중국' 등으로 명시

- 차량의 종류 및 무료로 제공되는 차량 거리를 구체적으로 명시
- 차량의 종류: '○○브랜드 ○○년식 ○○영구차량', 여러 차종에서 택일하여 사용 가능할

경우 'ㅇㅇ브랜드 ㅇㅇ년식 ㅇㅇ영구차량, ㅁㅁ브랜드 ㅁㅁ년식 ㅁㅁ영구차량 중 택일 가능' 등으로 명시
- 무료로 제공되는 차량 거리: 모든 지역에 무료로 차량이 제공될 경우에는 '전 지역 무료 제공', 일부 지역 또는 일정거리만 무료로 제공되고 다른 지역이나 추가적인 거리에 대해서는 별도의 비용을 부담해야 하는 경우에는 'ㅇㅇ지역만 무료제공되며, 그 지역을 벗어날 경우 추가적인 비용 부담', '100km 이내 무료제공, 10km 추가 시마다 ㅇㅇ원 추가 비용 부담' 등으로 명시

자료: 공정거래위원회(2011. 12. 28). 선불식 할부거래에서의 소비자보호 지침. www.ftc.go.kr.

(3) 재화 등의 가격과 대금의 지급방법 및 시기

상조상품의 가격, 1회납입금 및 납입주기·횟수, 대금을 모두 납부하기 전에 장례서비스를 받은 경우 잔금의 지급방법 및 시기, 상조상품을 구성하는 세부재화의 가격 등을 명시해야 한다.

예시
- 상조상품가격: 360만 원
- 납부방식: 매달 1회 3만 원씩 120회 납부
- 미납금: 장례 절차 종료 시 일시불로 납부
- 상세내역: 제단-ㅇㅇ원, 수의-ㅇㅇ원, 관-ㅇㅇ원, 장례지도사-ㅇㅇ원 등

자료: 공정거래위원회(2011. 12. 28). 선불식 할부거래에서의 소비자보호 지침. www.ftc.go.kr.

(4) 재화 등을 공급하는 방법 및 시기

예시 1 상조사업자가 수의 등 제공하기로 약속된 재화 등을 직접 지급하지 않고 교환권을 주거나, 장례식장의 장례용품점 등 다른 업체가 소비자에게 지급하도록 하는 경우
➙ 상조사업자가 재화 등을 직접 공급하지 않는 경우에는 재화의 공급주체, 공급방법 등에 대하여 소비자에게 충분히 설명해야 한다.

예시 2 계약서에 지급방법과 시기에 대하여 '연락 주시면 즉시'라고만 기재한 경우
→ 불명확한 표현보다는 '몇 시간 이내', '며칠 이내' 등으로 구체적으로 표현해야 한다.

자료: 공정거래위원회(2011. 12. 28). 선불식 할부거래에서의 소비자보호 지침. www.ftc.go.kr.

(5) 그 밖의 정보

- 계약금(최초지급금·선수금 등 명칭이 무엇이든 할부계약을 체결할 때에 소비자가 할부거래업자에게 지급하는 금액을 말함)
- 청약의 철회 및 계약해제의 기한·행사방법·효과에 관한 사항 및 청약의 철회 및 계약해제의 권리 행사에 필요한 서식
- 소비자피해보상, 재화 등에 대한 불만 및 소비자와 사업자 사이의 분쟁 처리에 관한 사항
- 선불식 할부거래에 관한 약관
- 재화 등의 가격 외에 소비자가 추가로 부담해야 할 사항이 있는 경우에는 그 내용 및 금액
- 판매일시·판매지역·판매수량·인도지역 등 판매조건과 관련해서 제한이 있는 경우에는 그 내용
- 선불식 할부거래업자가 선불식 할부계약의 주된 목적이 되는 재화 등이 제공되기 전에 소비자에게 공급하는 재화 등이 있는 경우에는 그 가격

2 | 소비자의 청약철회

(1) 청약철회 행사기간

일반 할부거래의 청약철회기간이 7일인 것에 비해 선불식 할부거래의 청약철회기간은 14일이다. 이처럼 청약철회기간이 긴 것은 선불식 할부기간이 상대적으로 매우 길기 때문에 소비자의 구매의사 결정을 원상회복할 수 있는 기회를 좀 더 확보하기 위함이다.

구체적인 청약철회권 행사기간은 다음과 같으며, 행사기간 산정은 방문판매와 마찬가

지로 첫 날은 포함하지 않고 그다음날부터 포함하되 마지막 날이 공휴일인 경우 그다음 영업일까지로 한다. 예를 들어 소비자가 2015년 3월 1일 인터넷·전화 등을 통하여 상조상품에 가입하기로 하고, 3월 6일 상조사업자로부터 받은 가입신청서를 작성하여 팩스로 송부한 후, 3월 25일 우편으로 계약서를 수령한 경우라면, 계약서를 받은 날(2015년 3월 25일)로부터 14일 이내에 청약철회를 할 수 있다. 이외의 청약철회권 행사기간을 살펴보면 다음과 같다.

- 다음 어느 하나에 해당하는 경우, 선불식 할부거래업자의 주소를 안 날 또는 알 수 있었던 날 등 청약을 철회할 수 있는 날부터 14일
    - 선불식 할부거래업자의 주소 등이 적혀 있지 않은 계약서를 받은 경우
    - 선불식 할부거래업자의 주소 변경 등의 사유로 계약서를 받은 날부터 14일 이내에 청약을 철회할 수 없는 경우
- 계약서에 청약의 철회에 관한 사항이 적혀 있지 않은 경우는 청약을 철회할 수 있음을 안 날 또는 알 수 있었던 날부터 14일
- 선불식 할부거래업자가 청약의 철회를 방해한 경우, 그 방해행위가 종료된 날부터 14일
- 계약서를 받지 않은 경우는 계약일로부터 3개월이며, 이는 일반 할부거래와 다른 부분임

(2) 청약철회의 행사방법 및 효력발생일

청약철회권를 행사하려면 소비자는 청약철회권의 행사기간 내에 선불식 할부거래업자에게 청약을 철회하는 의사표시가 적힌 서면을 발송해야 한다. 청약철회의 효력은 그 청약철회 서면을 발송한 날에 발생하며 이를 발신주의라고 한다. 일반적으로 우체국의 내용증명우편을 이용하는 것이 바람직하며, 우체국소인이 찍힌 날부터 효력이 발생한다.

(3) 청약철회효과

소비자가 청약을 철회하면 선불식 할부거래업자는 청약철회의 서면을 접수한 날부터 3영업일 이내에 이미 지급받은 계약금 및 할부금을 환급해야 한다. 그리고 이 경우 선불식 할부거래업자가 환급을 지연하면 그 지연기간에 따라 지연배상금을 함께 환급해야

한다. 이를 위반해서 계약금, 할부금 또는 지연배상금을 환급하지 않으면 1,000만 원 이하의 과태료가 부과된다.

3 | 사업자의 선불식 할부계약해제권 제한(동법 제26조)

일반 할부거래와 마찬가지로 소비자가 할부금을 납부하지 않으면 선불식 할부거래업자가 할부계약을 해제할 수 있지만, 할부금의 납부가 다소 지체되었다는 이유로 즉시 계약이 해제된다면 그때까지 할부금을 납부한 소비자로서는 상당한 불이익이므로, 할부거래법은 선불식 할부거래업자의 할부계약해제권 행사를 제한하고 있다. 즉, 할부거래업자는 계약해제 전에 소비자에게 계약해제를 최고해야 할 의무를 두고 있으며, 소비자가 할부금을 지급하지 않더라도 선불식 할부거래업자는 할부계약을 즉시 해제할 수 없고 계약을 해제하기 전에 14일 이상의 기간을 정해 소비자에게 할부금 지급을 이행할 것을 서면으로 통보해야 한다.

선불식 할부거래업자가 서면으로 최고하지 않으면 선불식 할부거래업자의 할부계약해제권 행사는 소비자에게 효력이 없으며, 이를 위반하면 공정거래위원회로부터 시정조치 명령을 받을 수 있다. 예를 들어 상조업자가 계약서상에 '소비자가 월 납입금을 3회 이상 연체할 경우 본 계약을 해약 처리할 수 있으며 이때 이미 납입한 금액은 소비자에게 환급하지 않는 것'이라고 명시했다 할지라도 이는 현행 할부거래법보다 소비자에게 불리하므로 무효가 된다.

4 ㅣ 소비자의 계약해제권의 행사(동법 제25조)

소비자는 청약철회권 이외에도 계약해제권을 갖는다.

(1) 계약해제권의 행사기간

소비자는 선불식 할부계약 체결 후 그 계약에 따른 재화 등의 공급을 받기 전까지 선불식 할부거래에 관한 계약을 해제할 수 있다. 예를 들면, 상조서비스에 가입한 후 부모님 사망 등으로 인한 서비스를 받기 전이라면 언제든지 계약을 해제할 수 있다.

(2) 위약금 청구의 제한

소비자가 계약을 해제한 경우에 선불식 할부거래업자는 소비자에게 계약해제로 인한 손실을 초과하지 않는 범위 내에서 위약금을 청구할 수 있다. 그러나 소비자가 다음 어느 하나에 해당하는 사유로 계약을 해제할 경우에는 위약금을 청구하지 못한다.

* 휴업 또는 폐업신고를 한 때
* 영업정지 처분을 받은 때
* 등록이 취소되거나 말소된 때
* 은행법에 따라 은행으로부터 당좌거래의 정지 처분을 받은 때
* 파산 또는 화의(和議) 개시의 신청이 있는 때

(3) 계약해제권 행사의 효력

소비자가 계약을 해제하면 선불식 할부거래업자는 계약이 해제된 날부터 3영업일 이내에 이미 지급받은 대금에서 위약금을 뺀 금액을 환급해야 한다.

(4) 계약해제에 따른 해약환급금 계산

계약해제에 따른 해약환급금 계산은 공정거래위원회의 '선불식 할부계약의 해제에 따른 해약환급금 산정기준 고시(제2011-7호, 2011년 9월 1일 고시)' 내용을 적용한다. 이 내용

표 10-1 상조업(선불식 할부거래) 소비자분쟁해결기준

상조업		
분쟁유형	**해결기준**	**비고**
1) 계약서 미발급 – 계약일로부터 3개월 이내	○ 청약(계약)철회(계약금 및 할부금 환급)	
2) 사업자 귀책사유로 인한 계약해제·해지 및 손해발생	○ 행사개시 이전: 계약해제(기납입액 환급) ○ 행사개시 이후: 손해배상	
3) 소비자 귀책사유로 의한 계약해지 – 정기형 선불식 할부계약 즉, 1년 이상의 기간을 두고 월단위로 납입한 경우 – 부정기형 선불식 할부계약(정기형 이외의 모든 형태)으로 납입한 경우. 즉, 특정금액을(명칭여하 불문) 일시불 납입하거나 혹은 수회에 걸쳐 납입하고, 행사 후 잔액을 납입하기로 계약한 상품의 해지	○ *상조상품 해약환급금 계산식에 의해 환급 ○ 납입금 누계액의 85% 환급	* 계약 이후 소비자가 기초생활자가 된 경우에는 전액환급함
4) 소비자가 선불식 할부거래에 관한 청약을 14일 이내에 철회하는 경우	○ 계약금 및 할부금 전액 환급	* 다음 각 호의 어느 하나에 해당하는 사유로 소비자가 계약을 해지하는 경우에는 위약금을 청구하지 못함 1. 휴업 또는 폐업신고를 한 때 2. 영업정지 처분을 받은 때 3. 등록이 취소되거나 말소된 때 4. '은행법'에 따른 은행으로부터 당좌거래의 정지 처분을 받은 때 5. 파산 또는 회생 절차 개시의 신청이 있는 때
5) 소비자의 계약해제: 그 계약에 의한 재화 등의 공급을 받지 아니한 경우	○ 이미 지급받은 대금에서 공정위가 고시한 위약금을 뺀 금액을 소비자에게 환급	
6) 소비자가 계약해지 시 부가상품(경품, 사은품,감사품 등 명칭여하를 막론하고 경제적 이익이 있는 재화) 등을 반환하는 경우	○ 사업자가 고지한 가액의 85% 이상(해약환급금 = 납입금 누계 × 0.85) 환급(단, 부가상품이 일부 소비되거나 훼손된 경우 그 부분만큼 감액 가능)	

* 상조상품 해약환급금 계산식

• 해약환급금 = 상조적립금 − 모집수당 공제액

• 모집수당 공제액 = 모집수당 × 0.75 + 모집수당 × 0.25 × $\dfrac{기\ 납입\ 월수}{총\ 납입기간\ 월수}$

• 상조적립금 = 납입금 누계 − 관리비 누계
• 상조적립금이 모집수당 공제액보다 적은 경우에는 해약환급금을 0으로 함
• 모집수당은 총계약대금 대비 최대 10%로 하되, 500,000원을 초과할 수 없음
• 월별 관리비는 월 납입금 대비 최대 5%로 하되, 월별 관리비의 합계는 500,000원을 초과할 수 없음

은 선불식 할부거래의 대표 재화인 상조업에 대한 소비자분쟁해결기준과 동일하다. 공정위 고시내용에 기초하여 상조업 소비자분쟁해결기준 내용이 작성되었기 때문이다. 따라서 표 10-1의 상조업 소비자분쟁해결기준은 공정위 고시가 발표된 2011년 9월 1일 이후 체결된 상조서비스에만 해당된다.

가장 중요한 점은 2011년 9월 1일 이후에 체결된 상조서비스의 경우, 정기형 선불식 할부계약의 모집수당은 총계약대금 대비 최대 10%, 월별 관리비는 월 납입금 대비 최대 5%를 적용하여 해약환급금을 계산한다는 점이다. 이에 비해 2011년 9월 1일 이전에 체결된 상조서비스의 경우, 모집수당은 최대 15.3%, 월별 관리비를 최대 10% 적용한다는 점이다. 또한 부정기적 선불식 할부계약의 경우, 2011년 9월 1일 이후에 체결된 것은 납입금 누계의 85%가 해약환급금 기준인 것에 비해, 2011년 9월 1일 이전에는 80.8%가 기준이다. 따라서 상조서비스를 언제 체결했느냐에 따라 동일한 할부금의 조건에서도 계약해제 시 해약환급금은 달라지게 된다.

5 | 소비자의 거래기록 등의 열람〔동법 제33조〕

선불식 할부거래는 재화 등의 공급이 할부금 지급과 동시에 또는 할부금의 지급 후에 이루어지므로 할부거래법은 거래의 정확성을 확인하는 동시에 불필요한 분쟁을 예방하기 위해서 소비자가 재화 등의 거래기록을 소비자가 열람할 수 있도록 하고 있다.

선불식 할부거래업자는 재화 등의 거래기록, 소비자피해보상보험계약 등의 체결내용을 소비자가 방문·전화 또는 인터넷 등을 통해서 즉시 열람할 수 있도록 필요한 조치를 해야 하며, 소비자가 우편 등의 방법으로 열람할 수 있도록 요청하는 경우에는 3영업일 이내에 관련 자료를 발송해야 한다. 이를 위반하면 공정거래위원회로부터 시정조치명령을 받을 수 있으며, 소비자의 열람에 제공하는 재화 등의 거래기록·소비자피해보상보험계약 등의 체결내용을 거짓으로 작성한 경우 3,000만 원 이하의 과태료가 부과된다.

6 | 소비자피해보상보험계약 등의 체결(동법 제27조)

선불식 할부거래업자가 선불식 할부거래업 등록을 할 경우에는 소비자로부터 선불식 할부계약과 관련되는 재화 등의 대금으로서 미리 수령한 금액(이하 '선수금'이라 함)을 보전하기 위해서 다음 어느 하나에 해당하는 계약을 체결해야 한다.

* 소비자피해보상을 위한 보험계약
* 소비자피해보상금의 지급을 확보하기 위한 은행법에 따른 은행과의 채무지급보증계약
* 소비자피해보상금의 지급을 확보하기 위한 은행, 우체국, 보험회사와의 예치계약
* 할부거래법 제28조에 따라 설립된 공제조합과의 공제계약

(1) 소비자피해보상증서의 발급
선불식 할부거래업자 및 지급의무자는 소비자피해보상보험계약 등을 체결하고 소비자에게 소비자피해보상증서를 교부해야 한다. 이를 위반하면 공정거래위원회로부터 시정조치명령을 받을 수 있다.

(2) 소비자피해보상금의 지급
소비자피해보상금의 지급 사유는 다음과 같으며, 지급의무자가 정당한 사유 없이 지급을 지연한 경우에는 지연배상금을 지급해야 한다.

* 선불식 할부거래업자가 폐업한 경우
* 선불식 할부거래업자가 은행법에 따른 은행으로부터 당좌거래의 정지 처분을 받은 경우
* 할부거래법 제21조에 따라 등록이 말소된 경우 및 할부거래법 제40조에 따라 등록이 취소된 경우
* 선불식 할부거래업자가 채무자 회생 및 파산에 관한 법률에 따른 파산 선고를 받은 경우
* 선불식 할부거래업자에 대해서 채무자 회생 및 파산에 관한 법률에 따른 회생 절차 개시의 결정이 있는 경우

7 | 금지행위(동법 제34조)

(1) 계약 체결의 강요행위

할부거래업자가 계약의 체결을 강요하거나 청약의 철회 또는 계약의 해제를 방해할 목적으로 소비자를 위협하는 행위를 금지한다. 예를 들어, 상조업자가 자신의 회사에 취업하려는 지원자를 대상으로 취업요건으로 상조계약 체결을 요구하고, 거부하는 경우 직원 채용에서 제외시키겠다고 공지하는 경우를 들 수 있으며 이러한 행위는 금지된다.

(2) 거짓 또는 과장된 사실의 고지행위

할부거래업자가 거짓·과장된 사실을 알리거나 기만적 방법을 사용해서 소비자와의 거래를 유도하거나 청약의 철회 또는 계약의 해제를 방해하는 행위를 금지한다. 예를 들어, 상조상품을 은행적금보다 금리가 높은 저축성 상품으로 홍보하거나, "전원 장례지도사 1급", "원하는 장례식장 다 된다." 등으로 사실과 다른 설명으로 가입을 유도한 경우, 또는 상조상품을 홍보한다는 내용을 표시하지 않은 무료초대권으로 소비자를 극장으로 유인하여 상조상품을 판매하는 행위를 들 수 있으며, 이러한 행위는 금지된다.

(3) 청약철회 등을 방해할 목적으로 주소·전화번호 등을 변경하는 행위

할부거래업자가 실제 사무실을 이전하지 않았음에도 주기적으로 상호와 전화번호를 변경하는 행위, 혹은 다른 회사와 합병·인수되었는데 고의적으로 이러한 사실을 알려주지 않는 경우 등을 예로 들 수 있다.

(4) 분쟁해결 등에 필요한 인력 등의 부족을 방치해서 소비자에게 피해를 주는 행위

사업자가 소비자와의 통화를 거부하고 이메일 또는 팩스를 통해서만 불만처리를 할 수 있도록 하거나, 상담원과의 연결이 어려운 경우, 또는 업무담당자가 퇴사하고 없다는 이유로 소비자에게 피해를 주는 행위 등을 예로 들 수 있다.

(5) 소비자의 청약이 없음에도 재화 등의 대금을 청구하는 행위

상조사업자가 특정 사업자단체 임원들과 협의하여 사업자단체의 회원을 본인 동의 없이 상조상품에 가입시키고 대금을 청구한 경우, 혹은 상조업체 간 회원인수계약을 체결한 후 인수업체가 회원동의 없이 CMS 이체를 통하여 대금을 지급받은 경우를 예로 들 수 있으며, 이러한 사례는 금지된다.

(6) 소비자에게 구매의사가 없음에도 전화 등을 통해 구매를 강요하는 행위

소비자가 계약을 체결하지 않겠다고 밝혔음에도 불구하고 상조업자가 하루 2번 이상 혹은 일주일에 2~3번씩 전화로 계약 체결을 요구한 경우, 혹은 소비자가 가입의사를 밝혔음에도 메신저 쪽지 등을 통해 계약 체결을 독촉하는 글을 반복적으로 남기는 경우는 금지된다.

(7) 소비자피해보상보험계약 등을 체결하지 않고 영업하는 행위

소비자가 계약을 체결할 당시에만 소비자피해보상보험계약 등을 들고, 중간에 해지하는 것은 금지된다.

(8) 소비자피해보상보험계약 관련 내용을 속이거나 유사한 표지를 제작·사용하는 행위

소비자피해보상보험계약 등을 체결하지 않았음에도 체결한 사실을 나타내는 표지 등을 제작 또는 사용하는 행위, 또는 소비자피해보상보험계약 등을 체결한 사실을 나타내는 표지나 이와 유사한 표지를 제작 또는 사용하는 행위는 금지된다.

(9) 소비자의 허락 없이 소비자에 관한 정보를 이용하는 행위

할부거래업자가 소비자의 허락을 받지 않거나 허락받은 범위를 넘어 소비자에 관한 정보를 이용(제3자에게 제공하는 경우를 포함)하는 행위는 금지되며, 다만 다음의 어느 하나에 해당하는 경우는 제외된다.

* 소비자와의 계약을 이행하기 위해서 재화 등의 배송 또는 전송으로 업으로 하는 자에게 소비자에 관한 정보를 제공하는 경우

- 소비자와의 계약을 이행하기 위해서 재화 등의 설치, 사후 서비스 및 그 밖에 약정한 서비스의 제공을 업으로 하는 자에게 소비자에 관한 정보를 제공하는 경우
- 소비자피해보상보험계약 등을 체결한 지급의무자에게 소비자에 관한 정보를 제공하는 경우
- 재화 등의 거래에 따른 대금을 정산하기 위해서 필요한 경우
- 소비자의 신원 및 실명이나 본인의 진의(眞意)를 확인하기 위해서 다음 어느 하나에 해당하는 자에게 소비자에 관한 정보를 제공하는 경우
  - 기간통신사업자
  - 신용정보회사
  - 해당 거래에 따른 대금결제와 직접 관련된 결제업자
  - 법령에 따라 또는 법령에 따른 인·허가를 받아 도용방지를 위한 실명 확인을 업으로 하는 자
- 미성년자와 거래할 때 법정대리인의 동의 여부를 확인하기 위해서 정보를 이용하는 경우
- 다른 법률에 따라 불가피한 사유가 있는 경우

(10) 계약해제 후 정당한 사유 없이 이에 따른 조치를 지연·거부하는 행위

소비자가 계약을 해제하였음에도 불구하고 정당한 사유 없이 이에 따른 조치를 지연하거나 거부하는 행위는 금지된다.

(11) 소비자에게 위계·위력을 가하는 행위

대금을 지급받기 위해 소비자에게 위계 또는 위력을 가하는 행위는 금지된다.

(12) 사업자가 공급하는 재화 등을 소비자가 양도·양수하는 것을 이유 없이 제한하거나 과다한 비용을 부과하는 행위

갑이 을에게 회원자격을 양도하자 상조회사가 양도를 이유로 갑이 납입한 금액의 50%만을 인정하는 경우를 예로 들 수 있으며, 이러한 행위는 금지된다.

8 | 소비자가 알아야 할 상조서비스

(1) 상조상품과 상조보험

상조상품과 상조보험은 원칙적으로 회원 사망 시 금전이 아닌 상조서비스를 제공하는
것이지만, 상조상품은 상조서비스회사에서 제공하는 서비스인 반면, 상조보험은 보험회
사에서 판매하고 있는 보험상품이라는 것이 다르다. 상조상품은 사망 후 미납입 대금을
추가 납부해야 하는 특성이 있으며, 상조보험은 사망원인이 다른 보험상품처럼 자살 등
고의에 의한 것일 경우 서비스 제공이 제한된다는 특성이 있다. 이외에도 두 보험의 구
체적인 차이점을 살펴보면 다음과 같다(표 10-2 참조).

표 **10-2** 상조상품과 상조보험의 차이

구분	상조상품(상조회사)	상조보험(보험회사)
적용법률	할부거래에 관한 법률	보험업법
감독기관	공정거래위원회	금융위원회/금융감독원
상조업체 선택	소비자가 직접 선택 가능	소비자가 직접 선택 불가능(보험회사가 제휴업체를 선정하며 시점에 따라 변경 가능)
서비스에 대한 최종 책임	상조회사	보험회사
상품가격, 납입금	정형화된 가격구조(상품금액을 약정기간에 걸쳐 균분납부)	다양한 가격구조(보장범위, 연령, 직업, 이자율 등에 따라 납입금 변동)
사망시 미납입금 정산 여부	미납입금 정산	정산의무 없음
가입대상	제한없음	연령 제한 있음
사망원인에 따른 서비스 보장 여부	사망원인에 관계없이 보장	자살 등 고의사망은 보장제외
서비스 제공 제한연령	연령에 관계없이 동일하게 서비스제공	약정된 연령이 지난 후 사망 시 서비스 미제공
양도	서비스 수혜자 변경이 자유로움	수혜자 변경이 자유롭지 못함
상조서비스 외에 기타보장 여부	불가(상조서비스만 제공)	장기요양비 등을 특약으로 보장 가능
소비자보호	선수금보전제도(납입금의 50%)	예금자보호제도(5,000만 원 한도)

자료: 한국소비자원(2014). 결혼과 상조, 현명한 소비시리즈 4. www.kca.go.kr.

상조서비스 피해사례

사례 1 상조서비스를 받기 위해 2007년 3월부터 매월 3만 원의 회비를 6년 동안(72회) 납부하기로 계약하고 42개월(42회) 동안 납부했다. 최근 상조회사의 경영상태가 좋지 않다는 소식을 듣고 중도해지를 요구하자 납입금의 90%를 위약금으로 공제하고 12만 원(10%)만 환급해 주겠다고 한다.

→ 공정거래위원회가 고시한 '소비자분쟁해결기준'에 따르면 소비자의 사정으로 해지하는 경우, 계산식에 의해 환급금액을 산정하도록 규정하고 있다. 일단 2011년 9월 이전 가입이기 때문에 다음 식을 이용하여 계산한다. 계산식에 의하면 해약환급률은 73.5%이고 환급금액은 12만 원이 아닌 92만 6,000원이 된다(100원 단위 절사).

계산식 : 환급금 = 상조적립금 − [(총 계약기간 월수 − 납입경과기간 월수 + 1) /
총 계약기간월수 × 모집수당] × 0.9

사례 2 이웃주민의 권유로 홍보관에 갔다가 상조회사 영업사원이 수의를 구매하면 장례토털서비스를 제공해준다는 말을 믿고 상조회원에 가입해 180만 원을 현금으로 일시에 지불하고 상조회원증서를 받았다(추후 장례발생시 300만 원을 납입하고 서비스를 제공받는 것으로 회원증서에 기재됨). 이후 경제적인 사정으로 장례토털서비스 계약해지를 요청하자 상조회사는 기납입한 대금은 수의 구입대금이라며 환급할 금액이 없다고 했다.

→ 소비자는 가입시점에 따라 소비자분쟁해결기준에 의거 일정금액을 환급받을 수 있도록 하고 있다. 다만 소비자가 수의를 받았고, 그 수의가 훼손되어 타인이 사용할 수 없는 상태라면 수의대금에 해당되는 금액은 제외하고 잔여금액에서 정산하여 받을 수 있다. 수의대금 산정은 상조회사측이 수의가액 등을 계약 당시에 고지하고 서면으로 동의를 받은 금액으로 하며, 수의대금 입증 책임은 상조회사측에 있다.

사례 3 1998년 10월 박모씨는 남편 명의로 상조서비스 상품에 가입하고 월 3만 원씩 50개월간 총 150만 원을 납입하는 상조계약을 체결하고 납입을 완료했다. 최근 상조업체에 문제가 많다는 방송보도를 접하고 업체에 전화했으나 연락이 닿지 않았다. 수소문한 결과 업체가 폐업한 상태이다.

→ 상조회사가 할부거래에 관한 법률 개정일인 2010년 9월 17일 이전에 폐업한 경우라면 환급금을 받기 어렵다. 그러나 개정일 이후에는 상조사업자에게 선수금 예치를 의무화함에 따라 상조사업자가 가입한 공제조합 또는 선수금 예치은행을 통해 납입금의 일부를 돌려받을 수 있다.

자료: 한국소비자원 교육자료. 상조서비스의 비밀. www.kca.go.kr.

(2) 상조서비스 가입 전 알아야 할 사항

최근 상조서비스 때문에 발생하는 소비자피해가 증가함에 따라 한국소비자원(2014)은 다음과 같이 '상조서비스 가입 전 알아 두어야 할 사항'을 제시하고 있다.

- 할부거래법에 의해 등록된 회사인지 확인한다(공정거래위원회 www.ftc.go.kr).
- 소비자피해보상보험 또는 공제에 가입했는지 확인한다(공정거래위원회, 한국상조공제조합).
- 재무구조가 튼튼한 회사인지 아닌지 여부를 파악한다. 즉, 상조회사 홈페이지에 게시된 중요정보(납입자본 규모, 지급여력 비율, 손익현황 등)를 확인한다.
- 민원이 다발하는 상조회사 가입을 피한다.
- 한국소비자원 또는 각 언론사 등에 문제 사업자로 자주 등재된 상조회사는 가입하지 않는다.
- 계약해제 시에는 서면으로 통보한다. 즉, 계약을 거절할 때에는 그 뜻을 명확히 하고 또 계약해지를 원할 때에는 서면으로 계약해제를 통보해야 회비의 부당 인출 피해를 막을 수 있다.
- 회원증서와 영수증은 잊지 않고 보관한다. 계약 시에는 내용을 꼼꼼히 확인하고 계약서와 회원증서, 영수증을 보관하여 서비스를 받지 못하거나 계약해지를 하지 못하는 피해를 예방한다.
- 원하지 않는 계약은 청약을 철회한다. 계약일로부터 14일 이내(계약서를 받지 못한 경우에는 3개월)에는 위약금 없이 청약철회가 가능하다.

스스로 찾아보기

1. 각 신용카드사의 할부수수료율이 어떻게 다른지, 할부기간에 따라 할부수수료율이 어떻게 다른지 정리해 보자.

2. 상조업과 관련된 광고를 분석해 보자. 이때 과장·허위사항에 해당되는 내용, 소비자가 유의해야 할 내용을 중심으로 살펴보자.

3. 소비자상담센터 홈페이지(www.ccn.go.kr)에서 제공하고 있는 할부거래 관련 소비자피해구제 사례를 통해 실제 할부거래법이 어떻게 소비자권리를 보호하는지 정리해 보자.

PART 4 소비환경의 변화와 소비자정책

CHAPTER 11 · 소비자역량 강화

CHAPTER 12 · 소비자정책의 새로운 이슈

소비자역량 강화

제3차 소비자정책 기본계획에서 제시하고 있는 소비자정책의 비전은 '소비자가 이끄는 더 나은 세상'이다. 21세기형 소비자정책은 시장에서 소비자의 권한이 점점 더 확대되면서 소비자주권 실현은 이제 구호에 그치는 것이 아니라, 소비자중심의 시대가 오고 있음을 시사하는 의미라고 도 볼 수 있다. 소비자중심의 사회가 실현되기 위해서는 시장의 투명성이 확보되고, 기업의 자 율규제와 글로벌 표준준수를 통해 소비자중심의 시장이 형성되는 것도 중요한 일이다.

소비자는 시장활동에 능동적으로 참여하고, 정확한 시장정보를 활용하여 스마트한 선택을 할 수 있는 역량 있는 소비자로서 시장을 주도할 수 있어야 한다(이득연 외, 2013).

본 장에서는 소비자역량에 대한 개념을 체계적으로 정리해 보고, 사회경제환경 변화에 따른 소 비자문제와 수반되는 소비자역량에 대하여 알아보고자 한다. 나아가 소비자역량 강화를 위한 방안으로서 소비자교육의 지원과 소비자정보의 생산과 제공에 대하여 체계적으로 정리해 보고 자 한다. 소비자교육과 소비자정보의 지원은 소비자로 하여금 시장에서 스마트한 소비자역할 을 해 나가도록 하기 위해서일 뿐만 아니라 소비자문제의 예방 측면에서도 반드시 실현되어야 한다.

1. 소비자역량

1 | 소비자역량의 개념 및 구성체계

소비자역량에 대한 개념을 이해하기 위하여, 먼저 역량에 대한 사전적 의미를 살펴보자. 역량은 '어떤 일을 해낼 수 있는 힘 또는 힘의 정도'이다. 이에 대한 개념은 맥크렐랜드McClelland, 1973가 자신의 연구에서 '역량'이란 단순히 지식수준을 측정하는 것보다는 '특정 상황이나 직무에서 준거에 따른 효과적이고 뛰어난 수행과 인과적으로 관련되어 있는 개인의 외적인 특성과 내적인 특성을 종합하여 지칭하는 의미'라고 정의함에 따라, 이후 직업교육 분야에 적극적으로 수용되기 시작하였다(윤정일 외, 2007). 직업훈련과정에서는 역량수준은 특정한 상황적 맥락에서 한 개인이 주어진 역할과업을 성공적으로 달성할 수 있을 것인가를 가늠할 수 있는 기준으로 보고, 역량평가의 결과를 조직 인사관리에 활용하기도 하였다.

역량에 대한 이러한 개념에 비추어 볼 때, 소비자역량은 소비자가 사회 변화에 능동적으로 대처하는 문제해결능력이라는 상황적 맥락의 관점에서 개념정의를 할 수 있다. 따라서 소비자역량이란 현대사회의 '변화하는 소비환경 내에서 현명하고도 지속가능한 소비생활을 영위하기 위해 소비자가 갖추어야 할 잠재적·실천적 능력'이라고 정의할 수 있다(배순영·천현진, 2010; 손지연·이경아, 2014).

우리나라에서 소비자역량 측정 및 평가에 관한 연구는 2007년, 2010년, 2014년에 세 차례 정도 이루어졌다. 2007년과 2010년에 이루어진 소비자역량 조사연구에 대한 한계점을 보완하여 2014년에 이루어진 소비자역량의 개념적 모델을 살펴보면 그림 11-1과 같다.

소비자역량consumer competencies이란 소비자로서의 역할을 수행하기 위해 갖추어야 하는 지식, 태도, 실천의 총체로 정의되며 각각의 구성요인에 대한 정의는 다음과 같다.

- 소비자지식consumer knowledge이란 소비자정보 탐색을 통해 형성된 이해의 정도를 지칭하는 인지적 역량으로서 특정영역에 대한 소비자의 지식과 이해수준이다.

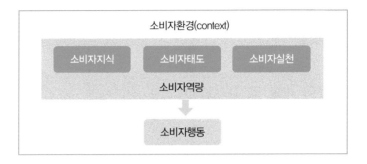

그림 11-1 소비자역량의 개념적 모델
자료: 손지연·이경아(2014). 2014 한국의 소비자역량지표, 67.

- 소비자태도_{consumer attitudes}는 소비생활의 맥락에서 발현되는 자신감과 동기 등 내적요 소를 포괄적으로 지칭하는 잠재적 역량이며 가치, 신념 등을 포함하는 개념이다.
- 소비자실천_{consumer skill}은 현실 소비생활의 맥락에서 특정영역에 대한 태도와 지식을 적용할 수 있는 능력을 지칭하는 실천적 역량으로 소비자행동이다.

소비자역량을 측정하기 위한 지표를 구성함에 있어서 대영역은 2010년 연구에서와 같이 소비자재무관리 역량, 소비자거래역량, 소비자시민역량 등 3가지 영역으로 구성하 되 중영역은 그 범위를 수정·보완하여 실시하였다. 소비자재무관리역량_{financial competency}은 소비자가 가계 내에서 금전자원 배분의 의사 결정자로서의 역할을 수행하기 위해 갖 추어야 하는 지식·태도·실천의 총체를 의미한다. 이를 측정하기 위한 하위영역은 재무 관리역량, 자산·부채관리역량, 위험관리역량으로 구성하였다. 소비자거래역량_{transactional competency}은 소비자가 시장경제환경 내에서 거래당사자로서의 역할을 수행하기 위해 갖 추어야 하는 지식·태도·실천의 총체를 의미한다. 이를 측정하기 위한 하위영역은 소 비자정보역량, 비교구매역량, 분쟁해결역량 등으로 구성하였다. 소비자시민역량_{consumer citizenship}은 시민사회의 구성원으로서 소비자가 자신에게 기대되는 사회적 책임을 다하기 위해 갖추어야 하는 지식태도실천의 총체를 의미하며, 이를 구성하는 하위영역은 권리 주장영역, 책임수용역량, 소비사회적응역량 등으로 구성하였다. 이러한 소비자역량의 구성내용을 기초로 하여 소비자역량 측정을 위한 지표개발을 시도하였으며, 그 결과는 표 11-1과 같다. 소비자역량 지표는 3개의 대영역과 9개의 중영역으로 구성되며, 각 중영역에 따른 측정요소로 이루어진다.

표 **11-1** 2014년도 소비자역량지표체계

대영역	중영역	측정요소
소비자역량	재무관리역량	재무계획수립
		수입·지출관리
		노후설계
	자산·부채관리역량	저축 및 투자관리
		신용카드 및 부채관리
	위험관리역량	보험관리
		예비적 저축
소비자 거래역량	소비자정보역량	정보 탐색 및 선별
		표시정보 이해
		정보통신기술 활용
	비교구매역량	가격
		계약·거래조건
		품질비교
	분쟁해결역량	안전한 사용
		분쟁해결
소비자 시민역량	권리주장역량	소비자 관련법 및 제도
		소비자권리 인식
		소비자권리 사용
	책임수용역량	윤리적 소비
		녹색소비
		소비자참여
	소비사회적응역량	소비환경에 대한 이해
		소비문화 확립

자료: 손지연·이경아(2014). 2014 한국의 소비자역량지표, pp.68-69.

2 | 우리나라 소비자역량지수

(1) 대영역별 소비자역량지수

2014년 소비자역량지수 산출 결과를 구성요인별로 살펴보면 표 11-2와 같다. 점수는 100점 만점에 평균 64점(표준편차 7.5점)이며, 구성요인별로 보면 소비자지식은 평균 54.9점, 소비자태도는 73.7점, 소비자실천은 63.6점으로 나타났으며, 태도영역 점수가 다른 영역에 비하여 높게 나타났다. 2014 소비자역량지수를 대영역 기준으로 살펴보면, 소비자재무관리 역량이 평균 63점, 소비자거래역량이 평균 63.3점, 소비자시민역량이 평균 65.8점으로 나타났으며, 소비자시민역량지수가 가장 높았다. 각각의 대영역에 따른 구성요인별 결과를 살펴보면, 지식수준에 있어서는 소비자시민역량에서 평균 59.1점으로 가

표 **11-2** 2014년도 소비자역량지수 산출 결과

구분		구성요인			평균
		지식평균 (표준편차)	태도평균 (표준편차)	실천평균 (표준·편차)	
내용 영역	소비자재무관리역량	55.5(17.7)	72.0(8.5)	61.1(12.6)	63.0(8.7)
	소비자거래역량	50.2(18.7)	75.9(9.3)	64.5(9.6)	63.3(9.0)
	소비자시민역량	59.1(22.6)	73.0(8.5)	65.3(8.0)	65.8(10.4)
소비자역량지수		54.9 (14.4)	73.7(6.8)	63.6(7.7)	64.0(7.5)

자료: 손지연·이경아(2014), 2014 한국의 소비자역량지표, 104.

표 **11-3** 2010년과 2014년의 내용영역별 소비자역량지수 비교

구분		2010년			2014년			증감
		평균	표준편차	등급	평균	표준편차	등급	
소비자역량지수		61.5	11.4	C	64.0	7.5	C	+2.5
내용 영역	재무관리	59.1	13.6	C	63.0	8.7	C	+3.9
	거래	62.1	12.7	C	63.3	9.0	C	+1.2
	시민	63.1	14.1	C	65.8	10.4	B	+2.7

자료: 손지연·이경아(2014), 2014 한국의 소비자역량지표, p.108.

그림 11-2 2014년도 소비자역량 조사 결과

자료: 손지연·이경아(2014). 2014 한국의 소비자역량지표. 103.

장 높았으며, 태도수준에서는 전반적으로 높게 나타났으며 그중에서도 소비자거래역량에서 평균 75.9점으로 가장 높았다. 실천수준에서는 소비자시민역량에서 평균 65.3점으로 가장 높았다. 이를 그림으로 나타내면 그림 11-2와 같다.

2010년과 2014년에 실시된 소비자역량지수를 비교해 보면 표 11-3과 같다. 2014 소비자역량지수는 평균 64.0점으로 2010년의 61.5점에 비해 평균 2.5점이 상승한 것으로 나타났다. 내용영역별로 살펴보면 재무관리, 거래, 소비자시민의 전 내용영역에서 소비자역량지수가 상승한 것을 확인할 수 있으며, 그중에서도 소비자재무관리역량의 평균이 가장 많이 향상되었음을 알 수 있다.

(2) 중영역별 소비자역량지수

2014년도 소비자역량지수를 중영역 수준에서 살펴보면 분쟁해결역량, 소비사회적응역량, 소비자권리주장역량 순으로 상대적으로 높게 나타났으며, 소비자정보역량과 위험관리역량은 상대적으로 낮게 나타났다. 소비자지식요인에서는 소비사회적응, 소비자권리주장 등에서 높았고, 비교구매역량과 소비자정보역량에서는 낮게 나타났다. 소비자태도요인에서는 9개의 모든 중영역에서 전반적으로 높게 나타났으나 자산·부채관리역량과 소비사회적응역량에서는 비교적 낮은 편이라고 할 수 있다. 소비실천영역에서는 분쟁해결역량, 소비사회적응역량 등의 순으로 높았으며, 위험관리역량과 소비자정보역량에서 비교적 낮았다.

3 | 소비자역량 강화를 위한 방안

(1) 소비자정책 추진체계에서 소비자교육과 소비자정보의 연계

소비자정책 추진체계 내에서 소비자교육은 소비자정보제공과 연계협력을 통하여 소비자 역량 강화를 위하여 더욱 실효성을 발휘할 수 있다(배순영·손지연, 2013). 지식정보화사 회로 접어들면서 소비자정보제공은 소비자역량 강화를 위한 수단으로 널리 활용되고 있 다. 소비자정보제공은 소비자로 하여금 제품 비교를 용이하게 만들고 거래의 투명성과 사업자의 책임성을 제고시키며, 탐색비용을 낮추고, 분쟁발생을 미연에 방지하며, 사기성 거래로부터 소비자를 보호하여 소비자의 의사 결정을 도울 수 있다. 그러나 소비자가 정 보를 평가하고 그에 입각해서 의사 결정을 할 수 있다는 전제에서만 소비자정보제공은 그 효과를 발휘할 수 있다. 교육적 자극이 부족할 경우 소비자정보정책은 일부 소비자 에게만 유리하고 다수의 소비자들에게는 정보 격차를 확대할 수 있다. 따라서 소비자정 보제공은 소비자교육과의 연계를 통하여 그 효과를 더 크게 할 수 있다.

나아가 소비자피해구제 기능으로서 소비자상담은 매우 큰 의미가 있다. 최근에는 소 비자피해의 사전예방을 위해서 상담이 강화되는 추세에 있으며, 특히 취약계층 소비자

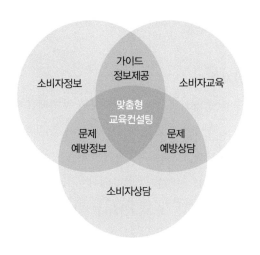

그림 **11-3** 소비자교육·소비자정보·소비자상담의 연계
자료: 배순영·손지연(2013), 소비자교육 추진체계 및 방향에 대한 연구, p.43.

의 역량 강화에 소비자상담과 조언서비스의 효과가 입증되면서 소비자교육 – 정보 – 상담의 삼원적 체계로 발전하고 있다(노형식, 2013). 사회 분야 간 교류가 활발해지면서 소비자교육 분야 간 연계가 더욱 긴밀해질 것이며, 소비자교육의 궁극적 목표가 자립적이고 정보화된 소비자를 육성하는 것이므로 이를 위해 관련 분야와의 연계와 협력체계를 더욱 강화할 필요가 있다.

(2) 소비자역량지수 결과에 의한 소비자교육과 소비자정보의 연계방안

한국소비자원에서는 2010년과 2014년에 성인소비자를 대상으로 소비자역량조사를 실시하였다. 소비자역량조사는 현재 우리나라 성인소비자의 소비자역량 수준을 진단하고, 소비자역량수준의 향상을 위한 정책적 개입의 필요성을 설명하기 위한 근거를 제공하고, 또한 소비자정책을 개발함에 있어서 유용한 자료를 제공하고자 하는 데 그 의의를 찾아볼 수 있다. 소비자역량조사 결과를 살펴보면 다음과 같다.

첫째, 2010년에 비하여 2014년 소비자역량지수는 표 11-3과 같이 전 영역에서 고르게 소폭 상승하였다. 다른 한편으로 지식, 태도, 실천 등의 구성영역에 대한 수준을 살펴보면, 표 11-4에 나타난 것과 같이 소비자지식에서 평균점수가 가장 낮은 것으로 나타났으며, 소비자태도영역에서 평균점수가 가장 높았다. 중영역에 있어서는 소비자정보역량의 평균점수가 가장 낮았으며, 위험관리역량과 자산부채관리역량의 순으로 낮게 나타났다. 이러한 결과를 인구통계적 특성에 따라 살펴보면, 연령과 소득계층, 학력, 거주 지역, 고용상태, 혼인상태 등에서 통계적으로 유의미한 결과가 있는 것으로 나타났다. 특히 20대와 미혼, 고졸 이하의 소비자집단과 월 평균소득 150만 원 미만의 저소득계층에서 소비자역량이 대체로 낮은 수준이었다. 사회구조적으로 취약한 이들 소비자들에 대하여 소비자역량 강화를 위한 정책적 노력이 필요하다. 특히 소비자정보역량영역과 소비자지식의 점수가 낮게 나타난 결과는 사회구조적으로 취약한 소비자계층을 대상으로 하는 소비자역량 강화 노력은 소비자지식과 소비자정보역량을 중심으로 마련되어야 할 필요가 있음을 의미하는 것이다.

둘째, 소비자교육과 상담 서비스를 경험한 소비자집단의 역량수준이 미경험 집단에 비해 소비자재무관리, 거래역량, 시민역량의 전 영역에서 유의미하게 높은 것으로 나타

표 **11-4** 중역역별 2014 소비자역량지수 산출 결과

구분		구성요인			평균
		지식	태도	실천	
소비자 재무관리역량	1. 재무관리역량	53.93	79.31	62.13	65.12
	2. 자산·부채관리역량	60.10	64.63	60.84	61.86
	3. 위험관리역량	52.50	72.13	60.32	61.65
소비자 거래역량	4. 소비자정보역량	49.03	73.84	60.36	61.08
	5. 비교구매역량	45.93	77.45	64.60	62.66
	6. 분쟁해결역량	55.65	76.61	68.63	66.96
소비자 시민역량	7. 권리주장역량	60.85	73.74	63.89	66.16
	8. 책임수용역량	52.30	77.32	64.59	64.74
	9. 소비사회적응역량	64.10	67.74	67.37	66.40
소비자역량지수		54.9	73.7	63.6	64.0

자료: 손지연·이경아(2014). 2014 한국의 소비자역량지표, pp.105-106.

났다. 특히 재무교육을 받은 재무관리역량 지수는 경험이 없는 집단에 비해 평균 6점 이상 높았으며, 통계적으로도 유의미하였다. 이러한 결과는 소비자교육 및 상담 프로그램을 실시함에 있어서 소비자역량이 상대적으로 낮은 취약소비자집단을 위한 맞춤형 프로그램으로 발전시키는 방안을 마련해야 함을 시사하는 것이다.

따라서 소비자역량 강화를 위한 노력을 함에 있어서 전 내용영역의 소비자역량이 고르게 향상될 수 있도록 하는 것이 중요하며, 그중에서도 소비자정보역량과 위험관리역량의 강화를 위한 대책을 마련할 필요가 있다. 나아가 소비자교육콘텐츠를 마련함에 있어서 상대적으로 취약한 소비자정보역량과 위험관리역량 부문의 소비자역량 강화를 위한 소비자교육 프로그램을 마련하는 것이 필요하다. 소비자역량의 사회적 격차를 해소하기 위해서는 20대, 미혼, 무직, 고졸 이하, 저소득계층, 노년기 등에 속하는 취약한 소비자계층을 대상으로 하는 소비자역량 강화를 위한 교육이 이루어지도록 하는 정책적 노력이 필요하다.

2. 소비자교육정책

1 │ 소비자교육정책의 의의 및 필요성

소비자교육은 소비자로 하여금 스스로 소비자역할을 수행하는 데 필요한 역량을 개발하도록 도와주는 데 의의를 둔다. 21세기 지식정보화 사회에서 국가와 기업의 경쟁력은 역량 있는 의사 결정능력에 의한 스마트한 소비자선택에 기반을 두고 있다. 소비자의 자주적 역량을 강화하고 역할을 증대하기 위해서는 소비자교육이 필요하며, 특히 오늘날 경쟁력 있는 소비자의 육성은 국가전략의 핵심과제가 되고 있다. 경쟁력 있는 소비자란 주체적이고 정보화되어 있으며, 책임 있는 소비자행동을 할 수 있는 소비자를 의미한다.

2007년부터 시행된 소비자기본법에서는 소비자교육을 국가와 지방자치단체의 의무로 규정하고 있다. 즉, 소비자교육의 방향은 소비자로 하여금 소비자의 올바른 권리행사를 이끌고, 물품 등과 관련된 판단능력을 높이며, 소비자가 자신의 선택에 책임을 지는 소비생활을 가능하게 하는 데 있다(배순영·손지연, 2013). 소비자는 '보호의 객체'가 아니라 '자립의 주체'로 새롭게 자리매김하였으며, 소비자정책의 기조도 피해구제나 보호를 강조하는 입장에서 소비자의 역량을 강화시키는 방향으로 변화되었다.

'주체적 소비자'란 소비자로서의 의사 결정에 있어 자신의 가치에 입각하여 스스로 결정을 할 수 있는, 즉 올바른 소비자가치관이 확립되어 있는 소비자를 말한다. '정보화된 소비자'란 소비자정보의 중요성을 인식하고 소비자정보를 충분히 획득하여 의사 결정을 함에 있어 효율적으로 활용하는 소비자이다. '책임 있는 소비자'란 자신의 소비가 사회 및 자연환경에 미칠 영향을 고려하는 소비자이다.

소비자교육은 개인 소비자로서 경쟁력을 갖추는 데 중요할 뿐만 아니라 사회적 측면에서도 건전한 소비문화 형성을 가능하게 하며, 경제적 측면에서도 국가의 경쟁력을 강화시키는 효과가 있다. 기업 측면에서도 소비자교육은 건전한 기업의 발전과 기업의 자율규제가 가능하도록 한다. 이는 더 나아가 기업의 국내 경쟁력을 강화시킬 뿐만 아니라 국제경쟁력도 향상시켜 나가는 원동력이 되는 것이다.

2 | 제 1, 2차 소비자정책 기본계획에서 소비자교육 추진내용

소비자교육정책은 1983년에 최초로 소비자보호위원회에서 소비자보호종합시책의 일환으로 의결하였으며, 이는 지금처럼 연도별 계획이 아니라 소비자보호법 제정으로 소비자정책이 국가의 주요한 정책으로 인식되면서 특별하게 수립된 것이라고 할 수 있다. 1983년도의 종합시책은 이후 1987년까지 장기간 소비자정책의 기본방향 역할을 해 왔다. 한국소비자원 건립 이후 우리나라 소비자정책은 체계적으로 추진되었으며, 재정경제부에서 수립하는 연도별 소비자보호종합시책은 1988년부터 찾아볼 수 있다. 소비자보호종합시책은 소비자보호를 위한 정부의 연도별 주요 정책과제로서 그 내용을 보면 소비자피해구제, 안전관리, 공정한 거래, 물가안정, 소비자조직활동 지원, 소비자교육 강화, 소비자정보 제공 등 전반적인 소비자업무를 포함하고 있다. 2005년 말에는 '중장기 소비자정책추진계획(2006~2010)'이 수립되기도 하였다.

2007년 개정된 소비자기본법이 시행됨에 따라 우리나라 소비자정책은 기본계획과 시행계획으로 구분되었다. 소비자기본법 제21조에 따르면 공정거래위원회는 소비자정책위원회의 심의의결을 거쳐 3년마다 소비자정책기본계획을 수립해야 한다. 소비자기본법에 따라 제1차 소비자정책기본계획은 2009~2011년, 2차 소비자정책기본계획은 2012~2014년까지 각각 3년간의 정책내용을 영역별로 제시하였다. 소비자정책시행계획은 소비자정책기본계획에 따라 매년 관계 중앙행정기관의 장 및 시·도지사가 수립한다.

제1차 기본계획에서 소비자교육정책은 '실질적인 소비자주권의 실현'이라는 정책비전 하에서 수립된 6대 정책방향 중의 하나로 '소비자교육 및 정보제공의 촉진'을 채택하였으며, 정책추진의 기본방향 중 하나로 '역량 있는 소비자육성'이 제시되었다. 이와 관련된 주요 추진과제를 보면, 선택비교정보 및 가격정보공개, 피해주의보 발령 등을 통해 정보제공 확대 및 분야별·대상별 소비자교육을 강화했으며, 향후 선택비교정보 확대, 취약계층의 역량 강화, 소비자교육 이-러닝 기반 마련 등을 중심으로 추진되었다(이득연 외 2013). 제1차 기본계획에서 소비자교육정책의 내용을 살펴보면, 소비자역량지수지표를 개발하고 소비자역량 평가를 도입하여 소비자교육의 니즈를 파악하고자 하였으며, 소비자교육성과에 대한 평가를 실시하여 효율성을 파악하고자 하였다. 이는 '체계적·효과적 소비자교육 실행'이라는 추진과제를 실현하고자 하는 구체적 과제 발굴이라고 볼 수 있다. 또한 학교 정규 교과서에 소비자교육으로 개발된 교육내용을 반영한 것과 교육대상별 다양한 교육콘텐츠의 개발 등에 있어서도 효과적 소비자교육 실행을 위한 구체적 과제라고 할 수 있다.

제2차 기본계획에서는 '소비자가 주역이 되는 시장구현'이라는 정책비전하에서 수립된 6대 정책방향 중 하나로 '소비자교육 및 정보제공의 효율화'를 채택하였으며, 정책의 기본방향으로 '소비자교육의 체계화'가 15대 중점과제 중 하나로 선정되었다. 그 결과 2010년과 2014년에는 소비자역량지수 측정을 통해 소비자교육의 성과를 평가할 수 있는 기반이 마련되었고, 통신·금융서비스·녹색소비생활 등 다양한 분야의 소비자교육콘텐츠가 개발되었다. 제2차 기본계획에서 소비자교육정책은 제1차 소비자기본계획에 비하여 '소비자교육의 체계화'라는 중점과제를 실현하기 위해서는 관련된 구체적인 과제 발굴과 운영체계가 필요하다. 즉, 세부영역별 과제 발굴과 추진방안이 미흡한 것이다. 특히 소비자교육과 관련된 정부 부처의 참여 및 공동추진사업은 거의 없는 실정이다.

3 | 소비자교육 패러다임의 변화

(1) 사회경제환경 변화에 따른 소비자문제와 소비자역량

현대사회에서 소비자는 기술의 발전과 시장 자유화로 인해 큰 기회를 제공받는 동시에 급변하는 사회와 그에 따른 소비환경의 복잡성으로 인해 심각한 소비생활의 위기에 직면할 수도 있다. 소비자역량은 현대사회에서 과거 어느 시기보다 중요하다고도 할 수 있다. 변화하는 소비환경 속에서 현명하고 지속가능한 소비생활을 영위하기 위하여 소비자는 잠재적·실천적 소비자역량을 갖추어야 한다.

OECD 소비자정책위원회(2011)는 소비자를 둘러싸고 있는 사회경제적 환경의 변화를 '시장의 변화'와 '소비자의 변화'로 구분하여 설명하고 있다. 시장의 변화로는 규제개혁, 교역의 자유화, 신기술, 서비스의 성장, 높은 교육수준과 낮은 정보이해력 등 4가지 이슈에 대하여 제시하고 있으며, 소비자의 변화로는 인구분포의 변화, 가계금융위기, 시간제

표 11-5 사회경제적 환경변화에 따른 소비자문제와 소비자역량

변화 이슈	유발되는 소비자문제	필요한 역량
규제 개혁 (금융, 통신, 운송 등 시장 자유화)	• 소비자선택의 폭 확대로 소비자가 현명한 선택을 위해 시장에 대해 더욱 많이 알아야 함 • 소비자들은 복잡한 시장에서 결국에는 차선의 결정에 머무르게 되는 경우가 많음	• 정보이해·활용력 • 구매의사 결정력
교역 자유화	• 원산지, 제품의 품질, 안정성 등에 대한 정보가 부족해짐 • 외국 판매자와의 전자상거래는 분쟁해결 및 피해구제에 어려움	• 필요정보에 대한 소비자권리주장력 • 소비자분쟁해결력
신기술	• 정보통신기술발전으로 구매방식 변화가 급격해지고 인터넷사기 및 모바일 소비자문제 증가 • 신제품 출시주기가 짧아지면서 제품을 언제 살 것인지에 대한 결정이 소비자에게 큰 부담이 됨	• 정보이해·활용력 • 안전한 사용 및 분쟁해결력 • 구매의사 결정력
서비스의 성장 (가계지출의 절반 이상)	• 서비스는 제품과 달리 구매 전후에 평가가 어렵고, 물릴 수도 없고 피해구제도 어려움 • 소비자의 개인적 니즈와 변화하는 환경을 고려한 맞춤형 서비스가 증대하는데, 이는 오히려 소비자의 과도한 비용 부담 및 실패를 유발(특히 금융)	• 소비사회적응력 • 정보이해·활용력 • 구매의사 결정력
인구분포 변화 (젊은층 감소, 고령자 증가)	• 고령자의 방문판매 및 신상품 수용 취약성 증가 • 젊은층이 합리적 선택에 필요한 기술 및 지식이 부족하거나 충동구매 등으로 부채 증가	• 구매의사 결정력 • 정보이해·활용력 • 재무설계력 • 자산·부채관리력
가계금융위기	• 소비자는 금융문제에서는 근시안적이고 부채 관리를 상대적으로 자신하는 경향이 존재 • 은퇴 후 기대수명 증가로 이후 은퇴소요자금이 절대적으로 부족	• 자산·부채관리력 • 재무설계력 • 위험대비력
시간 제약	• 맞벌이 가정 증가 등으로 구매대행서비스가 증가하고 일부는 수수료 등을 이유로 과잉 구매 유도 • 소비자불만 제기과정의 시간문제가 부각	• 구매의사 결정력 • 소비자분쟁해결
높은 교육 수준, 낮은 정보이해력	• 전체인구 중 대학교육이수자는 증가했으나, 정보 이해력은 시장의 정보 속도에 따라가지 못해 낮음 • 소비자의 정보처리능력이 낮으면 표시, 공시, 계약서, 각종 정보제공정책의 효과가 낮아짐	• 소비사회적응력 • 정보이해·활용력
환경·에너지	• '탄소 배출'이 소비자가격(특히 기회비용)의 새로운 요소로 등장하나 소비자들은 이에 둔감 • 친환경상품, 재활용, 재사용, 등 지속가능소비에 대한 소비자인식 제고가 필요	• 정보이해·활용력 • 소비자책임수용력
사회정의	• 소비자 개인의 만족뿐만 아니라 다른 소비자의 이익, 사회전반의 공익에 관심을 가져야 함 • 공정한 거래, 윤리적 소비 등 실천에 관심 필요	• 소비자책임수용력 • 소비사회적응력

자료: 배순영, 손지연(2013). 소비자교육 추진체계 및 방향에 관한 연구, pp.32-33.

약 등의 이슈를 제시하고 있다. 이에 더하여 제1차 소비자정책기본계획에서는 사회경제적 변화로 특히 지구온난화와 에너지문제의 심화와 현대사회에서 요구되는 소비자시민과 윤리적 소비에 관한 이슈를 제시하였다. 이러한 사회경제적 이슈로 인해 유발되는 소비자문제와 각각의 문제해결에 필요한 소비자역량을 배순영·손지연(2014)이 제시한 소비자역량 구분에 기초하여 제시해 보면 표 11-5와 같다.

소비자는 변화하는 사회경제환경 속에서 유발되는 각종 소비자문제에 능동적으로 대응하기 위하여 다양한 소비자역량을 갖추어야 한다. 특히 정보이해활용능력과 구매의사결정능력은 가장 보편적으로 요구되는 역량이라고 볼 수 있다. 이외에도 안전한 사용 및 분쟁해결능력, 소비사회적응능력, 재무설계능력 및 자산부채관리능력이 요구되며 소비자책임수용능력, 위험대비력 등도 요구되고 있다.

(2) 시대적 변화에 따른 소비자교육 패러다임의 변화

소비자교육은 '단순한 구매지식의 전달이 아니라 한정된 자원을 현명하게 사용할 수 있는 삶의 기술과 지식의 습득에 대한 것'이며, '소비자의 역량을 개발하는 일련의 과정'이라고 정의된다(배순영·손지연, 2013). 21세기로 접어들면서 소비자교육은 개인적 지식과 기술, 자원 관리, 소비자행동의 개선뿐만 아니라 소비사회의 전반에 대한 이해를 강조하고, 개인의 소비행동이 사회전체에 미치는 영향력에 대해서도 인식하도록 함으로써 책임감 있는 소비를 실천하는 새로운 역할을 강조하고 있다. 소비자교육의 방향에 대한 이러한 변화는 소비자교육 패러다임의 변화를 통하여 설명할 수 있다.

그림 11-4에서 제시하는 바와 같이 소비자교육 패러다임은 사회경제적 환경 변화에 따라 그 영향으로 변화해 왔으며, 소비자교육의 내용과 우선순위도 함께 변화되었음을 알 수 있다. 가장 최근에 대두되고 있는 소비자교육의 패러다임은 시민으로서 소비자역할을 강조하는 '소비자시민의 힘'이며, 이를 위한 소비자교육의 비전은 '행동하는 소비자시민의 육성'에 두고 있다. 이를 달성하기 위한 우선적 교육목표는 소비자들이 상품의 사용과정에서 지속가능성을 고려하며, 공공영역에서 참여하는 소비자시민, 소비자핵심역량 개발, 비판적 자각 및 책임감 있는 소비자로 육성하는 것에 모아지고 있다. 소비자교육의 내용과 범위는 일반적으로 시대 및 국가 간에 차이가 있고, 우선적 교육의 목표

시대 구분	소박한 소비시대	컨슈머리즘 시대	사회 · 그린 컨슈머리즘시대	안전 · 신뢰 관심시대	소비자시민 사회시대
패러 다임	금전의 가치	소비자 힘과 권리	생활의 질	웹에서의 신뢰	소비자 시민의 힘
초점	개인 가계	시장시스템	사회와 환경	전자상거래	행동하는 소비자(소비자시민)

우선
관심
	• 욕구의 체계
	• 경제적 효용
	• 시장경제의
	  원리와 메커
	  니즘의 이해
		• 소비자조직
		  의 강화
		• 소비자정책
		  의 개발
		• 입법
			• 사회적·환경적
			  책임 vs 낭비적 소비
			• 지속가능소비 vs
			  자원의 고갈
			• 생산조직 다시보기
			• 세계·지역시장 이해
				• 거래안전정책
				• 선택의 편리
				• 엄격한 프라이
				  버시 정책
				• 쉽고 저렴한
				  비용으로 접근
				• B2C 전자상거래
				  가이드라인
				• 소비자보호의
				  높은 표준
					• 상품사용에서 지속
					  가능성 고려
					• 공공영역에서
					  소비자시민 참여
					• 핵심역량 개발과
					  책임감
					• 자기자신감과
					  용기, 인내, 연대
					• 비판적 자각 및
					  지식

동인	정보	조직	커뮤니케이션	선택, 상호작용	참여

그림 **11-4** 소비자교육 패러다임의 변화
자료: 배순영, 손지연(2013), 소비자교육 추진체계 및 방향에 관한 연구, 26.

이외에 하나 이상의 분야를 포함하고 있다. OECD 소비자정책위원회(2011)가 27개국을
대상으로 소비자교육의 정의 및 목표를 조사한 바에 따르면 소비자교육은 ① 소비자정
보와 구매기술의 습득을 돕는 것, ② 소비자권리를 인식하고 사전 예방 인식을 높이는
것, ③ 책임 있는 소비생활을 하는 것 등으로 요약된다.

4 | 소비자교육의 추진체계

(1) 소비자교육 추진체계의 의의 및 구성요소

소비자교육을 보다 효과적으로 추진하기 위해서는 무엇보다 추진체계의 정비가 필요하
다. 일반적으로 정책추진체계란 '특정정책을 수립·집행하고 정책 결과를 평가하여 새로

운 정책 수립에 반영하는 일련의 정책과정에 직접적으로 관계되어 있는 정부조직과 기구의 수직·수평적 집합'을 의미한다(홍성걸, 2009).

정책추진체계가 잘 구축되어 있는 경우에는 관련 정책주체 간에 갈등이나 마찰, 유사 정책이나 사업의 중복 추진, 자원배분의 비효율성 등 정책과정에서 나타날 수 있는 거래비용을 줄임으로써 정책추진과정에서의 효율성을 제고할 수 있다. 소비자교육정책은 아직까지 교육의 정체성이 명료하지 않고, 최근의 정보지식사회에서 인프라와 관련되어 많은 변동을 겪는 분야이기 때문에 추진체계의 정비와 정책과정의 총괄 및 조정 여하에 따라 정책의 효율성과 효과가 크게 달라질 수 있다. 또한 학계, 교육계, 소비자단체 등 광범위한 이해당사자 간의 협조가 필수적인 영역이라는 점 때문에 효율적인 정책추진체계가 요구되는 분야라고 할 수 있다.

소비자교육 추진체계란 소비자교육 정책을 어떻게 수립·집행·평가하느냐와 관계되는 개념이다. 좀 더 구체적으로 설명하면 광의의 의미에서는 소비자교육에 관련된 법제도, 실행조직과 방법, 효과적 추진을 위한 수직·수평적 협력체계를 포괄한다. 협의의 의미에서는 소비자교육의 효과적 추진을 위한 조직체계를 의미한다. 소비자정책의 목표로서 '소비자역량 강화'가 부각되면서 소비자역량 강화의 대표적 수단으로 소비자교육의 중요성에 대한 논의가 더욱 활발해지게 되었다. 소비자교육 추진체계는 다른 정책추진체계에서와 같이 ① 전략적 기획·조정기능을 확보하고, ② 효율적·효과적으로 추진하며, ③ 이해당사자 간에 협력적 추진을 통한 성과 확산 및 상호 발전을 목표로 하고 있다. 소비자교육이 효율적으로 추진되고, 그 효과를 얻기 위한 당면과제 중 하나로 체계적 추진체계의 필요성을 처음으로 제시한 연구(송순영, 2001)는 '소비자교육종합발전방안'에서 찾아볼 수 있다.

OECD 소비자정책위원회는 2009년 세계 27개국의 소비자교육 현황, 장애요소, 당면과제 등을 분석한 결과를 통하여 소비자교육 추진에 필요한 3가지 요소를 표 11-6과 같이 지시하였다.

* 첫째, 소비자교육 목적과 전략의 명료화이다. 소비자정책은 정체성이 명료하기 않기 때문에 목적과 전략을 명료화하는 것이 중요하다. 또한 성과평가를 위한 점검과 평

표 **11-6** OECD 소비자교육 추진을 위한 3가지 요소

권고안	쟁점
소비자교육의 목적과 전략의 명료화	• 목적과 전략의 명확한 정의는 효율성에 기여 • 소비자교육은 어린나이부터 생애교육으로 진행되어야 함 • 프로그램의 설계는 소비자의 니즈연구에 기반하여 수립 • 교육정책목표는 규제정책과 균형을 이룰 것 • 다양한 도구와 선진사례를 바탕으로 평가를 발전시킬 것
소비자교육의 적절한 방법 선택	• 효과적 소비자교육교사 양성 필요 • 교사의 전문성 개발을 위해 정부가 노력할 필요 • 온·오프라인 자원 모두 활용 • 교육시간이 누적되는 방식으로 프로그램 개발 • 소비자의 인구사회적 특성을 고려하여 맞춤식 교육 개발
이해관계자들의 협업과 협력 발전	• 정부 간 협력 촉진 필요 • 기업 스스로 교육방법과 가이드라인 발전 독려 • 국가차원에서 미디어가 더욱 효과적으로 이용되도록 할 것

자료: 배순영·손지연(2013), 소비자교육 추진체계 및 방향에 관한 연구, p.48, 재인용.

가체계 마련이 중요하다.

* 둘째, 소비자교육의 적절한 방법 선택이다. 이를 위한 가장 적절한 방법은 소비자교육 교사를 효과적으로 양성하는 것이다. 소비자교육교사로서 전문성을 갖춘 교사 양성을 위하여 정부의 체계적인 지원이 필요하다고 하겠다.

* 셋째, 이해관계자들의 협업과 협력 발전이 필요하다. 소비자교육은 관련된 다양한 분야의 협력을 촉진할 필요가 있으며, 특히 교육부와의 연계체계를 구축하는 것이 필요하다. 또한 기업이 과거의 정보제공자로서만이 아니라 스스로 소비자교육에 참여할 필요가 있다.

(2) 우리나라 소비자교육 추진체계 현황

소비자교육 추진체계의 구성요소는 광의의 의미에서 소비자교육에 관련된 법제도, 실행조직과 방법, 효과적 추진을 위한 협력체계 등을 포함하고 있다. 지금부터 이러한 구성요소에 대하여 우리나라의 현황을 살펴보고자 한다.

① 소비자교육 관련 법·조례 현황

우리나라는 '소비자기본법', 교육관련법, 기타 '환경교육진흥법'과 '경제교육지원법', 시도의 조례 등에서 소비자교육에 대한 내용을 규정하고 있다(배순영·손지연, 2013). 본 장에서는 '소비자기본법'에 제시된 소비자교육 관련 규정에 대하여 살펴보고자 한다. 소비자관련법에서 소비자교육에 관한 규정을 처음 찾아볼 수 있었던 것은 '소비자보호법' 제9조(소비자계몽) 등에서이다. 국가 및 지방자치단체의 소비자교육에 관한 의무로서 소비자가 물품과 용역에 관하여 필요한 지식과 정보를 제공하기 위하여 교육을 실시해야 한다고 규정하였다. 1986년 개정된 '소비자보호법'에서는 소비자 기본권리의 하나로 소비자교육을 받을 권리를 규정하고 있다(동법 제3조 1항). 또한 소비자보호를 위한 한국소비자보호원(동법 제28조 5항) 및 소비자단체(동법 제18조 4항)에 소비자교육 의무를 부과함으로써 그 이전에 비하여 소비자교육 내용을 약간 더 강화하였다.

소비자교육 관련 규정이 조금 더 큰 폭으로 강화된 것은 2006년 전면 개정된 '소비자기본법'에서이다. '소비자기본법' 제14조(소비자의 능력 향상)가 소비자교육 관련하여 별도로 제시되었으며, 이는 소비자교육의 정책적 개념의 정체성이 보다 구체화되는 계기가 되었다(표 11-7 참조). 또한 '소비자기본법' 제21조(기본계획의 수립)에서는 공정거래위원회가 소비자정책에 관한 기본계획을 수립함에 있어서 소비자교육 및 정보제공의 촉진(동법 제14조 2항) 관련 사항도 포함되어야 함을 명시하고 있다. 더 나아가 동법 제28조

표 11-7 소비자기본법 제14조(소비자의 능력 향상) 소비자교육 관련 내용

법조항	내용
제14조 (소비자의 능력 향상)	• 국가 및 지방자치단체는 소비자의 올바른 권리행사를 이끌고, 물품 등과 관련된 판단능력을 높이며, 소비자가 자신의 선택에 책임을 지는 소비생활을 할 수 있도록 필요한 교육을 해야 한다. • 국가 및 지방자치단체는 경제 및 사회의 발전에 따라 소비자의 능력 향상을 위한 프로그램을 개발해야 한다. • 국가 및 지방자치단체는 소비자교육과 학교교육·평생교육을 연계하여 교육적 효과를 높이기 위한 시책을 수립·시행해야 한다. • 국가 및 지방자치단체는 소비자의 능력을 효과적으로 향상시키기 위한 방법으로 '방송법'에 따른 방송사업을 할 수 있다. • 제1항의 규정에 따른 소비자교육의 방법 등에 관하여 필요한 사항은 대통령령으로 정한다.

(소비자단체의 업무 등)에서도 소비자단체는 소비자교육 업무를 행하도록 명시하고 있으며, 동법 제35조(업무)에서는 한국소비자원의 업무로서 소비자의 권익증진·안전 및 능력개발과 관련된 교육·홍보 및 방송 사업을 구체적으로 정하고 있다.

또한 동법 시행령에서도 소비자교육 관련 내용의 시행에 관한 구체적인 사항에 대하여 명시하고 있다. 동법 시행령 제3조(조례의 제정)에서는 지방자치단체가 소비자능력 향상을 위한 교육 및 프로그램을 포함하는 조례를 제정할 수 있다는 내용을 명시하고 있으며, 동법 시행령 제5조(소비자교육의 방법)에서는 소비자교육을 함에 있어서 정보통신매체의 활용, 현장실습과 같은 체험, 평생교육시설의 활용, 방송 등에서 비상업적 공익광고 등과 같은 다양한 매체를 활용할 수 있음을 명시하고 있다.

공정거래위원회가 광역 지방자치단체에 보급한 표준소비자조례안 제16조(소비자의 능력 향상)의 내용을 살펴보면 시·도지사의 소비자교육에 대한 의무조항을 명시하고 있다. 즉, 시·도지사는 소비자의 권리를 실현하고 소비자의 판단능력을 높이며, 책임 있는 소비생활을 하는 데 필요한 교육을 실시해야 한다고 명시하고 있다. 뿐만 아니라 시·도지사는 소비자교육에 필요한 인력지원, 프로그램 개발 및 보급, 자주적인 학습지원을 해야 하며, 또한 시·도지사는 소비자교육 및 프로그램 개발 등을 소비자단체, 연구교육기관 등 외부기관에 위탁하여 실시할 수 있음을 명시하고 있다. 2012년에 전국 지방자치단체를 대상으로 한 지방소비자행정에 대한 실태조사 결과에 의하면, 전국 16개 시·도 중 소비자능력 향상에 대한 조례를 정비한 시·도는 5개 수준에 불과한 것으로 나타났다(강성진, 2012).

② 소비자교육정책 및 실행조직 현황

2007년 3월부터 '소비자기본법'이 시행됨에 따라 소비자교육정책은 3년마다 수립되는 소비자기본계획에 의거하여 추진되고 있다. 이전에는 1988부터 2006년까지 매년 수립된 소비자보호종합시책에서 소비자교육 관련 추진과제로 제시되었다. 제1차 소비자기본계획(2009~2011)과 제2차 소비자기본계획(2012~2014)에서의 소비자정책 비전과 소비자정책 중점과제 중에서의 소비자교육실행을 위한 소비자교육정책 과제와 그에 관련된 세부과제 중심으로 정리해 보면 다음과 같다(표 11-8 참조). 제1차 기본계획에서 소비자교육정책의 내용을 살펴보면, 소비자역량지수지표를 개발하고 소비자역량 평가를 도입하여 소비자교육 니즈를 파악하고자 하였으며, 소비자교육 성과에 대한 평가를 실시하여 효율성을 파악하고자 하였다. 이는 '체계적·효과적 소비자교육 실행'이라는 추진과제를 실현하고자 하는 구체적 과제 발굴이라고 볼 수 있다. 또한 학교 정규 교과서에 소비자교육으로 개발된 교육내용을 반영한 것과 교육대상별 다양한 교육콘텐츠의 개발 등에 있어서도 효과적 소비자교육 실행을 위한 구체적 과제라고 할 수 있다. 이에 비하여 제2차 기본계획에서 소비자교육정책은 제1차 소비자기본계획에 비하여 '소비자교육의 체계화'라는 중점과제를 실현하기 위해서는 관련된 구체적인 과제 발굴과 운영체계가 부족하다고 하겠다. 즉, 세부영역별 과제 발굴과 추진방안이 미흡하다. 특히 소비자교육과 관련된

표 11-8 제1차, 제2차 소비자기본계획에서 소비자교육 추진과제

제1차(2009~2011)	제2차(2012~2014)
소비자교육 및 정보제공의 촉진 3.1 체계적인 효과적 소비자교육 실행	소비자교육 및 정보제공의 효율화 3.1 소비자교육의 체계화
3.1.1 소비자교육 추진 인프라 구축 • 소비자역량지수 평가 • e-consumer library 구축을 위한 조사 • 소비자교육 성과 파악	3.1.1 가정에서의 소비자교육 지원 • 캠페인 전개 및 체험 사례공모전
3.1.3 학교 소비자교육에 대한 지원 강화 • 금융교재를 개발하여 보급 • 학교교육 우수사례 발굴 • 학교 재량활동시간을 통해 소비자교육을 실시할 시범학교 지정 • 학교 정규교과에 소비자교육으로 개발된 교육내용을 정규교과서에 반영	3.1.2. 학교교육 내실화 • 초중고 교육과정에 소비자교육 내용 확대 • 대학에서의 소비자교육 실시방안 마련 • 교원대상 소비자교육 연수 확대
3.1.2 교육대상별 이슈별 소비자교육의 강화 • 디지털교육에 대해 이용자교육 콘텐츠의 개발 보급 및 저작권 교육 • 통신서비스이용자를 위한 교재 보급 • 청소년 금융교육 실시 • 소비자교육을 위한 콘텐츠 개발 • 저탄소 녹색소비실천교육 리플릿 제작·배포 • 소비자상담 아카데미 실시 • 분야별 소비자교육교재 개발·보급 • 결혼이민자 교재 개발 및 교육활동	3.1.3. 사회적 배려계층 소비자교육 강화 • 노인, 장애인, 어린이대상 안전교육 강화 3.1.4. 사이버 소비자교육 확대 • e-consumer library 정착 환경 구축 • 소비자교육 DB 구축

자료: 배순영·손지연(2013), 소비자교육 추진체계 및 방향에 관한 연구, p.59.

정부부처의 참여 및 공동추진사업은 거의 없는 실정이다.

소비자교육 과제 관련 참여 정부 부처를 살펴보면 제1차 소비자기본계획에서는 교육과학기술부, 금융감독원, 환경부, 문화체육관광부 등 4개 부처이며, 한국소비자원과 소비자단체 등이 관련기관으로 참여하였다. 제2차 기본계획에서는 교육과학기술부 1개 부처와 한국소비자원 1개 기관으로 참여가 감소하였다(배순영·손지연, 2013). 2013년 초에 발표된 대통령업무보고에서 발표된 내용 중에서 소비자교육정책과 관련된 계획을 살펴본 바에 의하면, 총 15개 유관부처 중에서 직간접적인 소비자교육 관련 계획을 가지고 있는 부처는 8개 부처라고 판단하고 있다. 소비자교육 관련 계획이라는 판단의 근거는 업무내용 중에서 ① 제1, 2차 소비자기본계획상의 소비자교육추진과제와 연계되어 있는 경우, ② 소비자교육의 주제인 경제·금융교육, 안전교육, 정보통신교육, 법교육, 환경교육, 시민교육 등의 내용인 경우, ③ 소비자교육의 대상이 유·아동, 청소년, 주부 및 취약계층인 경우이다. 평가 결과를 살펴보면, 총 8개 부처의 업무내용 중에서 직접적으로 관련된 정책계획이라고 판단되는 경우는 방송통신위원회의 방송통신보호관련 교육, 금융위원회의 금융소비자교육종합계획 수립, 법제처의 권리·의무교육, 보건복지부의 노후설계교육, 식품의약품 안전처의 식품안전교육 등이다. 이와 같은 유관기관의 교육내용이 소비자기본계획을 매개로 하여 소비자교육 추진과 연계될 수 있는 전략 수립이 필요하다(배순영, 손지연, 2013).

③ 소비자교육 추진기구 및 협력체계 현황

소비자기본법 시행 이후의 소비자정책의 주관 부서는 공정거래위원회이며, 소비자기본법상 소비자교육업무수행 의무기관으로는 지방자치단체, 한국소비자원, 소비자단체 등이 있다. 이외에도 소비자교육 관련 추진기구로서 소비자정책위원회 소속 정부 부처, 학계, 소비자관련 학과가 있는 대학교, 기업소비자전문가협회 등을 총괄하여 약 250여 개 기구가 관련되어 있는 것으로 보고되고 있다(공정거래위원회, 2007). 그러나 지방자치단체와 한국소비자원 등이 대표적으로 소비자교육 업무를 수행하고 있는 실정이다. 소비자교육만을 전담하는 기구로서는 2004년에 소비자교육의 방향 및 프로그램을 조정하고 지원할 기구로서 '소비자정책심의위원회' 산하에 '소비자교육전문위원회'를 구성하여 관련 부처 및 기관 간 협력체계를 구축하고자 하였다. 2005년에는 전년도에 설치된 '소비자교육전문위원회' 운영의 내실화를 위하여 중점추진 분야별 워킹그룹Working Group을 구성하여 전문성을 강화하도록 하였으며, '소비자교육지원단'을 구성하여 인적자원의 효율적 활용 및 소비자교육의 활성화 기반을 마련하였다(재정경제부, 2004; 2005). 그러나 현재는 그 활동들이 중단된 상태에 있으며, 따라서 한국소비자원의 소비자정보교육국이 전담기구에 가까운 업무를 수행하고 있는 것으로 볼 수 있다.

소비자교육의 평가는 특정 프로그램의 성과를 측정하는 측면과 프로그램을 통해서 결과적으로 국민전반의 리터러시가 향상된 것을 측정하는 2가지 모두가 포함되는 것이 바람직하다. 그러나 소비자교육은 단기간에 성과가 나타나지 않으며, 따라서 성과를 측정하기는 매우 어려운 측면이 있다. 현재 소비자교육 관련 평가체계는 따로 존재하지 않으며 소비자정책 평가체계를 따르는 수준으로 운영되고 있다. 소비자기본계획에 의하면, 제13조 제3항에서 공정거래위원회가 소비자정책 관련 기관의 시행계획추진 실적 결과를 종합하여 그 결과를 기본계획의 수립에 반영하도록 하고 있다. 이러한 '포괄점검' 수준의 소비자정책 평가체계를 개선하여 소비자교육의 성과평가를 별도로 구축할 필요가 있다. 소비자교육기획단계 부터 평가를 염두에 두고 교육프로그램을 추진하도록 함으로써 소비자교육의 구체적 교육성과 평가 및 교육관련 점검체계의 발전을 도모하는 것이 바람직하다.

3. 소비자정보정책

1 | 소비자정보정책의 필요성 및 의의

오늘날 시장에는 급속한 기술 혁신으로 최첨단기능을 가진 다양한 신상품이 쏟아져 나오고 있으며, 소비자는 자신의 욕구 충족을 위하여 상품과 서비스를 선택하는 것이 쉽지 않게 되었다. 소비자정보는 상품과 서비스를 구매함에 있어서 재정적·심리적 불확실성 및 위험을 감소시켜 주고 가격이나 품질, 판매점, 제품 등에 관해 알려 줌으로써 소비자로 하여금 시장 상황을 잘 파악하게 하여 바람직한 선택을 하도록 도와 준다(김영신 외, 2000). 따라서 소비자가 다종다양한 상품이나 서비스 가운데 합리적으로 구매의사결정을 내리고, 상품 및 용역을 올바르게 사용하도록 하기 위해서 소비자정보는 매우 중요하다.

그러나 모든 정보가 소비자에게 유용한 것은 아니다. 유용한 정보란 소비자가 의사 결정시 적절하게 이용할 수 있어야 하며, 또한 신뢰할 만하고 정확해야 한다. 그러나 시장경제에서 소비자와 사업자 간 정보의 비대칭성이라는 구조적 문제가 있으며, 이는 소비자문제 발생의 원인이 되고 있으나, 소비자가 스스로 해결하기란 거의 불가능하다. 따라서 정부의 소비자정보정책 개입이 불가피한 현실이다.

정부의 소비자정보정책은 사업자들에게 올바른 소비자정보제공을 의무화하는 규제정책과 정보내용을 소비자에게 널리 알릴 수 있도록 경제적 지원을 통하여 도와 주는 지

생각하는 소비자 11-1

규제정책과 지원정책

규제정책

기업에 대하여 지켜야 할 사항을 규정해 놓고 이를 준수하도록 지도·권고하고 위반사항을 적발하여 이를 공표하거나 처벌 방법으로 규제해 나가는 것이다. 이를 위하여 국가는 관련 법제도, 고시 또는 지침 등 통일된 기준을 마련하게 된다. 정부규제는 진입규제, 가격규제, 영업활동 등과 같은 기업의 본원적 활동에 대한 경제적 규제와 기업의 사회적 활동에 대한 사회적 규제가 있다.

지원정책

소비자주권 확립을 위하여 소비자를 보호의 대상으로 보지 않고, 사업자와 소비자가 대등한 관계에서 거래가 이루어지도록 하려는 데 그 목적이 있다. 여기에는 먼저, 능력 있는 소비자가 되도록 필요한 지식을 제공하고 교육을 하는 것, 상품시험 결과를 공표하여 정보를 제공해 주는 것, 소비자불만처리를 통한 사전적 피해예방효과 달성, 스스로 옹호하기 위한 소비자조직활동 지원 등이 있다.

원정책으로 펼쳐나가고 있다. 규제정책의 내용에는 표시규제, 품질인증, 등급사정, 제품 표준화제도 등이 있다. 또한 공공기관 및 민간소비자단체의 정보제공요청권을 들 수 있으며, 사업자의 과도한 광고를 제한하는 중요정보공개제도를 들 수 있다. 지원정책의 내용에는 공공기관 또는 민간 소비자단체에서 상품검사 결과 제공하는 상품품질정보가 있으며, 이는 객관적이고 신뢰할 수 있다는 정보의 특성 때문에 소비자의사 결정 시 매우 중요한 정보원이 된다.

2 | 소비자정책 기본계획에서 소비자정보정책 추진내용

(1) 제1, 2차 기본계획에서 추진내용

소비자정보정책은 1983년에 최초로 소비자보호위원회에서 소비자보호종합시책의 일환으로 의결하였으며, 종합시책은 이후 1987년까지 장기간 소비자정책의 기본방향 역할을 해 왔다. 소비자보호종합시책은 소비자보호를 위한 정부의 연도별 주요정책 과제로서 소비자정보제공을 포함한 전반적인 소비자업무를 포함하고 있다.

2007년 개정된 소비자기본법이 시행되게 됨에 따라 동법 제21조에 의해 공정거래위원회가 3년마다 소비자정책기본계획을 수립해야 하며, 기본계획내용 중에서 소비자정보정책 관련 내용을 정리하면 표 11-9와 같다.

제1차 기본계획에서는 '실질적인 소비자주권의 실현'이라는 정책비전하에서 정책추진의 기본 방향 중 하나로 '역량 있는 소비자육성'이 제시되었으며, 이를 달성하기 위한 6대 정책 분야 중의 하나로 '소비자교육 및 정보제공의 촉진'을 채택하였다. 정보정책 관련 중점과제로서 '소비자정보생산 및 제공 확대(3.2)'와 '통합 소비자정보제공 인프라 확대(3.3)'가 15대 중점과제중 하나로 선정되었다. 이와 관련된 주요 추진과제를 보면 합리적인 소비를 위한 소비자정보제공과 소비자피해예방을 위한 정보제공의 확대와 소비자상담시스템의 통합과 소비자정보제공 원스톱서비스 제공이 포함되어 있다. 그 결과 2009년에는 합리적인 소비를 위한 정보제공차원에서 다양한 제도가 도입되었다. 농수축산물에 대한 원산지 표시와 음식점에서 제공하는 음식에 대한 원산지 표시가 강화되

표 11-9 제 1, 2차 기본계획에서 소비자정보정책의 내용

제1차 (2009~2011)	제2차(2012~2014)
소비자교육 및 정보제공의 촉진 3.2 소비자정보기반 확충 3.2.1 소비자정보 생산·제공 확대 3.2.2 통합 소비자정보제공 인프라 확대	소비자교육 및 정보제공의 효율화 3.2 소비자정보 생산·제공 확대
3.2.1.1 합리적 소비를 위한 소비자정보제공 확대 • 농·수·축산물의 원산지표시 강화 • 음식점 원산지표시 강화 • 농산품 가공물의 지리적 표시 도입 • 통신서비스품질평가 및 평가결과 정보제공 • 국내외 가격 차이 조사, 원인분석 및 개선방안 제시: 수입승용차 타이어 등 • 상품테스트 과제 수행: 11개 제품 • 소비자정보영상물 제작 • 온라인 정보 사이트: T-Gate 보완 • 공산품표시가격제도 개정 시행	3.2.1 가격-품질비교 정보생산 확대 • 온라인 '컨슈머리포트' 론칭: 디지털 TV 등 고기능성 제품중심으로 비교정보제공 • 가격정보포털시스템(T-price) 정보제공품목 확대 • 인터넷 소비자방송 추진
3.2.1.2 소비자피해 예방을 위한 정보제공 확대 • 금융생활안내서: 〈자본시장법 시대의 현명한 투자자를 위한 가이드〉 제작·배포 • 가격 및 품질테스트 정보 생산·제공: 승용차 연비 • 소비자피해주의보 발령: 콘도 및 골프장 이용 등 • 제품안전정보 네트워크 구축	3.2.2. (정보비대칭 개선)모바일 소비자정보제공 채널구축 • 금융교실, 금융소비자포털 콘텐츠 앱 개발 • 금융분쟁조정 통합 공시시스템 구축 • 건강기능식품 e-정보시스템 개편 및 휴대폰 앱 개발
3.2.2.1 소비자상담시스템의 통합화 추진 • 소비자상담통합센터 구축: 1372	
3.2.2.2 소비자정보제공 원스톱 서비스 구현 • 소비자종합정보망 구축: 온라인 소비자종합정보망 '스마트컨슈머'	

자료: 송순영·백병성·송민수·이득연(2010), 소비자정책 기본계획 수립방안 연구, 정책연구 10-16, pp.20-50.

었으며, 농산물 가공품의 지리적 표시 도입 등이 시작되었다. 또한 통신서비스에 대한 품질평가 및 관련 정보제공, 수입제품에 대한 가격차이조사와 차이원인분석 관련 정보제공 등이 추진되었다. 소비자피해예방을 위한 정보제공차원에서는 소비자피해주의보 발령과 가격-품질테스트 정보의 생산과 제공, 금융소비자피해 예방을 위한 금융생활안내서 제작 및 배포 등이 이루어졌다. 통합 소비자정보제공 인프라 구축차원에서는 1372 소비자상담통합센터 구축과 온라인 소비자종합정보망 '스마트컨슈머smartconsumer.go.kr'가 문을 열었다.

제2차 기본계획에서는 '소비자가 주역이 되는 시장구현'이라는 정책비전하에서 수립된 6대 정책방향 중의 하나로 '소비자교육 및 정보제공의 효율화'를 설정하였다. 이를 달성하기 위한 6대 정책과제 중의 하나로 '소비자정보 생산·제공 확대(3.2)'가 선정되었으며, 관련 추진과제로는 가격-품질비교 정보생산 확대와 모바일 소비자정보제공 채널 구축이 있었다. 제1차 기본계획에 비하여 제2차 기본계획에서 '소비자정보 생산·제공 확대'라는 정책과제를 실현하기 위해서는 관련된 구체적인 과제 발굴과 운영체계가 부족하다. 즉, 세부영역별 과제 발굴과 추진방안이 미흡하다. 비교정보 확대 측면에서는 온라인 컨슈머리포트를 통하여 고기능성 제품정보를 중심으로 하는 비교정보와 가격정보포털시스템T-price을 통한 정보제공품목의 확대, 인터넷 소비자방송 등을 제공하기 시작하였다. 모바일 정보제공 채널구축 차원에서는 금융소비자포털 콘텐츠 앱과 건강기능식품 관련 휴대폰 앱을 개발·제공하게 되었다.

(2) 제3차 기본계획에서 소비자정보정책

제3차 기본계획은 3년 동안(2015~2017)의 정책방향을 담고 있으며 1, 2차 기본계획의 큰 틀은 유지하되 정책기조의 변화를 반영하여 국가정책으로서의 성격을 반영할 수 있도록 하는 데 의의를 두고, 국가적·사회적 주요 사안에 선제적으로 대응하는 '문제해결형' 계획으로의 변화에 주안점을 두고자 하였다. 이에 따라 우리 사회의 소비자 관련 주요 트렌드와 연계된 핵심문제 혹은 이슈를 분석하고, 이러한 문제를 해결하기 위한 핵심목표와 이를 통해 도달하고자 하는 정책비전은 '소비자가 이끄는 더 나은 세상'에 두어야 한다(그림 11-5 참조). 이를 달성하기 위한 핵심목표는 '역량 있는 소비자' 양성에 있다. 소비자는 능동적 참여와 정보에 기반을 둔 스마트한 선택을 할 수 있는 역량 있는 소비자로서 시장을 주도할 수 있도록 하며, 이러한 바탕하에서 제3차 기본계획이 도달하고자 하는 정책비전을 실현할 수 있다.

제3차 기본계획 수립을 위하여 사회전반의 메가트렌드 및 국내외 소비자정책 이슈를 바탕으로 소비자와 시장에 영향을 미칠 수 있는 트렌드를 중심으로 7대 주요 트렌드를 도출하고, 이를 토대로 하여 향후 소비자정책과제가 되는 15개의 주요 소비자이슈를 도출하였다. 도출된 소비자이슈는 다시 유사정책과제 등을 통합하여 최종적으로 12개의

그림 11-5 제3차 소비자정책 기본계획의 비전과 목표

자료: 이득연 외(2013), 제3차 소비자정책 기본계획 수립방향 연구, p.50.

소비자정책과제를 제안하였다. 이 중 하나로 '소비자정보 생산 및 제공체계 개선'이 선정되었으며, 이를 위한 세부과제는 다음과 같다(표 11-10 참조).

소비자정보제공 사이트의 기능 확대, 소비생활 분야 기초정보 생산체계의 구축, 디지털 격차 해소를 위한 교육 등 지원 체계 마련 등의 세부과제 내용 각각에 대하여 주요 내용을 정리하면 다음과 같다.

표 11-10 제3차 소비자정책 기본계획에서 소비자정보정책내용

구 분	내 용		
비전	소비자가 이끄는 더 나은 세상		
핵심가치	소비자선택	소비자신뢰	소비자참여
핵심목표	역량 있는 소비자	소비자중심의 시장	정책 거버넌스 강화
정책이슈	소비생활정보제공의 범위 및 채널의 확대		
정책과제	소비자정보 생산 및 제공체계의 개선		
정책목표	소비생활 정보제공을 통한 소비격차 해소 및 서민생활 안정		
세부과제	1. 소비자정보제공 사이트의 기능 확대 2. 소비생활 분야 기초정보 생산체계 구축 3. 디지털 격차 해소를 위한 교육 등 지원체계 마련		

자료: 이득연 외(2013), 제3차 소비자정책 기본계획 수립방향 연구, 50, pp.72-73.

① 소비자정보제공 사이트 기능 확대

- '소비자종합정보망'의 단계적 구축
  - 한국소비자원의 스마트컨슈머와 가격정보포털시스템을 종합한 '소비자종합정보망'으로 확대 추진
  - 소비생활 정보생산범위를 기존 생필품의 가격·품질·리콜·안전정보 외에도 공공요금 정보의 확대 및 의료 및 교육정보, 문화서비스, 고용정보까지 확대
  - 특히 '가격 비교정보 종합정보망' 구축에서 사회적 배려계층을 대상으로 한 맞춤형 사업 강화 등 서민 소비생활 안정 인프라 구축
- 소비자 관련 인프라와 연계체계 구축
  - 기존 복지서비스 관련 사이트와의 연계를 통한 복지정보제공채널 확대(예: 한국보육진흥원, 노인장기요양보험, 고령친화산업지원센터 등과 연계)
  - 주민센터, 복지센터 등 지자체 인프라를 활용한 정보제공 및 교육프로그램 모색

② 소비생활분야 기초정보 생산체계의 구축

- 소비자지표 생산 및 분석체계 정비
  - 소비생활지표의 지속적 생산 및 분석체계 정비
  - 소비자시장평가지표의 지속적 생산 및 분석체계 정비(시장기능 효율성과 경쟁성 판단의 지표(예: 가격지표 등) 도입 및 기 개발된 평가항목의 적정성 검토
- 장기적 측면에서 소득계층 간 소비지출구조를 분석할 수 있는 기초정보 생산체계의 마련

③ 디지털 격차 해소를 위한 교육 등 지원체계 마련

- 정보취약계층에 맞는 정보생산 및 제공방식의 개선
  - 디지털기기가 급증하고 교체주기가 짧아질수록 정보격차문제 확대
  - 취약계층에 맞는 정보 매뉴얼 개발 등 실효성 있는 정보제공방안 마련
- 정보화 시대에 필수적으로 학습해야 할 기초 디지털지식교육 실시
  - 소비자교육의 중요 항목 중 하나로 디지털교육 항목 추가

－ 특히 장애인, 노인 등 디지털기기에 접할 기회와 역량이 미흡한 계층을 대상으로 무상 기기 대여 및 기초교육 실시

－ 교육매뉴얼 개발과 디지털기기 사용가이드 제작·배포

3 | 소비자선택 비교정보

제3차 소비자정책 기본계획은 소비자역량 강화를 통하여 새로운 시장, 새로운 정책 거버넌스를 구축하고, 이를 바탕으로 하여 '소비자가 이끄는 더 나은 세상'을 구현하기 위해서는 소비자의 합리적인 선택에 실질적인 도움을 줄 수 있는 정보제공이 무엇보다 필요하다. 소비자정보는 공공재적 특성으로 인하여 정보생산에 대한 유인동기가 적으므로, 정보의 객관성과 신뢰성을 높일 수 있는 중립적 정보원에 의한 정보제공이 요구된다.

한국소비자원에서는 구매시점에서 가격, 품질 등의 비교에 실질적인 도움을 주고자 하는 목적으로 2013년부터 소비자선택 비교정보서비스의 일환으로 '비교공감' 서비스를 제공하기 시작하였다. 지금부터 소비자선택 비교정보에 대하여 알아보고자 한다.

(1) 개념 및 의의

소비자선택 비교정보란 소비자가 다양한 상품이나 서비스 중에서 원하는 것을 비교하여 선택할 수 있도록 각 상품이나 서비스의 다양한 특성에 관한 정보를 비교하여 제공해 주는 것을 말한다(박미희, 2013). 이득연(2006)의 연구에서는 '비교소비자정보'란 소비자의 선택을 돕기 위해 상품의 가격·품질·기능·안전성 등을 비교하여 상품 간 차별적 특성을 제공하는 정보라고 정의하였다. 또 비교정보란 '소비자가 제품 또는 서비스에서 다수의 상품 간 가격(비용), 품질, 기능, 안전성, 만족도 등의 속성을 소비자가 이해 또는 구분하기 용이하도록 가공함으로써 소비자의 선택을 돕기 위한 정보'라고 정의하였다(지광석·김민아, 2012).

소비자는 합리적인 의사 결정을 위하여 소비자정보를 필요로 하며, 소비자정보를 활용하여 의사 결정과정에서 발생하는 경제적, 심리적 불확실성과 불안, 위험요소 등을 감

소시켜 줌으로써 만족을 극대화시킬 수 있다. 그러므로 의사 결정과정에서 일반 소비자 정보를 활용하기 위해서 다양한 정보를 수집하여 각 대안의 장단점을 비교하고 분석해야 하고자 하며, 이를 위하여 많은 시간과 노력이 요구된다. 인간은 제한된 정보처리능력으로 인해 합리성이 제한적이므로(지광석·김민아, 2012), 시장에서 제품 또는 서비스의 탐색과 비교 등을 하는 데 거래비용이 과도하게 발생하게 되며, 이러한 거래비용을 최소화하는 데 비교정보제공이 필요하다. 일반적으로 유통과정과 속성이 복잡하고 어려운 제품과 서비스일수록 비교정보제공의 필요성이 높아진다. 소비자가 비교정보를 활용하게 되면 정보처리 시간과 비용을 절감할 수 있고, 따라서 소비자만족도를 향상시킬 수 있다. 이상을 종합하여 소비자선택 비교정보의 의의를 정리하면 다음과 같다(박미희, 2013).

- 첫째, 비교정보는 소비자의 구매선택 과정에서 판단기준을 제공한다. 비교정보를 통하여 검토해 봄으로써 어떤 상품 또는 서비스가 자신의 요구에 가장 적합하고 최대의 만족을 달성할 수 있을 것인지 판단할 수 있도록 도와 준다.
- 둘째, 비교정보는 소비자가 개별적으로 그 정보를 얻고자 할 때 드는 시간적 경제적 비용을 절감시켜 준다. 정보의 홍수 속에서 생활하는 현대 소비자들이 경험할 수 있는 정보과부하로 인한 소비자문제를 예방하는 데 기여할 수 있다.
- 셋째, 비교정보는 기업의 품질개선 노력과 가격 경쟁을 유도하고, 시장의 자정기능을 향상시키는 데 영향을 미칠 수 있다. 즉, 비교정보는 소비자의 선택을 유도함으로써 선택을 받은 상품은 시장에서 활성화되며, 선택받지 못한 상품은 시장에서 경쟁력을 잃는 결과를 낳는다. 따라서 장기적으로는 기업의 체질 개선과 경쟁력 향상에 기여할 수 있다.

(2) 소비자선택 비교정보의 유형

소비자선택 비교정보의 유형은 비교정보항목을 무엇으로 하여 제공하는가에 따라 정보의 유형이 달라진다. 일반적으로 비교항목으로 제시되는 속성은 가격, 기능이나 성능, 품질, 안전성, 디자인, 사용편의성, 관리 또는 유지비용, 에너지 절약 등을 들 수 있다(박미희, 2013).

① 가격비교정보

소비자는 제한된 예산범위 내에서 제품이나 서비스를 구매하기 때문에 가격은 구매과정에서 가장 먼저 그리고 많이 고려된다. 구매하고자 하는 품목, 상표, 모델 등이 결정되면 어느 정도의 가격으로 거래가 이루어지는지, 얼마나 저렴하게 구매할 수 있는지에 대해 알고 싶어 한다. 이러한 소비자요구에 맞추어 국내외 다양한 가격비교사이트가 생겨났다. 예를 들면, 농축수산물은 자연재해, 기후의 영향을 받아 가격변동이 매우 심하므로 소비자가 시장가격변동을 빠르게 파악하기 어렵다. 따라서 농림수산식품부 훈령 제110호(2009. 8. 25)를 근거로 하여 매일 농수산물 소비자가격정보를 조사하여 물가정보를 제공하고 있고, 특정상품에 대한 가격비교가 가능하다. 농림수산식품부 메인화면의 바로가기 또는 정보광장의 '물가정보', aTKAMIS(농산물유통정보)를 통해 접속할 수 있다.

② 상품의 기능 또는 성능·서비스 내용 비교정보

같은 품목이더라도 상품에 따라 다양한 기능이나 성능을 구비하고 있기 때문에 소비자는 자신이 중요하게 생각하는 기능이나 성능을 고려하여 상품을 선택을 하게 된다. 상품의 기능 또는 성능·서비스에 관한 비교정보가 제공된다면 소비자가 이들을 직접 작동해 보거나 서비스를 받아보지 않고도 상품 선택을 할 수 있도록 도와 줄 것이다.

③ 품질비교정보

상품이 지닌 기능을 얼마나 제대로 발휘하는가에 대한 정보이다. 다양한 기능과 성능을 갖추고 있다고 하더라도 그 기능이 제대로 작동하지 않을 경우에는 품질이 낮다고 할 수 있다. 품질 비교정보는 전문가의 사용경험 또는 품질비교시험을 통하여 제공이 가능하기 때문에 다른 비교정보에 비하여 정보생산에 많은 비용이 소요될 수도 있다. 최근 건강과 다이어트에 대한 관심이 증가로 인하여 식품의 영양정보는 소비자선택에 영향을 미치는 중요한 요소이다. 식품나라www.foodnara.go.kr에서 소비자의 선택에 도움을 줄 수 있는 식품영양성분데이터베이스, 외식영양성분자료집, 고열량·저영양식품 판별프로그램, 영

양성분 DB 등을 제공하고 있다. 자동차의 경우에는 에너지관리공단에서 운영하는 효율
바다http://effic.kemco.or.kr에서 제조사별, 모델별 공인연비에 관한 비교정보를 제공하고 있다.

④ 안전성 비교정보

안정성 기준에 적합한지, 특정 사용 환경에서 안전성에 문제가 없는지 등에 관한 정보를
제공한다. 이때 안전성정보만 별도로 제공할 수도 있고, 기능 또는 성능정보나 품질정보
와 함께 제공할 수도 있다. 농림수산식품부의 농식품안전정보서비스에서는 부적합식품
과 긴급회수 등 리콜정보를 제공하고 있다. '부적합식품'에서는 해당 식품명, 법인명, 부
적합 항목, 제품사진 등의 정보를 제공하고, '긴급회수'에서는 회수내용, 회수품목, 제품
사진 등의 정보를 제공한다. 가공식품의 안전성 비교정보는 식품나라www.foodnara.go.kr를
통하여 식품회수정보와 위해식품정보를 제공한다. 식품회수정보에서는 회수 및 판매 중
지된 제품에 대하여 제품명, 영업자, 회수사유 등을 공개한다. 위해식품정보에서는 검사
결과 부적합 판정을 받아 판매금지 및 회수 조치된 국내외 검사부적합 제품목록을 제
공하고 있다. 또한 식품나라에서는 건강기능식품업체 중에서 행정처분을 받은 위반사업
자 정보와 위반내용에 대한 정보도 제공하고 있으며, 식품이력정보조회서비스를 제공하
고 있다. 자동차 안전성 비교정보로는 국토해양부가 운영하는 '자동차결함신고센터www.
car.go.kr'를 통해 리콜정보와 신차안전도 평가정보를 제공하고 있다.

(3) 소비자선택 비교정보의 요건

소비자선택 비교정보가 소비자의 선택을 돕는 비교정보로서 그 기능을 다하기 위해서
는 몇 가지 요건을 갖추어야 한다. 이득연(2006)은 소비자가 비교정보에 대하여 일반적
으로 요구하는 기대사항으로서 정보대상 품목의 적정성, 정보제공의 적시성, 정보내용
의 적합성 등을 들고 있다. 지금부터는 정보의 정확성, 객관성, 적시성, 포괄성, 용이성을
살펴보도록 한다.

① 정보의 정확성

소비자선택 비교정보는 정확하여 믿고 이용할 수 있어야 한다. 정보의 정확성은 정보제

공 주체의 전문성과 신뢰성 측면에서 직접적인 관계가 있다. 전문성이 낮을 경우 정보의 정확성이 떨어질 수 있다. 사업자가 제공하는 정보는 객관성을 담보하지 못할 위험이 있다.

② 정보의 객관성

정보가 어느 쪽의 영향도 받지 않고 쏠림 없이 독립적이어야 한다는 것이다. 정보의 비대칭적 특성으로 인하여, 사업자가 제공하는 정보는 정확한 정보이더라도 모두 객관적인 정보라고는 할 수 없다. 그러므로 다양한 정보원 가운데에서도 중립적 정보원이 제공하는 정보가 객관적일 가능성이 크다.

③ 정보의 적시성

소비자선택 비교정보는 소비자가 제품이나 서비스의 선택을 앞두고 의사 결정에 도움을 얻기 위해 참고하는 정보이다. 따라서 소비자가 원하는 시기나 시점에 정보가 제공될 필요가 있다.

④ 정보의 포괄성

비교대상이 되는 상품의 수나 종류 등이 그 품목의 시장상활을 최대한 반영할 수 있어야 한다. 비교대상품목이 일부에 한정될 경우 소비자는 그 정보를 활용하여 구매 선택을 내리기 어렵다. 평가항목에 있어서도 소비자가 궁금해 하는 항목을 충실하게 포함하고 있어야 한다. 아울러 품목과 관련된 정보를 함께 제공함으로써 소비자의 정보탐색시간과 비용을 경감시켜 줄 필요도 있다.

⑤ 정보의 용이성

소비자가 정보를 편리하고 쉽게 이용할 수 있도록 해야 한다. 따라서 정보의 용이성에는 정보에 쉽게 접근할 수 있도록 다양한 매체를 통하여 비교정보를 제공할 필요가 있다. 정보의 내용에 있어서는 지나친 전문용어를 피하고 소비자가 쉽게 이해할 수 있도록 가공되어 제공해야 한다. 정보의 형식 측면에서는 제시되는 비교항목이 쉽게 비교될 수 있고, 눈에 잘 뜨일 수 있도록 편집하여 제공하는 것이 필요하다.

(4) 소비자선택 비교정보 생산: 한국 '비교공감' 서비스

'비교공감' 서비스는 공정거래위원회가 정부의 서민생활 안정정책에 부응하고 소비자의 선택권을 확대하기 위하여 추진하는 사업이다. 이 서비스는 2012년 3월 'K-컨슈머리포트'라는 명칭으로 출발하였으며, 2012년 7월에 '비교공감'으로 명칭을 변경하였다. 2012년 3월에 첫 번째 시험·검사한 품목은 등산화로서 10종에 대한 비교정보가 제공되었으며, 비교공감이 탑재된 스마트컨슈머에 이용자가 한꺼번에 몰려 서버가 다운되는 등 소비자의 관심을 끌었다.

'비교공감' 서비스의 생산에는 한국소비자원과 소비자시민의 모임 등 민간소비자단체가 참여하고 있다. 공정거래위원회는 비교정보 사업에 대한 통일적인 수행절차를 마련하여 사업의 신뢰성과 효율성을 높이기 위하여 2012년 '비교정보사업 수행절차 가이드라인'을 제정하여 사업수립단계, 시험검사단계, 검증평가 단계로 나누어 추진단계별 주요업무에 대한 표준적인 수행절차를 제시하고 있다.

'비교공감'의 생산현황을 살펴보면, 2014년 11월에 39개 품목에 대한 비교정보가 제공되었다. 등산화에 대한 비교정보제공을 시작으로 하여 변액연금보험, 젖병, 기저귀, 블랙박스, 유모차 등이 있었으며, 실질적인 비교정보를 생산하기 위하여 소비자조사를 통하여 소비자수요를 파악하고, 또한 시장점유율이나 매출액을 고려하여 제품을 선정하며, 최대한 많은 제품을 비교조사대상에 포함시키도록 노력하였다. 예를 들면, 변액연금보험의 경우 60종의 제품을 비교조사에 포함시키기도 하였다. 전문가로 구성된 사업평가위원회의 자문과 업계간담회를 통해 사업자 의견도 반영하였다.

'비교공감' 서비스는 소비자종합정보망 웹사이트인 스마트컨슈머www.smartconsumer.go.kr를 통하여 제공된다. 2012년 9월에는 스마트폰 이용자를 위하여 '비교공감' 전용 애플리케이션을 개발·제공하였다. 이 서비스는 스마트컨슈머 블로그를 통해서도 이용 가능하며 소셜네트워크서비스SNS를 통해서도 콘텐츠를 공유할 수 있다.

'비교공감' 서비스의 내용을 보면 비교조사 제품의 개요, 시험 결과, 가격 비교, 제품별 특징, 구매가이드 및 이용 후기 등으로 구성되어 있어서 소비자들이 실질적인 구매

시 참고할 수 있도록 제공하고 있다.

'비교공감' 정보 조회 수를 살펴보면, 품목 평균 약 5만 1,000건이며, 2013년 11월에 발표된 블랙박스(비교공감 제2013-10호)가 조회 수 34만 건(2014. 11. 30 기준)으로 가장 많고, 그다음으로 등산화(비교공감 제2012-1호)가 21만 건, 변액연금보험(비교공감 제2012-2호)이 14만7천 건, 젖병(비교공감 제2012-5호)이 13만 건, 자외선차단제(비교공감 제2012-6호)가 10만 8,000건 등으로 나타났다.

스스로 **찾아보기**

1. 다른 나라에서 이루어지고 있는 비교정보 생산 사례를 찾아보자.
2. 제3차 소비자정책 기본계획에서 제시하고 있는 소비자교육 추진체계를 조사해 보자.

소비자정책의
새로운 이슈

정책은 환경 또는 시장의 변화에 대응하려는 정부의 의지적 노력이기 때문에 정책추진 환경의
변화에 무관할 수 없다. 오히려 환경 변화를 읽고, 문제점을 발굴하며, 해결책을 도모하는 것이
정부의 역할이다. 최근 우리 사회의 모든 부문이 급속하게 변모하고 있으나 소비자정책 차원에
서 의미 있는 환경 변화는 FTA와 해외직구로 상징되는 소비자 시장의 세계화, 소비자의 고령화
및 개인정보침해의 사회적 이슈화 등 3가지를 들 수 있을 것이다. 또 각각의 환경 변화가 소비
자정책 당국에게 어떠한 도전과 과제를 제기하는지 차례로 살펴본다.

1. 세계화와 소비자정책

1 | 소비자시장의 세계화

소비자들은 무역자유화와 시장개방 덕분에 국내 시장에서도 값싸고 질 좋은 수입품을 구매할 수 있게 되었다. 또 인터넷과 모바일의 발달로 국경을 넘어 해외 인터넷쇼핑몰과의 직접 거래 규모도 늘고 있으며, 여행 및 이동의 활성화로 해외 소비지출도 큰 폭으로 증가하고 있다.* 바야흐로 시장의 경계가 허물어지면서 소비자들은 356일 24시간 전 세계의 사업자를 대상으로 거래를 하고, 제품과 서비스를 구매할 수 있는 시대가 되었다. 이러한 소비자시장의 세계화를 촉진시킨 요인 가운데 하나가 우리나라 정부가 사활을 걸다시피 하면서 적극 추진해 온 FTA_{Free Trade Agreement}, 곧 자유무역협정의 체결이었다.

　FTA는 교역당사국 간 상품 및 서비스 무역의 자유화를 도모하는 통상협정이다. FTA의 핵심은 관세의 철폐이다. 곧 자국 산업 보호를 목적으로 수입품에 부과되어 왔던 고율의 관세를 즉시 철폐하거나 혹은 일정 기간 점진적으로 철폐함으로써 수입품의 가격 인하를 도모한다. 이외에도 서비스 시장을 개방하여 해외 사업자가 국내 시장에 직접 진출할 수 있도록 하고, 안전검사 등 비관세장벽의 역할을 해 왔던 제도의 개선 및 조화를 꾀한다. FTA 체결이 급속히 이루어지고 있기 때문에 특정 시점의 상황을 얘기하는 순간 이미 과거의 자료가 될 위험이 크지만, 소비자시장의 세계화와 관련하여 최근 주목할 현상 가운데 하나를 언급하자면 이른바 '해외직구'의 폭발적인 증가를 들 수 있다.

　해외직구, 즉 소비자가 해외 온라인쇼핑몰에서 직접 물품을 구매하는 해외 직접구매가 사회적 트렌드가 되기 시작한 것은 대략 2010년대에 들어서면서부터이다. 그동안 국내 산업은 대기업의 독과점적 구조로 인해 같은 제품이라고 하더라도 국내 가격이 해외

---

* 한국은행의 2014년도 자료에 따르면 내국인 출국자가 연간 700만 명이 넘고, 하루 평균 신용카드 해외사용 금액이 240억 원에 이른다.

에 비해 비싸 소비자의 불만이 되어 왔다. 또 20~30대 젊은 소비자층을 중심으로 생활 수준이 향상되면서 고가의 유명 수입품에 대한 욕구도 늘어나고, 한·미 FTA 협정으로 면세 혜택이 200달러로 늘어나는 등 제반 요인이 해외직구 활성화에 기여하였다고 볼 수 있다.

해외직구는 대체로 3가지 방식이 활용되는데, 직접 해당 쇼핑몰에서 물품을 구매하는 직접배송, 물품은 직접 구매하고 배송은 대행업체에 맡기는 배송대행, 사고 싶은 제품만 정하고 구매부터 배송까지 모든 것을 위임하는 구매대행이 있다. 이 가운데 국내 사업자가 거래 과정에 어떤 형태로든지 관여하는 배송대행과 구매대행과정에서 발생하는 소비자피해는 소비자정책 당국에게 새로운 도전을 제기하고 있다고 하겠다.

2 │ 세계화와 소비자문제

(1) 시장개방 효과의 저해요인

FTA로 수입품에 대한 관세가 철폐되면 이론적으로는 그만큼 수입상품의 가격이 인하되고 경쟁제한적인 국내 시장에서 소수 기업이 향유하던 이익이 소비자의 이익으로 전환되고 또 장기적으로는 기업의 생산성이 향상될 것이다. 아울러 의료, 금융, 교육, 문화, 법무 등 각종 서비스에 대한 시장개방이 이루어지면서 해당 시장에서 가격과 품질을 둘러싼 경쟁이 치열해지고 소비자의 선택의 폭이 크게 늘어나게 될 것이다. 이처럼 시장개방은 제품과 서비스의 가격 하락, 품질 개선, 시장 경쟁의 촉진과 소비자 선택 폭의 확대로 궁극적으로 소비자후생을 증대시키는 효과를 가지고 있다.

그러나 이러한 시장개방의 긍정적 효과가 실제로 시장에서 실현되는 것을 저해하는 요소가 있을 수 있다. 예를 들어 수입업자가 국내에서 독점적인 판매권을 가지고 있을 경우 관세 철폐가 수입 제품의 가격인하로 이어지는 데 어려움이 있다. 또 소비자의 구매 행태도 문제이다. 소비자가 값싸고 품질 좋은 상품을 구매하는 합리적인 소비행위를 하지 않거나 국산 제품을 과도하게 선호할 경우 시장개방에 따른 효과가 그만큼 반감될 수밖에 없다.

(2) 소비자안전에 대한 우려

시장개방이 소비자후생을 증대시키는 효과도 있지만 소비자문제의 측면에서 볼 때 우려가 전혀 없는 것도 아니다. 무엇보다도 수입 농수축산물이 밀려들면서 소비자의 안전을 심각하게 저해할지도 모른다는 우려가 제기되고 있다. 예를 들어 국내 쇠고기 값은 높은 생산비로 인해 미국, 호주 등으로부터 들여온 수입 쇠고기에 비해 매우 비싼 실정이다. 따라서 시장개방으로 외국산 쇠고기가 국내에 들어오게 될 경우 소비자는 가격 측면에서 매우 큰 이익을 볼 수 있음에도, 많은 소비자와 소비자단체들은 미국산 쇠고기의 수입을 반대한다. 안전하다는 정부의 의견과는 달리 미국산 쇠고기의 사육, 도축, 검역 과정을 볼 때 국내 소비자가 만에 하나 광우병에 걸릴 위험이 없지 않기 때문이라는 것이 소비자단체의 주장이다. 이러한 주장의 진위 여부는 쉽게 결론을 내리기 어렵지만 수입개방으로 국내 시장에서 수입 공산품, 농수축산물, 식품 등이 범람하게 될 경우 어떤 형태로든 소비자의 안전에 영향을 미칠 수 있음은 분명하다.

(3) 국제 소비자분쟁해결의 애로

시장개방 수입제품과 서비스로 인해 피해가 발생할 경우 이를 해결하는 데 어려움이 생길 수도 있다. 우리나라의 '제조물책임법'에 따르면 수입품에 결함이 있어 소비자피해가 발생할 경우 이론적으로는 수입업자는 물론 외국의 제조업자에 그 책임을 물을 수 있다. 그러나 문제는 그 제조업자가 국내에 있지 않기 때문에 소송을 통해 책임을 묻는 데 한계가 있고, 설령 소비자가 국내 법원에서 국내법에 의해 소송을 제기하여 승소하더라도 외국의 제조업자를 대상으로 재판 결과를 집행하는 것이 사실상 쉽지 않다.

또 소비자가 자국에 진출하여 상업적으로 주재하는 외국의 회사가 아니라 직접 온라인으로 현지 기업으로부터 금융이나 통신서비스를 이용하는 국경 간 공급cross-border supply에 의한 서비스를 이용하는 과정에서 피해 혹은 분쟁이 발생했을 경우 이는 더욱 해결하기 어렵다. 책임의 입증과 배분 문제가 따르고, 어느 기관에서 어떤 법령과 절차에 의해 피해를 구제하고 분쟁을 해결할 것인가를 정하기가 매우 어렵기 때문이다.

3 | 소비자정책의 과제

(1) 시장 경쟁의 촉진

국내 시장에 독과점이 고착되어 있고, 경쟁제한적인 관행이 잔존되어 있는 한 시장을 개방한다고 해서 개방의 효과가 바로 소비자의 후생 증대로 이어지지는 않는다. 이를 위해서는 국내 시장이 경쟁적이어야 한다. 시장이 경쟁적이면 값싸고 품질 좋은 수입 소비재에 대응하기 위해 국내 사업자도 마찬가지로 가격을 내리고 품질을 올리기 위한 혁신을 진행하지 않을 수 없고, 이는 기업에게는 생산성 향상으로, 소비자에게는 선택 폭의 확대와 실질 구매력의 증가 등 후생의 증대로 이어지게 된다.

오늘날 '소비자후생의 증대promoting consumer welfare'라고 하는 공동의 목표를 가지고 있는 경쟁정책competition policy과 소비자정책consumer policy을 연계하여 추진해야 한다는 목소리가 높아지면서 그동안 주로 기업의 영업행태에 중점을 두었던 소비자정책 당국도 시장구조에 관심을 갖기 시작하였다. 2004년 이후 국제경제협력개발기구OECD 소비자정책위원회에서는 '소비자정책과 경쟁정책의 상호작용'이라는 주제를 지속적으로 논의해 오고 있는데 과거처럼 소비자보호를 위한 법령과 제도를 수립하여 바로 시행하는 것에 그치지 말고, 어떤 법령과 제도의 도입을 꾀하기에 앞서 해당 시장이 정상적으로 기능하는지 여부를 먼저 분석할 것을 권고하고 있다.

(2) 소비자정보제공의 강화

앞에서도 언급했지만 시장개방이 효과를 발휘하려면 소비자가 가격과 품질에 민감한 소비행위를 해야 한다. 소비자정책 당국에서는 소비자가 합리적 소비행위를 할 수 있도록 소비자정보를 제공하고 교육을 통해 능력을 함양해야 한다. 이를 위해서는 무엇보다도 먼저 소비자가 제품의 가격 및 품질에 관한 비교정보를 손쉽게 얻을 수 있도록 지원하고 체계를 구축할 필요가 있다.

일반적으로 세계 각국의 소비자정책 당국은 소비자 관련 공공기관을 통해서 비교 소비자정보를 생산·제공하거나 또는 민간 소비자단체의 관련 활동을 지원한다. 우리나라의 경우 한국소비자원에서 〈소비자시대〉를, 소비자단체들은 〈월간 소비자〉, 〈소비자리포트〉 등과 같은 비교소비자정보를 담은 잡지를 발간하고 있는데 전반적으로 판매 부수가 매우 적고 담긴 비교정보의 양도 많지 않아서 정보제공의 효과가 한정적이다.

　미국 소비자연맹Consumer Union의 〈컨슈머리포트Consumer Reports〉, 영국소비자협회Consumers' Association의 〈휘치?Which?〉, 호주소비자협회Australian Consumers' Association의 〈초이스Choice〉, 독일 상품테스트재단Stiftung Warentest의 〈테스트Test〉 등과 같은 세계적인 소비자정보지의 비교정보 생산 및 제공방식을 검토하여 우리나라의 제도 개선에 활용할 필요가 있다.

(3) 수입품 안전관리 강화

시장개방으로 밀려드는 수입 공산품 및 농수축산물의 안전에 대한 소비자의 우려를 불식시키기 위해서는 우선 위험커뮤니케이션risk communication*을 활성화할 필요가 있다. "중국산 김치에서 기생충이 발견되었다." 등과 같은 언론 보도가 한 번 이루어지면 사실 여부를 떠나서 소비자들은 과도한 불안감과 막연한 두려움을 가질 수 있다. 이럴 때 소비자정책 당국에서는 소비자 및 소비자단체의 의견을 수렴하는 한편 적극적으로 해당 위해에 관한 정확한 정보를 제공해야 할 것이다. 아울러 수입품에 대한 안전관리를 더욱 강화해야 한다. 각국의 위해정보수집망 네트워킹을 강화하여 주요 수입품에 대한 위해정보를 상시 수집할 수 있는 체계를 구축하고, 수입품의 안전성에 대한 시장 감시를 강화할 필요가 있다.

(4) 국제 소비자분쟁해결체계 구축

시장개방에 따라 증가하게 될 국제 소비자분쟁을 효과적으로 해결하기 위한 대책을 마련해야 한다. 소송을 통한 분쟁의 해결은 어느 국가가 재판관할jurisdiction**을 할 것이며,

---

★ 위험에 대한 정확한 인식을 제고하고 위험 관련 갈등을 완화하기 위하여 정부, 전문가, 일반인 등이 상호 소통하는 것을 말한다.
★★ 여러 종류의 법원 사이에 재판권을 분장시키는 규정으로서 국제 분쟁의 경우 재판권이 어느 나라의 법원에 속하는가 하는 문제가 발생한다.

어떤 법률을 적용할 것인가 하는 문제, 즉 준거법applicable law*의 문제가 있어 현실적으로는 매우 어렵다. 대신 국제 소비자분쟁해결에 있어서도 소송외적 분쟁해결제도, 곧 ADR 시스템Alternative Dispute Resolution이 현실성 있는 방안으로 거론되고 있다.

실제로 국제소비자보호집행기구ICPEN: International Consumer Protection Enforcement Network라는 비상설의 국제기구에서는 eConsumer.gov라고 하는 국제 소비자사기피해 정보 데이터베이스를 운영하는데, 일부 회원국의 분쟁조정기구들**이 상호협약을 맺어 자국의 소비자와 참여 회원국의 사업자 간에 분쟁이 있을 경우 소비자피해구제를 위해 상호협력하는 '국제 소비자분쟁해결 ADR 시범사업'을 실시한 바 있다. 비록 성과는 크지 않았지만 ADR시스템을 통한 국제 소비자분쟁해결의 단초를 제공했다는 점에서 의의가 있으므로, 향후 이 방안을 좀더 발전시킬 필요가 있다.

(5) 소비자법집행 국제협력 강화

국제 소비자거래에 있어 소비자피해의 사후적 구제도 중요하지만 피해예방을 위해서는 각국의 소비자정책 당국 간 협력을 통해 사업자의 부당거래 행위를 규제해야 한다. 이미 미국의 연방거래위원회FTC, 영국의 공정거래청OFT, 캐나다의 상무부Industry Canada, 호주의 경쟁소비자위원회ACCC 등 주요국의 소비자보호법 집행당국들은 통지notification, 정보공유information sharing, 조사협조assistance with investigation 등을 주요 내용으로 하는 '소비자보호에 관한 협력협정Cooperation Agreement on Consumer Protection'을 체결하여 국제사기 방지를 위해 노력하고 있다.

---

* 국제사법에 의하여 어떤 법률관계에 적용되는 법률을 말한다. 국제분쟁의 해결에 있어서 어느 나라 법률을 적용하느냐 하는 문제는 소비자의 권익에 직접적으로 영향을 미친다.
** 당시 시범사업에는 미국의 경영개선협회(BBB), 한국의 한국소비자보호원(KCPB), 일본의 차세대전자상거래추진협의회E(COM), 캐나다의 경영개선협회(BBB) 등이 참여했다.

2. 고령화와 소비자정책

1 | 우리 사회의 고령화 추세

우리 사회의 고령화 추세가 급속하게 진행되고 있다. '고령'의 기준은 법률에 따라 다르지만 대체로 65세 이상을 고령이라 칭한다.* UN은 65세 이상 인구가 전체 인구 가운데 7% 이상이면 '고령화사회'aging society, 14% 이상이면 '고령사회'aged society, 20% 이상이면 '후기고령사회'post-aged society라고 칭하는데, 우리나라는 이미 2000년에 65세 이상 인구가 7.2%에 이르러 고령화사회에 진입했고, 2018년에는 고령사회에 진입할 것으로 예상된다. 특히 85세 이상 초고령 인구의 비율은 2013년 0.9%에서 2030년에는 2.5%, 2050년에는 7.7%로 크게 증가할 전망이어서 낮은 출산율과 맞물려 세계 어느 나라보다 고령화가 급속히 진행되고 있다.

2 | 고령화와 소비자문제

(1) 고령소비자의 특성

고령화의 진전으로 고령소비자문제가 부각되고 있다. 고령이 되면 대체로 직장과 사업

표 12-1 우리나라의 고령인구 추세

(단위: %)

연도	1990	2000	2010	2020	2030	2040	2050
65세 이상 인구 비율	5.1	7.2	11.0	15.7	24.3	32.3	37.4
85세 이상 인구 비율	–	0.4	0.7	1.6	2.5	4.1	7.7

자료: 통계청(2011), 장래인구추계.

* 소비자상담에서는 연령을 10년 단위로 구분하다보니 65세 이상 고령자 통계를 산출하기는 어려우므로, 필요에 따라 고령자를 60세 이상 혹은 70세 이상으로 분류한다.

에서 은퇴하면서 경제적인 어려움에 봉착하고, 정신적·육체적 기능이 저하되고, 심리적으로 불안감과 고독감을 느끼고, 사회 속 역할이 상실되면서 소외감을 경험하는 경향이 나타난다. 고령자의 이러한 경향은 소비생활에도 반영되어 취약소비자disadvantaged consumer로서의 특성을 갖게 된다. 곧 소득이 낮아 제품과 서비스에 대한 구매력이 높지 않고, 또 정신적 기능의 약화되면서 소비자정보에 대한 이해력이나 상품에 대한 인식력, 거래조건에 대한 판단력 등이 떨어지게 된다. 또 육체적 기능의 저하되면서 제품과 서비스의 공급장소까지 직접 접근하는 데 애로를 겪게 되고, 건강에 대한 욕구가 늘어나 의료서비스, 의료기기, 건강식품에 대한 소비지출이 상대적으로 커진다.

고령소비자는 안전문제에도 취약하다. 한국소비자원의 위해감시시스템 자료에 따르면 생활안전사고 건수 가운데 고령자의 사고 점유율이 매년 증가하는 추세에 있다. 공중목욕탕, 지하철역, 유통시설, 노인복지시설 등에서 고령자 안전사고가 많이 발생하며, 이들은 안전사고 발생 시 대응에도 미숙한 경향이 있다.

(2) 고령소비자피해

고령소비자의 이러한 특성 때문에 고령소비자피해는 계속 증가하고 있다. 한국소비자원의 자료에 따르면 동 기관에 피해구제를 신청한 소비자 가운데 60세 이상 연령의 비율이 해마다 늘고 있다. 60세 이상이 2011년에는 전체 신청자의 5.9%였으나 2013년에는 7.1%로서 불과 2년 만에 1.2%p나 증가하였다. 고령소비자를 대상으로 한 피해는 판매방식, 피해품목, 대처방식 등에서 일반 소비자와는 다른 특징을 보이고 있다.

- 첫째, 판매방식 측면에서 보면 고령소비자피해는 방문판매나 전화권유판매와 같은 특수판매과정에서 많이 발생하고, 홍보관 상술, 효도관광 상술, 무료 사은품제공 상술 등과 같은 비정상적인 상술, 이른바 '악덕 상술'과 결부되어 발생하는 경우가 많다.
- 둘째, 피해품목 측면에서 보면 병원 및 의원의 의료서비스, 건강식품, 상조서비스 등과 관련한 피해가 주로 발생하고, 여행, 보일러, 온수기 등에 대한 피해도 다발하고 있다.
- 셋째, 피해를 입은 소비자의 대처방식 측면에서도 고령소비자는 일반 소비자와 다른 양상을 보인다. 많은 고령소비자들이 불만이 있거나 피해를 입고도 피해보상을 받으

표 **12-2** 고령소비자 대상 악덕상술의 유형

유형	내용
최면 상술	주택가 등에서 각종 생활 필수품을 무료로 준다며 사람들을 모은 후 공짜 물건, 놀이, 오락 등을 제공하여 환심을 산 뒤, 각종 생활용품이나 건강식품 등을 판매한다.
무료강연·공연	전통예절, 가수공연 초대장을 발송하여 일정 장소에 사람들을 모은 후 강연이나 공연보다 과장된 상품설명으로 분위기를 고양시켜 건강식품 등을 판매한다.
무료관광체험	무료관광, 사우나, 온천욕, 공장 견학 등을 시켜준 후 상품 구매를 유도한다.
경로잔치 등 무료식사 제공	경로잔치, 식사대접, 뷔페 초대 등을 명목으로 노인들을 모이게 한 후 건강 관련 물품 등을 판매한다.
어포인먼트 세일즈	판매목적을 숨기고 '당첨되었다' 등과 같이 유리한 조건을 내세워 찻집이나 영업소 등으로 호출해 물품을 판매한다.
점검상법	'검사하러 왔다'고 말하며 방문하여 수리 불능, 위험한 상태라고 말하여 새로운 상품을 사도록 유도한다.
약효를 강조한 권유	본래 강조해서는 안되는 약물적 효과를 강조하여 물품을 판매한다.
부업상술	'부업이 된다', '노후가 보장된다' 등을 내세워 계약을 체결한다.
계약을 강요하는 가정 방판	사업자가 소비자의 집을 방문하여 강제적 권유, 야간시간 권유, 장시간에 걸친 권유를 통해 물품을 사도록 유도한다.
캐치세일즈	거리에서 소비자를 불러 세워 찻집이나 영업소, 점포 등으로 데리고 들어가 계약을 체결한다.
피해자 2차 권유	한 번 피해를 입은 사람에게 피해구제를 가장하여 재차 금전을 지불하도록 한다.

자료: 한국소비자원(2014). 소비자피해구제연보 및 사례집.

려고 노력하기보다는 본인의 잘못으로 여기고 문제를 제기하지 않는 측면이 많다.

3 | 소비자정책의 과제

선진국의 경우 고령소비자문제해결을 위한 소비자정책 당국의 노력은 이미 오래전부터 있어 왔으나 우리나라에서는 비교적 새로운 정책영역이라 할 수 있다. 2006년 '소비자기본법'이 개정되어 국가 및 지방자치단체로 하여금 어린이, 노약자 및 장애인 등 안전취약계층에 대한 보호시책을 강구하도록 의무를 부과하였을 뿐이다(동법 제45조). 그러나 최근 고령화가 급속도로 진전되는 추세로 보아, 향후 고령소비자문제가 소비자정책의 주요 과제가 될 것이다. 고령소비자정책을 거래, 안전 및 피해구제 등 3가지 부분으로 나누어 살펴보자.

(1) 거래법규에서의 고령자 배려

소비자거래에 관한 법규는 말 그대로 시장에서 소비자와 사업자 간 거래에 관한 룰이기 때문에 연령과 상관없이 모든 소비자들에게 적용될 수 있도록 그 내용이 보편성을 지녀야 한다. 그러나 고령자와 같이 특정 계층의 소비자에게 피해가 다발한다면 그 점을 의도하여 특별 법규를 제정할 필요까지는 없으나 그에 대한 배려를 해야 할 것이다.

한 예로 일본은 2000년에 '소비자계약법'을 제정하여 일정한 요건에 해당할 경우 소비자에게 청약 또는 그 승낙의 의사표시를 취소할 수 있는 권리를 부여한 바 있다. 여러 요건 가운데 하나로서 소비자가 퇴거하라는 뜻의 의사표시를 했음에도 불구하고 사업자가 그 장소로부터 퇴거하지 않아 소비자를 곤혹스럽게 할 경우에도 소비자가 계약을 취소할 수 있도록 하여 방문판매의 주요 표적이 되고 있는 고령소비자를 배려하고 있다.

(2) 안전관리에서의 고령자 배려

공산품 가운데 고령자들이 주로 사용하는 품목에 대해서는 고령자의 특성을 고려한 안전대책을 강구할 필요가 있다. 고령자들이 주로 사용하는 제품은 '노인용품' 혹은 '고령친화용품'이라고도 하는데, 주로 고령자의 건강보호를 위해 사용되는 제품이다. 예컨대 건강 목걸이·팔찌·매트리스·베개 등과 같은 일상생활용품, 안마기·찜질팩·지압기·부항기 등과 같은 가정의료용품, 혈압계·지팡이·허리보조목대·혈당측정기 등과 같은 의료보조용품 등이 이에 해당된다. 이들 제품에 대해서는 고령소비자들이 인지하기 쉽도록 안전에 관한 표시사항이나 방법의 개선이 필요하다.

(3) 피해구제에서의 고령자 배려

고령소비자들은 피해를 입어도 본인이 직접 피해보상을 위해 나서거나 가족에게 알리지 않고 속으로 삭이고 마는 경향이 있으므로, 피해구제제도를 운영할 때 이에 대한 고려가 필요하다. 피해구제기관들은 고령소비자들이 불만처리 및 피해구제 접수를 할 때까

'어르신은 호갱?' … 고령소비자피해 증가

고령화사회로 진입하면서 고령소비자피해도 점점 늘고 있다. 특히 휴대전화 계약 과정에서 고령자가 '호갱'(호구와 고객의 합성어) 취급을 당하는 일이 비일비재하다. 1372 소비자상담센터가 2014년 1~7월 접수한 소비자피해 가운데 60세 이상 소비자가 입은 피해가 7.5%를 차지해 지난해 같은 기간(6.6%)보다 비중이 증가했다. 주로 휴대전화 계약과 관련한 피해다.

고령소비자들은 특히 전화권유판매와 방문판매에 취약하고, 사기 등 피해를 입었을 때 어떻게 대처할지 몰라 어려움을 호소하는 경우가 많다. 고령소비자가 접근하기 쉽고 이용하기 편리한 소비자 상담 창구를 설치하고, 피해구제 등에서 고령소비자 특성을 반영할 수 있도록 관련법을 개정할 필요가 있다.

자료: 연합뉴스(2014. 10. 17) 기사 요약.

지 않아서 기다릴 것이 아니라 직접 방문하여 접수를 처리하는 배려가 필요하다.

고령소비자는 대체로 인터넷 이용이 능숙하지 않기 때문에 불만처리 및 피해구제를 요청할 때 전화와 방문을 주요 매체로 사용할 수밖에 없다. 이러한 점을 감안하여 고령소비자용 핫라인을 개설하거나, 별도의 고령소비자상담실을 운영하는 것도 좋은 방법이다. 또 고령소비자가 손쉽게 불만처리 및 피해구제 서비스에 접근할 수 있는 경로를 다각도로 개발·운영할 필요가 있다.

3. 개인정보와 소비자정책

1 | 개인정보보호의 의의

(1) 개인정보의 개념

개인정보란 '살아 있는 개인에 관한 정보로서 성명, 주민등록번호 및 영상 등을 통하여 개인을 알아볼 수 있는 정보'이다(개인정보보호법 제2조). 해당 정보만으로는 특정 개인을 알아볼 수 없더라도 다른 정보와 쉽게 결합하여 알아볼 수 있는 정보도 개인정보에 해당된다. 법률의 정의대로 개인정보는 '살아 있는 개인'에 관한 정보이다. 따라서 이미 사망하였거나 실종 선고된 사람에 관한 정보는 개인정보라고 보기 어렵다. 개인정보는 또한 살아 있는 개인에 '관한' 정보이어야 한다. 특정한 개인을 알아보기 어렵게 가공되었거나 통계 처리된 정보는 역시 개인정보라 보기 어렵다. 개인을 알아볼 수 있는 정보란 종류, 형태, 성격, 형식을 불문하고 말 그대로 특정 개인을 알아볼 수 있는 정보이다. 나이, 성별, 신장 등 객관적 정보 이외에 금융기관의 신용평가 등과 같은 주관적 정도도

표 12-3 개인정보의 종류

구분	내용
일반정보	이름, 주민등록번호, 운전면허번호, 주소, 전화번호, 생년월일, 출생지, 본적지, 성별, 국적
가족정보	가족 구성원들의 이름, 출생지, 생년월일, 주민등록번호, 직업, 전화번호
교육·훈련정보	학교 출석상황, 최종 학력, 학교성적, 기술자격증, 전문면허증, 이수한 프로그램, 동아리활동, 상벌사항 등
병역정보	군번, 계급, 제대 유형, 주특기, 근무 부대
부동산정보	소유주택, 토지, 자동차, 기타 소유차량, 상점, 건물 등
소득정보	봉급액, 봉급경력, 보너스, 수수료, 기타 소득원천, 이자소득, 사업소득
기타 수익정보	보험가입 현황, 회사판공비, 투자프로그램, 퇴직프로그램, 휴가, 병가
신용정보	대부 잔액, 지불상황, 저당, 신용카드, 지불연기 및 미납상황, 임금압류
고용정보	고용주, 회사 주소, 상급자 성명, 직무수행평가기록, 훈련 기록, 출석 기록, 상벌 기록, 성격 테스트 결과, 직무태도
법적정보	전과기록, 교통위반 기록, 파산 및 담보기록, 구속, 이혼, 납세기록 등
의료정보	가족병력, 과거 의료·정신질환기록, 신체장애, 혈액형, IQ, 약물테스트
조직정보	노조, 종교단체, 정당가입기록, 클럽활동
통신정보	전자우편, 전화통화내용, 로그파일, 쿠키 등
위치정보	GPS, 휴대폰에 의한 개인위치정보
신체정보	지문, 홍채, DNA, 신장, 가슴둘레, 체중 등
습관·취미정보	흡연, 음주량, 스포츠, 오락, 여가활동, 비디오 대여기록, 도박성향 등

자료: 개인정보보호 종합지원포털(www.privacy.go.kr).

개인정보에 포함된다. 끝으로 개인을 '알아 볼 수 있는' 정보여야 한다. 신원, 소속, 거래 정도 등이 특정 개인과 연계되어 있어야 한다. 개인정보를 이렇게 정의할 때 개인정보의 범주에 포함되는 것은 표 12-3과 같다.

(2) 개인정보보호

개인정보보호는 인간의 기본권 가운데 하나라고 할 수 있다. 헌법재판소는 비록 헌법에 기본권으로 명시되어 있지는 않지만 '개인정보 자기결정권'을 기본권의 하나로 보아야 한다고 판시한 바 있다. 즉 '인간의 존엄과 가치, 행복추구권을 규정한 헌법 제10조에서 도출되는 일반적 인격권 및 제17조의 사생활의 비밀과 자유에 의하여 보장되는 개인정보 자기결정권은 자신에 관한 정보는 언제 누구에게 어느 범위까지 알려지고 또 이용되도록 할 것인지를 그 정보주체가 스스로 결정할 수 있는 권리이다.'라고 판결한 바 있다.

개인정보보호는 개인정보 자기결정권의 보호라고도 할 수 있다. 우리나라 '개인정보호법'에서는 개인정보 자기결정권을 ① 개인정보 처리에 관한 정보를 제공받을 권리, ② 동의 및 동의범위 등을 선택하고 결정할 권리, ③ 개인정보의 처리 유무를 확인하고 열람을 요구할 권리, ④ 개인정보의 정정, 삭제 및 파기를 요구할 권리, ⑤ 신속하고 공정한 절차에 따라 피해구제를 받을 권리 등으로 구체화하고 있다.

표 **12-4** OECD 프라이버시 원칙과 개인정보보호법 원칙의 연계

OECD 원칙	개인정보보호법의 원칙
수집제한의 원칙	• 목적에 필요한 최소 정보의 수집 • 사생활 침해를 최소화하는 방법으로 처리 • 익명 처리의 원칙
정보 정확성의 원칙	처리 목적 내에서 정확성, 완전성, 최신성 보장
목적 명확성의 원칙	처리 목적의 명확화
이용 제한의 원칙	목적범위 내에서 적법하게 처리, 목적 외 활용 금지
안전성 확보의 원칙	권리 침해 가능성 등을 고려하여 안전하게 관리
처리방침 공개의 원칙	개인정보 처리방침 등 공개
정보주체 참여의 원칙	열람청구권 등 정보주체의 권리 보장
책임의 원칙	개인정보처리자의 책임준수, 신뢰 확보 노력

그렇다면 사업자는 소비자의 개인정보를 어떻게 보호해야 할 것인가. 우리나라도 OECD의 프라이버시 원칙을 근간으로 하여 '개인정보보호법'에 개인정보보호의 원칙을 천명하고 있다. OECD의 프라이버시 원칙은 수집제한, 정보의 정확성, 목적의 명확성, 이용 제한, 안전성 확보, 처리방침의 공개, 정보주체의 참여 및 책임의 원칙 등 모두 8가지 원칙으로 구성된다. 이러한 원칙의 국내법 수용 상황은 표 12-4와 같다.

(2) 소비자문제로서의 의의

개인정보보호는 헌법상 보장된 사생활의 비밀 보호 차원에서도 의미가 있지만 소비자문제로서도 의의를 갖는다. 즉 소비자와 사업자 간의 거래관계에서 소비자의 개인정보가 광범위하게 수집·이용·제공·유지·관리될 수 있으며, 그 과정에서 개인정보가 누설·유출·도용되는 등의 개인정보 침해 행위가 발생하고, 이로 인해 소비자의 인격적인 침해 및 경제적 손실과 같은 피해가 유발될 수 있기 때문이다.

금융거래에 있어서는 일찍부터 정상적인 거래를 위하여 소비자의 신용정보를 필수적으로 수집·이용할 수밖에 없기 때문에 개인정보보호가 주요 이슈였지만, 일반 소비자거래에서 개인정보보호 문제가 쟁점이 된 것은 비교적 최근의 일이다. 전형적인 소비자거래의 경우 사업자가 소비자로부터 돈을 받고 계약에 따라 제품과 서비스를 제공하면 거래는 종료된다. 따라서 이 과정에서 사업자가 부당거래 행위를 했는지, 혹은 계약을 제대로 이행했는지가 주된 소비자문제였지 사업자가 거래의 전 과정에서 소비자의 개인정보를 어떻게 수집하여 이용하는지는 별다른 문제가 되지 않았다. 즉 소비자문제라고 보지 않았던 것이다.

그러나 최근 개인정보 침해 기법은 더욱 지능화·고도화되고 있다. 인터넷이 확산되고, 스마트폰, 태블릿 PC 등과 같은 모바일기기 이용이 급증하면서 해킹, 바이러스, 스파이웨어$_{spyware}$*, 피싱$_{phishing}$**, 스미싱$_{smishing}$*** 등과 같은 부정한 방법을 통한 개인정보의 누설, 유출, 도용과 같은 침해행위가 빈번하게 일어나고 있다. 빅데이터$_{big\ data}$****가 가

---

* 스파이(spy)와 소프트웨어(software)의 합성어로 컴퓨터 이용자 모르게 또는 동의 없이 설치되어 컴퓨터 사용에 불편을 끼치거나 정보를 가로채는 악성프로그램이다.

시화되면서 소비자들은 자신도 모르는 사이에 자신에 관한 정보가 집적·가공된다. 실제로 이동통신사와 신용카드 회사들이 많은 회원 정보를 유출하여 사회적 물의를 일으킨 바 있다. 이에 따라 계약을 충실히 이행해야 할 책무 이외에도 소비자의 개인정보를 보호해야 한다는 책무가 사업자에게 추가로 더해진 것이다.

2 │ 개인정보 관련 소비자피해

(1) 개인정보 침해와 소비자피해

개인정보와 관련하여 소비자에게 정신적·경제적 피해를 유발하는 사업자의 부적절한 행위는 다양하다. 일반적으로 개인정보의 처리는 수집, 이용 및 관리 등 3단계로 구성되어 있으며 관련 법률에서 각 단계에서 사업자의 책무를 규정하고 있는바, 이는 각 단계에서 개인정보의 침해가 발생할 수 있다는 것을 시사한다.

첫째, 개인정보의 수집과정이다. 사업자는 개인정보를 수집할 때 ① 정보주체의 사전 동의를 얻어야 하고, ② 필요 최소한의 정보를 수집해야 하며, ③ 개인정보의 수집 및 이용 목적 등 법령에 의해 규정한 사항에 대해 사전에 고지하거나 약관에 명시해야 한다. 이 과정에서는 주로 사업자가 이용자의 동의 없이 개인정보를 수집함으로써 소비자피해가 발생한다. 예컨대 어느 날 사전 거래가 없던 통신사나 보험·금융회사에서 원치 않는 이메일이나 전화를 받을 경우 일부 사업자가 정보주체로부터의 사전 동의 없이 제3자가 무단으로 수집한 개인정보를 사들여 이러한 마케팅에 악용하는 경우라 할 수 있다.

** 개인정보(private data)와 피싱(fishing)의 합성어로, 전자우편 또는 메신저를 사용하여 사용자의 금융 정보와 패스워드를 부정하게 빼내어 '낚는' 수법이다.

*** 문자메시지(SMS)와 피싱(phising)의 합성어로, 신뢰할 수 있는 사람 또는 기업이 보낸 것처럼 가장하여 문자를 보내 개인정보를 요구하거나 휴대폰 소액결제를 유도하는 수법을 말한다.

**** 규모, 다양성, 속도 측면에서 과거와 비교할 수 없을 정도로 크고, 다양하며, 빠르게 생성·유통·소비되어 기존의 데이터베이스 관리도구의 역량을 넘어서는 대량의 데이터를 말한다.

둘째, 개인정보의 이용과정이다. 사업자는 개인정보를 이용할 때 ① 고지·명시한 범위를 초과한 목적 이외에 개인정보를 이용 또는 제3자에게 제공해서는 안 되며, ② 회사 내의 개인정보 취급자가 직무상 알게 된 개인정보를 훼손·침해 또는 누설해서는 안 되고, ③ 개인정보의 수집·취급·관리를 위탁할 경우 미리 그 사실을 고지해야 하며, ④ 영업을 양도·합병·상속할 경우 개인정보의 관리도 바뀌므로 그 사실을 통지해야 한다. 이 과정에서 주로 사업자의 목적 외 개인정보 이용 및 개인정보취급자에 의한 개인정보의 누설 등이 문제가 되어 소비자피해가 발생한다.

셋째, 개인정보의 관리과정이다. 사업자는 개인정보를 관리함에 있어 ① 개인정보 관리책임자를 지정하고, ② 개인정보보호를 위한 기술적·관리적 조치를 취해야 하며, ③ 수집 또는 제공 받은 개인정보는 목적 달성 후 파기하고, ④ 개인정보주체가 동의철회·열람 또는 정정 요구를 쉽게 할 수 있도록 조치하고, ⑤ 해당 요구가 있을 때 이에 응해야 하며, ⑥ 정보주체가 오류 정정을 요구했을 때 오류를 정정하거나 하지 못하는 사유를 통지하기 전까지는 해당 정보를 이용해서는 안 된다. 이 과정에서는 사업자가 수집 또는 제공받은 개인정보를 해당 목적이 달성했으면 바로 파기해야 하는데 보관하고 있다가 다른 목적으로 활용하거나, 개인정보의 동의철회·열람 및 정정요구와 같은 정보주체의 권리 행사를 방해함으로써 주로 소비자피해가 많이 발생한다.

생각하는 소비자 12-2

아마존닷컴의 빅데이터 활용 사례

아마존닷컴은 모든 고객들의 구매내역을 데이터베이스에 기록하고 이 기록을 분석하여 소비자의 취향과 관심사를 파악한다. 이런 빅데이터의 활용을 통해 아마존은 고객별로 '추천상품'을 표시한다. 고객 한 사람 한 사람의 취미나 독서 경향을 찾아 그와 일치한다고 생각되는 상품을 메일, 홈페이지상에서 고객에게 자동적으로 제시하는 것이다. 아마존닷컴의 추천상품 표시와 같은 방식으로 구글과 페이스북도 이용자의 검색 조건, 사진, 동영상과 같은 비정형 데이터 사용을 즉각 처리하여 이용자에게 맞춤형 광고를 제고하는 등 빅데이터의 활용을 증대시키고 있다.

자료: 위키백과(www.wikipedia.org).

(2) 개인정보 도용과 소비자피해

위와 같이 개인정보보호와 관련하여 사업자가 준수해야 할 책무를 제대로 이행하지 못할 때 개인정보 침해가 발생하고 소비자피해로 이어지지만, 현실적으로 개인정보와 관련하여 가장 큰 소비자피해는 개인정보 특히 주민등록번호, ID 및 비밀번호, 전화번호 등과 같은 개인식별정보의 도용으로 발생하고 있다.

개인정보가 도용되는 원인은 여러 가지일 것이다. 회사 내부 직원, 제휴사 직원, 결제업자, 배송업자, 대리점 및 영업점 등이 유출할 수도 있고, 사업자가 관리의무를 다했음에도 불구하고 타인이 해킹 등 여러 가지 방법으로 도용할 수도 있으며, 정보주체인 소비자의 과실로 개인정보가 남에게 넘어갈 수도 있다. 이유야 어떻든 간에 개인정보 도용 문제는 단순히 심리적인 불만 혹은 정신적인 피해에 그치지 않고 금전적 손실을 야기하기 때문에 심각한 소비자문제로 인식하고 이에 대한 대책을 마련할 필요가 있다.

3 | 소비자정책의 과제

개인정보의 침해 내지 도용은 그것으로 그치지 않고 소비자에게 실질적인 피해를 유발하는 소비자문제이다. 때문에 미국에서도 소비자정책을 추진하는 연방거래위원회FTC가 거래 일반 과정에서 사업자의 부주의한 개인정보의 취급 또는 고의적인 개인정보의 오·남용 및 개인정보의 도용과 관련하여 소비자피해를 예방하고 구제하기 위한 사업들을 전개하고 있다는 점*은 우리에게 시사하는 바가 크다. 우리나라의 소비자정책 당국에서도 2006년 '소비자기본법'의 개정을 계기로 개인정보 문제를 소비자문제의 하나로 인식하여 대책 마련에 나서야 할 것이다.

---

* 연방거래위원회(FTC)는 개인정보 도용과 관련하여 ID 도용 핫라인(1-1-877-ID-THEFT)과 웹사이트(www.consumer.gov/idtheft)를 개설하여 도용 피해에 대한 상담업무를 진행하고 있으며, 개인정보 도용 관련 피해 내용에 관한 모든 정보를 집적한 데이터베이스인 ID 도용정보센터(ID Theft Data Clearinghouse)를 운영하여 관련 내용을 분석하고 그 분석 결과를 3개 신용보고기관, 법집행기관, 연방 및 주 경찰 등과 공유하며, 해당 회사에 대한 조사 등을 실시함으로써 도용자의 추적, 피해 확산 방지에 도움을 주고 있다(장은경, 2006).

(1) 개정 소비자기본법에 따른 시책 추진

개정된 '소비자기본법'에 따르면 ① 국가 및 지방자치단체는 소비자가 사업자와의 거래에서 개인정보 관련 피해를 입지 않도록 필요한 시책을 강구해야 하고(동법 제15조제1항), ② 국가는 소비자의 개인정보보호기준을 제정해야 하며(동법 제15조제2항), ③ 사업자는 소비자의 개인정보가 분실·도난·누출·변조 또는 훼손되지 아니하도록 그 개인정보를 성실히 취급해야 한다(동법 제19조제4항). '소비자기본법'에서는 개인정보와 관련한 소비자정책의 기본 방향을 잘 제시하고 있다고 하겠다. 다만 이러한 규정들이 실효성을 거두기 위해서는 실제로 정부가 소비자의 개인정보보호시책을 수립하여 추진하고 개인정보보호기준을 제정하며, 자율준수프로그램 등의 개발과 보급을 통해 사업자가 자율적으로 소비자의 개인정보보호를 위해 노력할 수 있도록 유도해야 한다.

(2) 개별 소비자법률의 정비

개인정보 침해가 특히 다발할 수 있는 전자상거래나 방문판매와 같은 특수 판매에 대해서는 해당 개별법에 개인정보보호와 관련된 사업자의 책무를 규정할 필요가 있다. '방문판매 등에 관한 법률'은 사업자의 목적 외 정보 이용을 금지하고 있다. 즉 방문판매자, 전화권유판매자 및 다단계판매자는 '본인의 허락을 받지 아니하거나 허락을 받은 범위를 넘어 소비자에 관한 정보를 이용하는 행위를 하여서는 안 된다'고 규정하고 있다(동법 제11조제1항 및 제23조제1항).

'전자상거래 등에서의 소비자보호에 관한 법률'에서는 개인정보와 관련하여 2가지 사항을 규정하고 있는데, 법에 따르면 전자상거래 및 통신판매 사업자가 소비자의 개인정보를 수집 또는 이용하고자 할 때 정보통신망 이용촉진 및 정보보호 등에 관한 법률의 관련 규정을 준수해야 한다(동법 제11조제1항). 또 동법은 개인정보의 도용으로 인한 소비자피해가 발생했거나 발생할 우려가 있을 경우 사업자가 필요한 조치를 취해야 한다고 규정하고 있다(동법 제11조제2항).*

---

* 필요한 조치는 다음과 같다. ① 소비자 본인이 요청하는 경우 도용 여부의 확인 및 당해 소비자에 대한 관련거래 기록의 제공. ② 도용에 의하여 변조된 소비자에 관한 정보의 원상회복. ③ 도용에 의한 피해의 회복 등이다(동법 시행령 제12조).

그러나 사업자가 이러한 법 규정을 위반해도 제재수단이 공정거래위원회의 시정조치에 불과하고, 그나마 시정조치 실적도 전무한 실적이라 법 집행의 효과성을 제고하는 방안을 강구할 필요가 있다.

(3) 개인정보 도용문제에 적극 대처

앞에서 언급했지만 특히 전자상거래에 있어서 개인정보와 관련한 소비자피해의 가장 큰 요인은 개인정보의 도용이다. 개인정보 도용문제에 대해서는 별도의 대책을 마련할 필요가 있다. 이미 개발된 주민등록번호 대체수단을 널리 보급하고, 제휴사에 의한 개인정보 유출행위에 대해서도 본사에 책임을 묻는 방안을 검토할 필요가 있다.

아울러 우리나라도 미국의 'ID도용정보센터', 캐나다의 '폰부스터스Phonebusters' 등과 같은 '개인정보도용정보센터'를 개설하여 개인정보 도용과 관련된 핫라인과 웹사이트를 구축하여 상담 및 불만처리업무를 수행하고, 소비자 및 사업자 대상의 정보제공과 교육을 실시하고, 개인정보 도용 관련 피해 사례에 대한 데이터베이스를 구축하여 활용하는 방안을 적극 검토할 필요가 있다.

스스로 **찾아보기**

1. 소비환경의 변화에 따라 새롭게 대두되는 소비자문제가 무엇이며, 소비자정책 당국에게 어떠한 도전과 과제를 제기하는지 알아보자.
2. 자유무역협정FTA이 소비자의 권익에 미칠 영향에 대해 찬성과 반대의 입장을 정리해 보고 본인의 의견을 말해 보자.
3. 우리 사회의 급격한 저출산·고령화 현상에 따라 어떠한 소비자문제가 야기되고 있는지 알아보고, 고령소비자를 특별히 배려해야 하는 이유와 배려방안에 대해 알아보자.
4. 각자의 개인정보 침해경험을 살펴보고 개인정보를 보호하기 위하여 정부, 소비자, 사업자가 해야 할 역할에 대해 알아보자.

피해구제 신청서(일반 품목용)

① 소비자 (본인)	성 명		성 별	□ 남　□ 여	
	주 소				
	연락처	(휴대폰) (직장 또는 자택)	생년월일	년　　월　　일	
② 대리인 (본인이 아 닐 경우 작성)	성 명		소비자와의 관계		
	주 소				
	연락처	(휴대폰)	(직장 또는 자택)		
③ 사업자1	상 호		담당자		
	주 소				
	연락처	(전화번호)			
④ 사업자2	상 호		담당자		
	주 소				
	연락처	(전화번호)			
⑤ 거래내용	구입 상품·서비스	(상품 또는 서비스명) (모델명)			
	구입일 (계약일)	．　　．　　．	구입액 (계약총액)	원	지급액	원
	구입방법	□ 일반판매　　□ 방문판매　　□ 통신판매　　□ 전자상거래　　□ TV홈쇼핑 □ 기타(　　　　)			
	결제방법	□ 현금　　□ 신용카드(　　개월)　　□ 할부금융　　□ 휴대폰 결제 □ 기타(　　　　)			

(뒷면 계속)

⑥ 피해내용
□ 제목 :
□ 사건 개요 　　○ 　　○ 　　○ 　　○ 　　○

⑦ 소비자 요구사항 및 사업자와 협의내용
〈소비자 요구사항〉 　□ 수리　　□ 교환　　□ 환불　　□ 손해배상　　□ 계약이행　　□ 계약해지　　□ 기타(　　　　　) 〈사업자와 협의내용〉 　　○ 　　○ 　　○

년　　　월　　　일

한국소비자원장 귀하

피해구제 신청서(의료서비스용)

※ 피해구제 신청서 제출시 의료기관의 과실을 입증할 수 있는 자료(진료기록(수술등 각종 동의서, 검사결과지 포함), 간호기록, 검사영상 CD, 진단서 등)와 피해자가 자필 서명한 '진료기록 열람 및 사본 발급동의서', '진료기록 열람 및 사본발급위임장', 피해자 신분증 사본 등을 함께 제출하여 주시기 바랍니다.

① 소비자 (본인)	성 명		성 별	□ 남　□ 여
	주 소			
	연락처	(휴대폰) (직장 또는 자택)	생년월일	년　월　일
② 대리인 (본인이 아닐 경우 작성)	성 명		소비자와의 관계	
	주 소			
	연락처	(휴대폰)	(직장 또는 자택)	
③ 사업자 (의료기관 등)	상 호		담당자	
	주 소			
	연락처	(전화번호)		

④ 피해내용

□ 제목 :

□ 사건 개요

　○

　○

　○

　○

　○

(뒷면 계속)

⑤ 사업자(의료기관, 의사)가 잘못한 내용(과실 추정)

○

○

○

○

⑥ 소비자 요구사항 및 사업자와 협의내용

〈소비자 요구사항〉
□ 재수술　　□ 계약금 환불　　□ 계약해제　　□ 기타(　　　　　　　)
□ 손해배상(요구 금액 :　　　　　　)　　□ 위자료 요구(요구 금액 :　　　　　　)

〈사업자와 협의내용〉

○

○

○

○

○

년　　　월　　　일

한국소비자원장 귀하

강병모(2008). 소비자권리실현을 위한 징벌적 손해배상제의 도입에 관한 연구소비자권리실현을 위한 징벌적 손해배상제의 도입에 관한 연구, 한국소비자보호원.

강성진(2012). 2012년 지방소비자행정 현황조사, 한국소비자원, 정책연구, 12-06.

강창경(2000). 소비자집단피해의 예방과 구제에 관한 연구. 한국소비자보호원.

강창경·박성용·박희주(1999). 제조물책임법의 입법방향-설문조사와 입법논의-, 한국소비자보호원, 연구보고서, 99-03.

고형석(2008). 소비자보호법. 세창출판사.

고형석(2010), 소비자제품안전법에 관한 연구-제품안전기본법과 소비자기본법상 소비자안전을 중심으로-. 법학연구. 18(2), 155-192.

공정거래위원회(2014). 2013년 공정거래백서.

공정거래위원회 보도자료(2014. 6. 13). 모바일 전자상거래 사업자의 전자상거래법 준수요령.

공정거래위원회(2013). 심결사례 30선.

공정거래위원회 보도자료(2013. 9. 25). 소비자의 합리적인 선택을 위한 '소셜커머스 가이드라인 개정'.

공정거래위원회 보도자료(2013. 12. 30). 모바일 쿠폰, 영화공연 예매 등 상품정보 기준 마련.

공정거래위원회(2011. 12. 28). 선불식 할부거래에서의 소비자보호 지침. www.ftc.go.kr.

공정거래위원회(2009). 다단계판매, 이것만은 꼭 알아두세요. www.ftc.go.kr.

공정거래위원회(2006. 7. 19). 방문판매에서의 소비자보호 지침. www.ftc.go.kr.

공정거래위원회(2007). 소비자교육추진전략, 2007년 소비자교육 세미나 발표자료집.

공정거래위원회 보도자료(2006. 10. 11). 휴대폰으로 안심하고 쇼핑을 즐기세요.

권오승(2001). 소비자보호법. 법문사.

김성천(2003). 일반인을 위한 소비자보호-생활법률의 기본지식. 가림 M&B.

기업소비자전문가협회. 기업소비자정보.

김기옥·허경옥·정순희·김혜선(2001). 소비자와 시장경제. 학지사.

김성숙(1997). 소비자의 안전의식과 안전추구행동. 서울대학교 박사학위논문.

김영신·이희숙·유두련·이은희·김상욱(2002). 소비자정보관리의 이해. 시그마프레스.

김영신(2002). 소비자안전관련 표시광고 실태조사 및 기준제정에 관한 연구. 공정거래위원회 용역보고서.

김영신·김인숙·이희숙·강성진·유두련(2007). 소비자법과 정책. 교문사.

김영신·서정희·송인숙·이은희·제미경(2012). 소비자와 시장환경(4판). 시그마프레스.

김영신·서정희·유두련·이희숙·옥경영(2014). 기업과 함께하는 소비자상담 실무. 교문사.

김인숙(2013). 소셜커머스 소비자보호 자율준수 가이드라인 개선방안 연구. 한국소비자원.

김인숙(2014). 모바일 전자상거래와 소비자보호. 한국소비자원 정책연구, 14-01. 한국소비자원.

김혜선·김시원·김정훈·허경옥·정순희·배미경(2002). 소비자교육의 이해. 시그마프레스.

나광식(2006). 한·미 FTA의 소비자후생효과 분석. 한국소비자원

노형식(2013). 금융교육, 금융상담, 금융자문의 역할 분담체계, 주간금융브리프, 22(27), 2013. 7. 6.

문숙재·여윤경(2004). 소비 트렌드와 마케팅. 신정.

박미희(2013). 소비자선택 비교정보 제공 개선방안 연구-'비교공감' 서비스를 중심으로-. 정책연구, 13-05.

박성용 외(2013). 표시·광고규제제도의 개선에 관한 연구. 공정거래위원회 용역보고서.

박희주(2004). 소비자단체소송제도에 관한 비교법 연구, 소비자문제연구 27, 한국소비자보호원.

배순영·천현진(2010). 2010 소비자역량의 측정 및 평가, 한국소비자원, 정책 10-07.

배순영·손지연(2013). 소비자교육 추진체계 및 방향에 대한 연구, 정책연구 13-07. 한국소비자원.

배순영·김민아(역)(2012). 일본의 소비자문제 및 소비자정책. 한국소비자원.

백병성(2003). 소비자행정론. 시그마프레스.

법제처. 민법.

법제처. 약관규제에 관한 법률 및 시행령.

법제처. 표시·광고의 공정화에 관한 법률 및 시행령.

소비자보호단체협의회(2000). 주요 생활용품 안전실태 조사 및 안전성 제고방안. 재정경제부 연구용역 보고서.

손지연·이경아(2014). 2014 한국의 소비자역량지표, 한국소비자원 정책연구, 14-2.

손지연(2014). 빅데이터 시대 소비자의 정보 프라이버시 보호에 관한 연구. 한국소비자원.

송성영(2006). 고령소비자 피해구제 활성화 방안 연구. 한국소비자원

송순영·강성진(2011). 취약계층 소비자보호 대책 평가 및 개선. 한국소비자원.

송순영(2013). 위해정보 수집·제공 체계 개선에 관한 연구. 한국소비자원.

송오식(2013). 소비자법. 전남대학교출판부.

양덕순(1999). 소비자의 안전의식과 안전규제를 고려한 제조물책임법 제정방향. 서울대 박사학위논문.

양덕순(2005). 제조물책임법의 효과적인 시행을 위한 경고표시규제에 관한 연구-소비자 관점으로. 소비문화연구, 8(2), 107-130.

여정성·최종원·장승화(2008). 소비자와 법의 지배. 서울대학교출판부.

윤정일·김민성·윤순영·박민정(2007). 역량의 개념 및 연구동향. 서울대학교 BK21 역량기반 교육혁신연구사업단.

이강현(2003). 소비자정책행론. 시그마프레스.

이득연(2006). 비교소비자정보의 효율적 생산방안, 한국소비자원 정책연구보고서.

이득연·배순영·이경아·나광식·지광석·송민수·곽윤영(2013). 제3차 소비자정책 기본계획 수립방향 연구. 한국소비자원, 정책 13-3.

이은영(2013). 소비자법. 박영사.

이종인(2006). 소비자리콜제도의 효율성 확보방안 연구. 한국소비자원.

이현진(2008). 소비자안전 확보를 위한 다차원적 정책 모색:한일 소비자위해정보 분석을 중심으로. 한국가정관리학회 2008년 춘계학술대회 발표 자료집. 39-46.

장흥섭·안승철(1998). 현대소비자론. 삼영사.

재정경제부·한국소비자보호원(2001). 소비자보호법의 리콜제도 해설 및 업무처리 요령.

재정경제부(2004). 2004년도 소비자보호종합시책.

재정경제부(2005). 2005년도 소비자보호종합시책.

재정경제부(2005). 중장기소비자정책 추진체계, 2006-2010.

재정경제부(2006). 우리나라 소비자정책의 발전과 패러다임의 변화.

재정경제부·한국소비자보호원(2000). 소비자보호제도총람.

전자상거래 등에서의 소비자보호 지침(공정거래위원회) 2012. 8. 20.

전자상거래(인터넷사이버몰) 표준약관(공정거래위원회) 2014. 9. 19.

전자문서 및 전자거래기본법, 2014. 10. 15.

전자상거래 등에서의 상품 등의 정보제공에 관한 고시, 2013. 12. 26.

전자상거래 등에서의 소비자보호에 관한 법률, 2013. 5. 28.

전자상거래 등에서의 소비자보호에 관한 법률 시행령, 2013. 3. 23.

조성국, 김한신(2012). 부당한 표시·광고행위 유형 및 기준 개정방안 연구. 공정거래위원회 용역보고서.

지광석·김민아(2012). 비교정보 제공정책의 개선방안 연구-공공부문의 비교정보 생산 활성화 방안을 중심으로-. 한국소비자원 정책연구, 12-07.

최은실(2012). 리콜 현황 및 의식조사를 통한 개선방안 연구. 한국소비자원.

통계청(2011). 장래인구추계.

한국경제(2014. 1. 13). 공정위, 모바일 커머스 가이드라인 마련한다.

한국소비자원(2014). 피해구제연보 및 사례집.

한국소비자원(2014). 방문판매 등에 관한 법률, 소비자상담 피해구제 매뉴얼 4. www.kcb.go.kr.

한국소비자보호원(2000). 소비자보호제도 총람.

한국소비자보호원(2000). 소비자안전제고를 위한 인프라 구축 방안 연구.

한국소비자원(2009). 주요국의 소비자안전제도 및 소비자위해감시체계에 관한 연구.

한국소비자원(2014). 2013 한국의 소비생활지표.

한국소비자원(2014). 할부거래에 관한 법률. 소비자상담·피해구제 매뉴얼. www.kca.go.kr

한국소비자원(2014). 결혼과 상조. 현명한 소비시리즈 4. www.kca.go.kr.

허경옥·박희주·이은희·김혜선·김시월(2011). 소비자법과 정책의 이론과 실제. 파워북.

허경옥(2000). 정보사회와 소비자. 교문사.

허경옥(2012). 리콜관련 법 제도 현황조사 및 리콜활성화방안 조사연구. 소비자정책교육연구. 7(1). 87-108.

허경옥·이은희·김시월·김경자·차경욱(2006). 소비자트렌드와 시장. 교문사.

황정선(2010). 소비자안전체감지수 측정 연구. 한국소비자원.

CPSC(2000). *The National Electronic Injury Surveillance System-A Tool for Researchers-* .

Consumer and Corporate Affairs Canada(1992). *The market place in transition; Changing roles for consumers*. Businesses and Governments.

Feldman L.P(1980). *Consumer protection; problems and prospects*. 2nd(Ed.). West Publishing Co.

Gabrel Yiannis and Lang Tim(1995). *The Unmanageable Consumer*. Sage Pub.

Garman, E. T(1995). Consumer economic issues in America. Dame Publication, Inc..

Gordon, L.J., & Lee, S.M(1977). *Economics for consumers*. 7nd(Ed.). D. Van Nostrand Co.

Gronmo. S(1987). Relationships among consumer interests and other interests: Some implication for consumer policy. *American Council on Consumer Interests.* 302-307.

Howells, Geraint(1998). *Consumer Product Safety.* Ashgate Publishing Co..

Jansen, H. R(1986). The relevance of alternative paradigms as guideline for consumer policy and organized consumer action. *Journal of Consumer Policy,* 9, 389-405.

Jerker, Nilson(1985). Consumer cooperatives as consumer welfare organizations, *Journal of Consumer Policy,* 8(3), 287-302.

Maney Ardith and Bykerk Loree(1994)). *Consumer Politics.* Greenwood.

Meier. K. J., Garman, E. T. and Keiser L. R(1998). *Regulation and Consumer Protection:* Dame Pub, Inc.

OECD Committee on Consumer Policy(2011), 강성진 역(2011). OECD 소비자정책툴킷. 한국소비자원.

Stern, Barbara B(1998). *Representing Consumers.* Routledge.

Thorelli, H. B(1983). Consumer policy in developing countries. *American Council on Consumer Interests.* 147-153.

細川辛一(2007). 消費者政策學. 成文堂.

大村敦志(2007). 消費者法. 有斐閣.

日本辯護士聯合會(2007). 消費者法講義. 日本評論社.

개인정보보호 종합지원포털. www.privacy.go.kr.

공정거래위원회 www.ftc.go.kr.

국제소비자보호집행기구. www.icpen.org.

보건복지부. www.mw.go.kr.

산업통상자원부 FTA강국 KOREA. www.fta.go.kr.

정보보호마크인증위원회 www.isafe.or.kr.

정보보호인증마크제도 www.eprivacy.or.kr.

한국소비자보호원 www.kca.or.kr.

한국소비자교육지원센터 www.koince.org.

한국인터넷진흥원 www.kisa.or.kr.

한국전자거래진흥원 www.etrust.or.kr.

한국정보통신진흥협회 www.kait.or.kr.

CPSC http://www.cpsc.gov/en.

General Product Safety Directive http://www.conformance.co.uk/directives/Resources/

IDB http://ec.europa.eu/health/data_collection/databases/idb/index_en.htm.

RAPEX http://ec.europa.eu/consumers/safety/rapex/alerts/main/index.cfm?event=main.search.

RAPEX GUIDELINE http://ec.europa.eu/consumers/safety/rapex/docs/rapex_guid_26012010_en.pdf.

SaferProducts.gov http://www.saferproducts.gov/Search/default.aspx.

ㄱ

가격표시제도 237
간접할부계약 323
개인정보 406, 407
개인정보보호 406, 408
개인정보보호마크 311
결제대금예치제도 68
경영개선협회 53
계속거래 277
계약금 327
계약서 교부의무 277
계약의 해지 278
계약 전의 정보제공 277
계약해제 267
계획적 진부화 16
고객지향주의 37
고령친화용품 405
고령화 추세 402
공유가치 창출 38
공정거래위원회 60
관리가격 17, 18
광고행위 220
구매안전서비스제도 61
국민생활센터 54, 56, 135
국제소비자기구 29
국제소비자보호집행기구 83, 401
규제정책 382
금지행위 268, 273, 278, 352
기업소비자전문가협회 38

ㄴ

남소 방지 99
노스팸사이트 67

ㄷ

다단계판매 255, 269
다단계판매업자 255
다단계판매원 255
단체소송제도 97
대안적 분쟁해결제도 161
독립규제기관 51
동의의결제도 234
등급사정제도 246

ㄹ

리콜제도 88

ㅁ

마케팅의 고도화 15
마켓 3.0 19
모바일 전자상거래 313, 315
모바일 전자상거래 사업자의 전자상
    거래법 준수 요령 294
모바일 쿠폰 288
미국의 집단소송제도 147
민법 177
민사적 손해배상제도 140

ㅂ

방문판매 252, 253, 258, 261
방문판매 등에 관한 법률 251
방문판매법 251
방문판매업자 252
방문판매원 252
방문판매원 등의 명부작성의무 258
방문판매자 252
법률행위 187
부당한 표시 220
불법행위책임 198
비교공감 393, 394
빅데이터 409, 411

ㅅ

사업권유거래 256, 257, 277
사업자단체의 표시·광고제한행위의
    금지 232
사업자의 개념 75
사업자의 계약서 발급의무 260
사업자의 의무 269
사업자의 의무사항 258
사업자의 정보제공의무 259
사회적 책임 28
상조보험 355
상조상품 355
상조서비스 355
상품의 수명 주기 16
생산자지향주의 37
생태학적 책임 28
선불식 할부거래 324, 342

선불식 할부계약 324
소비생활센터 58, 64
소비생활전문상담원 자격인정제도 58
소비자계약법 405
소비자교육 23
소비자교육정책 369
소비자교육 추진체계 375
소비자권리 25
소비자권익의 보호 279
소비자금융보호국 52
소비자단체 90, 91
소비자단체소송 97
소비자단체소송제도 144
소비자문제 23
소비자문제의 발생원인 15
소비자문제의 특징 18
소비자문제 해결의 주체 24
소비자보호 23
소비자분쟁조정 95
소비자분쟁조정위원회 95, 161
소비자분쟁해결 150
소비자불만 21
소비자상담기구 91
소비자선택 비교정보서비스 388
소비자 소송지원제도 142
소비실천 362
소비자역량 361
소비자역량지수 364
소비자와 생산자 간의 비대등성 14
소비자의 개념 74
소비자의 계약해제권 348
소비자의 기한이익상실 339
소비자의 기한전 할부금지급권 340
소비자의 의무 28

소비사의 이익 10, 23
소비자의 청약철회 345
소비자의 8대 권리 26
소비자의 항변권 340
소비자전담부서 33
소비자정보 23
소비자정보정책 381
소비자정책 45
소비자정책기본계획 370
소비자정책위원회 59
소비자정책의 우선순위 24
소비자제품안전위원회 51
소비자조례 77
소비자주권 68
소비자주의 30
소비자중심경영 85
소비자지식 361
소비자청 55
소비자태도 362
소비자피해 20
소비자피해구제 92
소비자피해보상보험 320
소비자피해보상보험계약 300, 351
소비자피해보상보험제도 280
소비자피해의 유형 21
소비자후생 46, 397, 399
소셜커머스 315
소셜커머스 소비자보호 자율준수 가이드라인 316
수신거부의사등록시스템 61
스마트컨슈머 85
스미싱 409
스파이웨어 409
시장개방 48, 397
시장세분화 16

시장실패 40
시정조치 232
식품표시제도 243
신용카드 거래구조 334
신자유주의 48, 49

ㅇ

악덕 상술 403
애덤 스미스 10
약관규제에 관한 법률 202
약관심사위원회 66
약관의 명시·교부·설명의무 328
약관의 심사 209
에스크로제도 320
연방거래위원회 51, 401, 412
온라인 소비자종합정보망 384
원상회복의무 335
위해정보 87, 88
위해정보제출기관 88
위험부담 15
위험커뮤니케이션 400
유엔국제상거래법위원회 83
의사표시 188
인터넷사이트안전마크 311
인터넷사이트 인증마크제도 310
1372 소비자상담센터 85, 88, 92
1372 소비자상담통합센터 384
임시중지명령제도 232

ㅈ

자유무역협정 396
자율규제 32
재판관할 400
재판매가격 17, 18

재판 외 분쟁해결제도 95
전자상거래 등에서의 소비자보호에
　　관한 법률 284
전자상거래 등에서의 소비자보호지
　　침 305
전자상거래 표준약관 309
전화권유판매 252, 258
전화권유판매 수신거부의사 등록시
　　스템 279
전화권유판매업자 252
전화권유판매원 253
정보제공 및 계약서 교부의무 342
정부의 역할 40
제조물책임법 166, 168, 169
제품다양화 16
제품차별화 16
준거법 401
중요정보공개제도 227
지원정책 382
직접할부계약 323
집단분쟁조정 96
집단분쟁조정제도 97, 163
집단소송제도 97
징벌적 손해배상제도 148

채무불이행 198
청약 260
청약의 철회 331
청약철회 260, 270
청약철회가 안 되는 경우 264, 271
청약철회기간 260, 261, 270
청약철회의 제한 332
청약철회의 행사방법 346

청약철회의 효과 333
청약철회 행사방법 261, 333
청약철회효과 271, 346
취약소비자 403
침해정지 요청 274

ㅍ
판매자의 위험부담 15
표시 217
표시·광고내용실증제 229
표시의무 327
표시적정화 237
품질표시제도 239
피싱 409

ㅎ
하자담보책임 198
한국소비자원 84, 91
할부가격 327, 329
할부거래 323
할부거래법의 적용 제외 범위 324
할부거래업자의 의무 327
할부계약의 서면주의와 계약서교부
　　의무 328
할부계약해제권 337
할부금 327
할부수수료 327
해외직구 396, 397
해외직구 이용자 가이드라인 318
해외직접구매 317
현금가격 327, 329
후원방문판매 256, 269
후원방문판매업자 256

후원방문판매원 256
후원수당 255
후원수당 지급기준 273

A
Adam Smith 10

B
BBB 32

C
caveat emptor 15
caveat venditor 15
CCM 32
CISS 89
consumer attitudes 362
consumer competencies 361
consumer complaints 21
consumer damages 20
consumer education 23
consumer information 23
consumerism 30
consumer knowledge 361
consumer policy 45
consumer protection 23
consumer's interest 10, 23
Consumers International 29
consumer skill 362
Creating Shared Value 38
CRM 37
customer orientation 37
Customer Relationship
　　Management 37

E

ecological responsibility 28

ePRIVACY Mark 311

eTrust 312

I

ICPEN 401

ID도용정보센터 414

International Consumer
Protection Enforcement
Network 401

i-Safe Mark 311

M

manufacturer orientation 37

market failure 40

market segmentation 16

O

OCAP 38

P

PIO-NET 56

planned obsolescence 16

product differentiation 16

product diversification 16

product life cycle 17

S

self-regulation 32

social responsibility 28

저자 소개

김영신
서울대학교 생활과학대학 소비자학과 졸업
서울대학교 대학원 졸업(석사, 박사, 소비자학 전공)
캐나다 University of British Columbia 객원교수
미국 Ohio State University 교환교수
한국소비자원 원장 역임
현재 충남대학교 소비자생활정보학과 교수

이희숙
충북대학교 사범대학 가정교육과 졸업
서울대학교 대학원 졸업(석사, 소비자학 전공)
미국 Oregon State University(박사, 소비자학 전공)
충북대학교 생활과학대학장 역임
현재 충북대학교 소비자학과 교수

강성진
성균관대학교 사회과학대학 행정학과 졸업
성균관대학교 대학원 졸업(석사, 박사, 정책학 전공)
미국 Ohio State University 객원연구원
현재 한국소비자원 소비자분쟁조정위원회 상임위원

유두련
효성여자대학교 가정학과 졸업
효성여자대학교 대학원 졸업(석사, 가정관리학 전공)
독일 Giessen 대학교 대학원 졸업(석사, 박사, 소비자학 전공)
미국 The University of Georgia 객원 교수
현재 대구가톨릭대학교 가족소비자학과 교수

김성숙
서울대학교 생활과학대학 소비자학과 졸업
서울대학교 대학원 졸업(석사, 박사, 소비자학 전공)
전 한국소비자원 선임연구원
현재 계명대학교 소비자정보학과 부교수

소 비 자 와   함 께 하 는
소비자법과 정책

2015년 2월 23일 초판 인쇄 | 2015년 2월 27일 초판 발행

지은이 김영신, 이희숙, 강성진, 유두련, 김성숙 | **펴낸이** 류제동 | **펴낸곳 교문사**

전무이사 양계성 | **편집부장** 모은영 | **책임진행** 이정화 | **디자인** 신나리 | **본문편집** 우은영
제작 김선형 | **홍보** 김미선 | **영업** 이진석·정용섭 | **출력·인쇄** 동화인쇄 | **제본** 한진제본

주소 (413-120) 경기도 파주시 문발로 116 | **전화** 031-955-6111 | **팩스** 031-955-0955
홈페이지 www.kyomunsa.co.kr | **E-mail** webmaster@kyomunsa.co.kr
등록 1960. 10. 28. 제406-2006-000035호
ISBN 978-89-363-1458-3(93330) | **값** 23,000원